数字经济学

孙毅 ◎著

DIGITAL ECONOMICS

图书在版编目（CIP）数据

数字经济学 / 孙毅著. -- 北京：机械工业出版社，2021.11（2025.3 重印）
ISBN 978-7-111-69505-9

I. ① 数… Ⅱ. ① 孙… Ⅲ. ① 信息经济学 - 高等学校 - 教材　Ⅳ. ① F062.5

中国版本图书馆CIP数据核字（2021）第223895号

　　本书系统地梳理了数字经济发展中遇到的经济学问题，并将数字经济发展中出现的一些现象背后的经济学概念及基本原理加以提炼、编撰成为知识体系。本书共分为三个部分：一是从微观层面介绍数字经济的交易机制，主要包括数字产品的生产、消费、交易模式和交易成本；二是从产业层面介绍数字经济的市场结构，主要包括网络外部性、双边市场、平台经济及平台定价机制、标准联盟和反垄断；三是从宏观层面介绍数字经济带来的宏观影响和政策取向，包括数据治理和隐私保护、数据跨境流动、数字经济的统计及价值测度、数字税及数字鸿沟等。

　　本书可作为经济学和管理学类各专业的本科生、研究生及工商管理硕士（MBA）的教材，也可作为具备经济学基础知识（如微观经济学、宏观经济学与产业经济学等）的跨专业高年级本科生和研究生的选修课教材，还可作为数字经济的从业者和相关人员了解数字经济全貌、辅助实践决策的参考书。

出版发行：机械工业出版社（北京市西城区百万庄大街22号　邮政编码：100037）
责任编辑：施琳琳　　　　　　　　　　　　　　责任校对：马荣敏
印　　刷：北京机工印刷厂有限公司　　　　　　版　　次：2025年3月第1版第10次印刷
开　　本：185mm×260mm　1/16　　　　　　　　印　　张：20.5
书　　号：ISBN 978-7-111-69505-9　　　　　　 定　　价：59.00元

客服电话：（010）88361066　68326294

版权所有·侵权必究
封底无防伪标均为盗版

DIGITAL ECONOMICS · 推荐序

建立数字经济学理论体系　推动"新文科"建设发展

全球经济进入 21 世纪以来，先后经历了金融危机、逆全球化和公共卫生疫情的轮番冲击，进入低速增长期。而以人工智能、大数据等为代表的新一代数字技术驱动的新一轮技术革命和产业变革，为全球经济增长打造了新引擎。当下，数字经济作为发展最为迅速、创新最为活跃、影响最为广泛的经济活动，对于促进经济高质量发展、推动传统产业转型升级、提升社会治理水平、改善民生福祉具有极为重要的战略意义。特别是在全球经济下行压力增大、国际形势纷繁复杂的背景下，世界各主要国家都将数字经济作为实现经济复苏、稳定经济增长、巩固国家经济主权的重要抓手。为了把握数字经济带来的历史性发展机遇，《中华人民共和国国民经济和社会发展第十四个五年规划和 2035 年远景目标纲要》将"加快数字化发展，建设数字中国"单独成篇，首次提出"数字经济核心产业增加值占 GDP 比重（%）"这一新经济指标，同时确立了该项指标将由 2020 年的 7.8% 提升至 2025 年的 10% 的发展目标。可以预见，打造数字经济新优势、加快数字社会建设步伐、提高数字政府建设水平、营造良好数字生态，将成为我国推进"十四五"规划、实现 2035 年远景目标的重要举措。

数字技术催生了以跨界融合为特征的经济形态，产生了对知识复合、学科融合、实践能力强的新型人才的需求。面向国家战略和产业发展的人才新需求，2018 年，中共中央在有关文件中提出了"新文科"建设的重要部署，旨在适应新时代哲学社会科学发展的新要求，推进哲学社会科学与新一轮技术革命和产业变革交叉融合，培养适应国家经济社会发展需求的高素质、复合型人才。作为"新文科"建设的重要组成部分，经济学教育改革势在必行,"数字经济"专业应运而生。针对数字经济发展涌现出的新产业、新模式和新业态,如何帮助学生系统、完整地建立与数字经济相关的经济学知识体系、培养学生准确把握数字经济运行规律的能力,成为国内经济学教育领域面临的崭新课题。

中国科学院大学经济与管理学院孙毅博士撰写的这本《数字经济学》教材,是一部立足新时代、回应新需求的开创性作品。这部教材立足中国数字经济发展实践,围绕数字经济发展的趋势与规律、问题与挑战,系统地将国内外经济学家关于数字经济的经典著述和前沿理论进行提炼与整理,不仅为数字经济学课程建设与教学设计提供了重要示范,也为新的技术革命、产业经济形态与经济学研究如何实现交叉融合提供了成功范例。作为国内首部数字经济学教材,它主要具备如下几个鲜明的特点:

一是系统完整的理论框架。这部教材严格遵循了经济学的研究范式,系统梳理了近70年来数字经济学理论研究的发展与演化。结合数字技术的特点,该教材按照微观经济学、产业经济学和宏观经济学的脉络,将数字经济学的理论框架提炼为数字化与数字经济的交易机制、网络外部性与数字经济的市场结构、宏观经济运行的数字化变革三类基本问题,从而建立了严谨、系统又具代表性的数字经济学理论框架,用生动翔实的案例和简明清晰的语言,阐述了复杂的经济现象背后的理论基础,揭示了数字经济的运行规律。

二是经世致用的价值导向。如何用经济学原理解释数字经济涌现出的典型业态、描述数字经济运行的客观规律、破解数字经济发展面临的关键问题,是这部教材在内容编排上的落脚点。网约车、外卖等新兴经济形式是否预示着新的市场机制的形成?为什么互联网平台会出现补贴大战?互联网平台如何利用自身的市场主导地位获利?如何对数字经济进行统计核算?数字经济是否会扩大贫富差距?人工智能是否会带来失业?基于对数字经济发展长期、细致的观察,以及对数字经济学持续、深入的跟踪研究,这部教材将现实问题与经济理论有机结合,体现出鲜明且经世致用的价值导向。

三是守正创新的学术主张。尤为可贵的是,面对数字经济发展中涌现出的新业态和新模式,作者没有盲目跟踪"热点"或刻意追求"创新",更没有为博眼球而"危言耸听",而是将数字经济的新现象与经济学的经典理论相联系,透过现象分析其经济学的本质和规律,基础牢靠、逻辑严密。例如,我国当前平台经济反垄断的多数决策依据,都可以在梯若尔(Tirole)和拉丰(Laffont)等人关于电信竞争的研究中找到;而当前困扰统计部门的数字经济统计核算问题,依然可以从20世纪50年代马克卢普(Machlup)建立的信息经济测度范式以及90年代乌家培先生关于信息产业的论述中找到解决方案。当然,这并不是说这部教材缺乏创新性。事实上,这部教材在如何对数据资产进行定价、如何征收数字税等产业发展和学术研究的前沿性问题方面,有着诸多科学而新颖的论述。

四是由表及里的表达方式。本书在内容安排和写作方法上独具特色,从一个个生活中习以为常的数字经济事例出发,将其中蕴含的深刻的经济学原理娓娓道来,生动地展示出经济学家如何思考数字经济发展中的种种现象,由浅入深地向读者勾勒出数字经济学的知识体系。这种由表及里的表达方式不仅使教材的编写有血有肉、引人入胜,更重要的意义在于,让读者水到渠成地理解数字经济发展涌现出的诸多新现象背后蕴含的经济学原理，从而帮助读者更好地领悟经济学的真谛，提高他们解决现实问题的能力。

  这部教材的特点也体现出作者踏实、精进的治学风格。孙毅博士是山东大学经济学院 2001 级的本科生，2005 年毕业后保送至中国科学院研究生院深造，自此长期致力于数字经济的相关研究。作为我国较早深入研究数字经济相关问题的学者之一，他治学态度严谨、思维活跃，注重理论联系实际，对于该领域的诸多问题都有着独立和深刻的见解。近几年，我不时地会从媒体上看到他对我国数字经济发展的关键问题所发表的相关评论，观点科学、严谨、客观、务实，能够看出他在从事学术研究的同时，高度关注国家经济战略需求、关注数字经济发展，体现出了一名学者的责任与担当。作为孙毅本科时期的院长和授课教师，我对当年培养的学生能够学有所成、学有所用而深感欣慰。相信，这部凝聚了作者多年学习、研究经验的教材，不仅能帮助学生建立数字经济学的知识体系和理论框架，还能为政策制定者和产业实践者提供理论指导与决策依据。同时，也希望孙毅继续努力、持续优化这部教材，以此为契机，为"新文科"建设进行探索，为数字经济学科建设与人才培养做出新的贡献。

樊丽明

2021 年 8 月 8 日于山东大学

前 言 · DIGITAL ECONOMICS

2005年，我从山东大学经济学院本科毕业后，进入中国科学院大学（当时还是中国科学院研究生院，以下简称"国科大"）吕本富教授的课题组攻读硕士学位，第一次接触互联网经济这一全新的研究领域，自此便与数字经济学结下了不解之缘。在学习期间，最头疼的事情，莫过于在申请科研项目或撰写学术论文时，难以查到支撑性的文献资料。当然，最开心的事情也莫过于在研究工作到了山重水复的境地时，查阅到一两篇具有启发性的文献所带来的柳暗花明之收获。

这种"山重水复"与"柳暗花明"的交错，也延续到我的执教生涯。2013年，我博士后出站并留校工作，继续围绕数字经济学开展相关教学和科研工作。但遗憾的是，不论是我自己开展研究，还是指导学生进行毕业设计，精准查阅与数字经济学主题相关的文献依然不是一件很容易的事情。于是，我在2017年萌生了整理数字经济学必读论文和书目的想法。作为一次尝试，我基于部分核心论文和书目，在2017年国科大的夏季学期开设了"大数据管理与应用"公共选修课程，并延续至今。尽管这是一门侧重于管理学的课程，但几年的教学探索仍使我逐渐认识到，对于新兴学科，构建系统完整的知识体系对学生培养来说具有重要意义。

我国有独特的历史、独特的文化、独特的国情，教育必须坚定不移地走自己的路。要扎根中国、融通中外、立足时代、面向未来，发展具有中国特色、世界水平的现代教育。当前，数字经济已成为我国实现经济高质量发展、构建"双循环"新发展格局的重要支撑；中国数字经济的发展历程中既有绚丽多彩的中国故事，也有铿锵有力的中国声音，更体现着爱国创新、艰苦奋斗的中国精神。国家经济发展新阶段对教育和人才培养提出了新要求。围绕数字经济发展的人才缺口，我国目前已有超过100所高校设置了数字经济相关专业。在上述背景下，扎根中国数字经济发展实践、融通中外数字经济研究成果，立足时代数字经济发展需求，面向未来数字经济发展趋势，构建数字经济学知识体系、撰写数字经济学教材，既是时代赋予我们的机遇，也是国家赋予我们的责任。党的二十大报告特别强调"加快发展数字经济"，进一步增强了我们的使命感和责任感。

建立经济学知识与数字经济实践的连接

若从亚当·斯密1776年出版《国富论》算起，经济学的发展至今已超过240年。从实践角度看，作为现代市场经济体系中的代表性经济组织形式，证券交易所的起源最早可以追溯到17世纪初期，迄今已近400年。经典的经济学科经过长期发展，已经具备了较为完整的知识体系，形成了较为固定的领域知识（domain knowledge）。与知识体系发展相对应，传统经济经过长期发展已形成相对固定的认知体系，经济实践与经济学理论知识之间建立了较为稳定且明确的连接。

与传统经济相比，数字经济是一个年轻的产业。世界上第一台通用计算机出现于1946年。若以此作为数字技术发展的开端，数字技术发展至今只有75年的历史。按照演化经济学家卡洛塔·佩雷斯（Carlota Perez）提出的技术–经济范式变迁（techno-economic paradigm shift）逻辑，数字技术驱动的产业革命在经历了以2000年互联网泡沫为代表的狂热阶段后，目前正逐步进入以产业互联网发展为代表的协同阶段。在这一发展过程中，新技术、新模式、新业态蓬勃发展，迭代迅速，数字化创新驱动的"商业新物种"不断涌现，导致对于数字产业的认知体系也在不断变化。这一认知体系的动态调整，从信息经济、数字经济、网络经济、算法经济、共享经济等"热词"的层出不穷中便可见一斑。

作为数字技术驱动的新兴产业，信息产业是数字经济的早期业态。信息产业的经济学理论基础，被普遍认为是美国经济学家弗里茨·马克卢普（Fritz Machlup）1962年建立的信息产业核算体系。由于数字经济发展实践的认知体系仍处于动态演化阶段，经济学的知识体系与数字经济实践之间没有形成稳定的连接，或者说，经济学家与企业家在讨论数字经济时没有统一的话语体系。例如，数字经济实践中普遍关注数字技术应用的"场景化"问题。但是，何谓"场景化"？关于"场景化"的学术研究都有哪些？基于我们课题组的研究经验，与商业"场景化"对应的学术关键词之一是商业领域知识（business domain knowledge）。这种话语体系的差异无形中割裂了经济理论与产业实践之间的联系。

基于上述思考，本书写作的初衷，是建立经济学知识与数字经济实践之间的连接，从而能让理论指导实践、实践引领理论，帮助读者能从经济学的角度对数字经济形成系统、完整的认知。这一连接的关键是建立较为系统、完整的包括关键学术概念、经典理论问题和典型案例在内的知识体系。关键概念为读者快速掌握领域知识、有效进行信息检索和扩展阅读提供了便利；经典理论问题则让读者能在较短的时间内掌握数字经济学的关键科学问题和基础性分析工具；典型案例既能让理论知识易于理解，也能让读者更好地将理论知识和发展实践相融合。

用互联网思维构建数字经济学的知识体系

数字技术的特点既为经济学科的发展提供了更为广阔的舞台,也为建立数字经济学知识体系带来了巨大的挑战。数字技术具有典型的通用目的技术(general purpose technology,GPT)属性。在产业层面,这一属性体现为跨界竞争、产业的边界变得模糊;在学科层面,这一属性体现为学科融合、学科的边界变得模糊。例如,稠密市场的思想与配对算法异曲同工,"大数据杀熟"则是技术驱动的垄断厂商滥用市场地位的新手段。这一学科融合的趋势,极大地增加了构建数字经济学知识体系的难度。

面对这一挑战,我深知仅凭一己之力难以完成数字经济学知识体系的构建工作。对于数字经济的长期关注,使我萌生了利用互联网思维构建数字经济学知识体系的设想。"借助群体智慧"和"迭代更新"是普遍认可的互联网思维方式。数字经济学知识体系的贡献者,有可能是来自不同领域的专家,也有可能是来自数字产业的实践者,还有可能是来自课堂上的学生。如果能有一部教材,哪怕不够完善,但是能够引发不同领域的研究人员、企业家或相关政府部门的工作人员从经济学角度来思考数字经济实践、理解数字技术,也是对构建数字经济学知识体系的有益探索。如果能将大家的思考收集整理起来,对内容进行"迭代更新",那么一部原本不够完善的教材则有可能逐步优化,数字经济学的知识体系也必将日益完善。

这就是我最终下定决心撰写这部教材的原因。本书在写作过程中,得到了黄继雷博士(山东大学)以及我的学生叶文博、李欣芮、黄禧、罗穆雄的大力支持,并得到国家自然科学基金项目(NO.72073125)的资助,在此表示感谢!由于我的水平有限,很难说这部教材是一部好的教材,还有待读者检验。因此,我热切地期待能与广大高校师生、数字产业的从业者及相关政府部门的工作人员探讨书中的内容与观点,迫切地希望社会各界人士能给予批评、指正,我会真诚地接受各方读者的宝贵意见。

本书配套的教学辅助工具——数字经济图书馆

为了保证本书的教学效果,同时更好地与社会各界进行交流或分享最新研究动态、探讨热点话题、更新教学资源,本书同步开发了配套网站数字经济图书馆(www.digitaleconomylib.com)。除下载本书配套的课件、参考文献和教学案例之外,还提供了聚焦于数字经济学的搜索引擎和用户交流功能,以便本书的使用者搜集数字经济学的相关学术论文、新闻事件和研究报告,并分享教学经验。由于数字经济学的研究及产业实践更新较快,我将会在这个网站上持续更新教材内容。

推荐序（樊丽明）
前　言

绪论　数字经济学的三类基本问题　　1
　　学习目标　　1
　　引例　浮现中的数字经济　　2
　　0.1　什么是数字经济学　　2
　　0.2　数字化与数字经济的交易机制　　8
　　0.3　网络外部性与数字经济的市场结构　　10
　　0.4　宏观经济运行的数字化变革　　12
　　关键术语　　14
　　复习思考题　　14
　　参考文献　　15

第 1 章　免费的销售策略　　17
　　学习目标　　17
　　引例　Google 的竞价排名　　18
　　1.1　数字产品的特点　　18
　　1.2　完全免费策略　　21
　　1.3　部分免费策略　　22

1.4 锁定效应	28
本章小结	29
关键术语	29
复习思考题	29
参考文献	30

第2章 数字市场中的价格歧视 — 31

学习目标	31
引例 "随机优惠"如何随机	32
2.1 在线拍卖	32
2.2 个性化定价	35
2.3 捆绑销售	37
本章小结	40
关键术语	40
复习思考题	40
参考文献	40

第3章 搜索成本 — 42

学习目标	42
引例 瓜子二手车：降低的搜索成本	43
3.1 数字经济中的搜索成本	43
3.2 价格离散与最优搜索次数	45
3.3 电子商务的市场效率	48
本章小结	56
关键术语	57
复习思考题	57
参考文献	57

第4章 稠密市场 — 59

学习目标	59
引例 Uber——稠密市场的成功案例	60
4.1 稠密市场的几种形式	60
4.2 稠密市场的交易机制	64
4.3 稠密市场的定价	67
本章小结	69
关键术语	69
复习思考题	69

参考文献　69

第5章　网络外部性　71

学习目标　71
引例　微信与子弹短信　72
5.1　网络外部性的基本概念　72
5.2　网络外部性与用户选择　74
5.3　网络外部性与企业定价　76
5.4　网络外部性与市场垄断　77
本章小结　80
关键术语　80
复习思考题　80
参考文献　81

第6章　双边市场　82

学习目标　82
引例　外卖App为什么免费供消费者使用　83
6.1　双边市场的定义与分类　83
6.2　双边市场的定价模型　87
6.3　双边市场的补贴策略　90
6.4　双边市场与纵向一体化　94
本章小结　96
关键术语　96
复习思考题　96
参考文献　97

第7章　平台经济　99

学习目标　99
引例　在线平台的注意力竞争　100
7.1　平台经济的基本内涵　100
7.2　平台经济的结构与竞争　103
7.3　平台竞争的"触媒"效应　108
本章小结　110
关键术语　110
复习思考题　110
参考文献　110

第 8 章　兼容性与网络竞争　　112

学习目标　　112
引例　微信、淘宝与抖音平台的兼容性问题　　113
8.1　网络接入　　113
8.2　瓶颈竞争　　115
8.3　兼容策略　　121
本章小结　　123
关键术语　　123
复习思考题　　124
参考文献　　124

第 9 章　平台垄断　　125

学习目标　　125
引例　谷歌垄断案　　126
9.1　平台垄断的典型特征　　126
9.2　平台经济的相关市场　　130
9.3　平台反垄断的创新激励　　134
本章小结　　136
关键术语　　136
复习思考题　　136
参考文献　　137

第 10 章　数字经济统计核算　　138

学习目标　　138
引例　美国经济分析局的数字经济测度　　139
10.1　数字经济统计核算的主要问题　　139
10.2　数字经济统计核算方法　　144
10.3　数字经济卫星账户　　148
10.4　数字经济的溢出效应　　152
10.5　数字经济发展水平的评估　　158
本章小结　　164
关键术语　　164
复习思考题　　165
参考文献　　165
附录 10A　数字经济卫星账户核心表式　　168

第 11 章　数字经济与就业　　171

　　学习目标　　171
　　引例　消失的银行出纳员　　172
　　11.1　基于新古典理论延伸的数字化与就业　　173
　　11.2　替代弹性和数字化下的内生技术进步　　183
　　11.3　人工智能与就业　　192
　　11.4　数字化时代的劳动者保护和政府政策　　197
　　本章小结　　202
　　关键术语　　203
　　复习思考题　　203
　　参考文献　　203

第 12 章　数字货币　　206

　　学习目标　　207
　　引例　Libra 将何去何从　　207
　　12.1　数字货币概述　　207
　　12.2　私人数字货币的定价与监管　　214
　　12.3　央行数字货币的传导机制　　219
　　12.4　央行数字货币对宏观经济的影响　　226
　　本章小结　　230
　　关键术语　　231
　　复习思考题　　231
　　参考文献　　231

第 13 章　数据隐私的博弈　　234

　　学习目标　　235
　　引例　Facebook 用户个人数据信息泄露　　235
　　13.1　何为"数据"　　236
　　13.2　隐私的经济学观点　　239
　　13.3　基于消费者隐私信息的市场博弈　　241
　　13.4　均衡策略与隐私信息披露的福利　　246
　　13.5　隐私信息监管与产权治理　　252
　　本章小结　　255
　　关键术语　　255
　　复习思考题　　255
　　参考文献　　255

第 14 章　数据资产定价　　257

学习目标　　257
引例　数据是阿里巴巴最值钱的财富　　258
14.1　数据资产的界定和交易　　258
14.2　数据价值链　　262
14.3　数据资产定价　　266
本章小结　　272
关键术语　　272
复习思考题　　272
附录 14A　R&D 折旧模型　　273
参考文献　　274

第 15 章　数据治理　　275

学习目标　　275
引例　欧洲法院判决欧美之间的个人数据传输框架无效　　276
15.1　数据治理的基本内涵　　277
15.2　数据开放共享与数据产权　　279
15.3　数据跨境流动　　281
15.4　数据治理的立法与监管实践　　285
本章小结　　293
关键术语　　293
复习思考题　　293
参考文献　　293

第 16 章　数字税　　295

学习目标　　295
引例　强烈反对数字税的美国　　296
16.1　数字税的基本内涵　　296
16.2　征收数字税的必要性　　298
16.3　欧盟的数字税实践　　301
16.4　OECD 的"双支柱"模型　　302
16.5　数字税的反对者　　305
16.6　数字税的异化　　307
本章小结　　311
关键术语　　311
复习思考题　　311
参考文献　　311

DIGITAL ECONOMICS · 绪　论

数字经济学的三类基本问题

2021年3月11日，十三届全国人大四次会议通过了《中华人民共和国国民经济和社会发展第十四个五年规划和2035年远景目标纲要》。其中，"加快数字化发展，建设数字中国"首次单独成篇，将"打造数字经济新优势""营造良好数字生态"列为"十四五"时期的重要工作目标。事实上，如果你关注经济、关注经济学，就会发现数字经济已经成为全球经济发展的重要议题。那么，何谓数字经济？数字经济又包含哪些典型的经济学问题？通过本章，读者会对数字经济、数字经济学的相关基本概念有较为清晰的认识，并对数字经济学涉及的基本问题形成一个初步的系统性认识框架。

学习目标

1. 理解数字经济的基本概念和演化；
2. 理解数字经济的市场交易机制变化；
3. 理解数字经济的市场结构及其特点；
4. 了解在宏观经济层面数字技术带来的新问题。

引例

浮现中的数字经济

第二次世界大战期间，艾伦·图灵（Alan Turing）和冯·诺依曼（John von Neumann）为满足同盟国快速计算的需要，开始着手研发电子计算机。1946年，美国研制出世界上第一台通用计算机——电子数字积分计算机（electronic numerical integrator and computer，ENIAC），每秒钟的运算速度超过5 000次。1969年11月，美国国防高级研究计划局（Defense Advanced Research Projects Agency，DARPA）建立了一个名为ARPAnet的网络，包括由加利福尼亚州大学洛杉矶分校、加利福尼亚州大学圣巴巴拉分校、斯坦福大学、犹他大学四所大学的4台大型计算机构成的4个节点，宣告了世界上首个计算机网络的诞生。1971年，麻省理工学院博士Ray Tomlinson在ARPAnet上发出了第一封电子邮件[一]，出现了借助于网络在不同的计算机之间传送数据的方法。1987年9月，中国兵器工业计算机应用技术研究所所在地——北京市海淀区车道沟十号院中一座树木掩映的小楼内，一封电子邮件——"Across the Great Wall we can reach every corner in the world"发往德国，这是中国的第一封电子邮件，也宣告了中国的互联网时代已经悄然来临。很难想象，多年后数字经济会如此深刻地影响着中华大地。如今，新型基础设施建设已经成为中国经济增长的新动能，第五代移动通信技术（以下简称5G）、大数据、云计算、物联网和人工智能成为新的基础设施，外卖和网约车等新型电子商务成为人们生活中必不可少的一部分。随着数字经济与经济社会的深度融合，数字经济的外延不断扩大。当然，留给经济学家的问题也会越来越多。

0.1 什么是数字经济学

数字经济学源于数字经济，与数字经济的发展密切相关。如何用经济学的思维、理论与方法分析数字经济的运行机理、把握数字经济的发展规律、制定数字经济的发展策略，是建立数字经济学知识体系的主要目标，也是编写本书的主要目的。本节首先对数字经济、数字经济学的相关概念进行界定。

0.1.1 演化中的数字经济

数字经济（digital economics）是一个产业层面的概念。一般认为，数字经济由唐·泰普斯科特（Don Tapscott）1994年在《数字经济：网络智能时代的希望与危险》（*The Digital Economy: Promise and Peril In The Age of Networked Intelligence*）一书中首次提出。数字经济的内涵比较宽泛，且随着数字技术与人类经济社会的逐步融合，数字经济

[一] 另一种说法：世界上的第一封电子邮件是1969年10月由计算机科学家Leonard K.教授发给他的同事的一条简短消息。本书选择了流传更为广泛的一种说法。

的内涵又在不断扩展和延伸。如果将视野放宽到更为广阔的经济与技术的历史发展中，我们会发现数字经济是一个不断演化的产业概念。

1. 信息经济（20世纪60～80年代）

20世纪40年代，信息科学的发展驱动了低成本电子元器件的出现，催生了信息技术创新集群和以信息技术为主导的新兴产业集群，经济结构的重心开始由物理空间向信息空间偏移，信息经济在发达国家产生的作用已经初见端倪。20世纪50～70年代中期，信息经济已在发达国家的国民经济中占有重要地位。1962年，美国经济学家弗里茨·马克卢普在《美国的知识生产与分配》(The Production and Distribution of Knowledge in the United States)一书中建立了一套关于信息产业的核算体系，奠定了信息经济研究的理论基础。1973年，以石油危机的爆发为转折点，工业经济时代的命脉——石油产业开始衰退，原油产量下降，导致以高能耗、高物耗为主的工业经济全面衰退。此时，加速发展的信息革命使工业化国家开始自觉地利用信息技术，并把发展信息经济提高到战略层面，使得信息经济迅速发展。1977年，美国经济学家马克·尤里·波拉特（Marc. U. Porat）提出了按照农业、工业、服务业、信息业分类的四次产业划分方法，其中信息业包括第一和第二两个信息部门，前者包括向市场提供信息产品或信息服务的企业，后者则包括政府或非信息企业为了满足内部消耗的需求而创造的信息服务。基于上述产业划分方法，波拉特又将经济分为两大领域：一个是物质和能源的转换领域；另一个是信息转换的领域，社会的经济结构由这两个互相交融、密不可分的领域共同组成，物质和能源的生产必须有相应的知识和信息作保证，而信息的产生、处理和流通又离不开物质和能源。

20世纪80年代，美国、日本以及欧洲共同体中的某些工业化国家和地区，一半以上的国民生产总值（GNP）与信息活动有关，信息经济已成为发达工业国家经济继续向前的主要推动力。1983年，美国经济学家保罗·霍肯（Paul Hawken）在《未来的经济》(The Next Economy)中明确提出了信息经济的概念，指出信息经济是基于新技术、新知识和新技能的新型经济形式，其根本特征是经济运行过程中信息成分大于物质成分的产品和服务占主导地位，信息成为新的生产要素。霍肯还指出，现代工业产品中物质与信息的构成比例发生了变化，物质经济正在向信息经济转换，未来经济的繁荣取决于物质与信息在经济中所占比例的变化。我国经济学家乌家培将信息经济看作信息革命在经济领域取得的伟大成果，认为信息经济是以现代信息技术为物质基础、以信息产业为主导，基于信息、知识、智力的一种新型经济，包括产业信息化和信息产业化两个相互联系和彼此促进的部分。同物质经济相比，信息经济主要以半导体、芯片、集成电路、电子计算机、电信网络等高科技含量的信息产品和信息服务为主，经济活动的形式主要与信息从一种形态向另一种形态的转换有关，包括知识信息的生产、加工、存储、流通、分配和使用的各个领域、各个环节。

2. 网络经济（20 世纪 90 年代～ 21 世纪 10 年代初期）

尽管数字经济的概念在 20 世纪 90 年代就已经出现，但是在相当长的一段时间内，都是将网络经济作为数字经济发展的核心产业的。伴随互联网技术的发展，网络经济方兴未艾。按照人们通常的理解，网络经济是指基于因特网进行资源的生产、分配、交换和消费的经济活动新形式。在网络经济的产生与发展过程中，互联网技术的广泛应用及电子商务的蓬勃兴起发挥了举足轻重的作用。1998 年，美国商务部（United States Department of Commerce）围绕新经济发布的报告——《浮现中的数字经济》（*The Emerging Digital Economy*），将互联网硬件及基础设施、电子商务、信息服务等作为数字经济的主要组成部分。2000 年，美国人口普查局（Bureau of the Census）发布报告"Measuring the Digital Economy"，认为数字经济主要由支撑的基础设施、电子商务流程（交易是如何实现的）和电子商务交易（在线出售商品或服务）构成。

在这一时期，网络经济的发展呈现了快速迭代的特点。在 20 世纪 90 年代初期，基于互联网的商业模式以新闻门户网站、电子邮件业务、电子商务为主，实现了信息的分类与聚合，这一阶段也被称为 Web 1.0 阶段或者门户时代。随着网络信息的爆炸性增长，信息过载问题日益突出，如何帮助用户找到其自身关注的信息成为行业发展的痛点，以搜索引擎为代表的网络经济业态蓬勃发展。用户利用搜索引擎查阅自己感兴趣的话题，而用户的这一兴趣被搜索引擎记录后又成为网络信息排序的依据，"竞价排名"的商业模式由此成为互联网公司盈利的利器。在这种模式下，用户成为企业价值创造的一部分，因而用户创造内容（user generated content，UGC）成为 2005 年前后网络经济的主流商业模式，网络经济进入了以用户为中心的 Web 2.0 时代。2006 年，美国《时代》周刊曾以"You"作为封面，并评论称社会正从机构向个人过渡，个人正在成为"新数字时代民主社会"的公民。进一步地，用户的社交关系也沉淀在互联网上，以 Twitter、微博、微信为代表的社交平台和即时通信工具发展迅速，社交网络成为网络经济的热点领域。

1994 年，中国正式接入国际互联网，我国网络经济发展的大幕也由此拉开。20 世纪 90 年代末，三大门户网站——新浪、搜狐、网易先后创立，阿里巴巴、京东等电子商务网站进入初创阶段，随后百度、腾讯等搜索引擎和社交媒体得到空前发展。在这一阶段，中国的互联网用户数量在相当长的一段时间内保持两位数增长，以网络零售为代表的电子商务得到蓬勃发展。2003 ～ 2004 年，阿里巴巴推出的淘宝网和支付宝，通过不断地发展，如今在电子商务和第三方支付领域已跻身行业前列。2005 年，腾讯 QQ 的同时在线人数首次突破 1 000 万，即时聊天工具逐渐成为网民的标配。2008 ～ 2009 年，以开心网、新浪微博为代表的社交网站、社交媒体迅速升温，社交网络逐步普及，与社交关系形成了紧密联系，人际联络方式发生了重大变革。

3. 数字经济（21 世纪 10 年代中期至今）

数字经济时代开端于移动互联网的兴起，以线上和线下的融合为主要特征，5G、大数据、物联网、云计算及人工智能等新兴技术被广泛应用于经济社会的不同场景，数字技术与经济社会深度融合。著名的技术经济学家布莱恩·阿瑟（W. Brian Arthur）将数字经济称为第二经济（the second economy），认为工业革命驱动经济是以机器动力的形式发展了一套肌肉系统，而数字革命则为经济开发出一套神经系统，曾经在物理世界进行的经济活动现在正以数字方式进行，数字技术带来了自工业革命以来最大的变化。

为了把握这一历史发展机遇，许多国家陆续将发展数字经济上升到国家战略层面。欧盟为全面提升在数字经济领域的竞争力，公布了一系列数字化转型的战略规划。2015年5月，欧盟委员会发布《数字化单一市场战略》（Digital Single Market），提出了助力单一数字市场的三大引擎：一是促进跨境数字产品、服务升级；二是加大数字网络服务政策支持；三是激发数字经济增长潜力。2020年2～3月，欧盟委员会先后发布了《欧洲数据战略》（A European Strategy for Data）、《欧洲人工智能白皮书》（White Paper on Artificial Intelligene）和《塑造欧洲的数字未来》（Shaping Europe's Digital Future），旨在通过数据可用性的完善、数据共享、网络基础设施建设、研究和创新投资等，助力欧盟完成数字单一市场构建。《欧洲数据战略》主要提出通过"开放更多数据"和"增强数据可用性"为欧洲数字化转型提供发展和创新的动力；《欧洲人工智能白皮书》提出以加强监管和引导投资为导向，以促进人工智能应用和解决技术应用风险为目标，旨在根据人工智能系统的风险等级对不同系统施加不同规则来平衡安全与创新；《塑造欧洲的数字未来》强调利用数字经济优势及其变革性潜力建立欧盟技术主权，重点关注以人为本的技术创新、公平竞争的单一市场、民主开放的社会环境三个关键领域。美国聚焦数字技术创新，先后出台了"数字经济议程"（Digital Economy Agenda，2016）、"在数字经济中实现增长与创新"（Enabliuy Growth and Innovation in the Digital Economy，2016）、"美国国家网络战略"（National Cyber Strategy of the United States of America，2018）、"让美国成为数字经济第一大国：参与欧洲"（Making America First in the Digital Economy: The case for Engaging Europe，2018）、"美国的全球数字经济大战略"（A U.S. Grand Strategy for the Globel Digital Economy，2021）等一系列数字经济的政策和举措，以期确保美国在信息技术革新和数字成果应用方面长期的领先地位。英国聚焦数字政府、数字产业和数字人才等领域，先后推出了《英国数字经济战略（2015–2018）》（Digital Economy Strategy 2015–2018)、《英国数字战略》（UK Digital Strategy, 2017）、《国家数据战略》（National Data Strategy, 2020）等战略计划，对打造世界领先的数字经济和全面推进数字化转型做出了全面而周密的部署。日本聚焦数字技术创新，推进产业数字化转型，加快推进智能型社会建设，相继发布了《日本制造业白皮书》《下一代人工智能推进战略》等纲领性文件。2019年，日本开始全面推进"数字新政"战略，在"后5G"信息通信基础设施、学校的信息通信技术（ICT）应用、中小企业信息化和ICT领域研发等方面，加大资金投入力度，推动社会数字化、智能化转型。

以2015年7月国务院发布的《国务院关于积极推进"互联网+"行动的指导意见》为重要开端，我国的数字经济发展也进入快车道。2015年12月，在第二届世界互联网大会上，习近平总书记指出："中国正在实施'互联网+'行动计划，推进'数字中国'建设，发展分享经济，支持基于互联网的各类创新，提高发展质量和效益""我们愿意同各国加强合作，通过发展跨境电子商务、建设信息经济示范区等，促进世界范围内投资和贸易发展，推动全球数字经济发展。"2017年3月，数字经济首次被写入政府工作报告。2021年3月，《中华人民共和国国民经济和社会发展第十四个五年规划和2035年远景目标纲要》将2025年数字经济核心产业增加值占GDP比重10%作为"十四五"时期经济社会发展的主要指标之一，并将"加快数字化发展，建设数字中国"单独成篇，提出了"打造数字经济新优势""加快数字社会建设步伐""提高数字政府建设水平""营造良好数字生态"等重要举措。

从数字经济发展现状来看，数字经济的边界越来越不易确定。2018年，美国商务部经济分析局（Bureau of Economic Analysis，BEA）将数字经济划分为三部分：一是数字使能基础设施，主要包括计算机硬件和软件、通信设备和服务、建筑、物联网、支持服务；二是电子商务，包括电子下单、电子交付和平台支持交易；三是数字媒体，包括直接销售的数字媒体、免费数字媒体、大数据。2019年，联合国贸易和发展会议（United Nations Conference on Trade and Development，UNCTAD）在《数字经济报告2019》(*Digital Economy Report 2019*) 中将数字经济划分为三个主要部分：一是核心或基础领域，包括基础创新（半导体、处理器）、核心技术（计算机、电信设备）和基础设施（互联网、电信网络）；二是数字和信息技术领域，特指生产依赖于核心数字技术的关键产品或服务，包括数字平台、移动应用程序和支付服务；三是广义的数字化部门，特指与数字产品和服务融合的传统经济部门，例如金融、媒体、旅游和交通等。目前，我国广泛认可的数字经济定义，是2016年二十国集团（G20）杭州峰会发布的《二十国集团数字经济发展与合作倡议》中给出的定义：数字经济是指以使用数字化的知识和信息作为关键生产要素、以现代信息网络作为重要载体、以信息通信技术的有效使用作为效率提升和经济结构优化的重要推动力的一系列经济活动。2021年5月，在上述定义的基础上，我国出台了《数字经济及其核心产业统计分类（2021）》，将数字经济的基本范围确定为数字产品制造业、数字产品服务业、数字技术应用业、数字要素驱动业、数字化效率提升业等5大类，并首次界定了数字经济核心产业的定义。数字经济核心产业也称为数字产业化部分，即为产业数字化发展提供数字技术、产品、服务、基础设施和解决方案，以及完全依赖于数字技术、数据要素的各类经济活动。在这里，数字经济核心产业对应的是数字产品制造业、数字产品服务业、数字技术应用业、数字要素驱动业4大类，主要包括计算机和其他数字产品制造业、广播电视和卫星传输服务、互联网接入及相关服务、软件开发和信息技术服务等，是数字经济发展的基础。数字化效率提升也称为产业数字化部分，指应用数字技术和数据资源为传统产业带来的产出增加和效率提升，是数字技术与实体经济融合的结果。

通过梳理数字经济发展与演化的历史可以发现，作为一个产业，数字经济的定义是动态的。我们在任何时点所谈论的数字经济，都是一个阶段性的概念。今天的数字经济不同于过去的数字经济，未来的数字经济也将不同于今天的数字经济。可见，随着物理世界、人类社会、经济发展与数字技术的深度融合，数字经济的内涵与外延还将不断深化和扩大。出于论述的统一性考量，本书关于数字经济的定义，采用2016年G20杭州峰会通过的《二十国集团数字经济发展与合作倡议》中给出的定义。

0.1.2 经济学家如何思考数字经济

正如 0.1.1 节所总结的，数字经济是一个不断演化的产业定义，而认识数字经济现象、把握数字经济规律、揭示数字经济本质、指导数字经济发展则需要借助经济学理论及方法。在数字经济的发展过程中不断涌现出新产品、新业态和新模式，这些经济实践的创新是否蕴含着经济学原理的创新呢？

1. 数字经济学的思维范式

数字经济是数字技术、商业实践与经济运行相互融合的产物，在打破传统产业边界的同时，也打破了学科的界限。因此，站在学者的立场，解读数字经济发展实践的视角也不尽相同。例如，北京市消费者协会的一项调查显示，许多被调查者表示曾被"大数据杀熟"○。对于大数据"杀熟"这一现象，不同领域的学者有着不同的解读：计算机专家会从技术的角度来理解，推测这是利用了何种机器学习模型对用户属性、兴趣、行为等特征进行预测；管理学专家会思考用户画像和精准推荐将对企业商业模式创新带来何种影响；法律专家则会思考，这其中包含的数据权属确定和数据隐私保护等问题对现行法律体系带来的挑战。可以确定的是，上述三个领域的专家都可以被称作数字经济专家。但经济学家大概率会从另外一个角度去思考大数据"杀熟"，大数据"杀熟"是典型的价格歧视，而大数据技术解决了价格歧视的一个关键难题，即信息甄别问题。相比大数据"杀熟"的后果，经济学家更有可能关注的话题是消费者剩余与市场福利。

虽然经济学家也会探讨技术的创新与法律的规制，但由于存在固定的思维方式，所以其依据往往是那些耳熟能详的经济学基本概念，如成本、收益、均衡、优化等。即便是在不断创新的数字经济时代，传统经济理论仍然有着旺盛的生命力。例如，对于当前的平台经济垄断、互联互通以及规制等问题，自 20 世纪 90 年代起，以 Laffont、Rey 和 Tirole（1998）、Desesin（2003）、Armstrong（2004）等为代表的学者就结合电信行业的竞争问题得出了有关网络兼容性、接入定价、政府监管等多个方面的研究成果。这些研究成果不仅对我国当前的平台经济反垄断工作具有非常好的指导意义，而且对于我们从经济学的角度，理解和分析抖音的视频为什么不能在微信传播、"双 11"为何会出现"平台二选一"现象、苹果的 iOS 系统和谷歌的 Android 系统为什么采用不同的兼容性策略等问题，提供了非常好的理论分析方法。

2. 为什么要构建数字经济学体系

事实上，数字经济与经济学的发展一直形影不离。从最早的信息经济到现在的数字经济，经济学家的分析包括微观、宏观和产业多个层面。在微观层面，围绕数字产品与传统产品最为显著的三个差异，即边际效用、边际报酬和产品的信息属性，开展了与定价和销售相关的研究。宏观层面的研究可以追溯到 20 世纪 60～70 年代，以马克卢普、波拉特为代表的学者开创了数字经济产业分类和统计核算工作的先河，构建了以产业范

○ 陈守湖. 用法治遏制大数据"杀熟"[N]. 人民日报，2020-12-09（5）.

围和类型划分为核心的信息经济统计核算与应用体系。进入数字经济时代，国际主流机构和学者对于数字产业的统计核算依然沿用了马克·卢普、波拉特开创的方法，如美国经济研究局（BEA，2016）、中国国家统计局（2021）以及许宪春（2020）等，数字产业的统计核算问题依然是数字经济研究基础而又关键的话题。与数字经济统计核算研究密切相关的是探讨数字经济对宏观经济增长的影响，包括价值测度、数字鸿沟、劳动就业等多个方面。在产业层面，主要以网络外部性为核心，基于产业经济学的研究方法，讨论了双边市场、平台经济等新的市场结构，并讨论了以反垄断为核心的市场规制问题。

数字经济为经济学的发展提供了更为广阔的舞台，更有助于解释客观世界的经济运行规律。同时，数字经济也为经济学的发展提出了重要的挑战。新的定价方式——如免费，如何影响市场福利？新的生产要素——如数据，其产权和价格如何确定？新的市场结构——如双边市场，如何影响区域税收？新的货币发行方式——如数字货币，如何影响金融稳定？类似的话题尽管已经引发了许多学者的关注，但是大多数话题尚未形成公认的研究结论，还有一些话题，如数据资产定价等，至今都没有出现比较好的经济学研究方法。

对于是否有必要构建数字经济学体系这一问题，答案是肯定的：首先，不断涌现的数字经济新实践需要经济学的分析框架和分析方法，以帮助市场主体理性决策；其次，确实出现了一部分超越经济学理论和方法边界的新话题，亟待学者们做出探索实践；最后，对于规模逐步壮大、影响日益显著的数字经济而言，构建一套有针对性的知识体系，帮助相关主体理解产业发展规律，也是一件非常具有现实意义的工作。

3. 数字经济学的知识体系

在构建数字经济学知识体系之前，要阐明的一个观点是，数字经济发展出的各种新生事物，其本质超出经济学知识体系的范围是有限的。一个中立、客观的视角，应该是既不否定传统经济理论的基本原理和方法，也要密切关注数字经济发展过程中出现的新模式、新现象和新问题。在这个过程中，经济学原理的创新一定是有来源且渐进式的。基于上述观点，本书所构建的数字经济学知识体系有三个来源：一是基于数字经济发展历史中已有定论的经济学研究，如统计核算、价值测度、双边市场、平台经济、合作与兼容、数字产品定价等；二是针对数字经济新问题、新现象的经济学分析，如共享经济、零工经济、平台垄断、隐私保护等；三是数字经济发展驱动的前瞻性、探索性问题，如数字货币、数据资产定价、数字税等。

综上所述，本书将数字经济学的知识体系归纳为三类基本问题：一是在微观层面，数字技术如何驱动新的交易机制；二是在产业层面，网络外部性如何重构市场结构；三是在宏观层面，宏观经济运行面临着数字化变革。

0.2 数字化与数字经济的交易机制

数字化对交易机制的重构主要来源于数字技术的技术特性：一是数字技术促进了现

有产品和服务的重组，产生了以数据化、虚拟化为典型特征的新形式数字产品；二是数字基础设施连接市场主体或服务，降低了通信成本，提高了通信速度，扩大了覆盖范围，进而大幅降低了交易成本，加强了资源的控制与分配，形成了新的交易流程与关系；三是数字技术突破了物理空间和交易时间的限制，扩大了交易范围。概言之，以数据化、泛在访问、连接为典型特征的数字技术，至少对数字经济的交易机制产生了以下两类影响：一是影响了数字产品的特性，使虚拟化、数据化的产品在交易方式、定价方式、消费方式等方面与物理产品表现出极大的差别，支持市场主体采纳更为灵活的交易方式；二是泛在访问与连接极大地降低了市场交易成本，从而催生了新的市场交易机制。

0.2.1 数字产品的销售方式

与传统的实体商品不同，数字产品的信息属性驱动了免费这一新的销售方式。数字产品生产商可以通过免费出售部分产品的方式"锁定"消费者，以获取更多的长远利益。免费的销售方式一方面是由数字企业的商业模式决定的，例如，基于用户注意力的 Google AdSence 盈利模式；另一方面，数字产品的体验属性也决定了免费试用的销售模式能够提升用户的支付意愿。那么，究竟数字产品应该采用收费还是免费的销售方式？一个重要的决定因素是信息产品的质量感知。对传统产品而言，产品质量相对易于感知，因而产品质量对于价格的影响较为清晰；但对数字产品而言，消费者对于产品质量的感知机理变得复杂。因此，如何通过免费的模式帮助消费者感知产品价值、如何合理地确定免费的比例、如何通过免费使用锁定消费者，成为数字产品生产者面临的新问题。

0.2.2 数字产品的价格歧视

数字技术及其驱动的产品创新，也为企业对消费者实施价格歧视提供了便利，例如，在线拍卖的参与对象范围更广、投标过程更为灵活多样，使得买方的竞争更加充分；追踪成本的降低使得商家收集消费者的数字信息变得更加容易，从而推进了个性化服务的发展和一对一市场的建立，实现了针对消费者偏好的个性化定价。与传统产品相比，数字产品在捆绑销售方面更具优势：由于数字产品的生产边际成本几乎为零并且产品捆绑（组合）的成本也更低，所以商家就可以设计出不同的产品组合，在更大范围内对消费者进行准价格歧视。除此之外，由于数字产品的运输成本极低，因此将互联网作为数字产品的分销渠道也降低了分销成本，使得捆绑销售可以跨越空间的限制、实现跨地域的大规模捆绑销售。

0.2.3 数字市场的交易成本

数字技术的发展和应用将包含搜索成本、复制成本、运输成本、追踪成本和验证成本在内的交易成本大幅降低，其中搜索成本对交易机制的影响最为显著。信息检索的便捷使得消费者能对可感知的信息进行对比及筛选，匹配到更心仪的商品，从而更广泛地促进交易，有助于提升资源的匹配度和利用效率。搜索成本降低的一个重要影响就是降低了市场的信息不对称程度，进而影响价格离散度和市场效率。在这种情况下，商家愿意提供更多种类的产品，消费者能以更低的成本搜索到心仪的产品，分散、小额但巨量的需求累积可能产生收益较高的新市场，产品销售从主流产品转向利基产品，最终形成长尾市场。

0.2.4　数字市场的交易机制

数字技术与经济社会的深度融合催生了共享经济、众包与众筹等新的资源配置方式与**数字市场交易**。上述新兴业态都具备共同的特点：拥有众多参与者，可以在较短时间内完成交易、价格随着供需的变化可以在短时间内动态调整。经济学家将这种新的交易机制称为稠密市场，其核心在于在极短的时间内将供给方和需求方配对，让供给和需求精准对接。事实上，配对并不是一个新生事物，其雏形是股票交易所。但正是由于数字技术与物理世界和实体经济的融合，配对这一交易机制得以从虚拟经济扩展至实体经济。在稠密市场中，定价方式也由固定单价发展至动态定价，例如，打车软件在高峰时段会根据出租车数量、用车人数给出差异化价格，而这种动态定价方式完全依赖于数字技术支撑下供需双方形成的配对机制。因此，在交易机制上，动态定价也是稠密市场有别于传统市场的重要特征。

0.3　网络外部性与数字经济的市场结构

1993年，乔治·吉尔德（George Gilder）提出梅特卡夫法则（Metcalfe's Law）的概念，认为一个网络的价值等于该网络内节点数的平方，即网络价值与网络用户数的平方成正比。在以用户为核心的数字市场中，梅特卡夫法则的一个直接结论就是网络规模更大的企业能够获得正反馈效应，而网络规模较小的企业会退出，进而形成"冒尖儿"市场（tippy market）。因此，具备网络效应的数字企业具有天然垄断属性。随着大数据在平台商业模式中的广泛应用，数据驱动的"飞轮效应"进一步强化了天然垄断属性，并催生了自我优待等新的滥用市场地位的手段。为了获取网络效应、巩固竞争优势，随着企业商业模式的不断创新，多边平台成为互联网企业的通用组织形式，平台经济的垄断特征日趋显著。从西方一些国家或地区的监管实践来看，对于互联网平台型企业，如Google、Facebook等，反垄断是政府一贯的政策取向。2019年，美国民主党总统候选人伊丽莎白·沃伦（Elizabeth Warren）甚至将拆分大型科技公司作为其竞选总统的重要主张。2020年11月，我国国家市场监督管理总局发布了《关于平台经济领域的反垄断指南（征求意见稿）》，就垄断协议、滥用市场支配地位、经营者集中、滥用行政权力排除或限制竞争等方面提出监管意见。2021年2月，国务院反垄断委员会印发了《关于平台经济领域的反垄断指南》，进一步明确了平台经济反垄断的相关政策措施。从经济学（主要以网络经济学为主）研究的发展脉络来看，**网络外部性**成为研究数字经济的起点和重要基础。

0.3.1 双边市场

数字市场的一个典型模式是，利用数字技术将买方与卖方进行匹配，如电子商务平台、社交网络（婚恋网站等）以及共享经济等。处在这一模式中心地位的平台将买方和卖方的需求进行匹配，平台一边的用户规模越大，则对于另外一边用户的吸引力就越大，因此出现了双边网络效应。**双边市场**中的交易双方存在着比较显著的依赖性与互补性，若一边用户对另一边用户的跨边网络外部性强度较高，平台企业往往采取向一边用户收取更高的价格，而向另一边用户提供更低的，甚至低于边际成本的价格策略，以吸引该部分用户加入、扩大双边市场。在调节价格结构的过程中，双边价格弹性、双边网络外部性、产品差异性以及用户单归属与多归属等因素都会影响用户定价。根据不同的情景，平台企业往往采取先高后低、交叉补贴以及双边搭售等定价策略，这些定价策略对生产者或消费者的福利具有差异化影响。

0.3.2 平台竞争

在双边或多边市场中，平台处在交易的核心位置，是双边市场中最重要的组成部分。为保证自身的核心地位，平台往往要考虑三个策略层面的因素。第一个策略也是最重要的策略，即扩大平台的网络效应。平台的用户越多，平台对每个用户的价值就越大，但平台用户的多属性行为往往令平台时刻面临着用户流失的风险。因此如何制定策略让用户产生对平台的路径依赖、提高用户的转移成本，从而锁定用户，是平台保持竞争优势的关键。第二个策略是提升平台提取、控制和分析数据的能力。平台的竞争优势在很大程度上由数据驱动型反馈回路（data-driven feedback loop）实现，网络服务提供者可以通过收集和使用数据来赢得竞争优势。第三个策略是进行跨界竞争。平台经济存在"触媒效应"，即通过把两组以上的客户聚集在一起，通过客户之间的交流创造价值的商业模式。在这一模式中，平台通过降低平台用户间的交易成本来创造价值，使平台用户能够从集聚中获益。此外，平台经济具有注意力经济的特征，合理的注意力配置有助于提高用户交易的可能性，使平台型企业在竞争中占据优势。

0.3.3 用户网络的兼容性

网络外部性的存在，使平台企业往往面临一个两难的选择：如果与其他企业的用户网络兼容，则在自身的网络规模扩大的同时也会扩大对方的网络规模，因而是否选择与其他企业的用户网络兼容成为平台企业竞争的重要问题。兼容性策略的核心是确定网络接入价格，消费者异质性、网络差异化以及成本异构等因素都会对接入价格产生影响。

一般而言，可以选择的策略有控制转移、开放转移、中断与丰富性能。这四种策略都同时考虑了兼容性、性能、开放与控制四个维度，不同的策略对这四个维度的侧重也各不相同。例如，丰富性能策略就是在引入一种新的、不兼容的技术的同时，维持较强的独家控制。这种策略更加适合实行技术开发的公司，并且适用于开发的新技术远远超过现有技术的情况。

0.3.4 网络外部性的规制

网络外部性为平台经济赋予了天然垄断属性；平台兼容性带来的网络效应的扩大让占据市场主导地位的企业存在着合谋的可能性；交叉补贴、跨界竞争等商业行为使得相关市场界定、市场集中度测算等反垄断调查的关键环节面临着新的挑战；自我优待等新的垄断手段进一步为具有支配地位的企业防止或抑制其他竞争对手的进入或扩张提供了助力。尽管对于数字经济中创新与垄断之间的关系，社会各界在认知上还存在较大的分歧，但在许多国家或地区，对于数字经济，特别是平台企业的反垄断监管已经成为保护消费者和相关企业的正当权益、维护公平竞争的重要工具。从 2019 年开始，美国国会、联邦和地方政府密切关注大型数字平台，并采取了一系列监管措施，从传统的宽松监管过渡到审慎的行政执法调查，尤其是对初创公司可能存在的数据泄露和隐私安全等方面的问题加大监管力度。在充分借鉴欧美发达国家关于平台经济领域的治理经验的基础上，我国国务院反垄断委员会制定出台了《国务院反垄断委员会关于平台经济领域的反垄断指南》，重点关注平台经济商业实践中滥用市场支配地位行为，为降低市场进入壁垒、保障市场创新活力、提高平台经济的整体国际竞争力创造条件。

0.4 宏观经济运行的数字化变革

数字技术又被称为通用目的技术（general purpose technology，GPT），这一类技术对推进经济长期增长、促进人类经济社会转型具有深远影响。数字技术具备的替代性、渗透性和协同性等特点，使得数字技术与经济社会深度融合并迅速扩展至各个领域。从促进经济增长、稳定物价、拉动就业、保证国际外收支平衡四大宏观经济目标来看，这种融合促使宏观经济运行发生了前所未有的变革：一是突破了以工业和农业为主导的国民经济分类体系，重构了国民经济统计核算体系和经济发展的衡量标准；二是有可能产生新的不均衡发展、扩大贫富差距；三是向金融、就业和税收等宏观经济重点领域提出了新的挑战；四是突破了马歇尔的生产要素四元论，使得经济社会出现了第五类生产要素——数据。这些变革也为宏观经济研究提出了新的议题。

0.4.1 数字经济与经济增长

在探讨数字经济与经济增长之间的关系时，第一项议题也是基础性工作，即对数字经济进行统计核算,以确定其规模。数字经济的渗透性和协同性驱动数字经济与传统经济深度融合,使得数字经济与传统经济之间的界限模糊、数字产品难以按照现有统计科目明确分类,因而难以完全界定数字经济包含的所有经济活动。华为和牛津经济研究院(2017)将这一效应称为"digital spillover",即数字技术的溢出效应。在准确统计数字经济产业规模的基础上,如何衡量数字经济发展的影响成为第二项议题。这一话题最早可以追溯到"索洛悖论",也称为"生产率悖论",关注的焦点在于大规模的信息技术投资能否带来可量化的生产率改进。随后,Brynjolfsson(2019)发现,数字经济中大量的免费产品和服务价值难以测度,以 GDP 为核心的统计体系难以衡量数字经济创造的福利水平,从一个包容性增长的视角来看,如何以可扩展的方式直接衡量消费者剩余、评价数字经济对福利水平的改善成为学者关注的焦点。第三项议题也与包容性增长相关,即数字经济是否会扩大贫富差距?学者们对于这一话题的讨论源于对数字鸿沟的讨论,而随着数字经济在国民经济中的比重日益增大,数字经济的发展是否会产生新的数字鸿沟也成为政策制定者需要思考的重要话题。

0.4.2 数字化就业

数字技术迅猛发展的同时,也带来了人们对于劳动力市场所受影响的激烈争论。无论是在产业界还是在学术界,都流行着一种数字技术"非黑即白"的二分法观点:一种是数字技术会促使劳动力和资本携手并进、共享新科技带来的经济发展成果的乐观派;另一种是数字技术最终可能通过人工智能技术突破完全取代劳动力,并带来社会贫富差距扩大的悲观派。事实上,数字技术对就业的影响存在多种补偿效应与替代效应的对冲机制,基于这一机制的理论探讨能够在上述"非黑即白"的认知基础上,以更为理性的视角去分析数字经济在未来可能对劳动力市场和就业产生的影响。

0.4.3 数字货币

数字技术对于货币体系的影响起源于比特币的发展。2008 年,中本聪发表了"比特币白皮书:一种点对点的电子现金系统"(Bitcoin: A Peer-to-Peer Electronic Cash System)一文,成为数字技术向货币体系渗透的开端。在此之前,互联网上的交易几乎都需要借助金融机构作为可信赖的第三方来处理电子支付信息,而这篇仅九页的论文构建了一个基于密码学原理而非第三方金融机构信用的电子支付系统,使得任何达成一致的双方能够直接进行支付,而无须第三方中介的参与,从而创建了一种匿名的、无须信任的、去中心化的货币。从数字技术在经济领域发展应用的历史来看,去中心化、分布式等技术特点符合数字技术的一般规律,在电子商务、共享经济和驱动组织变革等方面都取得过去中心化变革的成功。但是,货币发行与中央银行的货币监管是否可以采用去中心化的模式?数字技术是否会改变中央银行的货币发行体系?数字货币将如何改变货币传导机制?与比特币的暴涨、暴跌相比,这些话题更加值得经济学家思考。

0.4.4 数据资产的市场化流通

许多人把数据比作"21世纪的石油"。但与石油相比,作为生产要素的数据却具有诸多不同于石油的特征,如非竞争性、不可分离性、外部性和价值不确定性等。从经济学的视角看,数据对经济学的理论体系提出了两大挑战:一是数据如何明确权属;二是**数据资产**如何定价。这两个问题也决定着数据作为生产要素能否像石油一样在市场上自由流通。由于数据的使用是一个"黑箱"机制,消费者很难对数据滥用行为做出识别,因此在竞争性市场中,存在着企业和消费者基于数据隐私的博弈行为。这一博弈蕴含的经济学原理是隐私产权明晰能否实现数据隐私保护的最优结果,以及隐私保护如何协调市场机制和政府监管等问题。除此之外,数据价值的衡量也为资产定价理论提出了挑战。在目前的探讨中,除了基于市场法、成本法和收益法三种传统的定价方法外,还有学者从组织资本的视角给出了数字资产定价方法。随着数据价值的扩散,也引发了数据滥用、个人信息泄露等数据安全问题,以及数据跨境流动、数据主权等国家治理问题。如何构建数据治理体系,实现高效、安全的数据流动,成为当前世界主要国家或地区以及国际组织面临的重要议题。

0.4.5 数字税

数字技术驱动的商业模式突破了物理空间的限制,这一技术创新却给税收带来了新的挑战。例如,淘宝网具备"一张网卖天下"的特点,全国乃至全球的卖家在淘宝上进行交易,为淘宝网创造了高额的营业收入。尽管营业收入由全国用户创造,但税收却直接交给了杭州市政府。同样,Google通过竞价排名的商业模式,聚集了全球用户的注意力,并将注意力以付费广告的形式卖给了全球的产品及服务提供商,在这个过程中创造的收入以及随之而来的税收,却留在了美国本土。2013年,法国数字经济税收工作组发布了《数字经济的税收行动方案》(*Address the Tax Challenges of the Digital Economy*),提议对企业搜集、管理和商业开发法国个人用户数据的行为,征收一种"特殊税",开创了**数字税**的先河。然而,数字税包含哪些形式?如何确定数字税的税基?是否存在双重征税等问题?至今仍无定论,这也为未来全球一体化提出了新的挑战。

关键术语

数字经济	信息经济	网络经济	数字经济学
Web 2.0	梅特卡夫法则	通用目的技术	第二经济

复习思考题

1. 谈谈你对数字经济和数字经济学的理解。
2. 论述数字化是如何对交易机制进行重构的。

3. 网络外部性是数字经济的典型特征，试论述网络外部性如何影响市场结构。
4. 结合日常生活的事例，谈一谈数字技术如何影响宏观经济。

参考文献

[1] 国家统计局. 数字经济及其核心产业统计分类（2021）[EB/OL].（2021-05-27）[2021-06-03]. http://tjj.sh.gov.cn/cmsres/65/6523bbbcbb6442f9b713c84ba318e6e0/88b4fdfc945ac4e0a1f59d2cd86e8c5b.pdf.

[2] 美国商务部. 浮现中的数字经济[M]. 姜奇平，等译. 北京：中国人民大学出版社，1998.

[3] 乌家培，谢康，肖静华. 信息经济学[M]. 北京：高等教育出版社，2007.

[4] 吴季松. 知识经济学[M]. 北京：首都经济贸易大学出版社，2007.

[5] 乌家培. 信息社会与网络经济[M]. 长春：长春出版社，2002.

[6] 乌家培. 谈信息经济与知识经济[J]. 情报资料工作，1998（04）:3-7.

[7] 许宪春，张美慧，张钟文. 数字化转型与经济社会统计的挑战和创新[J]. 统计研究，2021，38（01）:15-26.

[8] 蔡跃洲. 数字经济的增加值及贡献度测算：历史沿革、理论基础与方法框架[J]. 求是学刊，2018，45（05）:71-77.

[9] 葛伟民. 信息经济与产业结构：关于第四产业及产业结构政策的研究[J]. 上海社会科学院学术季刊，1988（02）:27-35.

[10] 波拉特. 信息经济论[M]. 长沙：湖南人民出版社，1987.

[11] 张胜利. 信息经济测度及其评价研究[J]. 现代商贸工业，2010，22（24）:361-362.

[12] 王胜光. 信息产业与信息活动产值：马克·尤里·波拉特的《信息经济》[J]. 科学管理研究，1988（02）:70-73.

[13] 查汝强. 评波拉特的信息经济分析方法[J]. 未来与发展，1989（02）:42-46.

[14] 许晶华. 信息产业分类体系的比较研究[J]. 情报学报，2001，20（05）:618-624.

[15] 中本聪. 比特币白皮书：一种点对点的电子现金系统[EB/OL].（2008-11-01）[2021-06-03]. https://bitcoin.org/files/bitcoin-paper/bitcoin_zh_cn.pdf.

[16] Tapscott. The Digital Economy: Promise and Peril in the Age of Networked Intelligence[M]. NewYork：McGraw-Hill, 1996.

[17] UNCTAD, Digital Economy Report 2019[R/OL].（2019-10-27）[2021-06-03]. https://unctad.org/webflyer/digital-economy-report-2019.

[18] Bureau of Economic Analysis. Defining and Measuring the Digital Economy. [R].（2018-09-17）[2021-06-03].

[19] Roth. Who gets what-and why: the new economics of matchmaking and market design[M]. Boston: Eamon Dolan/Houghton Mifflin Harcourt, 2015.

[20] OECD. The Digital Economy[R]. 2013.

[21] Huawei, Oxford Economics. Digital Spillover: Measuring the True Impact of the Digital Economy[R].（2017-09-11）[2021-06-03].

[22] Brynjolfsson, Collis, Diewert, et al. GDP-B: Accounting for the value of new and free goods in the digital economy[R]. National Bureau of Economic Research,（2019-03）[2021-06-03].

[23] Yoo, Henfridsson, Lyytinen. Research commentary—The new organizing logic of digital innovation: an agenda for information systems research[J]. Information Systems Research, 2010, 21（4）:724-735.

[24] Sambamurthy, Zmud, Robert. Research Commentary: The Organizing Logic for an Enterprise's IT Activities in the Digital Era—A Prognosis of Practice and a Call for Research[J]. Information Systems Research, 2000, 11（2）:105-114.

[25] Majchrzak. Designing for digital transformation: Lessons for information systems research for the study of ICT and societal challenges[J]. Mis Quarterly, 2016, 40（2）:267-277.

DIGITAL ECONOMICS · **第 1 章**

免费的销售策略

与实体产品相比,数字产品销售的显著特点是可以免费销售。以在线视频网站为例,奈飞(Netflix,又称网飞)只提供付费视频;爱奇艺则既有免费视频也有收费视频,甚至对于同一视频可以分割出免费部分和收费部分。针对网络连续剧,爱奇艺还采用了"超前点播"等收费模式,让付费用户可以提前观看部分剧集。这种免费和付费结合的定价方式在其他类型的数字产品上也很常见,例如,《三联生活周刊》电子刊提供封面故事免费阅读,但只有订阅用户才能访问周刊的全部内容。为什么商家会提供免费的数字产品?如何选择免费部分的比例?本章将详细阐述数字产品的免费策略。

学习目标

▶ 学完本章,你应该做到:

1. 理解数字产品的定义及特点;
2. 了解数字产品完全免费和部分免费的销售机制;
3. 了解混合收费模式与消费者需求弹性的适用性;
4. 理解部分免费策略发送产品质量信号的机制;
5. 理解并推导锁定效应对数字产品定价的影响。

引例

Google 的竞价排名

随着互联网信息的爆炸性增长，用户普遍面临信息过载的窘境，搜索引擎成为用户查询信息的重要工具。然而，作为对用户意义非凡的数字产品，搜索引擎——不论是 Google、Bing 还是百度，无一例外地免费供用户使用。这一创造性的销售策略，来源于 Google 的首席经济学家范里安（Varian）设计的关键词竞价广告（Ad Words）。关键词竞价广告是一种按效果付费的广告推广方式，Google 会根据关键词的"热度"、采用拍卖的方式将这些关键词卖给广告用户，并根据价格高低决定某个关键字被搜索时的排名顺序。而作为定价的关键依据，关键词的"热度"来源于搜索用户的"免费"使用。换言之，搜索用户"免费"使用 Google 的代价是付出了自己的"注意力"，而关键词竞价广告（Ad Words）将搜索用户的"注意力"以拍卖的方式卖给了广告用户，这对广告用户而言也有着足够的吸引力——只有对关键词感兴趣的搜索用户才会看到相关的推广信息，因此竞价排名的推广效果具有很强的针对性，竞价排名在前的企业将有机会触达大量潜在客户。

范里安帮助 Google 开发的竞价排名销售模式，在金融危机最为严重的 2008 年仍然为 Google 创造了 210 亿美元的利润。时至今日，它仍是 Google 最为重要的收入来源，甚至被称之为"史上最成功的商业理念"。

1.1 数字产品的特点

1.1.1 何谓数字产品

美国著名经济学家夏皮罗和瓦里安在《信息规则：网络经济的策略指导》一书中认为，任何可以数字化（编码成一串字符）的事物都是信息，而**数字产品**就是经过数字化后传播的信息产品，包括数字媒体、数字订阅、在线广告、互联网优惠券、应用程序、虚拟商品等，通常以可下载或可传输的数字文件的形式出现，因此可以在线重复销售和分发，无须补充库存。按照这一定义，数字产品应该是信息产品的一个子集，强调了其信息产品有可能包含的物理属性以及数字产品数字化的存在形式。但近年来，数字技术驱动带来的变革极大地扩展了数字产品的外延，产品的物理属性与信息属性深度融合、难以区分。当下，讨论数字产品的定义时，不能忽视技术和商业模式驱动的数字产品创新。Govindarajan（2018）在《哈佛商业评论》撰文指出了三种类型的数字产品创新：纯信息商品，主要指由数字原住民主导，其商业模式受益于互联网连接与网络效应；模拟产品，通常作为服务通过数字分发平台出售，如 Audible.com、Spotify、Netflix 等；数字与实体融合的产品，这类产品既需要物理组件的输入输出效率和可靠性，也将数字化作为产品本身不可或缺的一部分。

本书充分考虑数字创新驱动的产品创新，从一个更为广阔的视角来定义数字产品，即数字产品应包括信息产品、不完全数字产品以及传统的信息和通信技术产品。

信息产品，是指基于数字格式的交换和传输的产品及服务，这一类产品大多数由互联网公司主导生产，通常得益于互联网的连接和网络效应，典型的例子是谷歌的搜索服务和Facebook的社交网络。信息产品主要包括**内容型产品**以及**过程和服务型产品**。内容型产品是指确切表达一定内容的数字产品，其最大特点是产品在交付上由实体交付转变为在线交付。典型的内容型产品包括电子期刊、数字化的图片与音视频等。与内容型产品相比，过程和服务型产品更侧重服务本身的实现过程。任何可以被数字化的交互行为都是一个数字过程或服务，用户通过微信与好友取得联系、利用淘宝商城购买心仪的产品、通过PDF阅读器来阅读期刊论文，都是过程和服务型产品的典型案例。

不完全数字产品，是数字技术与实体产品融合的产物。它是既包含数字部分，又包含非数字部分的商品和服务，称为不完全数字产品（partially digital product）。美国经济分析局（2018）在对数字经济规模进行测算时，一个重要的步骤是利用数字经济卫星账户中的供应使用表，识别哪些商品和服务属于数字产品。基于北美产业分类系统（North American Industry Classification System，NAICS）的框架，美国经济分析局从约5 000个商品和服务类别中挑选出200多种商品和服务类别作为数字产品。但值得指出的是，一些商品和服务既包括数字成分，也包括非数字成分。例如，商品类别中的电子玩具和游戏，包括家庭电子游戏（不包括卡带、磁盘和磁带）、数字视频游戏和非数字电子玩具。尽管受到数据的限制，美国经济分析局在数字经济统计核算中没有考虑不完全数字产品，但同时承认，数字产品应该包括不完全数字产品。在这一类产品中，虽然实体组件的投入产出效率和可靠性仍然至关重要，但数字组件正成为产品本身不可或缺的一部分。例如，为了变得更智能，许多实体产品可以通过增加一个数字接口来丰富它们的功能，进而形成以智能汽车、智能家居等为代表的新产品。

信息和通信技术产品。值得指出的是，不论数字产品的内涵与外延如何演化，信息和通信技术（information and communication technology，ICT）一直是数字经济的重要组成部分，其具体产品形式包括数字经济中所有的通信设备及应用软件。ICT是一个广泛的主题，其概念也在不断发展，涵盖了以数字形式存储、检索、操作、传输或接收电子信息的任何产品，包括个人计算机、智能手机、数字电视、电子邮件或机器人等。2018年12月，中央经济工作会议将5G、人工智能、工业互联网、物联网定义为"新型基础设施建设"。事实上，5G基站、大数据中心、人工智能、工业互联网等领域及其相关产业链，仍然与ICT产业的内涵密不可分。

1.1.2 数字产品的特点

比特属性。比特（BIT）是信息量的最小度量单位，在二进制数中，每一个0或1就是一个比特。数字产品的比特属性也称为非物质性。部分数字产品的存在形式是以0、1字符串所表示的二进制代码，既可以在物理世界中以比特的形式存储在实物上流通，也可以通过网络以比特流的形式传输。数字产品的比特属性降低了存储、计算和传输信息的成本，使数字产品具备了产品分割、免费复制、虚拟存储等显著区别于物理产品的特征。可以说，比特属性是数字产品与物理产品最为显著的区别。

低可变成本。数字产品的固定成本往往较高，但可变成本很低，甚至趋近于零。数字产品具有低可变成本的一个重要原因是数字产品具有**低复制成本**。耗资上亿拍出来的电影基本上不用任何花费就可以无限地进行复制。虽然生产第一份数字产品的成本非常高，但是生产或者复制副本的成本基本上可以忽略不计，这使得数字产品的定价往往是基于顾客价值而非生产成本的。与复制成本类似，数字产品的**运输成本**，即将数字产品从一个载体传输到另一个载体的成本也接近于零。这里的载体一般是计算机或者手机等数字经济时代的常见载体。低运输成本大幅降低了数字产品的分销成本、扩大了数字产品的销售范围。例如，对于一部电子书而言，其在北京出售的价格和在纽约出售的价格并不会因为距离而改变。

正反馈效应。如果一种产品的需求取决于其已有的用户数量，那么该产品就具备了网络效应。当用户的规模达到临界容量时，会引发正反馈效应（positive feedback effect）：占据主导地位的产品会独占市场，出现强者越强、弱者越弱的局面。即时通信软件和一些数字平台都具有这样的性质，例如，微信、微博、淘宝等，其潜在用户对这些软件产品的需求取决于现有用户的规模。随着用户基数的增加，产品的价值随之增加。以微信为例，如果使用微信的人数很少，微信对于潜在用户的价值就很低；反之，微信对于潜在用户的价值就要高得多。另一个例子是软件行业。在软件行业中，为主流操作系统（如 IOS 和 Android）用户开发程序的公司比为非主流操作系统开发程序的公司多。

体验产品。消费者只有体验后才能进行评价的产品被称为体验产品（experience good）。许多数字产品都是体验产品，例如，在没有使用 Windows 10 系统之前，用户很难感知到这个系统带来的价值，这为数字产品的推广和销售带来了困难。大部分数字产品通过品牌和声誉来克服这一难题，也有部分数字产品采用免费试用的策略让消费者感知产品价值。例如，用户愿意持续订阅《经济学人》的主要原因在于它的专业性和行业声誉，而用户付费购买某一首音乐则可能是免费试听的结果。

不可破坏性。数字产品一旦生产出来就能永久保持其存在形式，具备不可破坏的特性。这一特性有利的一面是有助于保证数字产品质量的稳定性，但其不利之处在于数字产品成了耐用品，从而导致销售量难以增加。为了解决这一矛盾，数字产品提供商只能不断提升或扩充产品性能，持续推进产品升级换代，以吸引更多的新用户或吸引老用户重复购买新版本。

非竞争性和非排他性。最初的信息产品，例如，CD 唱片、录像带、游戏卡带等，大多存在使用上的竞争性和管理上的排他性。当这些产品以数字形式提供时，竞争性和排他性就不存在了，即一个人对数字产品的消费并不抑制或排除另一个人的消费。许多企业为了防止用户转移和复制数字产品，可能会锁定设备数量，只允许数字产品在有限的设备上运行。这些措施在保障版权的同时有可能导致用户缺乏完全的所有权，从而影响用户体验。

1.2 完全免费策略

1.2.1 免费（free for sale）

数字产品市场中存在许多向消费者免费提供产品的例子。所谓"免费"，其本质仍然是一种交换：微信和 QQ 的主体功能都是免费的，但腾讯可以把微信、QQ "交换"到的用户注意力"卖给"诸如王者荣耀、QQ 音乐等服务平台，以帮助其获取新用户并增加用户忠诚度；用户在微信或者 QQ 上的活动轨迹、交流分享的数据也成为分析市场、了解消费者偏好的宝贵资源。对于绝大多数服务提供商而言，以"免费"的服务换取用户的数据正是其商业模式设计的起点。因此，"免费"的销售策略更多地强调非货币交易属性而并非"无偿"。例如，免费的电影网站通常要求免费用户在正式观看影片之前观看一定时长的广告，其本质就是让用户以时间换取服务。

免费策略能够保证商家盈利的关键来源于以**关键词竞价广告**（Ad words）为代表的商业模式。在数字技术的支撑下，这一模式颠覆了传统的广告定价方式：传统媒体的广告的定价基于预期关注度，例如，广告客户在某个电视节目中购买广告位置的预算，取决于希望观看这个节目的观众人数，其广告费率通常由**每千人的成本**（cost per mille, CPM）来决定。关键词竞价广告创造了一种按效果付费的广告模式，数字技术使得广告用户能够通过监控广告的点击率跟踪广告的表现，从而产生**按点击付费**（pay per click, PPC）的广告模式。

1.2.2 订阅（subscription）

订阅是指数字产品或者服务运营商向用户提供付费内容的业务模式，如腾讯视频会员、亚马逊 Prime 会员和各种音乐流媒体软件等。随着数字技术与实体经济深度融合，订阅模式也由虚拟产品逐步扩大至实物产品，如用户付费使用共享单车。在订阅模式中，用户同意为访问内容或数字服务付费，企业按用户要求将相关的产品或者服务发送到指定载体。订阅模式最大的吸引力在于降低了用户跟踪和计费等管理成本。同时，由于订阅往往是在用户使用前一次性付费，因而订阅也有助于锁定用户——一旦用户支付了订阅费用，这笔费用就变成了用户的沉没成本。由于用户使用单位订阅商品的边际支出接近于零，因此用户往往倾向于优先使用付费的数字产品。

1.2.3 混合收费

绝大多数数字产品提供商都采用了多元化的收费模式，例如，在线视频网站一般会向用户提供两种选择——收取会员费并减少广告数量、免费但增加广告数量，这种免费与收费混杂的收费模式称为混合收费。许多数字产品提供商都经历过从单一的收费模式——免费模式或订阅模式，转向混合收费模式的过程，发生这一转变的原因在于不同产品的需求弹性不同。用户需求弹性较大的数字产品倾向于采取免费模式。在数字产品需求弹性较大的情况下，降低订阅费用甚至取消订阅费用可极大地扩大用户数量，从而可以通过关键词竞价广告获得更多收入。用户需求弹性较小的数字产品倾向于采取订阅模式。在这种情况下，由于用户对产品较为依赖且通常对广告占用时间较为敏感，适当提高价格对订阅用户数量影响不大，因而厂商可采取较高的订阅价格以获得更多的收益。例如，2012年百度网盘面世时采取了免费模式，在向用户提供免费的在线磁盘存储空间的同时，会在用户登录时弹出广告页面。几年后，由于存储大量文件的用户对百度网盘的依赖性增强，因此，百度网盘的销售转向订阅模式，开始向企业和个人用户提供销售服务。

聚焦实践 1-1

《大英百科全书》的收费模式

从印刷版到电子版，《大英百科全书》经历了多次收费模式转型。创建于17世纪晚期的《大英百科全书》，在研究和教育领域积累了良好的声誉。在数字技术的推动下，经过了200多年的纸质发行和出版后，《大英百科全书》在20世纪90年代中期转向电子发行，推出了《大英百科全书》光盘版，并同步推出了"大英百科全书互联网指南"（Britannica Internet Guide）和"大英百科全书在线"（Encyclopedia Britannica Online）两个网络服务。前者是一个免费的网络导航辅助工具，以《大英百科全书》的编辑们撰写的评论为特色；后者则需要付费订阅。

起初，《大英百科全书》的运营团队希望利用免费网站引导用户到付费网站订阅。1999年，由于对订阅的销售额感到失望，所以《大英百科全书》建立了新网站Britannica.com，以可搜索的形式免费向公众开放了印刷版的全部内容，并提供了韦氏大学词典和《大英百科全书》年度最佳图书的链接，试图通过免费的模式利用网络广告创造利润。但事与愿违，这一尝试最终却因广告收入不足而宣告失败。2001年，《大英百科全书》回归混合收费模式，提供百科全书文章的免费摘要和韦氏大学词典的免费查阅服务，但将百科全书的全文放在其网站的受限部分。用户只有支付每年50美元或每月5美元的订阅费，才可获得全文检索。

在短短几年内，《大英百科全书》经历了实体书籍销售、在线付费订阅、在线免费阅读、混合收费四次主要的收入模式转变。实践证明，对于以声誉和专业知识为特色的《大英百科全书》而言，混合收费是最佳销售方式。

1.3 部分免费策略

对于数字产品而言，完全免费的策略往往是为了通过广告创造利润，而部分免费的策略则是为了表明产品质量，本质上是一种信号发送策略。对于后者而言，数字产品厂商面临着一种权衡：免费比例过高，则自身利润受损；免费比例过低，则难以实现质量信息传递的目的。本节我们将探讨数字产品运营商如何发送信号。

1.3.1 商品质量与用户品位

面对不同质量的商品，消费者的支付意愿是不同的。为了简单起见，假设厂商提供的数字产品质量由 q 表示，q 的大小代表产品质量的高低，q 越大表示该产品的质量越高；用户对数字产品的质量有不同的偏好，我们称之为**品位参数 θ**，且参数 θ 在 [0, 1] 区间服从均匀分布。

1. 产品质量已知

在用户已知产品质量的情况下，当用户以价格 p 购买一个单位质量为 q 的产品时，品位参数为 θ 的用户的效用为：

$$U(\theta, q) = \theta q - p \tag{1-1}$$

如果用户不购买该产品，他的效用为零。那么当且仅当用户的效用大于 0 时才会购买该产品，即

$$\theta q - p \geq 0 \tag{1-2}$$

解得

$$\theta \geq \theta^* = \frac{p}{q} \tag{1-3}$$

则用户需求

$$D(q, p) = \begin{cases} 1 - \theta^* & \theta^* \leq 1 \\ 0 & \theta^* > 1 \end{cases} \tag{1-4}$$

厂商出售品质为 q_i 的产品的利润记作 $\Pi(q_i, p_i)$，利润最大化的条件为

$$\max_p \Pi(q, p) = p D(q, p) \tag{1-5}$$

式（1-5）对 p 求导，解得最优价格是

$$p^*(q) = \frac{q}{2} \tag{1-6}$$

此时厂商的利润为

$$\Pi(q, p) = \frac{q}{4} \tag{1-7}$$

2. 商品质量未知

基于上面的模型，进一步放宽假设。考虑到用户通常很难知道产品的质量，在用户

对产品质量不可知的情况下，假设存在两种类型的厂商，高质量厂商 H 和低质量厂商 L。L 提供低质量的产品（$q = q_L$），H 提供高质量的产品（$q = q_H$），其中，$q_H > q_L > 0$。厂商能观察到产品的真实品质，而用户观察不到。进一步假设 $q_H \leq 2q_L$，即高质量的产品仅略优于低质量的产品，以防因质量差异太大而不便于用户观察；用户对产品质量的信念记为 μ，即用户认为产品有 μ 的概率是低质量的，$1-\mu$ 的概率是高质量的，$\mu \in [0, 1]$。在信念为 μ 的情况下，用户对产品质量的期望可写作：

$$E_\mu(q) = \mu q_L + (1-\mu) q_H \tag{1-8}$$

品位参数为 θ 的用户以价格 p 购买期望质量为 $E_\mu(q)$ 的产品，得到的期望效用是

$$E_\mu(U) = \theta E_\mu(q) - p \tag{1-9}$$

当且仅当用户期望效用大于 0 时，用户才会购买该产品，即

$$\theta E_\mu(q) - p \geq 0 \tag{1-10}$$

解得

$$\theta \geq \theta^*(\mu) = \frac{p}{E_\mu(q)} \tag{1-11}$$

则用户需求为

$$D(q, p) = \begin{cases} 1 - \theta^*(\mu) & \theta^*(\mu) \leq 1 \\ 0 & \theta^*(\mu) > 1 \end{cases} \tag{1-12}$$

厂商出售真实品质 q_i 的产品，其利润记作 $\Pi(q_i, p_i, \mu)$，利润最大化的条件为

$$\max_p \Pi(q, p, \mu) = p D(q, p, \mu) \tag{1-13}$$

式（1-13）对 p 求导，解得最优价格是

$$p^*(q) = \frac{E_\mu(q)}{2} \tag{1-14}$$

此时厂商的利润为

$$\Pi(q, p) = \frac{E_\mu(q)}{4} \tag{1-15}$$

1.3.2 免费试用比例

由于用户通常很难知道数字产品的质量，因此厂商通常以免费试用的方式让用户获得产品质量信息，从而提高用户的购买意愿。

例如，一些软件会开放一部分功能或者限时给用户体验，若用户想要体验完整功能或永久使用，则需要另外付费。

假设数字产品由一系列要素组成（如由不同文章构成的在线报刊，或由不同歌曲构成的数字音乐专辑等），要素质量与产品质量具有一致性。因此厂商可以选择将数字产品的一部分 $\alpha \in [0, 1]$ 给用户免费使用，然后以价格 p 出售产品。用户若要购买该产品，则购买后多得到的效用由剩余（$1-\alpha$）部分产品所提供，则品位参数为 θ 的用户以价格 p 购买期望质量为 $E_\mu(q)$ 的产品，得到的期望效用是

$$E_\mu(U) = \theta E_\mu(q)(1-\alpha) - p \qquad (1\text{-}16)$$

用户可以先体验产品的免费部分，再决定是否购买该产品。当用户体验产品的免费部分时，可以获得产品的质量信号 $\sigma = H, L, \varnothing$，且有 γ 的概率可以正确认识到产品的真实质量，有（$1-\gamma$）不能获得有用信息。假设 γ 是关于 α（免费部分的占比）的函数，$\gamma(\alpha) \in [0, 1]$，$\gamma(0) = 0$，$\gamma(1) = 1$，$\gamma'(\alpha) > 0$ 并且 $\gamma''(\alpha) \leq 0$。α 越大，γ 越大，意味着免费试用的比例越高，用户精准获取产品质量信息的概率越大。显然，当 $\alpha = 0$（没有免费使用部分）时，用户无法得知产品的质量信息。$\gamma(\alpha)$ 的凹度意味着免费试用的比例对产品质量的用户感知程度是边际递减的。

用户接收到信号 σ 后，会根据以下规则修正他对产品的信念：

$$\mu(\varnothing) = \mu_0, \mu(L) = 1, \mu(H) = 0 \qquad (1\text{-}17)$$

整个定价过程可被描述为：首先，厂商选择产品免费部分占比 $\alpha \in [0, 1]$ 和产品的售价 p；其次，用户试用产品后接收到信号 σ，并修正对产品质量的信念；最后，用户决定是否购买该产品。

1. 低质量厂商

用户有 γ 概率发现产品质量低，当且仅当满足 $\theta(1-\alpha)q_L - p \geq 0$ 时，用户会购买产品。求解不等式得 $\theta \geq \theta_L^*$，其中

$$\theta_L^* = \frac{p}{q_L(1-\alpha)} \qquad (1\text{-}18)$$

用户有（$1-\gamma$）的概率未能发现产品真实质量，当且仅当 $\theta(1-\alpha)E_\mu(q) - p \geq 0$ 时，用户会购买产品。求解不等式得 $\theta \geq \theta^*(\mu)$，其中

$$\theta^*(\mu) = \frac{p}{E_\mu(q)(1-\alpha)} \qquad (1\text{-}19)$$

注意到 $E_\mu(q) \geq q_L$，有 $\theta^*(\mu) \leq \theta_L^*$，且 $\theta^*(\mu)$ 是关于 μ 的单调增函数。从逻辑上看，用户认为产品质量低的信念越强，其对产品的需求也就越低。

综上所述，$\theta \geq \theta_L^*$ 类型的用户不论是否发现了产品的真实质量总会购买该产品；$\theta \in [\theta^*(\mu), \theta_L^*]$ 类型的用户仅当未发现产品真实质量时会购买该产品；$\theta \leq \theta^*(\mu)$ 类型的用户总是不购买该产品。故当 $q = q_L$ 时，产品的需求如下：

$$D(q_L, \mu, \alpha, p) = \begin{cases} 1-\theta^*(\mu)-\gamma(\alpha)[\theta_L^* - \theta^*(\mu)], \theta_L^* \leq 1 \\ [1-\theta^*(\mu)][1-\gamma(\alpha)], \theta^*(\mu) \leq 1 < \theta_L^* \\ 0, \theta^*(\mu) > 1 \end{cases} \quad (1\text{-}20)$$

从需求函数可以看出，当真实质量显露时，低质量厂商会受损。免费部分 α 占比越大，$\gamma(\alpha)$ 越大，用户对产品的需求越低。此外，需求随着信念 μ 的增加而减少。

2. 高质量厂商

用户有 γ 概率发现产品质量高，当且仅当满足 $\theta(1-\alpha)q_H - p \geq 0$ 时，用户会购买产品。求解不等式得 $\theta \geq \theta_H^*$，其中

$$\theta_H^* = \frac{p}{q_H(1-\alpha)} \quad (1\text{-}21)$$

用户有 $(1-\gamma)$ 的概率未能发现产品真实质量，当且仅当 $\theta(1-\alpha)E_\mu(q) - p \geq 0$ 时，用户会购买产品。求解不等式得 $\theta \geq \theta^*(\mu)$，其中

$$\theta^*(\mu) = \frac{p}{E_\mu(q)(1-\alpha)} \quad (1\text{-}22)$$

注意到 $E_\mu(q) \leq q_L$，有 $\theta^*(\mu) \geq \theta_H^*$。

综上所述，$\theta \geq \theta^*(\mu)$ 类型的用户不论是否发现了产品的真实质量总会购买该产品；$\theta \in [\theta_H^*, \theta^*(\mu)]$ 类型的用户仅当未发现产品真实质量时会购买该产品；$\theta \leq \theta_H^*$ 类型的用户总是不购买该产品。故当 $q = q_H$ 时，产品的需求如下：

$$D(q_H, \mu, \alpha, p) = \begin{cases} 1-\theta^*(\mu)+\gamma(\alpha)[\theta^*(\mu) - \theta_H^*], \theta^*(\mu) \leq 1 \\ [1-\theta_H^*]\gamma(\alpha), \theta_H^* \leq 1 < \theta^*(\mu) \\ 0, \theta_H^* > 1 \end{cases} \quad (1\text{-}23)$$

与低质量的厂商相反，无论产品的真实质量是否显露，高质量厂商始终会从中受益。

3. 最优价格

厂商出售真实品质 q 的产品利润记作 $\Pi(q, \mu, \alpha, p)$，利润最大化条件为

$$\max \Pi(q, \mu, \alpha, p) = pD(q, \mu, \alpha, p) \quad (1\text{-}24)$$

将式（1-20）和式（1-23）代入最大化问题式（1-24），得到最优价格为

$$p_\mu^*(q_H, \alpha) = \frac{(1-\alpha)q_H E_\mu(q)}{2[q_H + \gamma(E_\mu(q) - q_L)]} \quad (1\text{-}25)$$

此时，厂商的利润为

$$\Pi[q, \mu, \alpha, p_\mu^*(q_H, \alpha)] = (1-\alpha)\frac{q_H E_\mu(q)}{4[q_H + \gamma(E_\mu(q) - q_L)]} \quad (1\text{-}26)$$

观察式（1-26）可知，更大的 α 对支付意愿有两个相反的作用。一方面，更多的免费内容使得付费顾客可得的产品内容减少了，降低了客户的支付意愿，这对应式（1-26）右边的第一项。另一方面，免费试用可以披露产品质量高的信息，这使得一小部分消费者改变了他们的信念水平，提高了平均支付意愿。

1.3.3 厂商的策略信号

除了通过免费试用获得产品质量信息，精明的用户还会将厂商的销售策略作为产品质量的信号，即通过观察厂商是否提供免费试用以及提供的免费试用比例来判断数字产品的质量。

为了简单起见，我们假设用户是精明的，能够通过厂商提供的免费试用内容判断产品质量，并且按照产品期望效用支付费用；对于厂商而言，其目标则是通过免费试用提高用户的期望效用。根据式（1-16），当高质量厂商提供免费试用内容时，用户对产品的期望质量为 q_H；当低质量厂商提供免费试用内容时，用户对产品的期望质量为 q_L；当厂商不提供免费试用内容时，用户对产品的期望质量为 $\mu q_L + (1 - \mu) q_H$。因此，高质量厂商和低质量厂商之间存在以下博弈：

		高质量厂商	
		提供免费试用	不提供免费试用
低质量厂商	提供免费试用	q_L, q_H	$q_L, \mu q_L + (1 - \mu) q_H$
	不提供免费试用	$\mu q_L + (1 - \mu) q_H, q_H$	$\mu q_L + (1 - \mu) q_H, \mu q_L + (1 - \mu) q_H$

从这里我们可以看出，高质量厂商提供免费试用内容时，用户对高质量产品的期望效用为 q_H，不提供免费试用内容时，用户对高质量产品的期望效用为 $\mu q_L + (1 - \mu) q_H$；低质量厂商提供免费试用内容时，用户对低质量产品的期望效用为 q_L，不提供免费试用内容时，用户对低质量产品的期望效用为 $\mu q_L + (1 - \mu) q_H$，而 $q_H > \mu q_L + (1 - \mu) q_H > q_L$。由于价格由用户的期望效用决定，因此这一博弈的均衡解为，**高质量厂商提供免费试用内容，低质量厂商不提供免费试用内容**。由此，精明的用户可以通过厂商是否提供免费试用内容反推出产品质量的高低。

进一步地，如果各产品的质量非常接近，例如，高质量产品与低质量产品近似程度很高时，这就提升了用户辨别产品质量信息的难度。用户有一定概率并不能通过免费试用内容识别产品质量。由 1.3.2 节的推论可知，当免费试用内容越多时，用户精准识别产品质量的概率越高，因此，低质量产品和高质量产品的相关系数越高，高质量厂商应提供的免费内容就越多，因为这时低质量厂商模仿高质量厂商的动机变强，高质量厂商必须提供更多的免费试用内容来与之相区别。

1.4 锁定效应

1.4.1 转移成本

除了完全免费和部分免费的销售策略,数字产品厂商有时甚至会向用户赠送现金或者优惠券。例如,在个别网约车平台为争夺市场而开展补贴大战时,不少用户可以免费乘车,许多司机获得了高额的收入。在数字经济中,转移成本是很重要的一个概念。**转移成本**是指用户从一个企业转向另一个企业需要面临的障碍或增加的成本,即用户为更换企业所需付出的各种代价的总和。转移成本可以归为以下三类:第一类是时间和精力上的转移成本;第二类是经济上的转移成本;第三类是情感上的转移成本。相比较而言,情感上的转移成本比另外两类转移成本更加难以被竞争对手模仿。当用户的转移成本上升到一定程度时,就出现了锁定效应,例如,当用户购买了苹果计算机并习惯使用 Mac 系统之后,再更换到 Windows 系统时就会存在一定的转移成本。换句话说,因为系统兼容性和使用熟练度的问题,许多消费者被锁定在苹果计算机和 Mac 系统中,不会去使用 Windows 系统。

当前,用户越来越明显地受制于数字产品的转移成本和锁定效应。一方面,一旦用户选择了某种技术或者某种格式来存储信息,转移成本将会非常高。例如,当我们从一个 App 转移到另一个 App 时,可能会出现数据文件无法完美转移、某些工具不兼容或者新软件使用不顺畅的问题,这些都是转移成本的一部分。另一方面,当用户习惯于使用某种特定的数字产品时,就会产生锁定效应。锁定效应可以出现在个人层面、企业层面甚至社会层面。

基于转移成本锁定用户也是数字产品厂商会免费销售数字产品的动机之一:当厂商免费提供全部或者部分数字产品供用户使用时,一旦用户习惯了使用这一数字产品后,用户的转移成本就会上升,这将有助于厂商对用户进行锁定。从长远来看,锁定将为厂商带来巨额利润。微软容忍盗版 Windows 系统在中国发展数十年之后才选择打击盗版就是一个很好的例子,因为此时用户的转移成本太高,大量用户已经被锁定。一旦微软打击盗版,则绝大多数用户必须购买正版 Windows 系统。

1.4.2 用户补贴

当转移成本相当高时,吸引新用户的竞争可能会变得非常激烈。因为一旦新用户被锁定,他们就将成为一个重要的利润来源。例如,我们花几千元买了一台喷墨打印机,几个月后发现更换墨盒却需要花费几百元。值得注意的是,不是墨盒很贵,而是打印机很便宜,因为打印机制造商采用了一种屡试不爽的策略——剃刀策略㊀。由于转移成本的存在,当数字产品厂商争夺被锁定的用户时,向该部分用户提供补贴就成为常用的策略。在数字经济时代,针对用户的补贴大战也同样是为了获客、锁定。例如,为了争夺第三

㊀ 剃刀策略,又称为"剃刀模式"(razor-razorblade model),指利用分离价格销售产品,对同一产品的一部分进行低价处理,而对另一部分高价出售。

方支付的用户，美团外卖会对首次使用美团支付的订餐用户给予大幅度的餐费优惠。

补贴往往是厂商为了提前对用户进行锁定、以在第二阶段获得最优利润水平。因此对用户而言，尽管锁定有时会带来一些实惠，但正如 Klemperer（1995）的研究结论所指出的，转移成本的存在通常会损害消费者福利：它们使得厂商在产品的生命周期内抬价，造成用户的额外损失，并阻碍其他竞争者进入、减少竞品的数量。

1.4.3 基于锁定的盈利模式

出售互补品。在数字时代，常见的现象是产品之间会形成互补效应。许多数字产品的价值取决于它们与互补品共同使用时的价值。例如，没有视频源，电视就毫无用处；没有音乐文件，音乐播放器就毫无用处；没有操作系统，计算机就毫无用处。这些都是互补的例子。数字产品的锁定效应和互补效应引出了这样一个问题：是否可以将数字产品的一部分免费或低价出售，吸引用户试用后进行锁定，然后将互补的另一部分产品以高价出售？英特尔的发展历史就是一个经典的案例：英特尔在不侵蚀自身核心能力的前提下对互补品进行商品化。例如，英特尔曾帮助改进计算机主板等组件的性能，同时将这些组件变成了只兼容自家处理器的版本，从而提升消费者的转移成本，最后再高价出售处理器以获得超额利润。

维持临界容量。正如我们在 1.1.2 节中所提到的，数字产品具有正反馈的特点，随着用户基数的增加，数字产品的价值也随之增加，而当用户规模足够大时，会出现强者越强、弱者越弱的局面，占据主导地位的企业会独占市场。但是，存在一个临界容量：如果用户规模能超过临界容量，正反馈就会产生；如果用户规模未达到临界容量或者用户流失规模降低到临界容量以下，便会丧失正反馈效应。锁定效应在某种程度上帮助数字产品保持用户规模，使得数字产品的用户规模不会低于临界容量。

本章小结

在本章中，我们介绍了信息产品、不完全数字产品、ICT 产品等三种数字产品，总结了数字产品的特点。进一步地，本章结合数字产品的特点，介绍了完全免费、部分免费以及补贴等典型的销售策略，并分析了其中蕴含的经济学原理。

关键术语

| 数字产品 | 信息产品 | 不完全数字产品 | 完全免费 |
| 部分免费 | 供应商策略 | 锁定效应 | 转移成本 |

复习思考题

1. 请举例说明数字产品的概念及其特点。

2. 在部分免费销售策略中，厂商如何确定最优价格？
3. 转移成本与用户锁定间存在何种关系？
4. 厂商补贴如何影响消费者福利？

参考文献

[1] Varian H R. Economics of information technology[J]. International Journal of Social Economics, 2001.

[2] Waldfogel J. Digitization and the quality of new media products: The case of music[M]. University of Chicago Press, 2015: 407-442.

[3] Varian H R. Economic incentives in software design[J]. Computational economics, 1993, 6(3-4): 201-217.

[4] 夏皮罗，瓦里安. 信息规则：网络经济的策略指导 [M]. 北京：中国人民大学出版社，2000.

[5] 张铭洪. 网络经济学教程 [M]. 2 版. 北京：科学出版社，2002.

[6] Arthur W B. Increasing returns and path dependence in the economy[M]. Detroit: University of Michigan Press, 1994.

[7] 阿瑟. 复杂经济学 [M]. 杭州：浙江人民出版社，2018.

[8] Choi, Stahl, Whinston. The economics of electronic commerce[M]. Indianapolis: Macmillan Technical Publishing, 1997.

[9] Freiden, Goldsmith, Takacs. Information as a product: not goods, not services[J]. Marketing Intelligence & Planning, 1998.

[10] Bhattacharjee, Gopal, Marsden, et al. Digital goods and markets: Emerging issues and challenges[J]. ACM Transactions on Management Information Systems (TMIS), 2011, 2(2): 1-14.

[11] Hui, Chau. Classifying digital products[J]. Communications of the ACM, 2002, 45(6): 73-79.

[12] Govindarajan. Can Anyone Stop Amazon from winning the Industrial Internet[J]. Harvard Business Review, 2018.

[13] UNCTAD. Digital Economy Report 2019[R/OL]. (2019-10-27)[2021-06-03]. https://unctad.org/webflyer/digital-economy-report-2019.

[14] Ackand, Robert. The Oxford Handbook of the Digital Economy, by Martin Peitz and Joel Waldfogel (eds) (Oxford University Press, Oxford, UK) pp. 560[J]. Economic Record, 2014, 90(289):249-251.

[15] Paul, Klemperer. Competition when Consumers have Switching Costs: An Overview with Applications to Industrial Organization, Macroeconomics, and International Trade[J]. Review of Economic Studies, 1995.

DIGITAL ECONOMICS · 第 2 章

数字市场中的价格歧视

价格歧视（price discrimination），又称价格差别，是指厂商在同一时期对同一产品索取不同价格的行为。价格歧视可分为三级：**一级价格歧视**又称**完全价格歧视**，是指厂商根据每一个消费者对产品可能支付的最大货币量来制定价格，从而获得全部消费者剩余的定价方法，典型例子是拍卖；**二级价格歧视**是指厂商根据不同消费量或者"区段"索取不同的价格，并以此来获取部分消费者剩余，典型例子是数量折扣；**三级价格歧视**是指厂商将消费者划分为两种或两种以上的类别，对每类消费者索取不同的价格，是最普遍的价格歧视形式。随着数字经济的发展和数字技术的应用，价格歧视的表现形式也更加多样。本章将就数字市场中的价格歧视展开讨论。

学习目标

▶ 学完本章，你应该做到：
1. 了解在线拍卖区别于传统拍卖的主要特点；
2. 理解"屏幕接近程度"对拍卖价格的影响；
3. 掌握数字经济中个性化定价的成因及主要形式；
4. 掌握数字经济中常见的捆绑销售的经济学原理。

▨ 引例

"随机优惠"如何随机

在旅行软件的页面中,我们有时会发现这种情况:同一酒店、同一房型、同一入住日期,对于不同用户有着不同的定价。2020年10月,人民网采访到的一位旅行App的用户就遇到了这种情况。10月5日,该用户外出游玩时通过某旅行App花217元预订了一家酒店的客房。出于好奇,他和朋友又打开另一部手机搜索了同一酒店。令他们惊讶的是,相同入住日期下的同一房型,在另一部手机上显示的价格居然为169元。两人又更换了一部手机尝试,酒店客房的价格又变为175元。该用户表示,自己是该App的钻石plus会员,另外两个账号是非付费会员。这款App显示,会员体系包括大众会员、黄金会员、铂金会员、钻石会员4个等级,各等级会员享有相应权益。此外,用户可付费开通钻石plus会员,享受额外权益,"花钱升级的会员,订房还比别人贵,像被好朋友出卖了。"该用户表示,自己遇到了"严重的大数据杀熟"。⊖

所谓"大数据杀熟",简单来说,就是指相同等级、相同质量的产品,企业对老用户的定价高于新用户。老用户之所以会被"杀熟",是由于老用户的浏览痕迹、消费记录、行动轨迹乃至手机类别、账户信息等多元数据被商家掌握。在此基础上,商家基于算法优势,能够根据用户偏好、支付能力等信息进行个性化定价。企业的"大数据杀熟"的本质,是数字技术驱动下价格歧视的一种新手段。

2.1 在线拍卖

随着信息通信技术的飞速发展,基于网络的在线拍卖逐渐兴起。**在线拍卖**又称**平台拍卖**、**网络拍卖**和**电子拍卖**等,是指基于网络实施的价格谈判交易活动,即利用拍卖网站公开有关待出售产品或服务的信息,通过竞争投标的方式将产品或服务出售给出价最高的投标者。在线拍卖的本质是以竞争价格为核心,基于互联网建立交易双方的交流与互动机制,并共同确定成交价格的经济过程。与传统拍卖相比,平台拍卖呈现出以下典型特征。

拍卖参与对象范围广。传统拍卖在物理场所——常见的如拍卖行进行,目标客户明确,参与拍卖的交易双方估价信息相对充足。在线拍卖在虚拟空间进行,借助互联网突破了物理地域的限制,因而参与人数众多。同时,除少数会员制的拍卖网站,多数拍卖网站并不对参与拍卖的人员进行限制,这进一步扩大了投标者人数。在线拍卖的交易双方往往以虚拟身份参与拍卖,交易双方的信息较传统拍卖难以获知。

投标过程灵活多样。传统的拍卖过程是相对封闭的系统,受物理距离的约束,拍卖开始后参与拍卖的人数就大致确定了。在线拍卖则是一个更为开放的系统,拍卖开始后,在允许的投标时间内新的投标人可以通过网络不断地参与拍卖。同时,在线拍卖中投标

⊖ 节选自人民网2020年10月29日《人民直击:"大数据杀熟",谁为刀俎》。

人能够选择合适的投标参数,包括投标量、投标时间甚至是投标条件,这使得平台拍卖的投标过程更加复杂。

结束方式不同。增价拍卖时,在传统拍卖下,一般是以拍卖师三声询问无人应价的方式宣布结束的,而在线拍卖一般是按照预先设定的截止时间结束拍卖的。目前,大部分在线拍卖都设有延时结束的机制,即在约定结束时间附近若有人出价,则自动延长一定时间。在延长期内若有人出价,则重新按照约定的延长时间计时。

卖方竞争。卖方竞争也是在线拍卖的显著特点。在线拍卖减轻了拍卖时间、拍卖地点的约束,降低了进入拍卖市场的门槛,因此卖方的参与人数急剧增加,在丰富了在线拍卖产品类型的同时,也加剧了卖方竞争。卖方竞争激发了在线拍卖机制的创新,最具代表性的是在线信用评价机制。例如,信用度和好评率等基本信用指标已被广泛使用,同时 eBay 和淘宝等大型拍卖网站都相继推出了店铺动态评分、卖家服务质量以及搜索排序等新的交易机制。

2.1.1 最后一分钟竞价

通常来讲,竞标价格会在长达几天的拍卖的最后几秒钟内报出。例如,Roth 和 Ockenfels(2002)在针对 eBay 上的 240 件古董拍卖的研究中发现,最后一分钟有 89 个竞标,最后十秒有 29 个竞标,这种现象被称为"**最后一分钟竞价**"(last-minute bidding)。"最后一分钟竞价"有三种经典的理论解释。

"默契合谋"。"最后一分钟竞价"可能是投标人对卖方的"默契合谋"(tacit collusion),即延迟竞标是一种有意为之的策略,旨在避免投标人之间的竞争。这是因为,当其他竞拍者仍有时间做出反应时,投标者往往会避免出价过高,以防竞价战的发生。而提前出价所导致的价格战,会提高最终交易价格。Roth 和 Ockenfels(2002)认为,由于投标人的最后一分钟投标有无法传送成功的概率,因此相互延迟到最后一分钟出价可以提高投标人的预期利润。

天真投标人。第二种解释认为,"最后一份竞价"事实上是理性的竞标人对天真投标人的最佳反应。天真投标人是缺乏经验的投标者,往往会根据其他竞标人的投标进行**增量竞标**,因而又被称为增量竞标者。在非常接近拍卖截止日期的情况下进行竞标,会减少增量竞标者对更高出价做出回应的机会,因此延迟出价可能是对增量竞价的最佳回应。

共同价值。第三种解释认为,拍卖品拥有一个共同价值(common value)V,即要出售的物品所具有的真实价值(true value),投标人无法直接观察到这个真实价值。但是,对每个投标者而言,他们都具有拍卖品的一部分私人信息,可以对该拍卖品产生一个私人价值 x。通过提早投标,投标者会向其他竞标者发出关于私人价值 x 的信息,并使他们更新对 V 的估值,从而使他们修改支付意愿。一般而言,受共同价值信息的影响,也会出现最后一分钟竞价的行为。一方面,最后一分钟竞价可以使投标人从其他人较早的投标中收集更多的信息,从而更新他们对拍卖品的估值;另一方面,最后一分钟投标使得投标人避免了过早地向其他人提供自己的私人信息。在有固定期限的拍卖中,当信息不对称时，最后一分钟竞价行为会频繁发生。

2.1.2 "售卖-拍卖"混合机制

"售卖-拍卖"混合机制可以简单地描述为：在同一个平台内，同时进行拍卖与售卖行为。例如，一家线上旅行社通过两种方式提供相同的旅行服务，一种以固定的价格销售，另一种以在线拍卖的形式销售。该旅行社每周进行一次航班和旅行服务的拍卖。因此，在同一时刻，该旅行社的某一服务可能存在固定价格和拍卖价格，两种价格有时存在着很大的差异。用户能够同时以售卖、拍卖两种不同的方式购买同一商品，这就是同平台中的"售卖-拍卖"混合现象。

在"售卖-拍卖"混合机制下，产生了一些新的现象，如"屏幕接近程度"。"屏幕接近程度"（screen proximity）是指平台中拍卖页面与售卖页面之间的"距离"。平台"屏幕"上一般有"售卖"和"拍卖"两个选项，用户只需点击即可访问相应的页面。因此，这两种模式处于"屏幕接近"状态，即用户可以轻易地在两种销售模式之间转换。那么这种邻近性将如何影响拍卖规则？又如何影响用户的购买行为？

在"售卖-拍卖"混合机制中，在线拍卖者能够观察到售卖商品的固定价格，与纯拍卖相比，与售卖并存的拍卖会有更多的限制。拍卖的保留价格往往要低于固定售卖价格，具体的比例一般需要根据产品利润来决定。同时，由于用户可以轻松转换到传统销售途径以固定售价购买商品，因此在线拍卖的成交价格往往比固定价格低。Vakrat 和 Seidmann（2003）经过研究发现，在"售卖-拍卖"混合机制中，在线拍卖产生的期望价格较固定价格差不多低 30 个百分点。期望价格的降低源自在线拍卖的交易成本，例如，用户在投标过程中花费的时间和监视投标过程付出的精力等。当厂商同时拥有固定价格售卖和拍卖两种销售渠道时，有关最终拍卖价格是如何确定的更详细的讨论参见 Vakrat 和 Seidmann（2003）的研究成果。

"售卖-拍卖"混合机制也让竞标者有了更多的购买选择。一些竞标者能充分利用两种销售方式的共同可用性（co-availability）。例如，在拍卖的前一天，他们保留了想要的机票，第二天他们以较低的价格竞标同一张机票。如果竞标失败，他们将直接购买保留机票；如果竞标成功，他们便尝试取消预订。一些消费者还试图利用复杂的网络环境来获取资源。一些竞标者会在不同的平台或同一平台的不同卖家处注册多个账户，参与多个竞标，如果某处以最低价格竞标成功，那么他们会拒绝其他任何投标。其中一些竞标者甚至开发出算法，以"最聪明"的价格为目标，选择以足够低的价格竞标可用产品。因此，日益复杂的在线拍卖环境也带来了竞标者行为的分散性和多样性。

2.1.3 在线拍卖的信誉机制

由于在线拍卖的交易双方不能面对面进行交易且多采用虚拟身份交易，因此买卖双方的身份信息不对称，较传统拍卖方式更加难以建立信任。因此信任机制的建立是在线拍卖平台的关键运营环节。目前，在线拍卖平台都建立了针对用户的信用评价机制，并基于这一机制对信用情况进行评分。基础的评分模型包括简单累加法或均值法两类，以评估交易用户的信誉状况，建立、维护在线信任关系，规避平台拍卖中的信任风险。

累加信任模型就是将特定用户得到的所有信誉反馈评分进行累加，作为该用户的总体信任度。众多主流拍卖平台，如 eBay、Yahoo、淘宝、易趣等均采用过这种信任模型。该模型可以表示为

$$R_n = R_{n-1} + r_n, r_n \in (-1, 0, 1) \quad (2\text{-}1)$$

递推可得

$$R_n = R_0 + \sum_{i=1}^{n} r_i \quad (2\text{-}2)$$

其中，R_0 表示用户的初始信任度；R_n、R_{n-1} 表示用户截止到获得第 n、$n-1$ 次信誉反馈评分时的累加信任度；r_i 表示用户所得到第 i 次信誉反馈评分，$r_i \in (-1, 0, 1)$。

累加信任模型的优势在于计算简单、便于在海量用户中推广使用，但有可能出现评价失真的情况。例如，某一时刻两个交易用户的信用评分相同，有可能存在两种情况：一是两个用户得到的评价数量和评价结果一致，二者信用相同；二是其中一个用户比另一个用户的评价多，但多出的评价中好评和差评数量相等、相互抵消，导致二者的信用评分相同。显然，第二种情况使得累加信任模型难以真实反映被评价用户的实际信任度。针对上述情况的一种解决思路是建立平均值信任模型，即将特定用户的所有反馈评分进行累加，然后除以评分次数，将所得结果记作该用户的总体信任度。目前，Amazon 等拍卖平台采用此种模型。

2.2 个性化定价

2.2.1 追踪成本与个性化定价

追踪成本是指追踪并收集用户网络行为信息所需的成本。数字技术的发展大幅降低了追踪成本，推进了个性化服务的发展和一对一市场的建立。换言之，随着个人数据采集、分析和算法等技术手段的发展，用户的数字活动很容易被记录和存储，这就使得用户的个人行为记录越来越详细。企业可以基于用户的不同特征实现同一件产品或服务的个性化定价，将产品或服务高价卖给支付能力更强、购买意愿或品牌忠诚度更高的用户，同时用较低的价格争取那些价格敏感或购买意愿较低的用户。典型的例子是，电商平台会根据用户的历史浏览信息、购买信息推断用户的购买需求并向用户推送相关的产品或服务，并根据用户的手机型号、购买记录等信息推断其需求弹性，从而实现价格歧视。这种定价方式被称为**个性化定价**，即基于多元用户数据对用户进行画像，并在此基础上针对每个用户进行差别定价。正是由于追踪成本的降低，企业能够以较低的成本了解不

同用户的差异偏好，从而实行个性化定价。

2.2.2 大数据"杀熟"

个性化定价的前提是数字产品或服务的提供商能够掌握有效的用户数据，从而区分具有不同支付意愿和支付能力的用户。显然，对于提供数字产品或服务的厂商而言，根据老用户累积得更为丰富的数据，可以更加容易地对其个性化特征进行分析，从而更容易推断出用户的保留价格并据此定价。因此，大数据"杀熟"本质上依然是数据驱动的个性化定价。例如，据调查显示[①]，打车软件有可能会针对不同用户显示不同的用车价格；外卖平台的新用户有可能会得到更多的优惠券；在线视频网站的会员价格则可能随着用户手机型号的不同而发生变化，使用苹果手机的用户开通会员时，有可能会比使用安卓手机的用户支付的费用更高。

这种定价策略已经引起了监管部门的高度关注。一些消费者认为这属于操纵价格，坚持要对其进行监管。为此，我国国务院反垄断委员会印发了《国务院反垄断委员会关于平台经济领域的反垄断指南》，以加强平台经济领域反垄断监管，具体内容将在第9章进行详细介绍。另外，这种定价策略对消费者隐私权的侵犯也引起了许多机构和专家学者的关注。例如，在 Facebook 用户个人信息数据泄露事件中，超过5.33亿 Facebook 用户的个人数据被泄露，包括用户的个人信息，共有106个不同国家的 Facebook 用户信息被公之于众。具体内容将在第13章和第14章进行详细介绍。

2.2.3 版本划分

版本划分（versioning）是个性化定价的另一种表现形式，指企业针对不同类型的用户提供不同的商品配置与价格，供不同的消费者自由选择。版本划分是软件服务业常用的销售方式。SaaS（Software as a Service，SaaS）平台将应用软件统一部署在服务器上，用户可以根据自身需求，通过互联网向厂商订购所需的软件服务，按订购的服务数量和使用时长向厂商支付费用，并通过互联网获得 SaaS 平台提供的软件服务。因此，SaaS 平台就可以根据不同用户的需求设计不同的产品组合，从而实现差异定价。一般来说，SaaS 会有一个基础的产品组合，在该组合中包含若干基础性功能。基础产品组合一般采用免费或者低价的策略以获取更多的用户。基础用户可以通过付费升级来获得更多功能。这种定价模式是 SaaS 中较为常见的定价模式之一，用户支付的价格可能取决于用户的组织类别（企业、政府、学术机构）、组织规模、使用时长、订购功能等因素。例如，创意应用工具服务商 Adobe 采用基于功能的定价模式，用户可以单独订阅某个应用（如 Photoshop），也可以同时订阅多个甚至整个应用捆绑包（如摄影套件或所有应用）。捆绑包相对于单独购买多个应用而言性价比更高，这会进一步促使用户付费订阅捆绑包。

版本划分的关键在于如何确定不同的产品组合。厂商不仅需要确定每个产品组合应

---

① 该项调查来源于复旦大学的一项关于移动出行的研究。

包含的功能，还需要确定哪些功能可以激发用户升级。对厂商而言，版本划分的定价模式具有以下优点：一是根据不同的用户需求以区分用户群体，设计差别化的产品组合，从而实现价格歧视；二是由于用户需要付费升级才能获取更多的功能，因而厂商更容易获得实现增量销售的机会。

2.3 捆绑销售

捆绑销售是指将两件或者更多件产品打包到一起的销售方式，是一种经典的准价格歧视形式。对传统产品而言，当用户对不同产品有负相关的偏好时，捆绑销售将会增加收益。与传统产品相比，数字产品在捆绑销售方面的优势要大得多：数字产品的生产边际成本基本为零，将数字产品或服务进行组合的成本也很低，因而有利于厂商将大量产品或服务进行捆绑销售，以吸引特定用户。

2.3.1 垄断厂商的捆绑销售⊖

首先，我们考虑市场中只有一个垄断厂商的情境。假设单一厂商向一组用户同时提供 n 种数字产品，用户对每种产品的需求是 0 或 1 单位，并且不允许转售产品⊜；不同用户对同一产品的估值不相同且独立分布；数字产品的边际成本为 0。

进一步假定，单个产品的估值分布会随着用户同时购买产品的数量变化而变化，即其他产品的购买会影响用户对该产品的估值。例如，用户对单独销售的天气预报的估值不同于将它和早间新闻一起出售的估值，因为用户的时间有限，而这两种产品争夺用户有限的时间。为了简单起见，我们把所有的产品都看成是对称的，假定在捆绑包中添加新产品后，所有捆绑包内的产品都成比例地受到影响。最后，一个隐含的假设是，大规模捆绑数字产品时，用户没有与之相关的负效用。

如图 2-1 所示，横坐标代表产品需求量，纵坐标为产品的平均价格。假设每个用户对单个产品的估值在 [0, 1] 区间均匀分布，用户数量归一化为 1；产品的需求曲线由一个线性逆需求曲线 $P=1-Q$ 给出。当捆绑包中的产品数量增加时，根据大数定律，捆绑包中每个产品的平均估值收敛到平均值。因此，逆需求曲线的形状趋近于"方形"，厂商可以获得需求曲线下更多的面积占比，相对于单独销售产品减少了无谓损失和用户的消费者剩余。随着捆绑包中的产品数量 N 的增加，平均无谓损失和平均消费者剩余将趋近于 0，产品价格接近一级价格歧视下的价格水平。

许多结论可以扩展到用户对产品估值是正相关的情况。这是由于捆绑销售策略的内在优势主要在于能够降低买方估值的分散性。只要用户对产品的估值存在异质性，即使这些估值是正相关的，其分散性也会被捆绑销售策略降低。

⊖ 基于 Bakos-Brynjolfsson 模型整理。
⊜ 即是说转售对消费者来说价格过高，在实际操作中是不存在转售的。

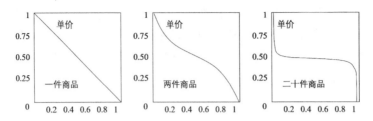

图 2-1　不同大小捆绑包的单件产品逆需求曲线

2.3.2　内容竞争

2.3.1 节的模型考虑了只有一个垄断厂商捆绑出售数字产品的情境。若厂商之间存在竞争将如何影响其捆绑销售策略？假设有两家厂商出售如 2.3.1 节所假设的捆绑包，分别是厂商 1 和厂商 2。一般而言，由于不同的数字产品在功能上不可替代，例如，微软公司与腾讯公司可能同时想要获得一张音乐专辑的版权，但由于 PC 操作系统和在线社交的功能不可替代，因此二者在用户层面不构成直接竞争。厂商 1 和厂商 2 会在上游（供给侧）围绕产品进行竞争，而不会在下游（需求侧）去争夺用户，这种现象称为内容竞争或上游竞争。假设两个厂商各自初始的捆绑包中分别有 n_1 和 n_2 个互不相同的产品，并且 $n_1 + n_2 = n - 1$；用户对产品的估值是独立同分布的。此时，两个厂商对第 n 种产品的估值分别为 (y_1, z_1) 和 (y_2, z_2)，其中 y 表示第 n 个产品只出售给一个厂商的估值，z 表示第 n 个产品同时出售给两个厂商的估值；第 n 个产品的持有者根据 y_1、y_2 和 $z_1 + z_2$ 的大小来决定产品是被某一个厂商收购还是同时被两个厂商收购（事实上，同时出售给两个厂商并非最优策略，证明见 Bakos Y, Brynjolfsson E, 1999）。随后，厂商 1 和厂商 2 同时决定是单独销售自己所有的产品还是销售捆绑包，并通过定价销售而获得利润。如果某一个厂商的捆绑包足够大的话，第 n 种产品的持有者将产品出售给拥有更大捆绑包的厂商更有利。进一步地，如果 n_1、n_2 足够大，且 $n_1 > n_2$，则在唯一的完美均衡中，厂商 1 会以高于厂商 2 的专有权出价得到第 n 个产品[⊖]，因为此时厂商 1 的捆绑包逆需求曲线更接近于方形。

这意味着拥有较多产品的厂商总是愿意以更高的成本开发新产品或通过支付更高的价格从第三方购买新产品并添加到捆绑包中。尽管随着竞争厂商的数量增加，独有授权的激励可能会减少，但在多个捆绑包的情况中这一结论仍然成立。这意味着产品种类更为丰富的厂商相对于其他厂商会更容易扩大自己的产品种类。有远见的公司不仅会考虑加入新产品以保证捆绑规模领先于竞争对手，而且会考虑通过新产品的竞争防止其竞争对手增加。

综上所述，大规模捆绑策略可能在上游内容的竞争中提供优势。大规模捆绑销售者愿意为上游内容支付更多费用，并且可能会占据主导地位，因为捆绑销售会降低他们的需求曲线的弹性，并允许他们向捆绑包中添加新产品，从新产品中获取更多消费者剩余。

⊖　证明过程引自 "The Oxford Handbook of the Digital Economy" P340，有兴趣的读者可进一步阅读。

因为聚集的好处随着商品数量的增加而增加,这在购买或开发新的信息商品方面,甚至在任何其他经济规模的范围内,都是一个巨大的竞争优势。

2.3.3 消费者竞争

2.3.2 节的情境考虑了厂商围绕产品的竞争。本节考虑另外一种情境,即当厂商提供的产品为互补品或者替代品时,厂商之间如何围绕消费者展开争夺。与内容竞争相比,消费者竞争也称为下游竞争。

首先我们考虑互补品的捆绑销售。假设存在两家厂商,分别为厂商 1 和厂商 2,每个厂商同时生产 A 和 B 两种组件,且 A 和 B 是完全互补品,需要按照固定比例同时使用才能够产生效用;两家厂商生产 A 和 B 的单位生产成本分别用 a_i 和 b_i 表示,其中 $i = 1, 2$。为了简单起见,假设两家厂商生产的组件为同质产品,消费者对两家厂商生产的产品具有相同的保留价值。在这种情况下,如果组件 A 和 B 没有捆绑销售,消费者会从相对价格较低的厂商处分别购买组件 A 和 B,竞争将在组件层面进行,生产成本较低的厂商将以略低于竞争对手厂商生产成本的价格出售组件,从而赢得整个市场,因此组件 A 和 B 的价格为 $\max(a_1, a_2)$ 和 $\max(b_1, b_2)$。

如果厂商对组件 A 和 B 捆绑销售,规定两种组件必须从同一厂商处购买,那么厂商 1 和厂商 2 的竞争就由组件层面的局部竞争转变为厂商层面的全面竞争。因此,在生产成本方面具有整体优势的厂商将以竞争对手的捆绑包成本进行定价。消费者为捆绑包支付的总价为 $\max(a_1 + b_1, a_2 + b_2)$,这小于等于两个组件产品分开销售要支付的总价 $\max(a_1, a_2) + \max(b_1, b_2)$。

在此情境中,如果一家厂商在两个组件的生产中都更高效,则捆绑和不捆绑没有区别。如果一家厂商在某个组件(如组件 A)的生产中更有效率,而另一家厂商在另一个组件(如组件 B)的生产中更有效率,不妨假设 $a_1 < a_2$,$b_1 > b_2$ 且 $a_1 + b_1 < a_2 + b_2$,即厂商 1 和厂商 2 分别在组件 A 和 B 的生产中更有效率,同时厂商 1 在整体组成中效率更高。在分售的情况下,厂商 1 和厂商 2 的利润分别是 $(a_2 - a_1) > 0$ 和 $(b_1 - b_2) > 0$;在捆绑销售的情况下,厂商 1 和厂商 2 的利润分别是 $(a_2 + b_2) - (a_1 + b_1)$ 和 0。在假设下,$(a_2 + b_2) - (a_1 + b_1) = (a_2 - a_1) - (b_1 - b_2) < (a_2 - a_1)$,因此不捆绑对两家厂商都更有利可图。

与互补品市场不同,当捆绑销售的需求弹性大于独立产品的需求弹性时,替代品市场的厂商则倾向于捆绑销售。例如,购买了游乐场套票的游客可以体验游乐场内的所有项目,但由于游客通常时间有限,所以在游览期间难以体验所有项目。对于许多以用户注意力(时间)为基础的数字产品依然如此。例如,在同一开放平台的多款游戏可以打包以较低的价格出售给用户,但由于用户时间有限,所以往往只会成为其中一到两款游戏的玩家。无论这些游戏是由一个公司出品还是由不同的公司出品,捆绑销售的倾向不会改变。当游戏由不同的公司出品时,推出联合购买折扣可以减缓价格竞争。因为当公司提供联合购买折扣时,产品的可替代性降低,从而使他们能够设定更高的相对价格。这意味着看似对用户友好的联合购买折扣本质上却是一种串通机制。

本章小结

本章介绍了在线拍卖、个性化定价以及捆绑销售等数字市场中较为典型的价格歧视和准价格歧视手段。与传统拍卖相比，在线拍卖出现了"最后一分钟竞价""售卖—拍卖"混合机制等特点，这些都对拍卖价格产生了影响。大数据"杀熟"、版本划分等个性化定价的手段，既体现了数字经济的特点，也引发了对于数据使用、隐私保护的担忧。根据数字产品的特点，捆绑销售也有了内容竞争、用户竞争等新形式。

关键术语

| 在线拍卖 | 售卖—拍卖 | 屏幕接近程度 | 追踪成本 |
| 个性化定价 | 大数据杀熟 | 版本划分 | 捆绑销售 |

复习思考题

1. 请简述在线拍卖的概念，并简要概括屏幕接近程度的影响。
2. 请简述"最后一分钟竞价"的几种理论解释。
3. 概述追踪成本与个性化定价之间的关系。
4. 基于捆绑销售模型，寻找日常生活中的数字产品捆绑销售案例并进行分析。

参考文献

[1] Klemberer P. Using and Abusing Economic Theory[J]. Journal of the European Economic Association, 2011.

[2] Klemperer P. Auction theory: A Guide to the Literature[J]. SSRN Electronic Journal, 1999(3): 227-286.

[3] Lawrence MA, Peter C. The Optimality of Being Efficient[R]. Available at http://www.rutcorrutgers.edu/}rrr.

[4] Vickrey W. Fifteen Fatal Fallacies of Financial Fundamentalism: a Disquisition on Demand-side Economics[J]. Economic Sciences, 1998(3): 1340-1347.

[5] Cassady, Berkeley. Auctions and Auctioneering[M]. University of California, 1967.

[6] Belleflamme, Peitz. Industrial Organization: Markets and Strategies[M]. RePEc, 2010.

[7] Ackand, Robert. The Oxford Handbook of the Digital Economy, by Martin Peitz and Joel Waldfogel (eds) (Oxford University Press, Oxford, UK) pp. 560[J]. Economic Record, 2014, 90(289): 249-251.

[8] Brousseau, Curien. Internet and Digital Economics[M]. Cambridge: Cambridge University Press, 2007.

[9] Bakos, Brynjolfsson. Bundling and Competition on the Internet[J]. Marketing Science, 2000, 19(1): 63-82.

[10] Cho, Kreps. Signaling Games and Stable Equilibria[J]. The Quarterly Journal of Economics, 1987, 102(2): 179-221.

[11] Michael. Job Market Signaling[J]. Quarterly Journal of Economics, 1973(3): 355-374.

[12] Edelman, Ostrovsky, Schwarz. Internet Advertising and the Generalized Second-Price Auction: Selling Billions of Dollars Worth of Keywords[J]. American Economic Review, 2007, 97(1): 242-259.

[13] Anderson, Palma. Competition for attention in the information (overload) age[J]. Université Paris1 Panthéon-Sorbonne (Post-Print and Working Papers), 2012.

[14] Mayerhofer, Huber, Pennerstorfer. Handel und Einzelhandel im Wiener Beschftigungssystem. Arbeitsmarktrelevanz, Arbeitsplatzcharakteristika, absehbare Herausforderungen[J]. WIFO Studies, 2017.

[15] Maris, Ali, Chad, et al. E-Commerce and the Market Structure of Retail Industries[J]. Economic Journal, 2010, 120(545): 651-682.

[16] Moraga-González. Quality uncertainty and informative advertising[J]. International Journal of Industrial Organization, 2000, 18(4): 615-640.

[17] Ockenfels. Last-Minute Bidding and the Rules for Ending Second-Price Auctions: Evidence from eBay and Amazon Auctions on the Internet[J]. American Economic Review, 2002.

[18] Pinker, Seidmann, Vakrat. Managing Online Auctions: Current Business and Research Issues[J]. Management Science, 2003, 49(11): 1457-1484.

第 3 章 · DIGITAL ECONOMICS

搜 索 成 本

　　不论是传统经济时代还是数字经济时代，消费者为了获取自己需要并且满意的商品，都会去搜集信息以帮助决策。希望确定最优惠价格的买方（或卖方）必须调查不同的卖方（或买方）——这种现象就是"搜索"。寻找产品、品牌、价格和质量的过程，就是搜寻信息的过程，而为此付出的代价，就是搜索成本。一个想要购买二手汽车的人如何找到出价最低的销售商？在传统条件下，他将很难掌握所有二手车市场的价格信息。但是在数字经济时代，他只需要打开网页或者 App 便可对市场价格一目了然。显然，数字技术令搜索成本大幅降低，而这将会给市场带来哪些变化？本章将结合数字经济时代的特点介绍搜索成本的相关概念和经济学原理，以及搜索成本如何影响电子商务市场的效率。

学习目标

▶ 学完本章，你应该做到：
1. 理解数字经济比传统经济具有低搜索成本的优势；
2. 理解搜索成本如何改变市场价格离散度；
3. 掌握固定样本模型与连续搜索模型的基本原理；
4. 论述搜索成本影响电子市场效率的基本原理。

引例

瓜子二手车：降低的搜索成本

假如你想买一辆二手车，如何找到以最低价格提供特定二手车型的二手汽车销售商或者私人车主？在互联网出现之前，或许你需要去各个城市的二手车线下交易市场寻找，不仅费时费力，而且不一定能够找到价格最低的卖方。而随着互联网技术的发展，一些线上二手车交易平台出现了，例如，瓜子二手车直卖网搭建了一个 C2C 直卖平台，对接用户需求，而且提供上门检测服务，在线上进行交易，速度快、效率高。相比传统方式，它能够帮用户节省许多时间和精力，用户不再需要去各地的线下二手车交易市场寻找特定车型，只需要在手机 App 上进行搜索，即可确认自己想要的车型价格及余量，然后在线上下单。

从线下寻找到线上搜索，这两种行为其实都是在做同一件事——寻找信息。希望确定最优惠价格的买方（或卖方）必须调查不同的卖方（或买方）——这就是"搜索"。寻找产品、品牌、价格和质量的过程，就是搜索信息的过程，而为此付出的代价，就是搜索成本。

3.1 数字经济中的搜索成本

从引例中可以看出，搜索成本是指寻找信息的成本。事实上，每一项信息搜集活动都涉及搜索成本。自斯蒂格勒（Stigler）提出搜索成本的概念后，经济学界就出现了两个主要的关于搜索成本的定义：一是把搜索成本归为交易成本的一种，认为搜索成本源于商品资讯与交易对象资讯的收集；二是将搜索成本视为协调成本的一部分，认为消费者为了获取销售商所供应商品及其相关信息（如供应商的位置、信誉以及商品的价格、规格、质量和特性等）而做出的购买前投资。两种定义虽然有所差别，但是有一点是一致的：**搜索信息是需要付出代价的，搜索信息的活动给消费者带来一定的搜索成本**。相比于传统的线下交易，数字技术驱动的电子商务等新型商业模式使消费者更容易找到与交易相关的信息。

3.1.1 信息收集与操作成本

从某种角度看，信息收集是搜索成本产生的前提和原因。正如开篇所提到的例子，当你想要找到以最低价格提供特定车型的汽车销售商，在不同商品中进行挑选的时候，由于产品信息无法实现完全对称，卖方总是比买方了解更多产品信息，因此为了找到合适的产品，买方需要付出搜索成本以搜集足够的信息进行决策。在信息搜集的过程中，买卖双方需要达到一定的**匹配度**。从狭义上来说，匹配度指消费者能否获得相似价格下更符合需求与期待的商品，生产者能否找到更多、更合适的目标客户，用以完成销售目标。如果双方都对彼此及价格满意，那就意味着在这项交易上的匹配度高。匹配度的含义也可以拓展到所有市场上。匹配度高低的判断取决于供需双方对交易结果的预期是否被满足。因此，**信息搜集行为本质上是资源匹配的环节之一**。不论是生产者还是消费者，都渴望获得匹配度高的交易方。为了达到这样一个目的，就需要进行信息搜集。

操作成本特指在基于互联网的信息收集过程中，由操作量带来的搜索成本。在传统的经济环境下，信息搜索成本可能来自购买报纸、书籍等费用或者是询问多个商家相关产品与价格等信息所花费的财务与时间成本。但是在数字经济中，获取信息的难度和门槛大幅降低。当我们进行线上搜索的时候，最常用的方式就是打开手机或计算机的搜索引擎，输入关键词进行查询。这种额外操作尽管便捷，但也需要花费时间。

信息搜寻成本可以简单分为两种：一种是获得目标信息的成本；另一种是排除信息噪声的成本。如今，在数字经济时代，信息的获取变得容易很多，缩小了生产者的利润空间。因此，一些商家会制造一些信息噪声，恶意提高这种搜索成本。**信息误导**（misleading information）便是生产者常用的一种欺诈策略，例如，一个商家可能把一个商品的正面图片放在缩略图页面，真实的商品情况需要点击若干链接后才能查询，这种不完全信息的操纵方式称为信息误导。因此，在数字经济时代，排除信息噪声成为操作成本中的重要部分。

3.1.2　搜索成本

随着数字技术的发展，信息产品逐渐转变为纯粹的公共产品和纯粹的固定成本产品。通过互联网，数字产品的复制品的质量几乎不会损耗，而它们的成本趋于零。同时，供需之间的交易不依赖实体的交易场所、不局限于具体的交易时间，例如，电子商务、搜索引擎、产品论坛等互联网应用，极大地丰富了交易品类，极大地压缩了交易时间，极大地减少了中间环节，也降低了生产者和消费者的信息搜索成本、产品供需双方的信息匹配成本，进而降低了生产者和消费者的交易成本，使得交易在零时间、零距离和零成本的情况下进行。这对价格、市场份额和盈利能力等方面都有重要影响。

信息技术通过降低信息的**复制成本**与**验证成本**来降低搜索成本。复制成本是指信息被复制、传播过程中所需要的成本。当我们在搜索引擎中进行检索时，通过复制以及粘贴选项便很容易在不同渠道搜索关键词。复制成本的降低使信息的提供者更容易把它们从一个网站搬运至另一个网站，从而使得信息流转速度加快，传播范围变得广泛。验证成本是指验证搜集到的信息真伪的成本。当我们能够搜集到大量相关信息时，我们便更容易对搜集到的某些信息验证真伪。降低的复制成本使得信息大量传播，从而也有助于验证成本的降低。

此外，**流行度信息**也会影响到搜索成本。许多在线平台根据项目的受欢迎程度和流行程度对其进行排序，从而降低了这类信息的搜索成本。这些流行信息不仅影响零售，还影响在线贷款和在线投资等领域。因此，当我们想获取更多信息时，只需要打开搜索引擎、操作寥寥数次就能达到目的。

低搜索成本有助于提升资源的匹配度、优化资源的利用效率。例如，读者通过网络书店更容易买到他们想要的书籍；Craigslist 的在线租赁服务有效地降低了出租公寓和房屋的空置率；物联网技术促成了共享经济的兴起，催生了 Uber、Airbnb 等新型商业模式以及"零工经济"等灵活就业形式。此外，匹配效率的大幅提升使得供应能够在需要时进入市场，需求能够在有供应时得到满足，催生了诸如以销定产（customer to manufacturer，C2M）、供应链-厂商-用户（supply chain to business to customer，S2B2C）运营模式等新型生产消费协同模式。

3.2 价格离散与最优搜索次数

3.2.1 价格离散度

市场的**价格离散度**（price dispersion）是指同质商品的价格分布相对于某一中心价格的偏离程度。这里的同质商品（homogeneous goods）既可以指同品牌、同型号的商品，也可以指具有同种功能的商品。从广义上讲，价格离散是由于信息在市场交易双方的不均衡分布中产生的。价格离散可以反映市场信息的充分与否，是衡量市场效率和竞争力的一项重要指标。如果一个市场的效率较高，那么消费者和零售商之间的信息不对称程度就会大为降低，市场上某种商品的均衡价格水平一般也应等于零售商边际成本的价格水平，即实现资源要素"帕累托最优"的价格水平，同类商品价格分布的离散程度也就较小。而如果一个市场的效率较低，存在较强的市场分割，新零售商的进入成本较高，消费者和零售商之间的信息不对称程度也就很强，那么市场中同类商品价格分布的离散程度也就较大。

1961 年，斯蒂格勒（Stigler）首次提出价格离散度的概念。价格离散是由于市场搜寻成本过高，使得部分消费者放弃寻找最低价格的商品而出现的市场均衡现象。由此推断，当消费者能够获取更多的信息或者搜寻成本更小的时候，市场价格离散度会偏小；如果一个市场的价格离散度很大，则说明这个市场是信息不充分的，搜索成本也会偏高。

一般情况下，价格的范围可以作为衡量价格离散度的指标。价格范围是指以最高价减去最低价的差值：

$$D = p_h - p_l \tag{3-1}$$

同时，从商品价格的分布中也可以看出价格离散的程度。

3.2.2 最优搜索次数

信息的搜索是有成本的，搜索的次数越多，搜索成本越高。随着对信息搜索次数的增加，搜索的边际效用会递减，因而无限制地进行搜索并不是合理的经济行为。消费者如何在繁多纷乱的信息中以最小的成本获取最有价值的信息，即所谓的最优搜索次数问题。理论上讲，用户有两种搜索原则：①用户无预期价格，虽然在搜索前确定搜索次数 n，在搜索完 n 个商店后，选择其中价格最低的商店购买；②用户虽然有预期价格 P_r，但不确定搜索次数，只确定搜索次数上限 n，即用户最多搜索 n 个商店，一旦遇到价格低于 P_r 的商店，则立即购买商品，若 n' 个商店的价格均不低于 P_r，则选择价格最低的商店购买。这两种原则分别对应着两种搜索模型：**连续搜索模型**和**固定样本模型**。下面我们通过一个简单的模型来说明搜索的实际操作过程。[一]

1. 连续搜索模型

假设某市场 M 中有一商品 Q 的正常价格为 p，且 M 中部分商店对该商品给予 d 的折扣。假设不给予折扣的商店比例为 $q(q<1)$，给予折扣的商店比例为 $1-q$。消费者的效用函数为 $u(\cdot)$，搜索一次的成本固定为 c，那么消费者每次搜索都需付出 $u(-c)<0$ 的负效用。

消费者搜索一次商店，可能出现三种结果：

（1）不购买商品，此时效用为 $u(-c)$；

（2）以正常价格 p 购买商品，此时效用为 $u(-c) + u(-p)$，由于拥有商品会给消费者带来正的效用，因此 $u(-p)>0$；

（3）以带有折扣 d 的价格购买商品，此时效用为 $u(-c) + u(-p+d)$，显然 $u(-p) < u(-p+d)$。

我们先考虑消费者的两种选择：第一种选择是无论是否有折扣，消费者只走访一家商店并购买商品；第二种选择是走访第一家商店并只在有折扣时购买商品，否则搜索第二家商店，并不论是否有折扣都在第二家商店购买商品。此时，消费者从第一种选择中获得的预期效用 $U_1 = u(-c) + [qu(-p) + (1-q)u(-p+d)]$，从第二种选择中获得的预期效用 $U_2 = u(-c) + (1-q)u(-p+d) + q[u(-c) + qu(-p) + (1-q)u(-p+d)]$。消费者如何选择将取决于 U_1 和 U_2 的大小。

当 $U_1 = U_2$ 时，可以解出：

$$(1-q)u(-p) = u(-c) + (1-q)u(-p+d) \qquad (3\text{-}2)$$

当 p、d、q 已知时，式（3-2）右边的下降意味着 $u(-c)$ 的负效用更高，即搜索成本更高，此时消费者会倾向于第一种选择；反之，右边的上升意味着 $u(-c)$ 的负效用更低，即搜索成本更低，此时消费者会倾向于第二种选择。

如果商家增加折扣，即 d 增加，此时价格离散度增大，U_1 和 U_2 都会增加，但是 d 的增加对 U_2 的影响比 U_1 更显著，通过式（3-2）可以算出，这些变化将使 c 增大，这说明：第一，价格离散度增加时，消费者的搜索收益也将有所增加，同时，价格离散度越大，如果要让两种选择的收益相同，搜索成本 c 就要越高；第二，购买商品的价格越高，或购买商品的数量越多，就越值得搜索，因为消费者用于该商品的开支越高，由搜索得到的节省额就越大。

以上模型对搜索次数做了限制（最多两次），如果不限制搜索次数，只考虑每次搜索的收益，会出现什么情况？假设某市场 M 中有 m 家商店，其中 $\frac{1}{2}m$ 家商店对商品 Q 给予

[一] 谢康. 市场经济条件下信息搜寻行为与效益分析 [J]. 数量经济技术经济研究，1994(10):6-13.

折扣 d，定价为 p_1，$\frac{1}{2}m$ 家商店对商品 Q 不给予折扣，定价为 p_2，且 $p_2 > p_1$。此时随着搜索次数的增加，直至 m 次搜索，搜索到的最低预期价格如表 3-1 所示。

表 3-1 搜索到的最低预期价格

搜索次数	最低价格概率（元）		预期最低价格（元）	搜索边际收益（元）
	p_1	p_2		
1	0.5	0.5		
2	0.75	0.25	$\frac{3}{4}p_1 + \frac{1}{4}p_2$	$\frac{1}{4}p_2 - \frac{1}{4}p_1$
3	0.875	0.125	$\frac{7}{8}p_1 + \frac{1}{8}p_2$	$\frac{1}{8}p_2 - \frac{1}{8}p_1$
4	0.937 5	0.062 5	$\frac{15}{16}p_1 + \frac{1}{16}p_2$	$\frac{1}{16}p_2 - \frac{1}{16}p_1$
m	1.0	0	p_1	

根据表 3-1，搜索边际收益随着搜寻次数的增多而降低，并且价格离散度越高（此处为 p_2-p_1），搜索边际收益越高。这个结论可以推广至市场提供多种价格的情况。当搜索次数趋近于总商家数时，搜索的边际收益趋近于零，可见搜索次数并非越多越好，当然，搜索次数也不是越少越好，其中存在一个最优搜索次数的问题。

2. 固定样本模型

假设某市场 M 中有一商品 Q，该市场中所有商家的定价等比例分为五种，分别为 1.00 元、1.05 元、1.10 元、1.15 元和 1.20 元，即价格离散度为 0.20 元。假设消费者的搜索是随机的，且预先了解市场价格分布，那么，如果消费者只搜索一次，则搜索到的预期最低价格为 1.10 元（五种价格的平均数）。如果消费者搜索两次，根据 Stigler（1961）的计算，共存在五种情况。

（1）如果第一次搜索到的价格为 1.20 元，第二次搜索时，搜到更低价格的概率为 $\frac{4}{5}$，平均为 1.075 元，因此消费者的预期最低价格为 $\frac{4}{5}(1.075) + \frac{1}{5}(1.20) = 1.10$ 元。

（2）如果第一次搜索到的价格为 1.15 元，消费者的预期最低价格为 $\frac{3}{5}(1.05) + \frac{2}{5}(1.15) = 1.09$ 元。

（3）如果第一次搜索到的价格为 1.10 元，消费者的预期最低价格为 $\frac{2}{5}(1.025) + \frac{3}{5}(1.10) = 1.07$ 元。

（4）如果第一次搜索到的价格为 1.05 元，消费者的预期最低价格为 $\frac{1}{5}(1.00) + \frac{4}{5}(1.05) = 1.04$ 元。

（5）如果第一次搜索到的价格为 1.00 元，对消费者第二次搜索无影响，预期最低价格为 1.00 元。

因此，消费者搜索两次的预期最低价格 = $\frac{1.10+1.09+1.07+1.04+1.00}{5}$ = 1.06 元。

由此，Stigler 推导出搜索预期最低价格的近似公式为：

$$预期最低价格 = 最低离散价格 + \frac{价格离散度}{n+1} = 平均价格 - \frac{n-1}{2(n+1)}价格离散度$$

其中 n 代表搜索次数。

对于固定样本模型，我们由此得到两点结论：第一，搜索边际收益与价格离散度成正比；第二，预期最低价格与价格离散度成反比。

3. 最优搜索次数

由以上讨论可知，随着搜索次数的增加，每次搜索的边际效用都在减少，所以，无限制地搜索是不经济的，最优搜索次数应由搜索成本与搜索边际收益之间的关系确定。Stigler（1961）认为，最优搜索次数就是搜索的边际成本等于预期边际收益时的搜索次数。

在图 3-1 中，CC' 代表搜索成本曲线，DD' 代表搜索收益曲线，nn' 代表最优搜索次数临界线，n' 为最优搜索次数。当 $N < n'$ 时，搜索是经济的，消费者应继续搜索；当 $N > n'$ 时，搜索是不经济的，消费者应停止搜索。

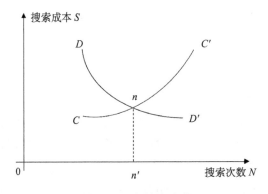

图 3-1　最优搜索次数

3.3　电子商务的市场效率

在数字经济时代，电子商务快速发展，并为经济社会带来了巨大效益。目前，电子商务市场作为全球重要的交易工具，聚合了大量的交易方，并在匹配双方交易方面发挥了显著作用。

相比传统市场，电子商务市场突破了货架空间的限制，增加市场规模的边际成本基本为零。问题是，电子商务市场简单扩大市场规模的方式是否真正扩大了竞争的范围，实现了市场效率的提高？在电子商务市场中，消费者可以借助电子商务市场提供的智能搜索工具进行商品检索和筛选，这样大大提高了市场的匹配能力，降低了搜索成本，有助于市场效率的改善。即便如此，巨大的聚集规模仍然使得电子商务市场的搜索成本不容忽视。因此，匹配能力已经成为影响电子商务市场效率最活跃的因素之一。而且，它从相对于传统市场的外生变量转变为分析电子商务市场的内生变量，决定着不同电子商务市场效率的差异，有必要从理论上解释匹配能力对于电子商务市场效率的影响。

3.3.1 电子商务市场的效率

电子商务市场[○]同传统的交易市场相似，基本功能均包括**聚合**、**匹配和交易服务**三个主要方面。搜索成本代表着市场匹配能力，而聚合功能则决定了市场的规模和竞争范围。电子商务市场区别于传统市场的特点在于它强大的聚合和搜索能力，智能搜索引擎提高了商品信息的检索、匹配能力，降低了搜索成本，而电子商务市场的聚合功能使它的规模远远超过传统市场。

- **搜索成本**。搜索理论的相关研究表明，市场中企业的竞争和搜索有关，市场效率取决于竞争和搜索之间的互动关系。搜索成本的存在使得消费者只能同有限的厂商接触，这将导致竞争的不完全性，使得市场价格传递成本和消费偏好信息的作用受到扭曲。因此，从竞争的角度讲，搜索成本决定了不完全竞争的程度，从而影响市场效率。可以说，电子商务市场匹配能力越强，搜索成本越低，交易信息越完备，竞争越充分，市场也就更加有效率。在这一意义上，电子商务市场的效率取决于搜索活动的有效范围和市场竞争程度。
- **市场规模**。市场规模也影响着电子商务市场的效率和匹配能力。由于电子商务市场具有较强的网络外部性。按照梅特卡夫法则，网络规模的价值与用户数量的平方成正比，即 $V = N^2$（N 表示用户数量，V 可以看作电子商务市场的规模或价值）。因此，电子商务市场的所有者（即电子商务平台）有极大的动力增加长尾产品，扩大市场规模。市场规模的扩大增加了市场竞争的有效范围，从而提高了市场效率；但是在电子商务市场搜索能力不变的条件下，大量的供应商、消费者和长尾产品聚集到电子商务市场中，必然产生较大的信息噪声，加剧了信息的不对称，造成市场匹配能力下降，搜索成本上升。电子商务市场规模扩大带来的信息超载会影响消费者选择的有效性，从而降低市场效率。

从电子商务市场的内涵和功能分析，**搜索成本**和**市场规模**这两个因素共同决定着电子商务市场的效率。

○ 此处的电子商务市场是广义概念，采纳的是 Bakos（1998）对于电子市场的定义，既基于互联网的虚拟交易场所，主要功能是信息、商品、服务的交换和支付的转移。

拓展阅读

长尾理论

长期以来，市场上大约80%的产品销量来自20%种类的产品，这种现象符合二八定律或者帕累托定律。人们习惯上称生产量和消费量排在前几位的少数几种畅销产品为主流产品，称其他种类更多但目标客户群体更小的产品为**利基产品**。但是随着互联网技术和电子商务的发展，少数种类的明星产品占销售支配地位的现状将被改变，相反，大量非明星和非热销的利基产品销量上升，甚至形成了凭借种类丰富的优势使销量总和超过明星产品的长尾效应。下面我们就来介绍长尾效应的概念与性质。

长尾效应是由美国《连线》杂志主编克里斯·安德森（Chris Anderson）提出的。基于在线音乐零售商Rhapsody的月度顾客消费统计数据，他发现该公司和其他任何唱片店的需求曲线一样：名列前茅的是大受欢迎的热门曲目，随着流行程度的下降，点播量急剧下滑。但无论是位于排行榜前10万还是前20万、30万、40万的曲子，只要Rhapsody在它的歌曲库中增加了曲子，就会有听众点播这些新歌曲，如图3-2所示。

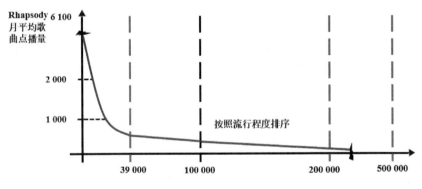

图 3-2　长尾效应

安德森由此发现电子商务市场能够促进利基产品的销售，同时，消费者剩余还能因为电子商务商场提供种类更加丰富的产品而提高。他用"长尾理论"来归纳这种电子商务市场独有的现象：当商品的生产成本急剧下降以至于个人都可以进行生产，又有足够宽广的商品储存、流通、展示的场地和渠道，并且商品的销售成本急剧降低时，几乎任何以前看似需求极低的利基产品，只要有人卖，就会有人买。这些需求和销量不高的产品所占据的共同市场份额，可以和主流产品的市场份额相比，甚至更大。互联网及相关技术的发展使得商家能够供给更多种类的产品，消费者能够以很低的搜索成本搜索目标产品，两者共同作用下，产品销售趋势从主流产品转向利基产品，长尾效应随之产生。

随着研究的进展，学术界普遍认为长尾效应在电子商务市场中是真实存在的，但是它的出现并没有否定帕累托定律，在一定条件下长尾效应和帕累托定律会相互转化。帕累托定律与长尾理论实质上是一个问题的两个方面。帕累托定律关注的是少量的"热门"资源，而长尾理论关注的是大量的"冷门"资源，虽然表面上是对立的，但实际上是解决不同环境下的同一问题。帕累托定律对于处理资源的有限性能够给出很好的解释，如商家由于经费、信息传递渠道的有限性以及买者的特殊性，只能满足大部分买者的需求，而被认为少数人需要的商品，将会被忽视，这样尾部的资源就被放弃了。而长尾理论是网络时代的产物，网络使得信息传播形式多样化，产品类型多元化，也使得销售突破了传统的渠道，节约了库存及运输成本，因而在这样的环境下，被忽略的少数"冷门"产品可以在网络上以极低的摩擦成本满足更多、更复杂的需求，从而形成利润。

3.3.2 匹配效率

如果搜索成本为零，消费者将了解市场中所有可能的交易机会。由于搜索活动是有成本的，因此应该进行多少次搜索（搜索多少商品或商家）就变成了消费者的重要决策。换言之，电子商务市场中实际可选择的交易对象（交易可行市场范围）将小于市场中潜在的交易对象（潜在市场规模）。**交易可行市场范围**表示电子商务市场的聚合能力，它是电子商务市场匹配概率密度函数（ϕ）和潜在市场范围（规模）Q 的函数，可以用 $\theta(\phi, Q)$ 来定义和描述。

我们用电子商务市场的**匹配能力**来代表电子商务市场的搜索成本，它由匹配概率密度函数 $\phi(S, Q)$ 定义和描述。其中，S 表示电子市场的搜索能力[○]。也就是说，电子商务市场的匹配能力由搜索能力和潜在市场规模共同决定。电子商务市场的匹配概率密度函数具有如下性质：它与电子商务市场的规模成反比，即在电子商务市场搜索能力不变的条件下，匹配能力随着电子商务市场规模的扩大而降低。

鉴于电子商务市场的匹配摩擦无法避免，同时匹配能力与市场规模共同决定电子商务市场效率，因此，电子商务市场效率可以表示为：

$$E(\phi, \theta) = \max \int \phi(S, Q)\theta(\phi, Q)d\theta \tag{3-3}$$

$E(\phi, \theta)$ 为电子商务市场预期的最大化效率，它是潜在市场范围（规模）内，匹配概率密度函数与交易可行市场范围乘积的最大化，反映了搜索成本和市场规模共同决定市场效率的理念。

为了考察搜索成本与电子商务市场效率的关系，假设来自两个电子商务市场平台的搜索引擎 A 和 B 在共同的电子商务市场中，该电子商务市场销售大量的差异化产品，这些产品均匀分布在长度为 Q 的线性空间上（假设潜在市场范围保持不变）。但是，这些差异化的产品对于搜索引擎 A 和 B 具有不一致的匹配水平，表现为在线性空间 Q 上，A 和 B 具有不同的匹配概率密度函数 ϕ_A 和 ϕ_B。我们进一步假设，在搜索能力不变的前提下，

○ 搜索能力由电子商务市场搜索引擎的技术水平、商品分类方式、网站展示风格等多种因素共同决定，它是电子商务市场匹配能力的决定因素之一。

反映匹配能力的概率密度函数 ϕ 在交易可行市场范围 θ 内是一个单调递减的函数，也就是说，电子商务市场的搜索引擎对于差异化产品的匹配能力是不同的，匹配概率随着长尾产品的延伸不断下降；假设对于 A、B 两个电子商务平台匹配能力最强的商品各自分布在线性空间 $[0, Q]$ 的两端，且具有相同的最大匹配概率 α（$0 < \alpha < 1$），A 和 B 的交易可行市场范围表示为 $[0, \beta]$ 和 $[\gamma, Q]$，则根据以上理论假设，匹配概率密度函数 ϕ_A 和 ϕ_B 可以表示为：

$$\phi_A = -\frac{\alpha}{\beta}\theta + \alpha \tag{3-4}$$

$$\phi_B = \frac{\alpha}{Q-\gamma}\theta - \frac{\alpha\gamma}{Q-\gamma} \tag{3-5}$$

其中，$0 < \alpha \leq 1$，$0 < \beta < Q$，$0 < \gamma < Q$。

1. 无竞争的电子商务市场

潜在电子商务市场空间 $[0, Q]$ 上，当两个电子商务平台 A 和 B 的搜索、匹配能力不足以使得双方产生交易可行市场范围的交集，即 $0 < \beta \leq \gamma < Q$，不存在竞争的条件下（见图 3-3），根据电子商务市场效率函数和两个电子商务平台的匹配概率密度函数（见式 3-4 和式 3-5），可以得到电子商务平台 A 和 B 的市场效率 E_A 和 E_B 分别为：

$$E_A = \int_0^\beta \left(-\frac{\alpha}{\beta}\theta + \alpha\right)d\theta = \frac{1}{2}\alpha\beta \tag{3-6}$$

$$E_B = \int_\gamma^Q \left(\frac{\alpha}{Q-\gamma}\theta - \frac{\alpha\gamma}{Q-\gamma}\right)d\theta = \frac{1}{2}\alpha(Q-\gamma) \tag{3-7}$$

两个电子商务平台效率之和的最大值为：

$$\max_{\beta,\gamma}(E_A + E_B) = \frac{1}{2}\alpha\beta + \frac{1}{2}\alpha(Q-\gamma) \tag{3-8}$$

其中，$0 < \beta \leq \gamma < Q$，$0 < \alpha \leq 1$。

求解式（3-16）可得：

$$\max(E_A + E_B) = \frac{1}{2}\alpha Q \tag{3-9}$$

在没有任何交易摩擦的理想条件下，电子商务市场效率的最大值为 αQ，而在上述没有竞争的情况下，两个电子商务平台效率之和的最大值为损失了一半的市场效率。因此，**当市场空间足够大，电子商务市场的搜索、匹配能力不足以使双方产生交易可行市场范围交集的条件下，即有 $0 < \beta \leq \gamma < Q$，电子商务平台的效率只与本身的搜索能力相关，两个电子商务平台的最大市场效率之和只能达到无交易摩擦条件下的一半。**

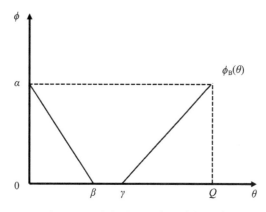

图 3-3　无竞争的电子商务市场效率

2. 存在竞争的电子商务市场

潜在市场空间 $[0, Q]$ 中，当两个电子商务平台 A 和 B 的搜索、匹配能力使双方产生了交易可行市场范围的交集，即存在 $0<\gamma<\beta<Q$，也就意味着两个电子商务平台市场之间产生了竞争。

令电子商务平台 A 和 B 的匹配概率密度函数相等：$\phi_A(\theta) = \phi_B(\theta)$，电子商务平台市场 A 和 B 的匹配概率密度曲线相交于 θ^*，解得：

$$\theta^* = \frac{\beta Q}{Q - \gamma + \beta} \quad (3\text{-}10)$$

由于在 $[0, \theta^*]$ 上，$\phi_A(\theta) > \phi_B(\theta)$，而在 $[\theta^*, Q]$ 上，$\phi_A(\theta) < \phi_B(\theta)$，因此电子商务平台的交易可行市场规模分别为 θ^* 和 $Q - \theta^*$。根据式 3-4 和式 3-5，存在竞争的两个电子商务平台的交易效率 E_A^C 和 E_B^C 为：

$$E_A^C = \int_0^{\frac{\beta Q}{Q-\gamma+\beta}} \left(-\frac{\alpha}{\beta}\theta + \alpha\right) d\theta = \frac{\alpha \beta Q(Q - 2\gamma + 2\beta)}{2(Q - \gamma + \beta)^2} \quad (3\text{-}11)$$

$$E_B^C = \int_{\frac{\beta Q}{Q-\gamma+\beta}}^{Q} \left(\frac{\alpha}{Q-\gamma}\theta - \frac{\alpha\gamma}{Q-\gamma}\right) d\theta = \frac{\alpha Q(Q - 2\gamma)}{2(Q - \gamma)} - \frac{\alpha\beta^2 Q^2 - 2\alpha\beta\gamma Q(Q - \gamma + \beta)}{2(Q - \gamma)(Q - \gamma + \beta)^2} \quad (3\text{-}12)$$

特别地，在 $[\gamma, \theta^*]$ 上，$\phi_A(\theta) > \phi_B(\theta)$ 造成电子商务平台 B 的交易可行市场范围收窄，进而形成了电子商务平台效率的损失 $E_B(\text{Lose})$；同理，在 $[\theta^*, \beta]$ 上，也存在着电子商务平台效率的损失 $E_A(\text{Lose})$。由对电子商务平台市场效率的表述可解得：

$$E_A(\text{Lose}) = \int_{\frac{\beta Q}{Q-\gamma+\beta}}^{\beta} \left(-\frac{\alpha}{\beta}\theta + \alpha\right) d\theta = \frac{\alpha\beta(\beta - \gamma)^2}{2(Q - \gamma + \beta)} \quad (3\text{-}13)$$

$$E_B(\text{Lose}) = \int_{\gamma}^{\frac{\beta Q}{Q-\gamma+\beta}} \left(\frac{\alpha}{Q-\gamma}\theta - \frac{\alpha\gamma}{Q-\gamma}\right) d\theta = \frac{(\alpha\beta - \alpha\gamma)[\beta Q - \gamma(Q - \gamma + \beta)]}{2(Q - \gamma + \beta)} \quad (3\text{-}14)$$

而且有：$(E_A^C + E_B^C) > (E_A + E_B)$

这一结论可以从图3-4中看出。由于存在搜索匹配能力的竞争，电子商务平台A和B均存在效率损失，电子商务平台效率的损失由双方的搜索、匹配能力决定。虽然各自存在市场效率的损失，但是两个电子商务市场效率的损失均由对方弥补，因此，从总体而言，存在竞争条件下总的电子商务市场效率大于没有竞争的情况，**即存在竞争的条件下，电子商务市场效率大于无竞争情况下的电子商务市场效率。**相互竞争的电子商务市场存在各自效率的损失，电子商务市场的效率及其损失的大小由两个电子商务平台的匹配能力共同决定。

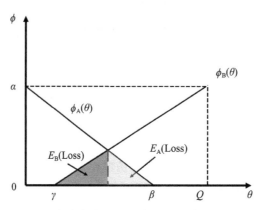

图3-4 存在竞争的电子商务市场效率及损失

通过以上分析，我们揭示了电子商务市场竞争的本质是匹配能力的竞争。电子商务市场的效率不仅取决于自身的匹配能力，还取决于竞争对手的匹配能力。因此，电子商务市场的搜索活动具有很强的外部性。一方面，当一个电子商务市场的搜索匹配能力较强时，其他电子商务市场获得交易的机会降低，交易可行市场范围也会收窄，这体现了电子商务市场的"**挤出效应**"。挤出效应使得电子商务市场往往有着更加集中的市场结构。另一方面，如果电子商务平台的搜索能力都能得到提升，则各种产品的交易机会的分布会更加均匀，这体现了电子商务市场的"**活跃效应**"，交易范围的扩大必然带来市场效率的提升。

3. 搜索成本与电子商务市场

若电子商务平台A的搜索、匹配能力提高，而电子商务平台B的匹配能力保持不变，则意味着在市场空间$[0, Q]$上，电子商务平台A的匹配概率密度函数变大，即$\phi_A'(\theta) > \phi_A(\theta)$，则有：

$$\phi_A'(\theta) = -\frac{\alpha}{\beta'}\theta + \alpha \tag{3-15}$$

从图3-5中可以看出，由于电子商务平台A的搜索、匹配能力的提高，两个电子商务平台的匹配概率密度函数的交点从 θ^* 变为 θ^{**}，电子商务平台 B 的市场空间受到了挤压，缩小了 $(\theta^{**}-\theta^*)$，B 的平台效率也随之降低。电子商务平台 A 的效率增加 $E_A(\text{Gain})$ 主要来自 $E_A^1(\text{Gain})$ 和 $E_A^2(\text{Gain})$ 两个部分，其中第一部分表示电子商务平台 A 对电子商务平台 B 效率空间的侵占，它的大小为：

$$E_A^1(\text{Gain}) = E_B(\text{Lose}) = \int_{\theta^*}^{\theta^{**}} \left(\frac{\alpha}{Q-\gamma}\theta - \frac{\alpha\gamma}{Q-\gamma} \right) d\theta \quad (3\text{-}16)$$

第二部分是由于匹配概率密度增加而挖掘出来的潜在市场效率，它的大小为：

$$E_A^2(\text{Gain}) = \int_{\theta^*}^{\theta^{**}} \left(-\frac{\alpha}{\beta'}\theta + \alpha \right) - \left(\frac{\alpha}{Q-\gamma}\theta - \frac{\alpha\gamma}{Q-\gamma} \right) d\theta + \int_0^{\theta^*} \left(\frac{\alpha}{\beta} - \frac{\alpha}{\beta'} \right) \theta d\theta \quad (3\text{-}17)$$

显然有：

$$(E_A^C + E_B^C) < (E_A^{C'} + E_B^{C'}) = (E_A^C + E_B^C) + E_A^2(\text{Gain}) \quad (3\text{-}18)$$

其中，$E_A^{C'}$ 和 $E_B^{C'}$ 分别表示电子商务平台 A 的匹配能力增强后 A、B 的市场效率。由式 3-18 可以看出，随着电子商务平台匹配能力的增长，虽然电子商务平台 B 的市场效率受到侵蚀，但总体的电子商务平台效率得到了提高，而提高的根源是 $E_A^2(\text{Gain})$。因此在**电子商务市场的竞争中，一方搜索、匹配能力的提高将同时产生挤出效应和活跃效应。挤出效应来自对于其他电子商务平台效率空间的侵占；活跃效应来自对于潜在电子商务市场效率的挖掘** $E_A^2(\text{Gain})$。

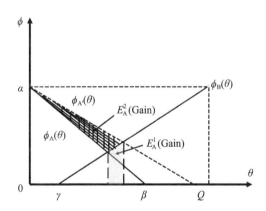

图 3-5　匹配能力对于电子商务市场效率的影响

3.3.3　消费者福利

通过以上分析，可以看出电子商务市场并没有消除信息不对称，市场匹配概率函数的形态决定了交易机会分布不均匀。但是，随着搜索能力的提高（β/α 增大），小众化、个性化产品的交易概率增加，市场需求被推向长尾产品的后端，从而实现了交易可行市场范围的扩大。交易可行市场范围的扩大增加了厂商之间的竞争，抑制市场价格水平的上升,电子商务市场效率提高,从而改善了消费者的福利。另外,搜索能力的提高改变了电子商务市场交易机会的分布函数,提高了市场匹配概率,能够有效缓解电子商务市场的信息不对称,减少交易摩擦,从而实现市场效率的提高。电子商务市场的搜索竞争并不是零和竞争,匹配能力提高产生的活跃效应在总体上改善了电子商务市场的效率,增加了消费者的福利,这部分的作用体现在 E_A^2（Gain）中。

由于电子商务市场降低了搜索成本,所以能够进入电子商务市场并因此面临较低搜索成本的消费者变得要求更高,愿意在理想产品上做出的妥协更少。如果搜索成本足够低,消费者将能查看所有产品信息并购买最符合其需求的产品,消费者从这样的系统中获得了三个方面的福利：

第一,由于商家之间的竞争加剧,所以消费者享受到了更低的价格；

第二,消费者通过了解现有产品,从而做出更好的购买决策,提升了配置效率；

第三,尽管消费者的搜索次数大大增加,但他们的总搜索成本却更低。

虽然较低的价格是以牺牲商家利润为代价的,但更有效率的分配和更低的搜索成本增加了净社会剩余。

3.3.4 搭便车行为

在数字经济时代,信息已经成为一种公共物品。例如,淘宝商城的商家为消费者提供信息服务——各类产品的各项属性,以及有关如何使用和维护这些产品的信息。同样,当当网提供书评、目录和摘录,使用户能够对书籍的效用进行评估。由于提供这些信息服务的成本很高,因此,如果一些商家提供这些信息服务,但消费者和其他商家只浏览这些信息而不进行购买,就会降低商家提供信息服务的动机。

电子商务市场中的搭便车行为是指消费者利用商家提供的信息服务来决定是否购买产品,但从另一家价格较低的商家那里购买产品的行为。这样,不提供信息服务的商家就搭上了提供信息服务的商家的便车。搭便车行为增加了搭便车和非搭便车商家之间的价格差距,并促使目前没有搭便车的消费者在未来搭便车。搭便车行为还会导致提供给消费者的信息服务减少,因此其对产品的需求也会减少。尽管存在搭便车问题,但在传统市场上,信息服务提供商仍然存在,因为高昂的搜索成本阻碍了消费者搭便车。然而,电子商务市场降低了消费者的搜索成本。在差异化产品的市场中,消费者需要信息服务来识别他们理想的产品,如果降低的搜索成本使消费者能够轻松找到更低的价格,那么在某种程度上会降低商家提供信息服务的动机。

◎ 本章小结 ◎

在本章中,我们首先介绍了什么是搜索成本,搜索成本可以从信息搜集和操作成本两个方面进行定义。在数字经济中,由于技术的发展使得搜索成本大幅降低,从而为市场带来了更有效率的资源匹配，并由此促进了平台交易机构的产生，增强了市场的匹配度，提高了交易效率。价格离散度的概念最初由斯蒂格勒提出，指同质商品的价格偏离程度。我们引入了固定样本模型与连续搜索模型来描述搜索成本的决定过程。在电子商务市场中，搜索成本的降低对市场效率产生了影响，我们将电子商务市场分为无竞争和存在竞争两种情况进行分析。在电子商务市场中，一方搜索、匹配能力的提高将同时产生挤出效应和活跃效应。挤出效应来自对于其他竞争者效率空间的侵占；活跃效应来自对于潜在电子商务市场效率的挖掘。虽然降低的搜索成本使得消费者福利变好，但同时使得搭便车行为更为普遍，从而降低了商家提供信息服务的动机。

关键术语

搜索成本　　信息收集　　操作成本　　资源匹配
价格离散度　固定样本模型　连续搜索模型　搭便车行为

复习思考题

1. 请简述搜索成本的概念，并简要概括搜索成本降低带来的影响。
2. 请简述何谓价格离散现象，并说明其常用的测算方法。
3. 概述固定样本模型与连续搜索模型的逻辑与结论。
4. 请简述在电子商务市场效率模型中，搜索成本如何影响电子商务市场效率。

参考文献

[1] Stigler. The Economics of Information[J]. Journal of Political Economy, 1984, 69(3):213-225.
[2] 黄浩. 匹配能力、市场规模与电子市场的效率：长尾与搜索的均衡[J]. 经济研究, 2014, 049(007):165-175.
[3] Diehl, Kristin, Kornish, et al. Smart Agents: When Lower Search Costs for Quality Information Increase Price Sensitivity.[J]. Journal of Consumer Research, 2003.
[4] Srinivasan, Ratchford. An Empirical Test of a Model of External Search for Automobiles[J]. Journal of Consumer Research, 1991, 18(2):233-242.
[5] Bakos. Reducing Buyer Search Costs: Implications for Electronic Marketplaces[J]. Management Science, 1997, 43（12）:1676-1692.
[6] 王开洁，王明. 电子商务市场长尾现象研究述评与展望[J]. 技术经济与管理

研究, 2020, 285(04):62-68.

[7] 王强，陈宏民，杨剑侠. 搜寻成本、声誉与网上交易市场价格离散 [J]. 管理科学学报, 2010(05):15-24.

[8] 吴德胜, 李维安. 声誉、搜寻成本与网上交易市场均衡 [J]. 经济学（季刊），2008, 7(4):1437-1458.

[9] McCall. Economics of Information and Job Search[J]. Quarterly Journal of Economics, 1970.

[10] 谢康. 市场经济条件下信息搜寻行为与效益分析 [J]. 数量经济技术经济研究，1994(10):6-13.

DIGITAL ECONOMICS · **第 4 章**

稠密市场

通过一个互联网平台，将闲置资源在供需方之间进行配置，平台则从交易中收取一定的手续费来获利，诺贝尔经济学奖得主 Alvin E. Roth 将这种商业模式定义为稠密市场的一种表现形式。事实上，近几年来，伴随着数字技术的发展，以共享经济、众包众筹为代表的新兴商业模式已经出现了爆发式的增长。在本章中，我们将首先概述稠密市场的几种经典表现形式；其次，我们将介绍稠密市场的交易机制——配对；最后，我们将分析稠密市场中的动态定价问题。

学习目标

▶ 学完本章，你应该做到：

1. 了解众包众筹、共享经济和稠密市场的基本概念；
2. 了解租赁经济与共享经济的差别；
3. 了解不稳定配对与最优配对的概念；
4. 掌握根据延迟接受配对原则达成稳定配对的基本原理；
5. 简述三种动态定价方式及适用对象。

引例

Uber——稠密市场的成功案例

Uber 是"共享经济"的先驱之一。作为一个互联网平台企业，Uber 通过补贴吸引用户以实现规模经济、提升平台的吸引力。比如在乘客端，Uber 通常的做法是只要用户注册就送优惠券给用户免费乘车。在司机端，司机的每一次接单视作一个任务，每完成一个任务就有任务奖励可以领取，而且 Uber 还要求司机接单率达到 80% 以上时才有补贴，高峰时期的补贴力度更高，完成一定数量的接单还可以额外获取补贴奖励。

Uber 在乘客和司机两端进行大规模补贴的目的，是尽可能扩大乘客和司机规模，以实现乘车需求与出租车供给的即时响应。Uber 在发展的早期主要将运营的精力放在了吸引司机上，而对于用户，则主要是通过发优惠券的方式进行运营。这是因为即使在没有司机的地区，消费者的出行需求也是持续存在的，而当新的区域从没有司机变成有很多司机的时候，消费者非常容易被唤醒。在这种情况下，乘客的数量将急剧上升，当乘客大量存在时，平台对司机的吸引力将大大提升。由此可见，Uber 通过一定的策略实现了司机与用户规模逐渐增加的正反馈，从而成功打造了一个"稠密市场"。

4.1 稠密市场的几种形式

任何一个市场建立的第一步就是将愿意交易的市场参与者聚集起来，这样参与者才可以发现最佳的交易机会。**众多的市场参与者让市场变得稠密，这里的稠密是一个相对的概念，指买方和卖方都能在较短时间内完成配对，从而完成交易**。众包众筹、共享经济都是稠密市场的表现形式。以 Airbnb 为例，要实现闲置住房的出租，必须先建立 Airbnb 的数据库，让全国各地的房主上传自己的房屋信息，供有住宿需求的旅客查看并预订。此时，Airbnb 上大量的闲置住房和有住宿需求的旅客就形成了一个稠密市场。

4.1.1 众包与众筹

一般来说，**众包**（crowdsourcing）模式中的参与者包括发包方、接包方和中介机构。在特定情况下，发包方可以通过众包的方式，即诉诸市场采购来降低生产成本、提高生产效率。接包方通常具有规模经济或比较优势带来的较低成本。当众包的签约成本、管理成本、接包方的供应成本之和小于自己从事相关工作的成本时，发包方会通过中介机构将某些原本应由自己完成的工作外包给接包方，只需付出较少的成本即可完成任务。现在比较成功的众包模式主要集中于同城快递，如闪送、UU 跑腿、达达等，将社会闲散运力资源整合成"自由快递人"，通过平台实现供需双方的匹配，在一定程度上解决了传统快递企业"最后一公里"中高频低量、客户分散、送达时间不确定等痛点。

众筹（crowdfunding）是众包的一种特殊形式，是指通过互联网来展示、宣传创意作品或创业计划，吸引感兴趣的消费者或投资者来"赞助"项目的推进，在一定时间内完成项目发起者预先设定的募资金额目标。众筹提供了便捷、快速、透明的筹资平台，消除了传统融资的中间环节，提高了融资效率，降低了交易成本。众筹涉及的领域很广，不仅包括艺术作品、发明创造、科学研究、创业募资，还包括演艺、竞选等领域的资金募集。

但是，外包给不特定大众的决策往往会带来契约风险。如果外包活动涉及的资产数额较小，不确定性和发生频率较低，则风险相对会更小。相反，如果发包方认为环境的不确定性很高，他们可能不会选择外包这一形式。例如，如果一家公司正在考虑将其特定产品的生产外包，首先会评估与这种模式相关的交易成本。如果该公司认为很难制定一份合同来控制与交易有关的不确定性，则可能会认为外包生产成本很高，这是因为监管交易的交易成本被认为会高于内部执行活动的管理成本。因此，管理者必须权衡内部管理成本和外部交易成本，然后决定是否将某些活动保留在内部，或将活动外包。

4.1.2 共享经济

虽然共享经济受到很多学者关注，但对于其定义并未形成一致的看法，较为普遍采用的是罗宾·蔡斯（Robin Chase）[⊖]的观点：共享经济是为得到部分酬金，在陌生人之间共享物品使用权的新经济形态，其本质是集中闲散物品或服务并以较低的价格实现交易。供给方出让物品使用权或提供劳务来获得报酬，需求方以租、借等方式获取物品使用价值。随着世界经济进入新阶段，人们的生活质量有所改善，社会闲置资源过多、产能大量过剩、有效供给不足等问题凸显。互联网、网上支付、定位服务等信息技术的发展，使得供需精准匹配成为可能，共享经济以全新的消费模式迅速发展壮大。这里我们定义：**共享经济**是基于互联网等信息技术，集成和共享大量闲置资源的一种新型经济形态和资源配置方式，主要体现为使用权的暂时性转移和剩余所有权的转让，其本质是物品或服务的所有权和使用权的分离。

以网约车平台为例，它利用移动互联网的特点，将线上和线下融合，改变了传统的出租车司机运营方式，让司机根据乘客目的地按意愿接单，节约了司机和乘客的沟通成本，降低了空驶率，最大化地节省了司乘双方的资源和时间。除了自有的高端车型（专车）外，大部分车辆都是私家车，司机也不是网约车平台的员工。网约车平台的主要收入来自每一单业务的提成收入以及伴随巨大用户量而来的流量变现收入，而非传统出租车行业的里程费。

我们可以总结出共享经济的一些共性特点。第一，产品或服务的非标准化。例如，Airbnb上展示的民宿缺乏房间质量信息和住宿周围地区的安全性信息。第二，使用的资源属于闲置资源。私人住房通常不是专门为短期租赁而建造的，私家车通常也不是专门为在网约车平台上接单而购买的，人们之所以会将私人住房或私家车拿来共享，是因为

⊖ 罗宾·蔡斯，2000年创立了Zipcar公司，业界称之为"共享经济鼻祖"。

这些资源处于闲置状态。第三，存在一个共享经济平台。供需双方借助该平台进行交易，此平台为第三方创建、以信息技术为基础的市场平台，第三方可以是商业机构、社会组织或政府。第四，平台本身不拥有太多资产。Airbnb 只作为平台将买方和卖方匹配起来完成交易，而不需要拥有资产。

4.1.3 租赁经济

租赁经济指出租人把物品的使用权通过借贷方式贷给承租人，承租人给出租人一定的酬金作为回报的一种经济模式，承租人只有该物品的使用权，不具有该物品的所有权。例如，新人结婚要穿婚纱，有的人觉得婚纱就穿一次，不值得花钱去买，那么她就可以去婚纱店租借，婚纱店向外出租婚纱的行为就属于租赁经济。时下火爆的共享充电宝、共享单车，从本质上看，与出租婚纱并没有什么区别，其收取押金和使用费的方式，本质上与我们去景点游园时，租个电动车代步并无区别。

从表 4-1 中可以看出，在平台、业务模型、资产模式、产品、跨边网络效应和市场趋势这六个维度上，共享经济和租赁经济之间有着泾渭分明的差异。

表 4-1 共享经济与租赁经济区别

经济模式	共享经济	租赁经济
平台	是	否
业务模式	C2C	B2C
资产模式	轻资产	重资产
产品	差异化	标准化
跨边网络效应	强	弱
市场趋势	赢者通吃	多元平衡

平台：共享经济需要一个匹配供需双方、提供交易场所的平台。例如，Airbnb 匹配了拥有闲置房源的房东和有住宿需求的旅行者，网约车平台匹配了私家车主和乘客。平台赚取的是服务费、中介费以及相应的流量变现收入。租赁经济不需要平台，因为在租赁业务中，商家本身就是物品的所有者，直接面向消费者提供出租业务，不存在匹配供需双方的过程。商家通过出租物品的使用权，赚取租金和押金的利息。

业务模式：共享经济的业务模式是 C2C（customer to customer），由用户对用户；而租赁业务大多是 B2C 模式，直接由商家提供服务或出让物品的使用权给用户。

资产模式：在共享经济中，平台并不占有物品或服务的所有权，属于轻资产运营模式。不论是网约车平台还是 Airbnb，因为不占有汽车、房屋这些物品，也就无须承担后期的维护费用，相关成本都是由私家车主和房东自己去承担的，平台的边际成本几乎为零。租赁经济则是重资产运营模式，商家需要承担购置商品和后期运营及维护的成本。

产品：由于共享经济模式中的产品来源于完全不同的用户，因此共享经济中的产品是非标准化的，而租赁经济中的产品多为标准化产品，以保证企业能够通过投入大量资产快速、规模化地进入市场。

跨边网络效应：对于共享经济，供需双方的跨边网络效应是非常明显的。"供给端"（网约车平台司机）用户的增加使"需求端"（乘客）用户的体验更好，"需求端"用户规模的扩大又拉动了"供给端"用户的增加。供需双方的相互促进使得平台爆发式成长。对于租赁经济而言，不存在用户的跨边网络效应。例如，对于共享单车而言，所有的单车均由公司提供，"供给端"用户的规模完全由共享单车运营商根据公司策略决定。尽管为了用户体验和公司的市场份额，这些运营商会尽可能多地投入车辆，但本质上这与共享经济中的跨边网络效应并不相同。

市场趋势：对于共享经济，由于跨边网络效应的影响，居领先地位的平台规模收益（return to scale）会显著递增，因此，可以利用更丰厚的资本优势挤压竞争方的生存空间，最终形成赢家通吃的局面。例如，Airbnb现在的规模已经很难被追赶。租赁经济并没有显著的跨边网络效应，市场结构一般是多个厂商并存的局面。

4.1.4 稠密市场的特点

无论是众包、众筹还是共享经济，它们发展的前提都是基于互联网的中间商或平台的。平台将供需双方连接起来，完成配对，使市场变得稠密。因此，稠密市场具有几个典型的经济学特征：规模经济与边际成本递减、去中介化和再中介化、利基市场与长尾效应。

规模经济与边际成本递减。在成本方面，众包、众筹、共享经济通过技术、流程、机制、组织等创新使交易成本逐步降低，交易成为创造收益的途径。稠密市场利用互联网技术构建了一个中间平台，聚集供需双方，使规模效应日益凸显，交易的边际成本不断降低。具体体现在信息成本和执行成本两个方面：在信息成本上，稠密市场的规模经济使得信息管理、资源配置、管理运营等实现协同，降低了信息成本；在执行成本上，稠密市场依托非正式社会关系、平等性互惠机制等替代强制执行方式，降低了执行成本。

去中介化和再中介化。一方面，平台将分散的需求和供给集中并且连接起来，促成供需双方建立配对机制，这对于传统的中介机构而言是一个去中介化的过程。另一方面，平台是稠密市场的核心载体，是连接供需双方的核心节点，当供需双方数量达到一定程度后，信息收集、分类、交互将更加有效，供需的匹配将更为顺畅，平台又成了一个具有新中介功能的主体，即再中介化的过程。在稠密市场中，平台削弱了传统服务中介机构的职能，比如，在互联网金融之中，新兴平台弱化了银行等传统中介机构的作用，实现了去中介化；但是平台在削弱传统机构职能的同时，又强化了自身的中介职能，形成连接服务需求与供给的新平台，实现了再中介化。

利基市场与长尾效应。在稠密市场中，部分产品和服务领域是传统产品和服务机构所忽略的部分，例如，在互联网金融领域，数量巨大的小微客户通过互联网平台的整合，其业务规模可能超过大客户的业务规模，原来利润微薄甚至亏损的业务通过整合甚至可以获得显著收益。互联网长尾效应的产生在一定程度上改变了服务供需曲线均衡的位置，形成相关服务供需的新配置机制。更重要的是，长尾效应与利基市场相互交织强化，使得长尾客户的范围不断拓展，从而使得传统业务模式中的"二八定律"面临着严峻的挑战。

4.2 稠密市场的交易机制

无论是众包、众筹还是共享经济，在稠密市场中，最重要的就是将供给者和需求者配对，让资源和需求精确对接。然而，许多市场在发展的前期，存在着供给与需求关系信息不对称，配对成功概率不确定的问题，这使得供需双方难以快速而精确地完成交易过程。随着数字技术的发展，互联网、智能手机、优化算法等新介质、新技术的出现逐渐解决了这一问题。

4.2.1 配对机制

在经济学视角下，配对是一种双向选择机制，即我们如何匹配既是我们选择的，同时也是我们的交易对手选择的。在传统经济中，股市的交易机制就是典型的配对机制。在每个交易日上午 9:15～9:25，由投资者按照自己所能接受的心理价格自由地进行买卖申报，计算机交易主机系统对全部有效委托进行一次集中撮合处理的过程，称为集合竞价，其本质就是一种配对机制，即由计算机交易处理系统对全部申报按照价格优先、时间优先的原则排序，并在此基础上，找出一个基准价格，使它同时满足以下三个条件：成交量最大、高于基准价格的买入申报和低于基准价格的卖出申报全部满足（成交）、与基准价格相同的买卖双方中有一方申报全部满足（成交）。而在稠密市场中，资源的供给方与需求方都需要互相选择，例如，乘客需要通过网约车平台下单，私家车主则需要根据目的地和订单价格选择是否接单，这样才有可能完成配对。值得注意的是，在配对交易中，价格并不是唯一的决定因素。并不是我们愿意花钱，就一定能够预订到 Airbnb 上的某一个房间，除了钱之外，还需要房间正好处于闲置状态，并且房主选择将房间租给我们而非另一些旅客。但是，上面这些例子中的配对方式，只是完成了将供需双方匹配的过程，并不一定是最优的。

4.2.2 稳定配对

不稳定配对是指在某种配对状态下，还存在着一种新的配对方式使得结果更优。从这个定义中，我们可以很容易推断出，这一新的配对方式是**帕累托改进**。换句话说，如果我们给出了一个非帕累托最优的配对方案，那就表明存在另一个方案使得所有配对方整体的效用变大，即所有人的满意程度都不会降低且存在一个人更加满意。以大学录取为例，如果有两个申请者 a 和 b，分别被分配到 A 学校和 B 学校，但是 b 更偏好 A 学校，而 a 更偏好 B 学校，那么，这种配对方式被定义为"不稳定配对"。因为假如这种情况真的发生了，申请者 b 可以申请转到 A 学校，同时，让 a 学生转到 B 学校，来维持总招收的人数在招生名额之内。如此一来，新的配对结果就比原来更好了，新的配对状态就是稳定配对。如果某种配对状态达到了帕累托最优，则这种配对状态被称作最优配对，但是最优配对并不一定存在。

4.2.3 延迟接受配对原则

考虑这样一个例子，某次相亲会上，有相同数量的男子和女子，每个人按照自己的偏好给异性排序并进行两两配对，请问是否存在一种稳定配对，使得每个人都找到自己的另一半？是否存在一种配对方案，令所有女子和男子对他们的实际伴侣喜好程度最高？延迟接受配对原则能够有效解决这一问题。

首先，让每个男子向自己最喜欢的女子求婚，收到多个求婚邀请的女子，需要从求婚者中选出自己最喜欢的一个，并且拒绝其他求婚者。但是，该女子并不立刻接受求婚，而是将最喜欢的求婚者作为保留人选，与下一轮求婚者进行比较。然后，进入第二个阶段，在第一轮求婚中被拒绝的男子，向自己的第二选择求婚。收到多个求婚邀请的女子，从新的求婚者和保留的求婚者中选出自己最喜欢的求婚者，再次拒绝其他求婚者，只保留自己最喜欢的求婚者。接下来，以同样的方式继续。最终，每个女子都会收到一个求婚邀请，因为只要有一名女子还没有被求婚，就存在拒绝和新一轮求婚，由于没有男子能够对同一名女子提出多次求婚邀请，每名女子总会在适当的时候得到一个求婚邀请。当每名女子都收到求婚邀请时，"求婚"行动就结束了。这时，每名女子都要接受自己保留的那个求婚者。

这种婚姻配对是稳定的。例如，假设 A 男和 B 女没有结婚，而 A 喜欢 B 胜过自己的妻子。那么，A 肯定在过去某个时刻向 B 求过婚，而 B 当时因为更喜欢别人而拒绝了 A。很明显，B 肯定喜欢自己的丈夫胜过 A，也就不存在不稳定配对。在男子和女子的数量不同时，可以证明，延迟配对接受原则最终也能完成稳定配对。

延迟接受配对原则理论上可以解决不稳定配对问题，但现实生活中却不一定，因为延迟配对需要花费更多的时间。如果网约车平台选择了延迟配对算法，使得每次打车花费的等待时间都变长许多，那么乘客可能会选择其他平台或出行方式。

4.2.4 交易速度与堵塞配对

稠密市场的交易速度往往需要遵循金发姑娘原则（goldilocks principle），即市场交易速度既不能过快也不能过慢，需要保持适度。因为当市场交易太快时，一些人就会极力追求迅速完成交易，这会导致提前签约变多，价格不能充分反映价值，从而损害部分市场参与者的利益；而当市场交易太慢时，又会产生**堵塞配对**，导致市场效率降低。**稠密市场的范围是巨大的，而在配对交易中，每一个交易都需要单独考量，因此当大量的配对交易在同一时间产生时，市场可能难以迅速估量每个交易的价值并有效进行处理，从而导致整体效率降低。**对 Airbnb 来说，处理堵塞配对是一个关乎企业存亡的问题，例如，当 Airbnb 上的房源数量太多时，旅客需要依次查看每一个房源的信息并结合其标价综合考虑，为了找一个合适的房间，旅客可能要看大量的照片，翻阅各种评论，最后还要花时间来比较，这样的市场效率自然会降低。如果在 Airbnb 上预订房间太难，旅客就会选择预订酒店。当然，因为旅行住宿并不是常常发生的事情，所以多花些时间也能接受，但是假如网约车平台也需要乘客翻阅每个车主的资料，再进行比较选择呢？这听起来肯定不是一个好主意，所以网约车平台选择了标准化配对模型，乘客只需要选择乘车人数、起始地、目的地和服务等级（专车、快车、顺风车），私家车主可以根据乘客提供的信息自行接单，这样就部分缓解了堵塞问题。

配对市场中，一项交易的完成涉及供需双方的报价和回应，因此沟通流程的简化必不可少，这会防止因交易速度过慢而导致堵塞。智能手机的发展缩短了沟通时间，促进了共享经济的爆发。例如，当 Airbnb 于 2008 年成立时，大多数人只能使用计算机预订房间，可能花费了一整天时间来挑选房间，结果在下单时却发现已经被别人抢先预订了。Airbnb 刚开始的时候运行良好，因为当时的市场规模比较小，旅客大多数都是年轻人，预算紧张，愿意花时间和精力来选择更便宜的私人房屋。但是，随着 Airbnb 的规模越来越大，平台上的房主和旅客越来越多，为了完成一次交易而不得不进行多次筛选与尝试的现象越来越普遍。与此同时，Airbnb 的竞争对手也变成了酒店公司巨头，例如，希尔顿等连锁酒店。这些连锁酒店的一大优势就是能够为旅客提供快速的确认服务。不论是通过电话还是网络，旅客都可以迅速确认是否有空余房间，并且成功预订。想象一下，假如旅客以 Airbnb 的业务模式去预订酒店，那么旅客就需要单独确认每一个房间的预定情况，比如打电话给希尔顿酒店的前台，询问 1225 房间是否可以预订，如果不能预订的话，再询问 1226 房间，依次进行下去，这当然不会是一种很愉快的经历。所以，Airbnb 需要思考，在这种在同一时间内有很多房主各提供一个房间的市场中，如何与酒店进行竞争。相对于酒店更低廉的价格显然是十分重要的竞争优势，但是更重要的是，智能手机的普及弥补了交易速度的缺陷，房主与旅客可以随时随地使用手机确认相关信息，这加快了交易速度，大大减少了堵塞的可能，从而使得 Airbnb 更具竞争力。

4.2.5　配对时机与安全性

市场的稠密性与配对时机有关。即市场什么时候开市？开市时间应该多长？传统经济的市场机制需要特别注意这些问题。例如，农贸市场一般会在一个固定的时间开市，如果顾客来得比较早，商贩可能会犹豫是否要提前出售商品，因为如果他们这样做了，有些顾客可能就会来得更早一些，一个仅下午开放的市场可能就会演变成一个全天开放的市场，为了得到和以前一样的利润，商贩就需要在一个"稀薄"的市场中花费更多的时间。虽然数字技术的发展使得依托互联网进行线上交易变得十分普遍，似乎可以完成全天候自动交易，但是由于供求双方需要完成配对，因此仍然需要考虑交易时机。例如，对网约车平台来说，凌晨三点就不是一个很好的交易时机，除了一些专职平台司机，很少会有私家车主在这个时间选择接单，此时的市场就是"稀薄"的。但是这块市场又不能轻易放弃，所以最简单的方法就是提高夜间接单的补贴费，尽量促使更多的私家车主选择夜间接单，使夜间市场变得稠密。

安全性和可靠性都是稠密市场能否成功的重要元素。如果一个市场不能保证参与者的资产安全与人身安全，不能保证配对的可靠，就很难保持稠密。以共享出行为例，当我们在网约车平台上打了一辆车时，我们除了想准时到达目的地外，肯定还希望车辆是安全的，司机也是可靠的，如果不能保证这一点，乘客就不会选择使用该平台打车。因此，作为平台，必须让供需双方都相信彼此是可靠的，这就是共享经济运行的关键，即如何保证与陌生人进行的交易是安全的，并且让客户相信这种安全性。最近几年，某网约车平台顺风车业务出现的一些恶性案件就对顺风车这一模式造成了难以估量的影响。其实，在下载网约车App时，乘客在潜意识里就会希望这些软件是安全的，这样乘客才会提供他们的私人信息，如果在任何一个环节出了问题，乘客很快就会删除软件，企业也会难以为继。同时，网约车平台司机也希望乘客是可靠的，比如不随意取消订单，服务结束后能够及时支付车款等。为了解决上述问题，采用一些惩罚机制是很有效的，例如，下单后取消订单需要按比例支付违约金，未及时支付车款时会有电话提醒等。另外，缺乏监管的信息搜集机制也是一种潜在的危险。由于信息技术的特殊性，以其为支撑的共享经济存在信息不对称问题，所以，由此引发的个人隐私问题十分严重，例如，一些机构将消费者信息作为商业性资源来获利，实际上严重侵害了消费者的隐私和权益。

4.3 稠密市场的定价

本章4.2节从理论角度介绍了稠密市场的运行机制，那么在现实中，应该如何给稠密市场中的每一单交易定价呢？例如，Airbnb上闲时出租的住房价格应该比酒店价格便宜还是持平？如果更便宜，便宜的程度应该是多少？或者，网约车平台的价格和出租车价格相比应该更高还是更低？本节中，我们将以网约车平台为例，分析稠密市场的定价策略以及定价模型。

4.3.1 固定单价与动态定价

网约车平台最开始采用的是**固定单价模式**，按照里程以及行驶时间来给每一单交易定价，这种传统的定价方法不考虑乘客和司机的即时支付意愿和行驶成本，例如需要立即去医院或者不希望缺席重要会议的乘客，其支付意愿可能比其他普通乘客更高。不同的司机也可能对承运服务的成本有不同计算，例如，一些司机可能希望报出更低的价格来获得更多订单，另外时间对不同司机的价值也不同。针对这些问题，网约车平台增加了**动态定价模式**，在基础价格的基础上根据即时的市场供需关系对价格进行调整。具体来讲，网约车平台选择鼓励打不到车的用户加价，对加价的用户进行优先调度，这就是动态定价的基本原理。作为共享平台，网约车平台能够收集大量的客户信息，及时掌握市场的供需状态，实行个性化定价，尽可能满足他们的需求。但这类动态定价模式也可能导致不合理定价，例如，在交易高峰时期不可避免地带来极高的乘客支付价格，有时可达到正常价格的几倍以上，这在耗尽邻近地区车辆供给的同时，大幅增加了乘客的用车成本。另外，除了使用基于供需平衡的动态定价外，网约车平台还使用了基于影响平台整体使用量的动态定价策略，也就是通过发送优惠券、给予折扣等方式以吸引更多的乘客，进而吸引更多的司机接入的长期策略。

4.3.2 动态定价

假如网约车平台采取动态定价模式，那么我们该如何根据市场的供需关系对价格进行调整？在这里，本书简单介绍几种动态定价方式，对数学推导有兴趣的读者可以进一步阅读参考文献。

图 4-1 展示了平台完成整个动态定价交易的流程。初始时，市场上存在 n 个潜在的司机，平台确定向消费者收取价格 p 和向司机支付薪酬 w。加入平台会使司机付出机会成本 x，这里的机会成本指其放弃的原有工作的薪酬或放弃闲暇时间的休闲娱乐的效用。潜在司机根据净效用 π 的期望来判断自己是否加入平台，净效用 π 由司机在平台赚取的薪酬和运行成本 c 计算得出，若机会成本 x 高于其净效用 π 的期望，则潜在司机不加入平台；若机会成本 x 低于其净效用 π 的期望，则潜在司机加入平台。消费者需求 D 受两部分因素影响：一是消费者的乘车意愿，比如急着赶飞机或者参加重要会议的乘客的乘车意愿会更高，因此这部分乘客的需求也会更高；二是平台收取的费用 p，平台收取的费用越高，乘客选择打车的意愿就会越低，需求也就越低。司机根据平台支付的薪酬 w 与其运行成本 c 选择是否提供服务，运行成本指司机提供承运服务时所支付的油费、车辆损耗等成本。当运行成本 c 高于在平台赚取的薪酬 w 时，司机不提供服务；当运行成本 c 低于在平台赚取的薪酬 w 时，司机将提供服务。

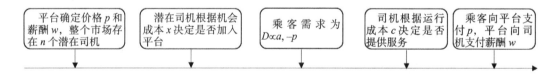

图 4-1　动态定价流程

4.3.3 动态定价的模式选择

对于平台而言，一般有三种动态定价模式可以选择。一是**动态价格**，指平台向司机支付同样的薪酬 w，但在高需求状态时向乘客要价 p_h，在低需求状态时向乘客要价 p_l，即不论是高需求状态还是低需求状态，平台向司机支付的薪酬都是一样的。显然，动态价格倾向于激励乘客。二是**动态薪酬**，指平台向乘客收取同样的价格 p，但在高需求状态时向司机支付薪酬 w_h，在低需求状态时向司机支付薪酬 w_l。动态薪酬可以使平台在低需求状态时将司机的薪酬控制在一个较低值，而在高需求状态下，激励足够的司机参与提供服务，因而倾向于激励司机。三是**动态比例佣金**，指平台在高需求状态时向乘客要价 p_h，向司机支付 p_h，在低需求状态时向乘客要价 p_l，向司机支付 p_l。显然，这种方式可以根据市场供需的状况同时激励乘客和司机。

对于平台而言，选择何种定价方式取决于稠密市场的供需双方。例如，在低需求状态下，意味着乘客的数量会小于司机的数量，乘客对于平台更加稀缺，因而平台倾向于选择动态价格以激励乘客。而在高需求状态下，乘客的数量会大于司机的数量，意味着司机对于平台更加稀缺，因而平台倾向于选择动态薪酬以激励司机。当然，现实的情况往往更加复杂，司机与乘客的数量关系可能会具有随机的波动性，但是大数据和人工智能的算法能够让平台及时地捕捉短暂的市场供需信息并制定出对平台更有利的定价方案。因此，在大数据和人工智能技术的支持下，平台更倾向于选择动态比例佣金的定价方式，以使平台利润最大化。

本章小结

本章介绍了稠密市场的几种经典形式——众包、众筹和共享经济，并且分析了为什么租赁经济不是稠密市场。无论是众包、众筹还是共享经济，它们发展的前提都是基于互联网的中间商或称平台，由平台将供需双方连接起来，完成配对，使得市场变得稠密。这就导致了稠密市场具有一些很重要的经济学特征——规模效应与边际成本递减、去中介化和再中介化、利基市场与长尾效应。随后对稠密市场的交易机制进行了分析，介绍了配对的相关概念，包括不稳定配对、最优配对、延迟接受配对原则、堵塞配对等，这些概念将帮助我们建立起对稠密市场运行机制的认识。最后，概述了动态定价的三种经典形式，并分别分析了对于平台、供应方、需求方而言，哪种形式更有利，这将帮助市场的参与者明确自身的优势，有助于提高市场效率。

关键术语

| 稠密市场 | 共享经济 | 租赁经济 | 众包众筹 |
| 配对理论 | 延迟接受配对原则 | 堵塞配对 | 动态定价 |

复习思考题

1. 请简述租赁经济为什么不属于稠密市场。
2. 请简述延迟接受配对原则的基本原理。
3. 概述固定单价模式与动态定价模式的区别。
4. 请简述三种动态定价模式的适用对象（平台、乘客、司机）及原因。

参考文献

[1] Goldfarb, Tucker. Digital Economics[J]. Journal of Economic Literature, 2019, 57(1):3-43.

[2] Glenn, Ellison, Sara, et al. Lessons About Markets from the Internet[J]. Journal of Economic Perspectives, 2005.

[3] 郑联盛. 共享经济：本质、机制、模式与风险 [J]. 国际经济评论，2017(06)：45-69.

[4] Nozari, Ghadikolaei, Govindan, et al. Analysis of the sharing economy effect on sustainability in the transportation sector using Fuzzy cognitive mapping[J]. Journal of Cleaner Production, 2021:127-331.

[5] Roth. Who gets what - and why: the new economics of matchmaking and market design[M]. Boston: Eamon Dolan/Honghton Miffin Harcourt, 2015.

[6] Gale, Shapley. College Admissions and the Stability of Marriage[J]. 2017, 120(5) : 386-391.

[7] 孙中苗，徐琪. 随机需求下考虑不同竞争情形的网约车平台动态定价 [J]. 中国管理科学，2021, 29(01):138-148.

DIGITAL ECONOMICS · **第 5 章**

网络外部性

当你从网上购物的时候,你会选择淘宝、京东、天猫还是其他的购物平台?显然,你选择的平台应该具有更大的用户网络,拥有更多用户的购物平台,其网络价值更大,这正如**梅特卡夫法则**(Metcalfe's law)所描述的那样,电商平台的网络价值等于该网络内用户数的平方,即该网络的价值与联网的用户数的平方成正比。梅特卡夫法则背后的概念,正是本章要介绍的网络外部性的概念。

学习目标

▶ 学完本章,你应该做到:

1. 理解网络外部性的基本概念和分类;
2. 了解过大惰性问题,并能够推导出过大惰性的均衡解;
3. 了解网络外部性对市场结构的影响,以及企业的先占权博弈和价格战;
4. 了解具备网络外部性的市场自发调节机制。

引例

微信与子弹短信

微信，目前已成为当下中国主流的社交软件。在即时通信的市场中，有许多创新的平台企业不断地进入市场，如子弹短信、飞信以及阿里巴巴的"来往"。但是这些通信软件并没有成功地存活下来或发展壮大。那么，是什么原因让微信的市场主导地位难以撼动呢？

即时通信软件是典型的具有网络外部性特征的产品：只有使用的人越多，用户的价值越大，才能获得更多的效用。当只有一个人使用软件时，因为没有通讯对象，软件的价值几乎为零。这就是网络外部性。当有一定的用户聚合到平台上时，会有更多的用户加入微信平台，从而使微信的用户获得更大的效用，形成一定的正反馈效应。在用户总量达到了一定的临界点后，就会导致爆发式增长。因此，平台软件之间的竞争就是向临界容量冲刺的过程。

借助微信的同盟——QQ 的用户基础，微信在很短的时间内便占据了极大的市场份额，成为中国用户数量最多的 SNS 软件。相比于微信，子弹短信等通信软件都曾在短时间内吸引了大量用户，但由于缺乏用户基础、难以达到临界容量，所以最终都黯然收场。

5.1 网络外部性的基本概念

5.1.1 网络外部性的定义

网络外部性（network externality）是由外部性派生出来的概念，也被称为网络效应。通常情况下，网络外部性一般是指，对于市场中单个消费者而言，由其消费活动所产生的一种外部性，它是消费者在消费产品中得到的好处，而这个好处并不是由产品本身的价值所提供的，而是由其他消费同一产品的消费者产生的。例如，你身边的亲朋好友都将微信作为通信软件，那么当你在选用通信软件时，即使市场上有其他多种同类软件，你也最有可能会选择使用微信，因为选择微信有利于你便捷地和亲朋好友交流，这就是网络外部性。

在本书中，我们将采用 Michael L. Katz[○]和 Carl Shapiro[○]对网络外部性的定义。1985年，Katz 和 Shapiro 对网络外部性的现象进行了深入的分析和探讨，并做出了严格的定义：**网络外部性是指当消费同样产品的其他消费者的人数增加时，某一使用者消费该产品所获得的效用增量。**

基于网络外部性的来源，可将网络外部性分为两类：一类是由于网络内用户之间的联

[○] Michael L. Katz 是加州大学伯克利分校商业管理学教授，曾在 1989 年、1993 年两次荣获厄尔 F. 切特教学成就奖，于 1994～1995 年出任美国联邦通信委员会的首席经济学家，《经济与管理策略杂志》编委。

[○] Carl Shapiro，著名经济学家，1980 年代任教于普林斯顿大学，从 1990 年起一直任教于加州大学伯克利分校，经济学、商业战略学教授，曾担任 1995～1996 年美国司法部首席反垄断经济学家。

系而直接产生的网络外部性；另一类则是由于市场的中介作用而间接产生的网络外部性。

- **直接的网络外部性**是指由于网络内用户之间的直接联系而产生的外部性。直接的网络外部性是通过消费相同产品的购买者对产品价值的直接影响而产生的。在有 n 个使用者的电话网络中，有 $n(n-1)$ 种连接，当第 $n+1$ 个使用者接入时，就会通过给现有网络增加 $2n$ 个新连接的方式，给网络中所有其他使用者提供直接的外部性。除电话网络外，其他的如传真机、电话网、电子邮件用户、社交网络用户构成的网络，都具有直接的网络外部性。在通信网络中，使用者之所以加入同一网络，是因为他们想彼此建立直接联系。具体地说，由于某一产品的用户数量增加而直接导致的网络价值的增大就属于直接的网络外部性。通信网络，诸如电话、传真机、在线服务、E-mail 等，都是体现直接的网络外部性的典型例子。

- **间接的网络外部性**是指市场中介效应（market mediating effect），即通过对互补产品种类、数量、价格的影响，而对原有产品用户产生的外部性。也就是说，随着某一产品使用者数量的增加，该产品的互补品用户数量也会增多。间接的网络外部性最典型的例子就是作为互补商品的计算机软硬件，当某种特定类型的计算机用户数量提高时，就会有更多的厂家生产该种计算机所使用的软件，从而导致这种计算机的用户可得到的相关软件数量增加，因而获得额外的收益。例如，Windows 操作系统拥有大量的用户，因而软件公司倾向于向 Windows 用户提供更多的应用软件和服务。

5.1.2 网络外部性的特征

网络外部性具有四个基本特征。

- **系统性**。系统性是指无论网络如何向外延伸，也不论新增多少个网络节点，它们都将成为网络的一部分，同原网络结成一体。网络的系统性使整个网络都将因为网络的扩大而受益。
- **互补性**。互补性是指网络中的两个节点在一定情况下可以相互替代的特性。在网络系统中，信息流或是其他物质的流动都不是单向的，网络内的任何两个节点之间都具有互补性。在一个入网人数为 n 的网络系统中，信息交流的机会几乎等于 $2n$。随着入网人数的线性增长，信息交流的可能性将呈指数态势陡然上升，并且在整个网络中没有"中心"或"首脑"区域的存在，即使网络的一部分端点消失了，也不影响其他端点间的正常联络，这就保证了外部性的普遍意义。
- **兼容性**。兼容性是指网络上的节点之间可以直接组合的特性。一些网络产品和一些垂直相关的产品由于其固有的属性而直接组合。然而，对于许多复杂的产品来说，只有通过遵守特定的技术兼容标准才能实现实际的互补性。因此，许多网络或垂直相关产品的供应商可以选择使他们的产品与其他公司生产的部件部分或完全不兼容，这可以通过创造专利设计及完全排斥或拒绝与某些公司联系来实现。

◀ **持续性**。持续性是指网络外部性是长期存在的。这主要取决于网络基础设施的长期垄断性。例如，互联网、电网、通信网一般都具有投资额巨大、投资期长、垄断性强和使用期限长等特点。这就决定了网络外部性的长期存在。

在网络外部性的诸多特性中，系统性是互补性和兼容性的基础，而兼容性也在一定程度上实现了互补性。

5.2 网络外部性与用户选择

5.2.1 过大惰性与过大冲击问题

如同章首引例中所举的情境，用户该如何选择具有网络外部性的产品？假设有一群同质化的用户和两件商品，我们姑且称其为商品 A 和商品 B。这群用户一开始面对的是商品 A，直到商品 B 进入市场；此时，用户应该如何选择商品种类呢？商品 A 和商品 B 均具有网络外部性，由网络外部性产生的效用分别为 $u(a)$ 和 $v(b)$，其中 a 和 b 分别为商品 A 和商品 B 的购买人数。根据网络外部性的定义，$u(a)$ 和 $v(b)$ 应满足如下条件。

递增性：当 $m>n$ 时，$u(m)>u(n)$, $v(m)>v(n)$，即网络外部性产生的效用随使用人数的增多而变大。

非负性：当 $m>0$ 时，$u(m)>0$, $v(m)>0$，即网络外部性始终为正。

协调性：当 $m>1$ 时，$u(m)>v(1)$, $v(m)>u(1)$，即保证总体总会倾向于达成一致，而不会产生个体背离的情况。

下面我们将就两个用户的情况进行讨论。两个用户的博弈矩阵如图 5-1 所示。

		用户 2	
		商品 A	商品 B
用户 1	商品 A	[$u(2)$, $u(2)$]	[$u(1)$, $v(1)$]
	商品 B	[$v(1)$, $u(1)$]	[$v(2)$, $v(2)$]

图 5-1 两个用户的博弈矩阵

从这个博弈矩阵可以看出，对于两个用户而言，与对方保持同样的选择永远是更有利的，这样便构成了这个博弈的纳什均衡（商品 A，商品 A）和（商品 B，商品 B）。假设两个用户均选择了商品 A，此时会出现由网络外部性导致的以下两种情况。

第一种情况是，当 $v(2) > u(2)$ 时，从对商品 A 的使用转向对商品 B 的使用是更合理的选择。但由于双方对彼此的策略不了解，可能难以相信对方会进行转变（某一方单独选择商品 B 是无效率的），从而保持对商品 A 的选择不变，这样一来就形成了"尽管商品 B 是比商品 A 更优的选择，但用户仍坚持选择商品 A"的情况。用户对网络外部性可能形成依赖，进而产生了**过大惰性问题**。

第二种情况是，当 $u(2) > v(2)$ 时，两个用户坚持使用商品 A 是更合理的选择。但此时存在对方先"背叛"商品 A 的可能性，此时的用户可能会因为担心对方转向商品 B，而选择商品 B 的消费。这样一来就形成了"尽管商品 A 是比商品 B 更优的选择，但由于其他信息的干扰，用户转向了商品 B"的情况。同样，这一情况也是由网络外部性带来的，即网络外部性可能导致用户思维转型过快，过早地抛弃原有事物，进而产生**过大冲击问题**。

但无论是过大惰性问题，还是过大冲击问题，上述分析都是源于所有用户在没有先验信息的情况下同时选择的结果。但在实际市场中，用户往往拥有先验信息，且并不需要同时做出选择。下面我们将通过用户预期协调模型进一步讨论市场上的两种问题。

5.2.2 用户的预期协调理论

基于 5.2.1 节的模型，引入一个两阶段的博弈过程，假设两个用户均已选择了商品 A，现在用户可以在两阶段选择是否转换到商品 B。第一阶段，用户根据自身预期选择是否转换；第二阶段，用户根据对方的转换情况及自身预期选择是否转换。出于简化问题的考虑，假设用户一旦决定转换，便无法逆转。进一步地，取 θ 作为用户对商品的偏好程度，假设 θ 服从 $[0, 1]$ 上的均匀分布，此时，在第一阶段中，我们将考虑个体背离的情况，因此，将 5.2.1 节中的协调性条件改为：

令 $u_\theta(m)$、$v_\theta(n)$ 分别表示对商品 A、B 偏好程度为 θ 的用户的效用，m，n 分别表示商品 A、B 的使用人数，令 $f(\theta) = v_\theta(1) - u_\theta(2)$，$g(\theta) = u_\theta(1) - v_\theta(2)$。

两函数满足：

（1）$f'(\theta) > 0$，$g'(\theta) < 0$；

（2）$f(0) < 0$，$f(1) > 0$；

（3）$g(0) > 0$，$g(1) < 0$。

即 $f(\theta)$ 代表了在第一阶段时用户的判断标准，当 $f(\theta) > 0$ 时，用户应该转换到商品 B，当 $f(\theta) < 0$ 时，用户不应该转换；$g(\theta)$ 代表了在第二阶段时，在对方用户已经转换的情况下用户的判断标准，当 $g(\theta) < 0$ 时，用户应该转换，当 $g(\theta) > 0$ 时，用户不应该转换。

这一新的协调性保证了 θ 为 1 的用户一定会转换，而 θ 为 0 的用户一定不会转换。这样，用户可以选择三种策略之一：①在两阶段均不进行转换；②在第一阶段不进行转换，在第二阶段转换；③在第一阶段即进行转换。

直观来看，策略 1 发生在 θ 较小时，策略 3 则发生在 θ 较大时。我们用 θ^* 和 θ^{**} 分别代表策略 1 和策略 2 的均衡点以及策略 2 和策略 3 的均衡点。接下来，求解这两个均衡点。

策略 1 与策略 2 之间的不同点在于在第二阶段是否转换，因此，只要在第二阶段用户转换与否的收益相同，即为均衡点，$g(\theta^*) = 0$，均衡点 θ^* 的表达式为：

$$u_{\theta*}(1) = v_{\theta*}(2) \qquad (5\text{-}1)$$

由于 θ 在 $[0, 1]$ 上均匀分布，故另一个用户选择策略 1 的概率为 θ^*，选择策略 3 的

概率为 $1-\theta^{**}$。用户选择策略 3 的期望收益为：

$$v_{\theta^{**}}(2)(1-\theta^{**}) + v_{\theta^{**}}(1)\theta^{**} \tag{5-2}$$

用户选择策略 2 的期望收益为：

$$v_{\theta^{**}}(2)(1-\theta^{*}) + u_{\theta^{**}}(2)\theta^{*} \tag{5-3}$$

策略 2 与策略 3 之间的均衡点 θ^{**} 应满足：

$$v_{\theta^{**}}(2)(1-\theta^{**}) + v_{\theta^{**}}(1)\theta^{**} = v_{\theta^{**}}(2)(1-\theta^{*}) + u_{\theta^{**}}(2)\theta^{*} \tag{5-4}$$

这样就得出用户预期理论下的观念转变过程，两个均衡点分别对应了两个用户的精炼贝叶斯均衡情况。

继续对式（5-4）进行研究，假设 $v_{\theta^{**}}(2) > u_{\theta^{**}}(2)$，这就保证了两个用户均转变到新产品是有利的，此时 $v_{\theta^{**}}(1)\theta^{**} = v_{\theta^{**}}(2)(\theta^{**}-\theta^{*}) + u_{\theta^{**}}(2)\theta^{*} > u_{\theta^{**}}(2)\theta^{**}$，则有 $v_{\theta^{**}}(1) > u_{\theta^{**}}(2)$。即，只要转换有利，用户就会率先进行转换，而不会等待另一个用户的行动，这便解决了过大惰性问题。

同样，基于式（5-1），假设 $u_{\theta^{*}}(2) > v_{\theta^{*}}(2)$，这就保证了两个用户均转换到新商品中会带来更低的收益，此时 $u_{\theta^{*}}(2) > v_{\theta^{*}}(2) = u_{\theta^{*}}(1) > v_{\theta^{*}}(1)$，即，即使另一个用户进行转换，用户也没有动力随之转换，这就解决了过大冲击问题。

5.3 网络外部性与企业定价

网络外部性带来的用户观念变化如何影响市场结构？本节将基于垄断企业对这一问题进行探讨。假设用户的效用函数为：

$$U(p, q) = u(q) - c(p, q) \tag{5-5}$$

其中，$u(q)$ 为购买商品带来的效用，$c(p, q)$ 为消费者的成本函数，q 为消费者的需求量，p 为商品的价格。用户的最优购买量在 $\frac{\partial U}{\partial q} = 0$ 处取得。

当市场上存在网络外部性的时候，消费者购买商品所获得的效用会提升，此时用户的效用函数可写为：

$$U(p, q) = qv(q^E) + u(q) - c(p, q) \tag{5-6}$$

$v(q^E)$ 是网络外部性为用户带来的效用提升，由于购买行为发生在前，所以用 q^E 代表用户预期的该商品购买总量，并假设一个用户购买的数量对市场总量没有影响。结合用户效用最大化条件 $\frac{\partial U}{\partial q} = 0$，可以看出，网络外部性的存在实际上提升了整体需求。

在垄断竞争市场上，每个生产者销售同质但不可替代的商品，假设这些商品之间具有双向网络外部性，且用户总是从所有商品的网络外部性中获利。我们记每个生产者制定的价格分别为 p_i ($i = 1, 2, \cdots, n$)，每个产品的需求量为 q_i ($i = 1, 2, \cdots, n$)，并令 q^E 代表用户对所有产品的需求量之和的期望，且这一期望随着市场规模的扩大而增大。我们可以将市场需求函数写为：

$$q_i = h(q_i^E) - \beta_i p_i, (i = 1, 2, \cdots, n) \tag{5-7}$$

其中，β_i 为一个随着市场规模 n 增大而增大的函数，反映了生产者之间的分流效应。假设市场规模足够大，每个生产者制定的价格都不会影响到预期用户数量的期望值[⊖]，对于单个厂商来说，其利润函数为：

$$\Pi = p_i q_i = p_i [h(q_i^E) - \beta_i p_i] \tag{5-8}$$

当 $\dfrac{\partial \Pi}{\partial p_i} = 0$ 时，厂商利润最大，即有利润最大化条件：

$$p_i = \frac{h(q_i^E)}{2\beta_i} \tag{5-9}$$

此时，单个厂商的最大利润为：

$$\Pi = \frac{[h(q^E)]^2}{4\beta_i} \tag{5-10}$$

从式（5-10）中我们可以看出，随着市场规模的扩大，单个企业的利润将受到两种效应的影响。

- **竞争效应**。随着市场规模的扩大，企业之间容易产生消费者的分流，从而在总体消费者数量不变的情况下，单个企业面对的消费者数量更少，即市场竞争加剧，这一效应被称为竞争效应。
- **网络效应**。新企业的进入将增加消费者的支付意愿，引来更多消费者进入市场，进一步提高由网络外部性带来的消费者效用，这一效应被称为网络效应。

5.4 网络外部性与市场垄断

5.4.1 "赢者通吃"的先占权博弈

回顾一下在本章 5.2 节中讲到的预期协调理论模型。当用户之间处于均衡状态时，如果不存在对新事物有极大偏好的用户，便会出现"尽管新事物的出现将带来比旧事物更高的效用水平，但单个用户均不愿意率先行动"的情况，即过大惰性问题。网络外部

⊖ 这一假设在传统经济研究中较为常用，事实上，在考虑了垄断者带来的影响之后，企业利润最大化也可由式（5-9）求解。

性导致的过大惰性问题意味着用户对旧产品的黏性较大，新产品很难进入市场。社会学家在研究大众传媒时曾发现，即使在很偏僻的地方，观众依然喜欢观看 NBA 比赛，而非本地篮球比赛，处于金字塔顶端的少数明星吸引了大部分的观众资源。这种现象被称为"**赢者通吃**"。"赢者通吃"现象在数字市场中更为普遍，用户资源往往会流向具备较大市场份额的顶端企业，因而数字市场中对市场份额的竞争比传统市场更为激烈。这被称为数字市场的**先占式博弈**，即谁先占有最大的市场份额，谁便可以在与其他厂商的博弈中处于优势地位。

5.4.2 企业价格消耗战

回顾 5.3 节中的模型，我们可以得出，市场规模是由市场中新进入企业带来的竞争效应与网络效应的差值决定的。当竞争效应小于网络效应时，企业便会欢迎新的企业进入市场，直到新进入企业带来的边际效用归零为止。

基于式（5-10），当越来越多的厂商进入市场时，网络效应已经不足以抵消其竞争效应，即

$$\lim_{n\to\infty}\frac{[h(q^E)]^2}{4\beta_i(n)}=0 \quad (5\text{-}11)$$

式（5-11）是垄断竞争市场的极端情形，当企业数量足够大时，可以认为是完全竞争市场，此时 $\beta_i(n)$ 趋近于正无穷，因此每个企业的利润趋近于零。

在实际情况中，市场规模 n 不能无限制地增大，此时企业会以一个较低的价格进行销售，以实现在这种情况下的利润最大化。此时，由于网络效应小于竞争效应，所以在这种情况下的销售利润会远远低于市场规模较小时的销售利润。

这便会给企业一个减小市场规模、降低市场竞争水平的激励，也正是我们在本部分所要介绍的极端情形——企业价格消耗战。在市场需求函数式（5-9）中，β_i 代表的是企业的市场势力，即不同企业在价格变化时的需求变化量。显然，大型企业拥有更大的市场势力，如果他们将价格降至较低的水平，会吸引市场上更多的消费者，以此降低其他企业面对的需求，降低其他企业的利润，促使其他企业离开这一市场。

从实际角度来看，企业价格消耗战出现的原因主要有两方面。

其一，数字市场是一个新兴市场，存在较多的市场机遇，可以带来高额的市场回报。在传统的以物质产品为中心的经济学分析中，无论是短期成本曲线还是长期成本曲线，在生产量达到规模经济的起点之后，边际成本都呈现递增的趋势。其原因在于，生产量一旦超过了固定资产所能容纳的限度，生产效率就会下降，即使追加固定资产投资也不会立即提高生产效率。边际成本增加而产品的价格不能随之增加，因此，边际收益呈递减趋势。

但是在数字市场上，边际报酬并非递减的。数字经济是典型的规模报酬递增经济，这种特性表现在成本曲线上，就是一定的固定成本和随着产量增大而不断下降的可变成

本的组合。在数字经济中，几乎所有的生产要素成本都呈递减趋势，这使得平均可变成本呈不断下降的趋势。对于许多不同的生产过程，信息、知识等共同的生产要素几乎能以零成本的代价从一种生产过程转移到另一种生产过程。在数字经济时代，生产社会化的发展趋势就是信息化程度递增的过程。生产的信息化程度的不断加深，必然使得平均成本不断下降。这样，数字经济显现出明显的规模报酬递增趋势，这也形成了数字市场上较高的利润。正是由于有这份利润，所以企业进行价格消耗战在长期来看才是有利可图的。

其二，进入数字市场的启动资金较高，而这种启动资金往往成为沉没成本。数字市场的边际报酬递增规律在展示出数字市场较高的市场回报的同时，也反映出数字市场的较高进入成本。在数字市场中，生产第一份信息产品的成本非常高。以数字经济中最典型的经济行为"软件开发"为例，开发软件产品的成本是由技术市场不相容性决定的，这种不相容性体现在市场上不同技术之间的不同限制条件上，导致了开发软件的成本很难被重复利用。同时，其潜在的高回报率导致一次性成本达到了较高的水平。

但需要注意的是，尽管数字经济时代的市场表现出较强的竞争性，但企业价格消耗战并非数字经济时代下降低市场规模的主流渠道，并购往往是解决市场规模问题的更好方式。关于这一点，将在之后的章节中继续讲述。

5.4.3　市场自发调节机制

网络外部性带来的过大惰性问题，使企业的市场垄断地位很难被打破，从而形成了较强的先占权博弈。为了实现这一垄断势力，企业之间又会采用较为极端的价格消耗战，将其他企业驱逐出市场，以保证自己的垄断地位。或许从这样的角度来看，数字经济下的市场几乎必定会形成"赢家通吃"的较大垄断格局，但事实并非如此，市场内部存在两种比较强的打破垄断的自发调节方式——合约协调机制和颠覆式创新。

1. 合约协调机制

在第 1 章中，我们已经讨论过 Bertrand 模型的双寡头垄断定价机制，唯一的纳什均衡为两个企业均定价为边际成本，利润为零。此时，企业要么提供补贴以获取更多用户，要么将定价进一步降低，通过亏本销售以获取用户。虽然采用这两种方法会大幅影响竞争对手的收益，但同样会降低自己的即期收益。考虑企业的贴现因子，如果两个企业长期进行价格消耗战，将形成对双方不利的结果，此时，按照博弈论的理论，两个企业可以采用**合约协调**的方式来保证其利润。

从市场角度来看，合约协调机制就是两个企业之间缔结的相互不采用价格消耗战的合约。与众多的合同一样，这种合约也是常见的市场自发调节手段之一。缔结合约降低了企业在决策中所面对的市场不确定性，降低了其运作成本，是一种合则两利的行为。

这种行为常出现于大型平台之间的竞争中，如丰巢与菜鸟驿站之争最后以双方握手言和而收尾等。合约协调机制是一种市场"看不见的手"导致的，降低企业之间竞争性的常见方式，能够有效减少企业之间的竞争，促进企业联手形成更大的网络效应，形成多种企业并存的垄断竞争市场，避免市场形成垄断。

2. 颠覆式创新

颠覆式创新是数字市场上分散式创新的一种，也是打破数字市场上企业的垄断地位的一种市场自发调节机制。颠覆式创新是由著名奥地利经济学家约瑟夫·阿洛伊斯·熊彼特（Joseph Alois Schumpeter）[⊖]在1912年提出的，现行的实践中常把颠覆式创新分为"熟悉惯例——产生愿景——行动颠覆"三个阶段，往往指相比较于传统观念能带来客观的经济效应的创新模式。在本章的预期协调理论模型中，可以认为是 $v(2) > v(1) > u(2)$ 的新技术，能使单个用户都被激励去接受这种新的技术，从而打破了过大惰性带来的垄断问题。

本章小结

本章我们介绍了网络外部性的基本概念和基本问题。网络外部性是指一种商品的效用随用户数量增加而提升的特性，按照来源分类可分为直接和间接两类。网络外部性对传统的市场理论产生了冲击，在需求侧，它带来了较强的用户黏性，即过大惰性问题；在供给侧，它带来了竞争效应与网络效应两种决定价格和企业利润的因素，在一定程度上限制了市场规模。通过对两者的分析，本章介绍了先占权博弈和企业价格消耗战这两种由网络外部性带来的极端情况的数字市场的垄断行为，并介绍了两种市场的自发调节机制——合约协调机制和颠覆式创新。

关键术语

| 网络外部性 | 混合网络外部性 | 过大惰性问题 | 赢者通吃 |
| 竞争效应 | 网络效应 | 颠覆式创新 | 市场结构 |

复习思考题

1. 试简述什么是网络外部性，并尝试举例说明。
2. 试推导用户的预期协调理论。
3. 试说明提供替代品的数字市场中，是否会出现单一垄断者。

[⊖] 约瑟夫·阿洛伊斯·熊彼特（Joseph Alois Schumpeter，1883.2.8～1950.1.8），1901～1906年在维也纳大学学习法学和社会学，1906年获法学博士学位，是一位有深远影响的美籍奥地利政治经济学家（尽管他并非是"奥地利学派"成员，但在早期他受到了奥地利学派的深刻影响）。其后移居美国，一直任教于哈佛大学。

参考文献

[1] 梯若尔. 产业组织理论[M]. 张维迎, 译. 北京：中国人民大学出版社, 1998.

[2] 伊斯利, 克莱因伯格. 网络、群体与市场：揭示高度互联世界的行为原理与效应机制[M]. 李晓明, 王卫红, 杨韫利, 译. 北京：清华大学出版社, 2011.

[3] 尹冬生. 我国电子支付产业经济学理论特征浅析[J]. 市场周刊（理论研究）, 2010(01):72-73.

[4] 闻中, 陈剑. 网络效应与网络外部性：概念的探讨与分析[J]. 当代经济科学, 2000(06):13-20.

[5] 季晓南, 陈珊. 法定数字货币影响人民币国际化的机制与对策探讨[J]. 理论探讨, 2021(01):94-98.

[6] 吴泗宗, 蒋海华. 对网络外部性的经济学分析[J]. 同济大学学报（社会科学版）, 2002(06):70-78.

[7] Brousseau, Curien. Internet and Digital Economics: Principles, Methods and Applications[M]. Cambridge: Cambridge University Press, 2008.

[8] Knieps. The Economics of Network Industries[M]. Cambridge: Cambridge University Press, 2001.

[9] Cheng. Why do customers intend to continue using internet-based sharing economy service platforms? Roles of network externality and service quality[J]. Journal of Asia Business Studies, 2020.

[10] Zhou, Tao. The effect of network externality on mobile social network site continuance[J]. Program Electronic Library & Information Systems, 2015, 49(3):289-304.

[11] Stallkamp, Schotter. Platforms without borders? The international strategies of digital platform firms[J]. Global Strategy Journal, 2021, 11(1): 58-80.

[12] Economides, White. One-way networks, two-way networks, compatibility, and public policy[M] Boston: Opening Networks to Competition, 1998: 9-29.

[13] Kamolsook, Badir, Frank. Consumers' switching to disruptive technology products: The roles of comparative economic value and technology type[J]. Technological Forecasting and Social Change, 2019, 140: 328-340.

[14] Liebowitz, Margolis. Are network externalities a new source of market failure[J]. Research in Law and Economics, 1995, 17: 1-22.

第 6 章 · DIGITAL ECONOMICS

双边市场

天猫商城连接了消费者与商家两个群体。迄今为止，已经有 5 万多家商家、7 万多个品牌入驻天猫，用户遍布全球各地。众多知名品牌代理商保证了商品的质量，也为用户带来了完整的购买体验，受到消费者的青睐。同时，数以亿计的消费者又对商家产生巨大的吸引力，越来越多的商家倾向于入驻天猫商城。商家与消费者彼此吸引、规模同步壮大，最终令天猫商城成为全球电子商务的领跑者。如何理解天猫商城这样的市场结构？形成天猫商城这样的市场结构需要什么条件？在这样的市场中，天猫对商家和消费者的价格如何决定？围绕这些问题，本章将就双边市场的相关内容展开论述。

学习目标

▶ 学完本章，你应该做到：
1. 了解双边市场的基本概念和分类；
2. 了解双边市场中的价格分配机制及其影响因素；
3. 理解"先高后低"、交叉补贴、搭售等双边市场的定价策略；
4. 了解纵向一体化的超额利润产生的原因。

引例

外卖 App 为什么免费供消费者使用

当前，在线餐饮外卖已成为大众生活中不可或缺的一部分。饿了么和美团外卖是国内用户规模最为庞大的外卖平台，已成为许多消费者日常生活中必不可少的手机应用。外卖平台以互联网为媒介，为已经注册的消费者和商家提供信息展示、安全支付、竞价排名等服务，促使消费者和商家顺利完成交易，并通过向消费者和商家收取服务费来实现盈利。平台收取的服务费一般包括三类。一是商家的注册费。商家入驻外卖平台时，一般需要缴纳一定金额的入驻费用。二是佣金抽取，即外卖平台对商家按照成交额的一定比例收取提成。三是广告费。外卖平台一般采用"竞价排名"的模式，由商家付费以显示在外卖 App 的首页，进而增大被消费者搜索到的概率。

然而，消费者也是外卖平台的用户，为什么外卖平台不向消费者收费呢？仔细分析外卖平台的收费模式可以发现，尽管外卖平台免费供消费者使用，但对于外卖平台的收费模式而言，消费者却发挥着至关重要的作用。消费者的数量越多，商家就越有强烈的意愿加入平台，加入平台后商家付费的意愿也就越强烈。换句话说，商家是否加入外卖平台、加入外卖平台后是否有付费意愿，取决于平台的另一端用户——消费者的规模。从另外一个角度讲，当越来越多的商家因为消费者的规模足够有吸引力而选择加入外卖平台时，更多的商家、更加丰富的餐饮品类又会吸引更多的消费者选择外卖平台。我们发现，外卖平台同时为商家和消费者——两个相互区别又紧密联系的群体创造价值，并差别对待两个群体、策略性地选择其中一个群体进行收费以获取利润。

6.1 双边市场的定义与分类

6.1.1 什么是双边市场

双边市场（two-sided market）理论是网络经济学与产业组织理论新兴的前沿理论。双边平台向两个相互区别又相互联系的用户群体提供产品和服务，两方用户通过平台进行交易，且一方用户的收益取决于另一方用户的数量。通常双边市场包含市场成员、双边网络外部性、市场价格结构三个要素。

市场成员。双边市场的市场成员包括买方（即消费者）和卖方（即生产者），也包括平台企业。在单边市场中，有很多买方与很多卖方，卖方将产品出售给买方，市场交易过程分布于卖方与买方之间。双边市场是一种典型的"哑铃式"结构，无论是买方还是卖方，都要通过同一个平台进行交易。交易平台是双边市场的中介机构，通过匹配买卖双方，从而降低交易成本、保证买卖双方能够从交易或者其他形式的互动中收益，是双边市场中最重要的组成部分。

双边市场的买方与卖方之间的关系与单边市场不同，其并非严格的卖方将产品与服务售卖给买方的关系。在双边市场中，交易双方存在着相互依赖性与互补性。**相互依赖性**是指双边用户均需要另一边用户提供的价值。只有一方有需求或双方均无需求时，双边市场便不会产生。**互补性**是指双边用户提供的价值能够满足对方的需求。相互依赖性与互补性是相辅相成的，正因为双边用户均有需求，且均能满足对方的需求，才能产生双边市场，平台企业可以通过降低双边用户的搜索成本的方式，为双边用户提供交易的平台。

双边网络外部性，也称为交叉网络外部性或跨边网络外部性。双边网络外部性是指一边的用户获取的价值取决于另一边用户的规模，即随着平台一边用户数量的增加，平台另一边用户的收益也会增加，可以将一边用户的需求函数写成另一边用户数量的增函数。双边网络外部性是双边用户与平台企业组成一个市场的基础，可以说，双边市场就是一种"鸡生蛋，蛋生鸡"的市场。但双边网络外部性并非一定是正向的，事实上，也存在一方是正向，另一方是负向的情况。也就是说，虽然增大一边用户的规模会提高另一边用户的利益，但另一边用户规模的提升反而会降低该边用户的利益，从而形成市场制约结构。

市场价格结构。双边市场的市场价格结构往往具有非对称性。在双边市场中，平台企业需要就索取的总价在买方和卖方之间进行分配，而不会像单边市场那样遵循边际成本定价法则。单边市场的交易规模只与总价格水平有关，而与价格分配方式无关；而双边市场的交易规模与总价格水平、价格分配方式均有关，其价格结构往往是**倾斜式**的。在双边网络外部性的作用下，若A边用户对B边用户的双边网络外部性强度较高，则平台企业往往会通过转移定价的方式，向B边用户收取更高的价格，而向A边用户提供更低的，甚至低于边际成本的价格，以吸引用户加入，扩大双边市场。

6.1.2 双边市场的分类

与单边市场不同，双边市场的分类问题同时涉及两个或多个市场，需要结合双边市场的特征，对不同类型的双边市场进行具体分类。目前，研究者对双边市场的分类已从多个角度出发，得出了不同的三种分类方式。

1. 基于平台功能的划分

第一种分类方式是根据双边市场的功能进行的分类。这种分类方法以双边网络外部性作为基准，通过对不同的双边市场的网络外部性——也就是双边市场的形成原因——进行分类，将双边市场分为市场创造型、受众创造型与需求协调型三类。

市场创造型双边市场是指平台企业基于已有的市场，通过协调市场双方，将已有的市场进一步扩大的过程。各类撮合类平台都是典型的市场创造型双边市场。如果将婚恋看作一个市场，如世纪佳缘、百合网等，则婚恋市场就是市场创造型双边市场。这种市场一边是男性，另一边是女性，双边存在正向的网络外部性（婚姻）。市场创造型双边市场虽然具有正向的双边网络外部性，但是由于技术水平和投入比较低，因此竞争度比较高，市场集中度比较小，很少有垄断型企业存在。

受众创造型双边市场是指平台企业吸引大量的用户，进一步为销售商提供大量的潜在购买者，吸引销售商投放信息与广告。此类市场往往有先后关系，"先"吸引到用户、"后"吸引零售商。报纸正是这一类市场的典型代表，通过发布新闻，使更多用户前来购买，进一步吸引广告商来投放广告。但受众创造型双边市场往往会产生负向的双边网络外部性，例如，在报纸中过量地投放广告将降低读者的体验感。这种负向的网络外部性使双边市场的平台企业很难取得垄断地位。

需求协调型双边市场是指双边用户一般存在交易关系，平台企业通过构建新的市场满足双边用户的需求。需求协调型双边市场的最典型例子就是苹果的 iOS 系统，其参与双方分别为软件开发商与苹果手机用户，iOS 通过聚合大量的手机用户和软件开发商以匹配不同的需求。需求协调型双边市场具有正向的双边网络外部性，且不受传统市场形式的制约，容易形成垄断市场。

根据功能进行的双边市场分类准确定位了平台企业在不同市场中扮演的不同角色，并进一步确定了双边市场中网络外部性的表现形式。但这种分类在实践中往往存在较大争议。一个搜索引擎既可以说是市场创造型双边市场，又可以认为是需求协调型双边市场。

2. 基于交易类型的划分

第二种分类方式是通过交易平台的业务模式进行的分类，也是一种基于交叉网络外部性的分类方式。这种分类方式按照交叉网络外部性内部化的方式，即市场双边用户之间是否存在交易行为，对双边市场进行了分类，分为交易型双边市场和非交易型双边市场。

交易型双边市场的特点是双边用户之间存在可观测的交易，即交易过程完全在平台上完成。在交易型双边市场中，平台企业向双方收取注册费，并根据交易量向双方收取佣金。典型的交易型双边市场包括银行卡组织、网上购物平台和拍卖行等。在银行卡组织中，商户和持卡人都需要缴纳注册费，而且对于每笔交易，商户还需要根据交易量缴纳手续费。交易型双边市场中的平台企业往往起到交易中介的作用，利用其信息资源优势将双边客户的需求连接到一起，降低了交易成本。

非交易型双边市场是指双边用户之间不存在交易，或存在无法观测的交易。在这类双边市场中，平台企业无法根据交易收取费用。非交易型双边市场以提供服务和中介为主，典型案例包括报纸杂志和大部分以广告为收入来源的互联网双边平台。

基于双边市场交易类型的双边市场分类模式是一种比较重要的分类方式。双边用户之间是否存在交易行为的本质是双边市场的竞争约束是否统一。交易型双边市场中的平台企业面对的是双边市场相似的竞争约束，因此只需要将双边的需求统一即可；非交易型双边市场中的平台企业则更多的是在创造市场，双边用户面临不同的竞争需求，需要平台企业分别采用不同的应对策略。但这种分类方式在解释非交易型双边市场中，往往不够准确。由于双边用户面对的竞争约束不同，对双边市场的分类往往基于某一边市场的特定需求,很难从整体角度进行分类。

3. 基于用户结构的划分

第三类是根据用户结构进行的市场分类。用户的单归属与多归属问题是双边市场中的重要问题之一,最早由英国知名学者马克·阿姆斯特朗(Mark Armstrong)⊖提出。单归属指的是用户只在一个平台上进行注册的行为;多归属则是指用户在两个或多个平台上同时进行注册的行为。按照双边用户的归属情况不同,可以将双边市场分为"竞争瓶颈"型市场、纯粹多归属市场、部分多归属市场与单归属市场四类(见图6-1)。

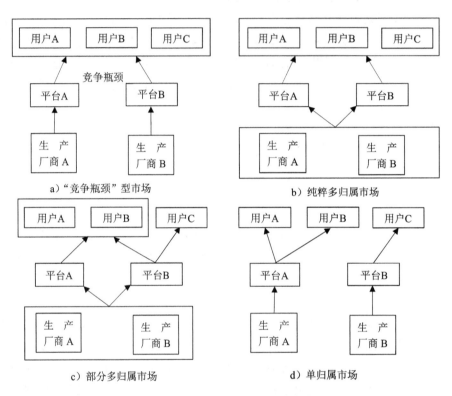

图6-1 基于用户结构的双边市场分类方式

"竞争瓶颈"型市场是指一边的用户单归属,另一边的用户多归属的市场。由于双边市场中存在网络效应,市场竞争主要集中在单归属的一边,因而形成了被称为"竞争瓶颈"的竞争焦点。典型的"竞争瓶颈"型市场为银行卡市场,银行为单归属用户,往往采用免费发卡,甚至附带小礼品等方式获取更多的用户⊜。

纯粹多归属市场是指两边用户均为多归属的市场,绝大多数双边市场均属于这一分类,如房地产行业、自媒体等。在房地产中介未联网的情况下,很多用户和房地产公司都会在多个中介商家进行购房(售楼)的挂牌。

⊖ 马克·阿姆斯特朗(Mark Armstrong),现为牛津大学经济学系教授与学术研究员。
⊜ 尽管银行卡的客户往往可以持有多个银行的信用卡,但由于客户往往只使用特定银行的银行卡,因此,也可以算作单归属市场。

部分多归属市场较为复杂,在一边的用户中,归属行为不一致,即部分用户多归属,而其他用户单归属的市场称为部分多归属市场。网络招聘平台是典型的部分多归属市场,求职的用户按照求职的急切性与企业选择,部分会在多个平台上挂名,而也有部分用户专心于某个平台的公司,形成了归属行为不一致的现象。

单归属市场是指双边的用户均为单归属的市场。单归属市场往往伴随着垄断性竞争,是由产品差异化和垄断共同造成的。典型的单归属市场就是通信行业,一个用户只能选择一家通信公司[①],而通信公司也只能对应特定的平台,如联通、移动和电信。

基于用户结构的双边市场分类方式准确地将双边市场用户的不同情况进行了分类,对双边市场的覆盖较为全面。但这种分类方式并没有衡量双边市场中平台企业的参与情况,对双边市场中的双边网络外部性考虑不足。这种分类方式往往被平台企业采用,用于在特定市场中制定不同的竞争策略,如在"竞争瓶颈"市场中,聚焦于单边用户;在单归属市场中,提高产品的质量与差异化;在纯粹多归属市场中,采用纵向一体化策略等。

表 6-1 是对双边市场分类情况的总结。

表 6-1 对双边市场分类情况的总结

分类依据	市场分类	网络外部性情况	市场举例	边 1 用户	边 2 用户
市场功能	市场创造型	正向,较小	婚恋市场	适婚男性	适婚女性
	受众创造型	负向,较小	报纸、杂志	读者	广告商
	需求协调型	正向	软件市场	软件生产商	计算机用户
交易类型	交易型	正向	银行卡市场	居民	银行
	非交易型	负向	广告平台	上网用户	广告商
用户结构	竞争瓶颈型	正向	银行卡市场	居民	银行
	纯粹多归属	具体分析	房地产中介	购房者	房地产公司
	部分多归属	具体分析	求职平台	求职者	用人单位
	单归属	具体分析	通信行业	居民	通信平台

注:个人整理,部分引用自《用户多归属条件下的双边市场平台竞争策略》一文。

6.2 双边市场的定价模型

有关双边市场的定价方式,在学术界已有较为广泛的研究,如庇古定价、利润最大化定价、拉姆齐定价等。本节将介绍一种最基础的双边市场定价模型。这个模型基于 Tirde 与 Rochet(2003)的经典模型,并根据 Armstrong(2006)的论文进行了修改。我们将考虑一组生产者与一组消费者之间的关系[②],并介绍双边市场中的价格分配方案。在本节中的模型不考虑注册费,仅考虑平台对交易所收的交易费。

---

① 尽管用户可以选择多家通信公司,在这里我们不详细讨论。
② 若没有额外假设,本模型中所有产品均为同质的。

6.2.1 双边市场的价格分配模型

假设双边市场中生产者和消费者通过平台完成交易，生产者的数量为 m，消费者的数量为 n，并满足：

$$\begin{cases} m = H(c) \\ n = F(k) \end{cases} \quad (6\text{-}1)$$

其中 c，k 分别为生产者与消费者所面对的平台使用成本，H 与 F 分别对应每一种成本下的生产者或消费者数量。结合传统市场理论中的需求定理，当取得一种商品的成本上升时，人们对其的需求量便会下降。我们可以得出：

$$\begin{cases} H'(c) < 0 \\ F'(k) < 0 \end{cases} \quad (6\text{-}2)$$

式（6-1）与式（6-2）正是我们在传统的单边市场理论中得出的重要结论。

在双边市场中，生产者与消费者之间无法直接接触，只有通过平台进行匹配，才能完成交易。我们进一步假设生产者与消费者匹配到对方的概率与对方的人数成正比，用 P_M 和 P_N 分别代表生产者与消费者匹配到对方的概率，我们有：

$$\begin{cases} \dfrac{\mathrm{d}P_M}{\mathrm{d}n} > 0 \\ \dfrac{\mathrm{d}P_N}{\mathrm{d}m} > 0 \\ 0 < P_M, P_N < 1 \end{cases} \quad (6\text{-}3)$$

假设消费者与生产者之间不会形成多次合作的关系，即他们只能通过平台进行匹配，由式（6-3）可以将生产者的利润函数[①]写为：

$$\pi_M = \begin{cases} P_M v - c, & P_M v > c \\ 0, & P_M v \leqslant c \end{cases} \quad (6\text{-}4)$$

同样，我们也可以将消费者的利润函数[②]写为：

$$\pi_N = \begin{cases} P_N s - k, & P_N s > k \\ 0, & P_N s \leqslant k \end{cases} \quad (6\text{-}5)$$

其中 v 为生产者获得的利润，s 为消费者在一次成功的匹配中所获得的效用。结合式（6-4）与式（6-5）可以看出，消费者与生产者的利润均与对方的人数正相关，即二者之间存在双边网络外部性。

在双边市场中，生产者（消费者）的成本可以看作其生产成本（搜索成本）与平台对

[①] 生产者的利润为 0 意味着其退出市场。
[②] 与生产者一致，消费者的利润为 0 也意味着其退出市场。

生产者（消费者）收取的价格的加总。结合式（6-1）、式（6-4）与式（6-5），我们可以将参与市场活动的生产者与消费者的人数写成如下形式：

$$\begin{cases} m = m(n, c) \\ n = n(m, k) \end{cases} \quad (6\text{-}6)$$

其中，

$$\begin{cases} \dfrac{\partial m}{\partial n} > 0, \dfrac{\partial m}{\partial c} < 0 \\ \dfrac{\partial n}{\partial m} > 0, \dfrac{\partial n}{\partial k} < 0 \end{cases} \quad (6\text{-}7)$$

假设生产者的生产成本与消费者的搜索成本是不变的，于是 c 与 k 便可以代表平台向生产者与消费者收取的价格，分别记为 p_M 与 p_N。记 $p = p_M + p_N$，平台的利润为：

$$\pi = m p_M P_M + n p_N P_N \quad (6\text{-}8)$$

考虑到双边市场出清时，一定有生产者出售的产品数量与消费者购买的产品数量一致，即：

$$m P_M = n P_N \quad (6\text{-}9)$$

因此 $\pi = m P_M p = n P_N p$，可以看到，平台利润与 m、n 均成正比，因此可记最终成交量为 N，$N = tmn$，其中 t 为一个大于零的实数。平台的利润为：

$$\pi = pN \quad (6\text{-}10)$$

双边市场的价格分配问题是双边市场定价中最重要的问题。本书采用一个简单的优化模型对双边市场价格分配机制进行解释。在双边市场中，平台的目的是最大化其利润 π，在对单笔交易所收取的价格一定的情况下，有：

$$\max_{p_M, p_N} \pi = tmnp \quad (6\text{-}11)$$

首先定义双边的需求价格弹性与双边网络外部性强度[○]：

$$\begin{aligned} \eta_m &= \frac{\partial m / m}{\partial p_M / p_M} \\ \eta_n &= \frac{\partial n / n}{\partial p_N / p_N} \end{aligned} \quad (6\text{-}12)$$

$$\begin{aligned} e_m &= \frac{\partial m / m}{\partial n / n} \\ e_n &= \frac{\partial n / n}{\partial m / m} \end{aligned} \quad (6\text{-}13)$$

[○] 消费者与生产者之间的网络外部性往往为复杂网络外部性，故此处 e_m 与 e_n 并不互为相反数。

假设需求价格弹性 η 与双边网络外部性强度 e 为恒定值，增大一单位对生产者的价格，对生产者数量的百分比影响为 $\eta_m\, p_M$，从而增加一单位生产者的价格对总交易量的百分比的边际影响为：

$$(1+e_n)\eta_m\, p_M \tag{6-14}$$

在总价格 p 一定的情况下，平台利润最大化的均衡点一定在生产者和消费者提供的边际收益相等时：

$$(1+e_n)\eta_m\, p_M = (1+e_m)\eta_n\, p_N \tag{6-15}$$

可以得到：

$$\frac{p_M}{(1+e_m)\eta_n} = \frac{p_N}{(1+e_n)\eta_m} \tag{6-16}$$

由于消费者与生产者的利润至少应大于零，故进一步得出平台对双边收取价格的约束条件：

$$\begin{cases} k+p_n < s \\ c+p_m < v \end{cases} \tag{6-17}$$

其中 c 与 k 分别为生产者与消费者面对的生产成本与搜索成本。

6.2.2　双边平台的价格分配

根据价格分配式（6-16）不难看出，双边市场的价格分配与以下因素有关。

双边价格弹性。显然，如果不考虑双边网络外部性的问题，平台向生产者和消费者收取的价格与其需求价格弹性是负相关的，即在弹性较小的一边定价较高，在弹性较大的一边定价较低。这一结论与传统市场一致。在双边市场上，价格结构的不对称更为显著，双边市场甚至会对弹性较大的一方以低于边际成本的方式进行定价。

双边网络外部性。结合式（6-16），以消费者数量变化为例，如果双边网络外部性进一步提升，消费者数量变化带来的生产者数量变化的 e_m 会增大，将导致平台对生产者收取的价格提升，即双边市场价格结构会向双边网络外部性强度较大的一方倾斜。

6.3　双边市场的补贴策略

6.3.1　双边市场的边际成本

在前文所述的模型中，并没有讨论市场所有者（也就是平台企业）的成本问题。这部分模型基于一个较为严格的假设来讨论这一问题。假设平台完成交易时，对每个生产者和消费者分别需要支付 c_m 和 c_n 的成本，于是平台在完成交易时的利润函数可以写为：

$$\Pi_1 = Np - mc_m - nc_n \tag{6-18}$$

当 p_m 增大 1 单位时，平台利润增大：

$$(1 + e_n) \eta_m p_M Np - \eta_m p_M c_m \tag{6-19}$$

当 p_n 增大 1 单位时，平台利润增大：

$$(1 + e_m) \eta_n p_N Np - \eta_n p_N c_n \tag{6-20}$$

因此，新的价格分配均衡式为：

$$(1 + e_n) \eta_m p_M Np - \eta_m p_M c_m = (1 + e_m) \eta_n p_N Np - \eta_n p_N c_n \tag{6-21}$$

化简得：

$$\frac{p_M}{p_N} = \frac{\eta_n}{\eta_m} \frac{(1+e_m)Np - c_n}{(1+e_n)Np - c_m} \tag{6-22}$$

显然，受到双边市场价格分配机制的影响，双边市场的价格并不等于边际成本。这与在单边市场中的情况不同，受到网络外部性的影响，双边市场必然会形成非对称的价格结构，对需求价格弹性较低的一方收取较高的价格，即通过这种倾斜式的价格结构来获取超额利润。

6.3.2 "先低后高"定价

掠夺性定价是单边市场中的大型企业为了获取自身优势常采用的一种手段。在单边市场中，产业内具有竞争优势的大型企业更能承受价格下降带来的利润损失。通过掠夺性定价的方式，大型企业将市场价格定于一个很低的水平，从而将竞争者排挤出市场，在获取垄断地位和一定的用户规模后，通过进一步提高价格以获取垄断利润。这种"先低后高"式的定价策略为单边市场中的垄断者带来了大量的利润，也导致了价格的恶性竞争。在双边市场中，这种"先低后高"的价格模式是否还能成立呢？

双边市场中的平台企业并不一定是大型的、有竞争力的企业，房地产中介、商场等中介型企业在行业内很难拥有较大的竞争优势。尽管它们实行的也是非对称的、倾斜式的价格结构，但这种价格结构并非意味着它们取得了市场的垄断地位。

平台企业向某一边用户采用低于边际成本的定价策略是为了促进该边用户的参与，该边用户规模越大，另一边用户则更有动机参与到平台中来，反过来刺激这一边用户参与到平台中，形成正反馈效应。平台采用低价的模式，正是为了迎合这种正反馈效应，形成一定的用户规模。若此时平台提高某一边用户的价格，通过正向的双边网络外部性导致另一边用户参与规模减小，从前文的模型中我们知道，这将导致总的交易量减少，并可能降低平台利润。

聚焦实践 6-1

网约车平台的价格,"先低后高"是否已成定局

2015 年,某网约车平台推出了"顺风车"业务。该业务以 10 元起步、99 元封顶的低价格迅速占领了市场。2015 年该公司公布的数据显示,它的全平台订单量达到了 14.3 亿单。迅速上升的用户量使该公司先后多次尝试提高其价格,2017 年,它将起步价格从 10 元调整至 13 元,并降低了长里程的价格。尽管提高了价格,但该公司在 2018 年仍出现亏损。图 6-2 描述了该公司网约车 2018 年第 4 季度平台服务费率及成本构成情况。

2019 年,该公司又进一步将起步价提高至 14 元。至此,相较于传统的出租车行业,它在成本上已再无优势。而在该公司提价的同时,2018 年 5 月,它的使用人数开始下降,直至 2019 年 11 月,它的使用人数已由 1.2 亿人下降至 8 000 万人。可见,"先低后高"的价格模式对平台企业而言,并非取胜之道。[⊖]

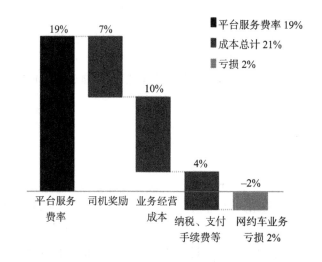

图 6-2 某网约车平台网约车 2018 年第 4 季度平台服务费率及成本构成情况

6.3.3 交叉补贴

交叉补贴是指企业用从某个市场上所获得的利润来支持它在另一个市场发展的行为。在单边市场上,交叉补贴是企业进行掠夺性定价的手段。企业一般采用降低竞争性业务价格、提高垄断性业务价格的方式进行补贴。在传统的单边市场理论中,这种交叉补贴行为是一种不正当的竞争行为,极大地损害了**市场效率**与**用户福利**。

在双边市场中,交叉补贴是一种很正常的行为,倾斜性的价格结构就是一种交叉补贴。那么,双边市场的交叉补贴是否与单边市场一样,损害了市场的正当竞争呢?我们

⊖ 改编自网络资料,https://www.ithome.com/0/420/432.htm。

将从三个方面分析这一问题。

第一，双边市场与单边市场的交叉补贴的目的不同。在单边市场中，企业的交叉补贴策略往往是为了打击竞争对手，而双边市场中的平台企业需要通过提高用户参与数量来盈利，进行交叉补贴的目的是吸引更多用户参与，进一步实现正当盈利。

第二，双边市场与单边市场的交叉补贴的范围不同。单边市场的交叉补贴往往发生在两种不同业务种类的市场之间，而双边市场中的价格补贴往往发生在同一个市场的多种用户群体之间，如生产者补贴消费者。但双边市场的存在降低了消费者与生产者的搜索成本，从本质上来看，对于提供补贴的群体（如生产者）而言，反而降低了其进入市场的成本，并没有给其带来负担。

第三，双边市场与单边市场的交叉补贴的实施条件不同。在单边市场中，只有大型企业才能借助其在多个市场上的优势地位进行交叉补贴，这类企业在市场中的地位较高，用户量较大。而在双边市场中，中小企业也可以进行交叉补贴，但中小企业不清楚市场上的用户规模分布情况，采用交叉补贴的方式，通过零成本的营销方式，可以让一方用户在没有另一方用户的同时也愿意加入市场中，以此保证市场规模。

因此，双边市场上的价格补贴实际上是一种正常的竞争现象。这种补贴提高了需求价格弹性较高的一方的福利，也是双边市场形成的基础。

6.3.4　生产者搭售

在单边市场中，搭售行为本质上是一种价格歧视，减少了消费者选择的多样性，降低了其福利水平，但在双边市场上，搭售行为未必会损害消费者福利。平台通过交叉补贴的方式吸引了广大消费者，但仅仅在消费者一侧的竞争优势不能保持平台的垄断地位，因此对生产者提供补贴，也是平台策略中的一项重点工作。搭售行为无疑为生产者带来了福利剩余，是一种变相的补贴。平台可以通过允许搭售吸引更多的生产者加入，与此同时，生产者数量的增多也通过正向的双边网络外部性，提高了消费者的福利水平。另外，在吸引用户的同时，平台可以通过相关条款限制生产者的搭售行为，如限制借记卡与手机银行的一体化等。

值得一提的是，在合理规范的情况下，搭售行为可以提升消费者的福利水平，但与我们前文所说的"先低后高"的价格模式相同，过度的搭售行为也是对消费者福利的一种损害。

▒ 聚焦实践 6-2

微软的搭售行为

微软在提供操作系统的同时，往往会携带 Office、IE、Media Player 等组件，这便是一种搭售行为。早在 2004 年，欧盟便已向微软提出，要求其提供不自带任何软件的纯净版本的系统服务。2014 年，我国国家工商行政管理总局（2018 年通过职责整合，组建国家市场监督管理总局）又一次对微软携带 IE 浏览器提出质疑，申明其带来了竞争中的不公平性。

微软的搭售行为涉及个人计算机操作系统和播放器或网络浏览器两个市场。计算机用户与另一边的软件开发商之间存在正向的双边网络外部性，消费者使用操作系统的效用依赖于可以在此操作系统上运行的应用软件的数量。独立的软件开发商只愿意基于用户数量较多的操作系统编写应用软件，这也就意味着一个操作系统用户数量越多，基于该操作系统的应用软件就会越多地被开发出来；该系统可以运行的应用软件越多，使用该操作系统的消费者也越多，这样就形成了正向的反馈效应。微软一旦在 Windows 中搭售 IE 浏览器或播放器，用户就会首先尝试使用这些产品，锁定效应令消费者选择其他产品的成本大大增加。

由于双边网络外部性的作用，软件开发商也会选择加入 Windows 平台。在美国和欧盟的 IE 浏览器反垄断诉讼中，法庭认为微软通过搭售 IE 浏览器和操作系统，将具有竞争关系的浏览器排挤出市场，而这一浏览器有可能成为操作系统的替代品，成功地维护了微软操作系统在未来市场上的主导地位。但在欧盟关于微软搭售 Windows 操作系统和 Media Player 媒体播放器的反垄断案中，圈定效应却是欧盟委员会反垄断当局和法庭的主要关注点。法庭认为 Media Player 媒体播放器运用在个人计算机上的普遍性是微软的一个竞争优势，但这一竞争优势与其本身的产品质量和性能无关，因此做出停止搭售的判决。微软的搭售行为产生了圈定效应、网络效应、多样性损失效应和价格效应，由于播放器的功能相对单一，微软对播放器的搭售行为虽然有可能损害播放器市场的竞争，但在短期内可能提高总体的社会福利，因此，欧盟对于微软搭售播放器的裁定更注重长期的竞争效应，而法庭的判决更多地基于其短期福利水平。

6.4 双边市场与纵向一体化

双边市场的中介企业并非完全中立，在生产者的搭售行为中，平台企业在允许搭售、提供给生产者足够激励的同时，也与生产者签订了一系列契约，保证生产者的搭售行为不会扰乱市场。在实际中，平台企业可能与生产者达成某种契约或与消费者形成一体化关系[⊖]，这样的战略被称为平台**纵向一体化**战略。

6.4.1 纵向分离策略与纵向一体化策略

在双边市场中，生产者生产的产品在平台企业中转化为消费者可以直接购买的产品，并传导到消费者。但事实上平台企业不存在传统企业中的实体边界，仅能行使一种契约关系，故平台企业的纵向一体化战略与传统企业的纵向一体化战略表现出较大差异。

⊖ 在 ofo 小黄车成立初期，其通过免费提供大量的自行车，绑定消费者，在收取注册费的同时吸引生产者。

对于平台企业而言，**纵向分离策略**便是保持平台的中立性，此时平台企业仅仅作为一种特殊的信息中介。采用纵向分离策略的企业在市场中主要承担三种职责。

中立的第三方机构。平台企业存在于逆向选择的市场中，作为中立的第三方机构，为交易双方提供信息，以解决信息不对称问题。

企业声誉的代理商。实行纵向分离策略的平台企业并不会倾向于任何一方，因此也没有为任何一方提供虚假信息的激励，这种平台企业可以充当企业声誉的代理商，以证实企业所提供的信息为真。

专家咨询机构。市场中往往存在着一些让人难以理解的信息，平台企业的存在将这些信息转化为易于理解的信息，降低市场的不确定性，在一定程度上能促进生产与消费。

与纵向分离策略不同，**纵向一体化策略**是指平台企业与生产者和消费者其中一方联合，获取一方的部分产权，为这一方提供更为便利的市场服务。企业实施纵向一体化策略主要与以下三个因素有关。

产业生命周期。在产业发展的早期，市场格局往往较小，实行纵向一体化战略有助于平台企业迅速控制市场；此外，在产业发展的早期，市场中相关配套设施的不成熟也迫使平台企业不得不从事相关市场中的一些工作，这进一步推动了纵向一体化进程。

技术的可分性。平台企业有时也是另一个市场中的生产者，此时平台企业本身也需要额外的技术进行制造，如果平台企业的技术与生产厂商的技术可分程度较低，如 Windows 操作系统与配套的 Office 软件，平台企业便会采用纵向一体化策略，降低自身的生产成本。

产业的聚集性。产业的聚集性也是平台企业选择纵向一体化策略的因素之一。聚集程度较高的企业往往能形成企业群，具有垄断效应，为了实现与企业群体之间的谈判，采用纵向一体化战略是平台的首要选择。

6.4.2 纵向一体化的利润

假定平台企业与生产者一侧形成纵向一体化，由式（6-18）可知，平台企业的利润函数可以写为：

$$\Pi_2 = N(p + \alpha v) - mc_m - nc_n \tag{6-23}$$

α 为平台企业与生产厂商商定的分红比例。从式（6-23）中可以看出，在纵向一体化时，平台企业的目的是实现平台企业与生产厂商的共同利润最大化。考虑到生产厂商已与平台企业达成契约，可认为其成本固定，且平台企业于后续交易中对其收费标准在短时间内难以更改，于是可以将这一问题作为一个单边市场的利润最大化问题，而单边市场利润最大化时，价格等于其边际成本。

从以上分析中可以得出，平台企业的纵向一体化战略为平台企业带来了更多的超额利润。这些超额利润来源于以下三个方面。

纵向一体化降低了企业的交易成本和负外部性程度。纵向一体化提升了平台企业对信息的获取能力，将市场中不同企业之间的交易转化为同一产业内各部门之间的交易，在一定程度上降低了市场交易的外部性，节省了契约成本、税收成本、运营成本等相关成本，提升了企业的利润。同时，平台企业与生产者的纵向一体化完善了平台与生产者之间的契约机制，从而使平台企业可以建立专用性投资渠道，降低了生产厂商投机主义行为产生的概率，完善了市场管制，间接地提升了平台企业利润。

纵向一体化改变了上下游市场的竞争特性，形成了防御性的市场力量。企业的纵向一体化可能出于实现市场地位垄断、改善需求与供给的稀缺性等目的，这种纵向一体化可以形成市场势力，通过市场圈定来获取市场利润。同时，纵向一体化可以使产业链和上下游企业的影响力增强，进一步获取更多的市场信息，提高平台企业的盈利能力。

纵向一体化有助于增强生产、营销与研发部门的沟通和协作，提升平台企业的研发投入成本。更高的创新投入水平将能够提升企业的财务水平，并通过更强的信息获取能力降低市场上的信息不对称，实现对市场技术的及时更新，提升平台企业的利润。

本章小结

本章扩展了网络外部性的理论，基于双边网络外部性，阐释了双边市场的定义与分类方式，进一步分析了双边市场中价格分配的利润模型，以及双边市场的补贴方式，并分析了平台为获取利润可能采用的纵向一体化模式。事实上，本章所采用的模型主要基于让·夏尔·罗歇和让·梯若尔最早提出的双边市场定价理论。关于双边市场定价理论的进一步发展，包括平台企业的竞争性定价等，我们将在第7章中进行介绍。

关键术语

双边市场　　双边网络　　双边价格弹性　　平台补贴
平台搭售　　纵向分离　　纵向一体化

复习思考题

1. 请简述双边市场的定义，并选择一种实际中的双边市场，对其进行分类。
2. 假设有一种商品，生产者销售该种商品所获得的收入为10，消费者购买该商品获得的收益可贴现为6。生产者与消费者的需求价格弹性分别为 -0.3 和 -1.2 且保持不变。每增加一个百分比的生产者，消费者增多0.3个百分比，每增加一个百分比的消费者，生产者增加2.4个百分比。平台中的总交易量 $V = 0.03mn$，其中 m, n 分别为生产者与消费者的数量。生产者的生产成本与消费者的搜索成本均为0。

请说明，如果你是平台企业的拥有者，你将如何对双边市场进行定价。

3. 在第 2 题的基础上，现假设平台企业向生产者提供单位信息的成本为 3，向消费者提供单位信息的成本为 0.2。

试分析此时的价格结构，并解释采用纵向一体化策略是否合意。

参考文献

[1] 纪汉霖，张永庆. 用户多归属条件下的双边市场平台竞争策略 [J]. 经济问题探索，2009(05):101-107.

[2] 宁立志，王少南. 双边市场条件下相关市场界定的困境和出路 [J]. 政法论丛，2016(06):121-132.

[3] 吴汉洪，孟剑. 双边市场理论与应用述评 [J]. 中国人民大学学报，2014,28(02):149-156.

[4] 黄岩. 双边市场条件下相关市场的界定——以双边市场分类为视角 [J]. 经济法论丛，2013, 25(02):109-130.

[5] 蒋岩波. 互联网产业中相关市场界定的司法困境与出路——基于双边市场条件 [J]. 法学家，2012(06):59-74.

[6] 程贵孙，陈宏民，孙武军. 双边市场视角下的平台企业行为研究 [J]. 经济理论与经济管理，2006(09):55-60.

[7] 曲创，刘伟伟. 双边市场中平台搭售的经济效应研究 [J]. 中国经济问题，2017(05):70-82.

[8] Rysman. The Economics of Two-Sided Markets[J]. The Journal of Economic Perspectives, 2009(23):125-143.

[9] Rochet, Tirole. Two-Sided Markets: A Progress Report[J]. Rand Journal of Economics, 2006, 37(3):645-667.

[10] Evans. The Antitrust Economics of MultiSided Platform Markets[J]. Yale Journal on Regulation, 2003(20):325-381.

[11] Roson. Two-Sided Markets: A Tentative Survey[J]. Review of Network Economics, 2005, 4(2):142-160.

[12] Gabszewicz, Wauthy. Two-Sided Markets and Price Competition with Multi-homing[J]. IDEI Working Paper, 2004.

[13] Armstrong. Competition in Two-sided Markets[J]. RAND Journal of Economics, 2006, 37(3):668-691.

[14] Chakravorit, Roson. Platform Competition in Two-Sided Markets: The Case of Payment Networks[J]. Review of Network Economics, 2006, 5(1):118-142.

[15] Kaiser, Wright. Price Structure in Two-Sided Markets: Evidence from the Magazine Industry[J]. International Journal of Industrial Organization, 2006(24):1-28.

[16] Koschat, Putsis. Audience Characteristics and Bundling: A Hedonic Analysis of Magazine Advertising Rates[J]. Journal of Marketing Research. 2002, 39(2):262-273.

[17] Rochet, Tirole. Platform Competition in Two-Sided Markets[J]. Journal of the European Economic Association, 2003(1):990-1029.

[18] Brousseau, Curien, Nicolas. Internet and Digital Economics: Principles, methods and applications[M]. Cambridge: Cambridge University Press, 2009.

[19] Sproule, Khan, Fogarty. Osteoid osteoma: painful enlargement of the second toe[J]. Archives of Orthopaedic & Trauma Surgery, 2004, 124(5):354-356.

DIGITAL ECONOMICS · 第 7 章

平台经济

上一章介绍了双边市场的相关概念以及双边市场的平台企业这一中介机构，由这样的市场形成的经济模式便可称为平台经济，包括 Google、Amazon、Facebook、百度、淘宝在内的诸多企业的商业模式都可以被纳入"平台经济"的范围之内。平台之间如何竞争？平台经济又有着怎样的商业模式？这些都是本章将介绍的问题。

学习目标

▶ 学完本章，你应该做到：
1. 了解什么是平台经济以及平台结构的基本类型；
2. 了解平台竞争的商业模式，明晰平台的临界规模的概念；
3. 能够用 Hotelling 模型分析平台中的用户的多重归属行为与平台跨界现象；
4. 了解平台经济中最新的广告投放方式，以及注意力经济的内涵。

引例

在线平台的注意力竞争

随着数字经济的发展,许多新兴商业模式应运而生,它们提供的产品和服务多种多样,包括搜索引擎、电子商务、社交网络、新闻、短视频等,以较高的更新频率来吸引用户的注意力,并获取盈利。这就是平台对用户注意力的竞争。

图钉网(Pinterest)是一个社交平台。它为用户设置了个人空间,用户可以上传自己的照片和视频等资料,可以基于地理位置分享,并供用户间评论。2012年,图钉网的点击量和浏览量达到全美国第47位,用户在上面花费的时间达到1 750万小时。人们的精力是有限的,当用户把自己仅有的娱乐时间更多地分配给图钉网,那么对其他网站的浏览时间就会缩减。随着图钉网的迅速发展,其他平台对于用户注意力的竞争程度就相形见绌,获得用户的注意力也变得更加困难。但图钉网同样也要保持竞争,如果有新的竞争者出现,或者有新形式的产品和服务的更新,消费者的注意力就会转移。

注意力竞争,是平台竞争的重要方面。相比传统经济,平台经济也存在其他更多的新形式与新特点。在这一章中,我们将对平台经济进行详细介绍。

7.1 平台经济的基本内涵

7.1.1 平台经济的定义

双边市场是与平台经济密不可分的,对平台经济的定义可以采用对双边市场的定义方式。根据梯若尔和罗歇的相关理论,可以将平台经济定义为具有以下三种属性的经济组织:①平台经济中需要存在两组或更多不同的消费群体,这些消费群体之间可以按照交易目的不同进行区分;②平台经济中消费者之间的外部性可以通过某种方式进行联系和协调,这与之前讲过的双边网络外部性一致;③平台企业(中介机构)可以将不同消费者之间产生的外部性内部化,降低信息成本、交易成本。

在平台经济的定义中,"边"是很重要的概念,如果平台企业能够通过提高一边收费的同时降低另一边收费的方式来影响平台交易量,就可以认为这两边的用户同属于平台。

7.1.2 平台的分类

1. 基于市场结构的平台分类

平台经济的核心在于平台型企业,按照市场上生产者和消费者的情况进行分类,可以将平台分为重合性平台、交叉性平台和垄断性平台三类。

重合性平台(coincident platforms)是指若干多边平台向同一边用户(一般是消费者)

提供可替代的产品或服务。在重合性平台中，一方消费者可以有多种选择来满足自身的需求，最典型的例子就是支付系统。在支付系统中，用户可以根据自己的需求在各式各样的支付服务中进行选择，一边用户有可能归属于多个平台，也有可能归属于单一的平台。大多数用户会同时接受几大竞争性支付系统的支付卡。除此之外，电子游戏与操作系统也属于重合性平台。

交叉性平台（intersecting platforms）是指 N 边平台向数量为 n（n ≤ N）边用户提供可替代的产品或服务。浏览器是典型的交叉性平台结构，其一侧存在多边不同需求的用户，而在其另一侧则存在多个相互可替代的业务提供商。交叉性平台是比较常见的类型。除了浏览器外，笔记本电脑也属于交叉性平台。交叉性平台的用户归属也并不统一。

垄断性平台（monopoly platforms）是指在任何一边都不存在用户竞争的平台。由于互联网使得信息可被大量传送，商品与服务很容易找到合适的替代品，这种平台模式较为罕见，通常只存在于某些方面的某些时段，如某一经济领域新出现的时候。

2. 基于商业模式的平台分类

根据经济合作与发展组织（OECD）的分类方法，平台可分为 7 类：电子商务平台、在线共享平台、金融科技平台、在线社交网络服务平台、在线匹配平台、在线众包平台、在线搜索平台。这些类型的在线平台有不同的底层商业模式。

电子商务平台。例如，淘宝网就是一个促进第三方卖家和消费者之间达成交易的在线平台。一方面，它为消费者提供了一个产品范围广泛的购买平台，选择更多，价格更便宜。另一方面，它使第三方卖家以便捷、高效的方式进入电子商务市场。

在线共享平台。携程就是一家典型的国内领先的一站式旅行平台，促进消费者和业主之间达成交易。一方面，它为消费者提供了一个可以以折扣价选择多种房间的地方。另一方面，它允许酒店或业主进入在线旅游市场。该平台从第三方卖家的销售收入中收取佣金。

金融科技平台。在线金融平台为金融机构、商家和消费者之间的金融活动提供了便利。一方面，它为消费者和商家提供了一种新的获取信贷的途径，另一方面，它助力金融机构和合作伙伴加速迈向"互联网+"。

在线社交网络服务平台。领英是一家领先的以商业和就业为导向的服务平台，为职业社交提供便利。一方面，它允许个人张贴简历，并与专业朋友联系。职业关系网也可以促进求职。另一方面，它允许雇主发布职位和搜索潜在的候选人。

在线匹配平台。在线平台的匹配能力在人工智能和大数据技术的支持下显得越发强大。例如，抖音、今日头条等内容型平台，其一边有着大量的内容原创者；另一边则有着兴趣各异的海量用户。在人工智能、大数据技术的支撑下，抖音、今日头条等平台可以自动地将内容推送给目标用户。

在线众包平台。Waze 就是一个典型的在线众包平台。它促进司机之间的数据共享——司机报告事故、堵塞、速度和其他有关路况的信息。它为司机提供实时的交通信息和路线、附近最便宜的燃油价格以及其他特定位置的警报。

在线搜索平台。 谷歌搜索是目前世界上最受欢迎的在线平台之一。一方面，它为消费者提供了一种免费、方便、相关的即时获取信息的方式。另一方面，它使广告商和内容提供商能够以有效的方式获取大量用户。它还使内容提供商能够在其网页上添加搜索功能，并通过提供内容获得收益。

7.1.3 平台经济的基本特征

1. 市场集中

网络外部性很容易导致"赢者通吃"的局面，市场份额很容易向一到两家大公司倾斜。反过来，进入壁垒高可能会削弱新公司挑战现有公司的能力，进一步破坏竞争过程和保护现有平台公司的主导地位。如果潜在竞争者面临巨大的进入壁垒和扩张壁垒，市场就不再具有可竞争性，平台就有机会通过降低价格、制定标准等方式降低质量或利用市场力量削弱潜在竞争市场中的竞争，使竞争对手没有机会进入市场，最终垄断市场。

"赢者通吃"的另一个原因，是平台企业规模报酬递增的特点，这也令平台企业很容易向集中和垄断倾斜。

专门提供信息的企业通常会受益于规模报酬递增。这些企业的前期固定成本较高，但随后能以相对较低的成本扩大规模，例如，谷歌为1亿用户更新谷歌日历的固定成本与只给其中一小部分用户更新的成本差不多。另一家受益于规模报酬递增的公司是脸书（Facebook）。虽然开发脸书平台需要大量前期投资，但该平台能够在成本增长相对较小的情况下实现用户的指数级增长。

2. 数据驱动型反馈回路

平台经济的市场竞争特点很大程度上由数据驱动型反馈回路（data-driven feedback loop）决定，反映了数据驱动平台经济的市场竞争的重要形式。数据驱动型反馈回路由用户反馈回路（user feedback loop）和货币化反馈回路（monetization feedback loop）两部分组成。

用户反馈回路描述了用户、用户数据以及在线服务质量之间的正反馈效应，如图7-1所示。如果平台拥有大量用户，则可通过收集和使用用户数据来优化相关产品或者服务，而这些产品或者服务可以吸引越来越多的用户，这反过来又使得平台能够收集更多的数据，这些数据可再次被用于改进其产品或者服务。

图 7-1　用户反馈回路示意

通常来说，用户反馈回路导致中小型平台将很难与大型平台相抗衡。谷歌搜索引擎就是用户反馈回路的典型案例：谷歌用户数量远胜于竞争对手，它可以获取海量用户数据，进而用这些数据洞察用户偏好，从而提供更为精准的搜索结果，并借此提升用户黏性以吸引新用户加入。

货币化反馈回路集中体现了数据对平台盈利模式的影响。货币化反馈回路指平台通过收集和使用数据来改进广告投放或者内容推送服务，凭此赚取的收入用于产品或者服务的改进以吸引更多的用户，如图 7-2 所示。

图 7-2　货币化反馈回路示意

同样，货币化反馈回路也不利于中小平台获取目标用户，导致平台极易形成寡头垄断市场。

3. 多边用户聚集

在传统市场组织中，供给方与需求方在物理空间上是分离的，先生产后消费，生产者仅能根据市场过去的演化特征来预测和估计消费行为的变化趋势，而消费者也只能在已经被生产出来的产品中进行选择，无法在生产之外根据自己的偏好选择消费。平台经济将生产者与消费者联系起来，打破了生产与消费之间的隔离，扩张了消费可行集的边界，以学习作为路径，消费者学习如何递交需求，生产者学习如何更好地创造需求，伴随着信息传递的过程，生产者与消费者都能更明白彼此的需求，多边用户同时聚集，形成了平台竞争中相互学习的格局。

除了以上特征，平台经济还具有**用户多重归属**、**催化"触媒"效应**以及**注意力经济**的特征，将在接下来的内容中继续讲解。

7.2　平台经济的结构与竞争

7.2.1　平台竞争的基本模型

首先考虑当平台收取注册费时，平台之间的竞争情况。假设市场上有两家相似的平台型企业，记为平台 A 和平台 B。按照 Hotelling 模型的一般形式，我们将市场情况分为两期,在第一期由平台决定其注册费用以及交易手续费,在第二期由用户决定选择哪个平台,并以两期的利润之和作为模型的优化因素。模型的简化模式可由图 7-3 呈现。

图 7-3 考虑注册费用的平台竞争模型

出于简化考虑,我们姑且不考虑双边用户的异质性,仅将双边用户的数量合在一起,用双边用户的数量之和计算双边网络外部性。在第一阶段,平台 A 与平台 B 面对外生给定的终端客户流量 $F_{A,1}$ 和 $F_{B,1}$,假设用户拥有选择是否进行交易的权力,最终选择在平台上进行交易的用户数量分别为 $N_{A,1}$ 和 $N_{B,1}$,两平台用户面对的网络外部性分别为:

$$\begin{cases} v_{A,1} = v(N_{A,1} + \tau N_{B,1}) \\ v_{B,1} = v(N_{B,1} + \tau N_{A,1}) \end{cases} \quad (7\text{-}1)$$

其中,$v(\cdot)$ 为效用函数(以价格计算),$v'(\cdot) > 0$;τ 为两平台商品之间的关联程度,通常情况下 $\tau < 1$。

两平台在第一阶段可以决定平台的开放程度 σ_A 和 σ_B,$\sigma_A, \sigma_B \in [0, 1]$,且平台的开放程度在确定后不可更改。

平台的开放程度决定了注册费(加入平台需要交付的成本)与交易费(进行交易需要缴纳的成本)之间的比例。假设两平台的注册费分别为 FC_A 和 FC_B,交易费分别为 VC_A 和 VC_B,注册费和交易费总和分别为 C_A 和 C_B,且 $\dfrac{\sigma_A}{1-\sigma_A} = \dfrac{VC_A}{FC_A}$,$\dfrac{\sigma_B}{1-\sigma_B} = \dfrac{VC_B}{FC_B}$,则第一阶段中两平台的利润分别为:

$$\begin{cases} \pi_{A,1} = FC_A * F_{A,1} + VC_A * N_{A,1} \\ \pi_{B,1} = FC_B * F_{B,1} + VC_B * N_{B,1} \end{cases} \quad (7\text{-}2)$$

在第二阶段,用户可以选择是否转换平台,也可以选择同时在多个平台上进行交易,我们将用户期望的交易成本记为 c,$c \sim U(\underline{c}, \overline{c})$。用户在前往另一个平台时需要支付转移成本,假设转移成本与平台的开放程度直接相关,此时平台 A 与平台 B 的用户在相互之间进行转移(或者同时在两个平台上交易)需要负担的转移成本为:

$$\begin{cases} TC_A = (1-\sigma_A)c \\ TC_B = (1-\sigma_B)c \end{cases} \quad (7\text{-}3)$$

转移成本由用户承担,与平台本身的利润无关,第二阶段的双边网络外部性和平台的利润函数分别为:

$$\begin{cases} v_{A,2} = v(N_{A,2} + \tau N_{B,2}) \\ v_{B,2} = v(N_{B,2} + \tau N_{A,2}) \end{cases} \quad (7\text{-}4)$$

$$\begin{cases} \pi_{A,2} = FC_A F_{A,2} + VC_A N_{A,2} \\ \pi_{B,2} = FC_B F_{B,2} + VC_B N_{B,2} \end{cases} \quad (7\text{-}5)$$

考虑到时间因素，平台两阶段的总利润为：

$$\begin{cases} \pi_A = \pi_{A,1} + r\pi_{A,2} \\ \pi_B = \pi_{B,1} + r\pi_{B,2} \end{cases} \quad (7\text{-}6)$$

其中 r 为贴现因子。以上便是考虑注册费时平台竞争 Hotelling 模型的一般形式。在平台竞争中，平台的定价水平与价格结构受到多重归属行为和交叉性平台两方面因素的影响。

7.2.2 重合性平台的竞争

1. 用户的多重归属行为

某一用户在一个行业中如果只使用一个平台，这就属于单一归属行为；如果同时使用多个平台，就属于**多重归属行为**。用户专注于某一个平台的原因往往是出于单一平台的效率或便利性的考虑，但当用户发现同时使用多个平台的商品或服务更为便利时，他们便会采用多重归属策略。事实上，在现在的研究中，绝大部分情况下，平台行业会至少在一边体现出多重归属的特征。有时候，有着多重归属的一边客户能够决定另一边客户对平台的选择。例如，绝大多数的消费者会使用多种支付方式，同时他们也会拥有多张支付卡，因而绝大多数商户也会接受、采纳多种支付方式。

2. 基于用户侧的平台策略

以平台 A 的用户为例[一]，从用户侧开始对以上 Hotelling 模型求解。在第一阶段，用户无法转换平台，且必须接受平台的注册费，因此其缴纳的注册费可被视为沉没成本，交易的必要条件是[二]：

$$v_{A,1} - c > VC_A = \sigma_A C_A \quad (7\text{-}7)$$

由于 $c \sim U(\underline{c}, \overline{c})$，此时当单个消费者的决定无法影响到整体时，在其他条件不变的情况下，$N_{A,1}$ 随 σ_A 增长而减少。

在第二阶段，用户会进行平台的选择。假设两家平台中至少有一家满足其交易条件，即用户一旦选择转换平台，必定会进行交易，其在四种情况下的收益：

（1）其留在平台 A 并进行交易的收益为 $v_{A,2} - c - C_A$；

一 如没有另行说明，本章对模型的推断统一以平台 A 为例。
二 出于简化考虑，不妨假设无论进行多少次交易均只需缴纳一次手续费。

(2)其留在平台 A 但不进行交易的收益为 $-FC_A$；

(3)其转移到平台 B 的收益为 $v_{B,2} - c - C_B - TC_A$；

(4)其同时归属于两个平台的收益为 $v_{A,2} + v_{B,2} - 2c - C_A - C_B - TC_A$。

由以上讨论可知，用户在平台选择中的关键条件有两个，分别为：

条件一：（交易成本条件）

$$v_{A,2} - c > VC_A \tag{7-8}$$

条件二：（转移交易条件）

$$v_{B,2} - C_B - TC_A > v_{A,2} - C_A \tag{7-9}$$

当条件一和条件二均被满足时，用户便会选择多属于两个平台；若只有条件一被满足，用户会选择在平台 A 上继续交易；若只有条件二被满足，用户会选择转移到平台 B 上；若两条件均未被满足，用户会选择留在平台 A 中，但不会继续进行交易，仅支付沉没成本。

在现实情况中，用户在两平台之间的选择与两平台的开放程度有关，平台 A 的开放程度越高，σ_A 越高，越难以满足条件一，同时 TC_A 的下降将使条件二更容易满足。这也印证了在平台的竞争与合作中，用户选择的三种可能。

其一，在两个大小相似的平台之间，边际用户的选择将决定条件一与条件二是否成立，当用户规模相似时，两条件可同时成立，用户会同时选择两个平台，典型的如淘宝与京东，二者的规模相似，因而其用户往往保持多重归属，以期待同时享受到两个平台的额外收益。

其二，在大平台与小平台的竞争中，由于网络外部性的影响，大平台的用户更容易满足条件一，而小平台的用户更容易满足条件二，这导致用户向大平台流动，典型的如饿了么与百度外卖，百度外卖的用户规模远不如饿了么的，最终被饿了么合并。

其三，在大平台与小平台的竞争中，小平台可以采用封闭策略，降低平台的开放程度，提高定制化水平，以此尽可能不满足条件二，形成小平台用户多重归属，大平台用户单一归属的格局。最典型的当属当前绝大多数手机 App 都支持微信账户一键登录，而微信却一直保持其账户登录方式的唯一性。

3. 基于平台侧的竞争策略

基于式（7-7），在第一阶段，$N_{A,1}$ 随 σ_A 增长而减少，$N_{B,1}$ 随 σ_B 增长而减少，两者之间不存在交叉；而在第二阶段，σ_A 的增长将带来 TC_A 的下降，从而导致 $F_{A,2}$ 下降、$F_{B,2}$ 增长，进一步导致 $N_{A,2}$ 的减少与 $N_{B,2}$ 的增长，形成交叉效应。显然，平台的开放程度决定了平台的规模，规模越大的平台开放程度必定会越高。平台型企业在竞争与合作中可能采用的策略主要包括：

用户锁定策略。 用户锁定策略是指平台对其用户承诺更多的利润，以此保证用户更难以转移到其他平台上的策略。在本文的模型中，用户锁定策略提高了用户的转移成本，使其更难转移到其他平台上，保留单位用户提高的利润为：

$$FC_A + VC_A \frac{dN_{A,2}}{dF_{A,2}} - C \qquad (7\text{-}10)$$

其中 C 为用户锁定的成本。式（7-10）说明了，平台的开放程度越低，其进行用户锁定策略的收益越高。在日常生活中，大型平台往往采用较为开放的策略，以吸引到更多用户，但也因此要承担更高的成本，开放的策略意味着更低的用户锁定成本，这也将导致大型平台的用户在流量相同的情况下更容易流失。事实上，大型平台更依赖大流量带来的收益留住用户，而小型平台则更依赖于客户定制化，实现用户锁定，避免客户流失。

注意力配置策略。如我们在第 2 节中所讲到的，平台经济具有注意力经济的特征，合理地进行注意力配置将使平台型企业在竞争中占有极大的优势。在此模型中，注意力配置策略提升了用户的预期收益，从而增强了用户的支付意愿，即提升了用户的预期交易成本 c，由式（7-8），C 变大意味着交易条件更容易达成，提高了用户交易的可能性，进一步提高了平台收益。平台型企业可以通过吸引用户注意力的方式，更多地将用户聚集在市场上，以获取更高的利润。

低成本策略。平台竞争的另一种策略就是低成本策略，即通过降低注册费和交易费满足用户的交易条件，并吸引更多用户。更多的用户意味着更高的双边网络外部性，即 v 变大，由式（7-8），更多的用户会选择进行交易，由此提高了平台的收益。在日常生活中，平台型企业可以采用一站式采购的方式进行低成本营销，通过聚合客户的需求以有效降低成本、实施低成本策略。

互补品合作策略。平台之间也有合作。事实上，平台之间的业务并非完全竞争关系，这一点从模型中的平台关联系数 τ 中可以看出。互补品是指两平台的商品相互依赖，两平台的商品之间关联程度提高时，平台便不会在意用户向另一个平台的转移，这是由于，当 τ 趋向于 1 时，用户在任何一个平台上进行交易均会给两平台上的用户带来相似的网络效应，通过这种合作，平台可以更多地提升开放程度而不必担心用户的流失，这便是平台型企业在竞争中所采取的合作机制。通过两个或多个平台之间的合作，企业可以获取更大的网络效应，为用户带来更多的利润，在同等价格下保留了用户数量，提高了平台企业利润。

本节中的模型采用的是平台的利润最大化定价策略，事实上，在利润最大化策略之外，还存在两种常用的定价方案，分别为庇古定价和拉姆齐定价。庇古定价更集中于用户部门，考量用户的福利水平最大化进行定价，对应到本节中的模型，庇古定价考虑的是用户的收益减去其所付出的成本的部分；拉姆齐定价则将用户部门与平台型企业的利润加总，考虑整体社会福利最大化水平进行定价。关于这两种定价策略的研究，有兴趣的读者可以参考 *Industrial Organization and the Digital Economy* 一书中收录的 Bruno Jullien 的相关论述。

7.2.3 交叉性平台的竞争

沿用之前的模型，假设平台 A 是跨界企业，在两个市场上与平台 A 竞争的平台分别

为平台 B_1 和平台 B_2，与之前不同的是，平台 A 的网络效应可写为：

$$v_A^i = v(N_A^i + \tau_i N_{B_i} + \mu N_A^j) \quad (7\text{-}11)$$

其中，$i = 1, 2$，分别标识着两个市场，j 代表另一个市场，μ 为平台 A 的**跨市场网络效应**参数，$\mu > 0$ 表示平台 A 的用户网络效应可由平台 A 所在的另一市场得到。由此出发，我们可以得出三个结论：

平台型企业的跨界相比较于普通企业更为便捷。平台 A 由于跨界，其网络外部性更强，在与市场上其他平台的竞争中占据优势地位，其流量转化为客户的概率更高，更容易留住客户。由式（7-8），在同等价位的条件下，平台 A 由于网络外部性更强，即 V_A 更大，因此交易条件更容易达成，从而获取更多的利润。与普通企业相比，平台型企业由于网络效应的存在，更容易实现跨界，产业边界更为模糊。混搭是平台企业实现跨界的主要方式，如安卓系统与谷歌地图的混搭，导致了整个导航市场向谷歌倾斜。

在平台的跨界竞争中，存在非对称的价格结构。事实上，在现实生活中，平台的跨界往往是以合作的形式呈现出来的，我们延续之前对双边市场的讨论，可以看出，在这种跨界合作中，平台往往会给需求价格弹性较低的一方以价格补贴，形成更高的双边网络外部性，以此获取更多的利润，这样便形成了跨界合作中的非对称价格结构。

平台跨界竞争形成了市场集中度更高的格局。由于非对称价格结构的存在，在需求价格弹性较低的市场上，用户会更多地趋向于跨界平台，而不是非跨界平台，这样便形成了市场集中度更高的格局。在跨界市场上，平台实现了更高的用户流量，也实现了市场利润的均匀分配，但市场集中度提升的背后往往是市场竞争环境的恶化，这也将是我们在后面介绍的平台垄断问题。

7.3 平台竞争的"触媒"效应

7.3.1 "触媒"效应的基本概念

在平台经济中，由于平台组织带来的较强的网络外部性，常把平台组织视作一种触媒。对此，经济学家常采用的定义为，如果一种商业行为能把两组以上的客户聚集在一起，通过客户之间的交流创造价值，便可以被称为经济触媒。"经济触媒"可以通过降低不同经济主体之间的交易成本来创造价值，使经济主体能够从集聚中获益。催化剂创新者指的是通过共享平台创造经济价值的企业，它们拥有招募两组或两组以上的经济主体参与平台创造价值的能力，或能够创建和发展更有效的平台来加速催化反应。⊖

平台经济能否发挥"触媒"效应取决于两个方面：一方面，触媒并非越多越好，而是要以特定的比例进行混合，这导致了平台必须保证有一定比例的参与者参与到市场价值创造之中；另一方面，"触媒"效应具有临界效应的特征，**触媒的触发需要达到临界规**

⊖ 该概念引自 *Platform Economics: Essays on Multi-Sided Businesses*，供进一步分析参考。

模才可以进行，平台的双方主体存在一一对应的最低数量的组合，一旦双方的参与者达到任意组合数量的要求，便可以触发催化反应，使平台充满活力，以支持其可持续增长；反之，则会导致平台规模不断收缩，直到最终被遗弃。"触媒"效应的以下两个特点决定了其必须保证合理的比例结构和足够的规模，才能实现最优增长路径。

7.3.2 "触媒"效应的临界规模

为分析平台如何达到临界规模，本书采用由 Frank M. Bass 在 1990 年提出的产品扩散模型。该模型包括两类消费者：创新者和模仿者，创新者是指因为某种产品能够带来效用而去使用它的人，而模仿者是指看到别人尝试后自己才会尝试的人。模型的基本形式如下：

$$\frac{dN(t)}{dt} = p[m - N(t)] + q\frac{N(t)}{m}[m - N(t)] \qquad (7\text{-}12)$$

式中，m 为总人数，$N(t)$ 为当前使用该产品的人数，p 和 q 为常数，t 为时间标记。

式（7-12）的模型可从两部分观察，其中 $p[m - N(t)]$ 表示的是创新者的数量，也即无论其他人的使用情况如何，总有一定比例的人选择该产品，而此部分的人数是递减的；$q\frac{N(t)}{m}[m - N(t)]$ 则为模仿者的数量，这部分人数是先增加后减小的。两部分人数之和一定满足先加速上升后减速上升的状态。在此模型的基础上，我们引入数字经济时代的三个重要特征对此模型进行补充：

社交网络。随着互联网的发展，两种新类型的消费者可被加入模型中，这两种新类型的消费者分别为影响者和中心者，影响者指爱好社交并拥有大量信息的消费者，而中心者指能与几乎所有人取得联系的消费者。这两种新类型的消费者的加入提高了信息产品的扩散效率，对应到模型中，是对 p、q 的等比例提升，在同等条件下增加了信息扩散至饱和的速率。

直接/间接网络效应。直接网络效应使消费者因为其他类似背景的消费者使用同样的产品而提升自身的效用，间接网络效应则使得消费者使用某种产品提升另一个消费者使用产品的效用，这两种效应加速了产品的扩散过程，对应到模型中，则是对 q 的提升，即模仿者对身边其他人的产品使用行为更加敏感，提升了产品在模仿者中的扩散效率。

用户异质化。平台中最重要的网络效应来源于用户。在平台经济中，有三种用户最受欢迎，他们分别是：①在平台建立之初，能以当时最低的成本经营的用户；②平台另一边评价较高的用户；③更偏好社交的用户。这三种用户有助于实现更高的网络效应，直至达到临界规模。

7.3.3 "触媒"效应的协调

在平台达到临界规模之前，需要特定的战略以保证双边用户的规模增长，这被称为平台的协调问题。针对这一问题，平台常用的战略有三种：

曲折向前策略。曲折向前策略是最常规的平台发展策略，指在平台建成初期，吸引到一定数量的双边用户，并按照等比例的方式逐步增加双边用户的数量，直至达到临界规模。这种策略最常规，也最实际，但需要在平台建立之初便拥有一定数量的客户才能实现。

双大买家策略。双大买家策略是指平台企业在建立之初，便向双边市场上的大型用户承诺一定的利益，吸引双边大型用户的加入，以此达到一定的平台规模的策略。这种策略需要平台事先让双边大型用户都能相信存在另一边用户，进一步的，双大买家策略之后可以继续采用曲折向前策略，达到临界规模。

单大买家策略。单大买家策略是一种对双大买家策略的扩充，这种策略不需要双边的大型用户加入，仅需要单边大型用户加入，并通过大型用户本身的影响力吸引到另一边用户，以此实现规模的增长。这一策略相比于双大买家策略，更容易实施，但缺点在于对单边用户的先期投入较高。

本章小结

本章在双边市场的基础上，介绍了平台经济的基本概念，平台经济依赖双边网络外部效应创造价值，可分为重合性平台、交叉性平台和垄断性平台三种。在重合性平台的竞争中，平台企业主要面对用户的多重归属行为，并有用户锁定、注意力配置、低成本、互补品合作四种策略；在交叉性平台的竞争中，平台经济独特的利润模式为平台型企业跨界带来了较高的便利条件，在不同市场上实现了非对称的价格结构，提高了市场集中度。针对平台的商业模式，本章给出了"触媒"效应的定义及其临界规模和协调问题的实现策略。

关键术语

| 平台经济 | 多重归属行为 | "触媒"效应 | 注意力配置 |
| 重合性平台 | 临界规模 | 交叉性平台 | 跨界竞争 |

复习思考题

1. 简述什么是平台经济，介绍其与传统经济模式的异同之处。
2. 简述考虑注册费时平台竞争的 Hotelling 模型，分析两个阶段的不同。
3. 介绍什么是平台"触媒"效应与注意力配置，并举出一个案例进行讲解。

参考文献

[1] 李凌. 平台经济发展与政府管制模式变革[J]. 经济学家，2015(7):27-34.
[2] 万兴，杨晶. 互联网平台选择、纵向一体化与企业绩效[J]. 中国工业经济，

[3] 郭广珍，张玉兰，胡可嘉. 封闭与开放平台的选择策略：基于需求与成本优势的下游厂商博弈分析 [J]. 中国工业经济，2017(3):64-82.

[4] 阳镇. 平台型企业社会责任：边界、治理与评价 [J]. 经济学家，2018(5): 79-88.

[5] 周德良. 电商平台企业价值获取研究 [J]. 宏观经济研究，2017(4):65-71.

[6] Schut, Marc, Klerkx, et al. Innovation platforms: experiences with their institutional embedding in agricultural research for development[J]. Experimental Agriculture, 2016, 52 (4):537-561.

[7] Hagiu, Wight. Multi-sided platforms[J]. International Journal of Industrial Organization, 2015(43):162-174.

[8] Burtr. Structural holes and good ideas[J]. American Journal of Sociology, 2004, 110 (2):349-399.

[9] Gernard, Martin. Industrial Organization and the Digital Economy[M]. Cambridge (U.S.A): MIT Press, 2006.

[10] David, Charo, Daniel, et al. The rise of platform economy[J]. Issues in Science and Technology, 2016.

[11] David, Richard. Catalyst Code: The Strategies Behind the World's Most Dynamic Companies[M]. Massachusetts: Harvard Business School Press, 2007.

[12] David, Richard. Failure to Launch: Critical Mass in Platform Business[J/OL]. Review of Network Economics, 2010-12-03[2021-06-20]. https://doi.org/10.2202/1446-9022.1256.

[13] Susan, Nikolaos. New Product Launch "Mix" in Growth and Mature Product Markets[J]. Benckmarking, 2000, 7(5):389-406.

[14] Rochet, Tirole. Platform Competition in Two-Sided Markets[J]. European Economic Association, 2003, 1(4):990-1029.

[15] Vijay, Eitan , Frack. New Product Diffusion Models in Marketing: A Review and Directions for Research[J]. Journal of Marketing, 1990,54(1):1-26.

[16] Carl, Hal. Information Rules. A Strategic Guide to Network Economics[M]. Massachusetts: Harvard Business School Press, 1998.

[17] Neil, Jack. Paid Content Strategies for News Websites: An Empirical Study of British Newspapers' Online Business Models[J]. Journalism Pratice, 2007, 208(1).

第 8 章 · DIGITAL ECONOMICS

兼容性与网络竞争

上一章主要讲述了平台企业的竞争模式，平台的竞争总是围绕其双边或多边用户展开。除了竞争，两个拥有较大用户网络的平台，例如，微信和淘宝会不会选择合作呢？如何选择合作的话，平台企业又将采取何种方式合作？平台间的合作如何定价？围绕上述问题，本章探讨平台与平台之间的合作与兼容问题，以及平台网络的接入定价问题。

学习目标

▶ 学完本章，你应该做到：
1. 了解网络接入与瓶颈设施的基本概念；
2. 掌握 LRT 模型的基本原理与分析结论；
3. 比较不同情况平台接入定价的方式。

▨ 引例

微信、淘宝与抖音平台的兼容性问题

在我们的生活中,微信与淘宝已成为必不可少的社交、购物软件,成为人们日常生活中的重要组成部分。然而,细心的用户会发现,淘宝与微信之间的分享环节并不那么顺畅——在淘宝上看中的商品想要分享给微信好友,而只能以文字复制或者通过复制淘口令的方式将商品链接粘贴给微信好友,然后被分享的好友需要主动打开淘宝 App 或者网页才能看到商品的详细信息。但显然,并非所有平台的共享都如此麻烦,比如 WPS 在微信中有小程序,可以在微信中直接打开并编辑。那么,这种不同情况产生的背后到底是什么原因呢?

微信和淘宝的博弈一直存在。2013 年,淘宝率先关闭了微信跳转至淘宝页面的通道,其官方理由为"大量用户反映,微信公众平台发来的淘宝链接大部分是伪造淘宝店,部分用户因此受到财产损失,甚至支付账号、密码被窃"。在"封杀战"中看似受了"委屈"的微信,却也在使用同样的策略对待其他平台。2019 年 3 月,张一鸣提到,"抖音 App 内收到了 20 万用户关于抖音链接被微信屏蔽的吐槽"。这些"封杀战"的背后,是平台竞争的重要话题,即平台是否选择与其他平台兼容。两个平台一旦互通互联,就涉及平台用户的共享问题,即一方平台的用户可以向另一方平台转移,但同时平台也能够得到对方的用户。联通后的平台在实现用户共享的同时也存在用户流失的风险。可见,网络接入问题涉及平台的用户共享、业务竞争等问题,是平台竞争面临的重要问题。

8.1 网络接入

电信行业具有典型的网络外部性,在其发展历程中将网络合作与兼容的策略选择体现得淋漓尽致。例如,在我国移动通信业务发展早期,中国移动的用户接听中国联通的用户来电需要付出高昂的费用,这就是典型的用户网络竞争策略。近期,我国要求三大运营商允许用户携号转网,也是针对网络运营商用户锁定的一种市场规制,意在防止运营商锁定用户、损害市场竞争。本部分将以电信行业为例,探讨平台网络的合作与兼容问题。

8.1.1 电信行业的特点

1. 成本次可加性

电信行业要形成一定的供给能力必定需要巨大的一次性投资,这些投资一旦发生,就难以收回或挪作他用,易成为沉没成本,也就意味着新的竞争对手面临很高的进入门槛。电信市场的新进入者首先需要支付一笔巨大的投资,才可能与在位厂商竞争市场需求。电信业由于投资的专用性和沉没性,导致成本次可加性(cost sub additivity)[一],即如果在某行业中某单一企业生产所有产品的成本小于若干个企业分别生产这些产品的成本之和,则该行业的成本就是次可加的。因此,传统的观点普遍认为电信业是自然垄断行业。对电信服务的需求量越多,每一单位需要分担的固定成本就越少,因而电信服务的边际成本递减。

2. 网络外部性

正如前文提到过的,电信产业具有一个基本经济特征——每一个用户连接到一个网络的价值取决于已经或预期连接到该网络的其他用户的数量,或者说连接到一个较大的网络要优于连接到一个较小的网络。对电信网络而言,一个电信网络上的用户越多,就越能吸引新的用户加入这个电信网络,而新的用户的进入,又使原来的用户在不用额外付费的情况下,增加了可连接性。这就是网络的正外部性。当然,电信网络也存在负的外部性,当电信服务的需求超过电信网络通道的承载能力时,网络服务的质量将会下降。

电信网络的外部性使得原来拥有基础电信网络的企业比新进入企业拥有市场优势,这与成本次可加性一同加剧了电信行业的自然垄断属性。因此,在电信行业引入竞争机制具有格外重要的意义。

8.1.2 网络接入与瓶颈设施

要对**网络接入**问题进行探讨,首先要探讨**瓶颈设施**的含义。拉丰和泰勒尔(2001)认为,**瓶颈**设施是指不能廉价重复建立且对生产过程是唯一的输入设备。瓶颈设施一般是给企业带来垄断优势或者竞争优势的环节,例如,电信业的本地环路、电力系统的传输网络等,如表8-1所示。

表 8-1 网络型产业的瓶颈环节

产业	瓶颈	潜在的竞争环节
电信	本地环路	长途业务
电力	传输网络	发电
天然气	管道	抽取
铁路运输	铁轨、车站	客运和货运
邮政服务	本地投递网络	辅助环节(汇总、预分拣处)

注:拉丰,泰勒尔.电信竞争[M].北京:人民邮电出版社,2001.

电信行业的网络接入可分为两类:一类是单向接入(one-way access);另一类是双向接入(two-way access)。

单向接入,是指 A 运营商向 B 运营商开放瓶颈设施,在 B 运营商不向 A 运营商开放瓶颈设施的情况。例如,在位运营商垄断其他运营商提供最终服务所必需的要素投入品,

---

[一] 成本次可加性也可称为成本部分可加性或成本劣可加性,是 1982 年由鲍莫尔(Baumol)、潘扎尔(Panzar)和威利格(Willig)提出的,主要是用来描述自然垄断的相关内容。

拥有瓶颈设施，且在位运营商拥有较大的用户网络，此时接入服务一般是单向的。新进入者一般需接入在位者（已经存在于市场中的企业）的网络才能完成服务，即一家电信企业需要接入另一家电信企业的网络才能向用户提供一个完整的通信服务，反之则不然。

双向接入，又称互联，是指两个或多个电信网络分别拥有瓶颈设施，互相连接以便互相进行通信、传输和终接等最终产品的提供。如移动网之间的相互接入。

网络接入问题的实质是瓶颈资源的定价问题，由于接入的方式不同，对瓶颈资源的需求就不同。

8.2 瓶颈竞争

提供一种电信服务通常需要多种资源相互配合，例如，一个长途电话要途经市话交换公司的本地环路、交换机、始发端和终接端的局间传输设备以及长途电信公司的中继干线。有些资源是瓶颈资源，往往由在位的运营商拥有。在电信服务业中，如果已有在位的运营商控制本地环路等瓶颈资源，而其他新进入者开展业务需要瓶颈资源的接入，这时就会引发瓶颈资源的接入定价的问题。

8.2.1 模型概述

1. 成本结构

拉丰、瑞和泰勒尔（1998）建立了 LRT 模型以研究垄断运营商之间的互联问题。本节以 LRT 模型为框架，以长途电话业务为例，分析三个对称网络运营商的接入定价问题。需要指出的是，为简化分析，做出如下三个假设：

呼叫方付费。每个通话中，仅由呼叫方付费，被叫方不付费。因此，通话时间仅由呼叫方根据自身效用最大化原则进行确定，不考虑被叫方的效用。

互惠的接入定价。每个网络对其竞争者的异网呼叫收取接入资费 a。对于两个网络而言，接入费是相同的。

平衡的呼叫结构。假设始发于一个网络、终接于另一个网络的呼叫在全部呼叫中的比重与后一网络运营商的市场份额是成比例的。即假设网络 i 终接于网络 j 的部分为 α_j，呼叫规模为 $\alpha_i q_i$，则始于网络 i 的异网呼叫总量为 $\alpha_i \alpha_j q_i$，因此网络 i 向网络 j 支付的接入资费总额为 $\alpha_i \alpha_j q_i a$。

此外，还需定义"**同网呼叫**"与"**异网呼叫**"。同网呼叫是终接在同一个网络的呼叫，即主叫方和接听方属于同一网络。异网呼叫则相反，当两方属于不同网络时即为异网呼叫。

市区业务与长途电话业务是两种不同的电话业务。市区电话简称市话，是指在同一归属地（市）入网的用户之间的通话；而长途电话业务则是接通不同归属地的用户之间通话的服务。假设呼叫的始发和终接边际成本均为 c_0，中间边际成本为 c_1，因此提供一次长途电话业务的总边际成本为 $2c_0+c_1$。另外，还存在一些固定成本，如建立、保存账户等成本，记为 f。整个长途电话业务的成本结构如图 8-1 所示。因此，一个异网呼叫的边际成本为：

$$c_0 + c_1 + a \tag{8-1}$$

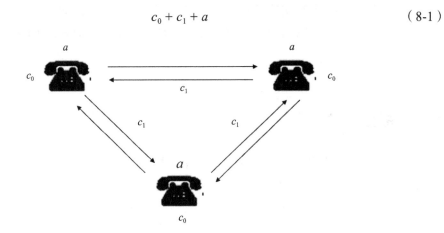

图 8-1 长途电话业务的成本结构

2. 需求结构

假设消费者均匀分布在一个单位圆周上，三个运营商均覆盖整个市场，如图 8-2 所示。它们之间的差异性由参数 t 表示，t 越小，差异化程度越小，竞争越激烈。

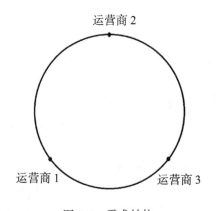

图 8-2 需求结构

位于 x 处的消费者选择网络 i 将获得负效用 $t|x-x_i|(x_1=0, x_2=1)$，v_0 为被连接的消费者的总固定剩余，$u(q)$ 为消费者进行 q 单位的通话得到的可变总剩余。因此，一个位于 x 的消费者选择 i 网络获得的总效用为：

$$v_0 + u(q) - t|x-x_i| \tag{8-2}$$

假设 v_0 足够大，使得所有消费者均加入网络，消费者可变总剩余 $u(q) = \dfrac{q^{1-\frac{1}{\eta}}}{1-\frac{1}{\eta}}$，其中 η 为需求价格弹性，且 $\eta>1$。假设运营商 i 定价为 p_i，则由 $u'(q)=p$ 可得：

$$q = p^{-\eta} \tag{8-3}$$

消费者的可变净剩余为：

$$v(p) = \max_{q}[u(q) - pq] = \frac{p^{-(\eta-1)}}{\eta - 1} \tag{8-4}$$

当位于运营商 i 和运营商 $i+1$ 之间且与运营商 i 距离为 x_i 的消费者加入这两个网络无差异时，有：

$$v(p_i) - tx_i = v(p_{i+1}) - t\left(\frac{1}{3} - x_i\right) \tag{8-5}$$

由式（8-5），我们有：

$$x_i = \frac{1}{2t} v(p_i) - v(p_{i+1}) + \frac{1}{6} \tag{8-6}$$

令 $\sigma = \dfrac{1}{2t}$，表示不同运营商之间的替代参数，则有：

$$x_1 = \sigma[v(p_1) - v(p_2)] + \frac{1}{6} \tag{8-7}$$

$$x_2 = \sigma[v(p_2) - v(p_3)] + \frac{1}{6} \tag{8-8}$$

假设运营商 i 的市场份额为 α_i，则有：

$$\alpha_1 = x_1 + x_2 = \sigma[2v(p_1) - v(p_2) - v(p_3)] + \frac{1}{3} \tag{8-9}$$

$$\alpha_2 = \left(\frac{1}{3} - x_1\right) + x_2 = \sigma[2v(p_2) - v(p_1) - v(p_3)] + \frac{1}{3} \tag{8-10}$$

$$\alpha_3 = 1 - \alpha_1 - \alpha_2 = \sigma[2v(p_3) - v(p_1) - v(p_2)] + \frac{1}{3} \tag{8-11}$$

由式（8-9）、式（8-10）、式（8-11）可得，

$$\frac{\partial \alpha_i}{\partial p_i} = -2\sigma q_i, \frac{\partial \alpha_i}{\partial p_j} = \sigma q_i \tag{8-12}$$

3. 线性定价

营运商 i 的利润 π_i 为：

$$\pi_i = \alpha_i[(p_i-c)q(p_i)-f]+\alpha_i\alpha_j(a-c_0)[q(p_j)-q(p_i)] \tag{8-13}$$

其中，$j=i+1$，$i+2$，第二项为接入利润。由利润最大化条件 $\dfrac{\partial \pi_i}{\partial p_i} = 0$，在满足对称均

衡一阶条件时[1]：

$$a_i = \frac{1}{3}, p_i = p, q_i = q, (i=1,2,3) \quad (8\text{-}14)$$

结合式（8-12），利润最大化条件 $\frac{\partial \pi_i}{\partial p_i} = 0$ 可写为：

$$\frac{\partial \pi_i}{\partial p_i} = -2\sigma[(p-c)q-f]q + \frac{1}{3}[(p-c)q'+q] - \frac{2}{9}(a-c_0)q' = 0 \quad (8\text{-}15)$$

又因为 $q_i' = -\frac{\eta q_i}{p_i}$，解得均衡价格 p^* 为：

$$p^* = \frac{\eta[3c + 2(a-c_0)]}{3[6\sigma\pi(p^*) + \eta - 1]} \quad (8\text{-}16)$$

其中，$\pi(p^*) = (p^*-c)q(p^*)-f$。

由式（8-16）可得：

$$\frac{\partial p^*}{\partial a} = \frac{2\eta}{18\sigma[\pi(p^*) + p^*\pi'(p^*)] + 3(\eta-1)} > 0 \quad (8\text{-}17)$$

根据式（8-17），可以看出 p^* 是关于接入价格 a 的递增函数，因此，假如均衡存在，运营商可以通过提高接入价格 a 来提高均衡价格。因此，在线性定价条件下，运营商可以利用互惠的接入价格作为合谋的工具。高接入价格提高了边际成本，从而提高了终端价格[2]，这被称为互相提高成本效应。均衡状态下，电信运营商的终端价格和利润都随着接入价格的增加而增加。因此，运营商可以利用接入价格进行合谋，发挥提高彼此成本效应来获得垄断利润。

8.2.2 网络竞争

在 LRT 模型的结论中，均衡价格随接入资费递增，接入资费在这里是一种恰当的合谋方式。因此，**网络运营商的利润来源于设定高于接入边际成本的接入资费**。这样，它们通过提高竞争对手的成本而非合谋，以得到更高的收益。社会最优的接入资费水平如何确定？下面从固定成本的角度进行分析。

我们首先对固定成本进行界定。设定用户的固定成本与网络的固定成本不同，用户的固定成本只有在网络承担相应业务时才会发生，例如，通话时的网络流量成本、计费开票和服务用户等成本。网络的固定成本又称作**联合与共同成本**，指无法通过不承担相应业务而避免的成本，例如，在居民区建设的信号基站。

假设固定成本只包括用户的固定成本，忽略联合与共同成本。由于存在单位用户固定成本，一个呼叫的边际成本低于平均成本，因此，在用户水平上存在规模报酬递增，

---

[1] LRT 模型引自拉丰等学者的论文研究，具体细节以及推导过程可参见文献 Network Competition: I Overview and Nondiscriminatory Pricing。

[2] 电信网络向注册本网络的用户所收取的通信费称为终端价格。

然而，由于电信技术的特点，现实中却往往显示出规模报酬不变的现象。因此，**在没有联合与共同成本时**，社会最优接入资费低于终接接入的边际成本。从单向接入定价的分析中可得，有效的接入资费等于提供接入的边际成本。假设运营商的网络存在差异并都拥有一定的市场势力，能够将价格设定在它们的边际成本之上。在这种情况下，如果想要消除高出部分的价格加成，就需要进行补贴。在规模报酬不变、零售价格不受规制、只受竞争约束的假设情况下，如果两个网络可以自由地就相互接入条件进行谈判，它们就会按照达成的协议相互收税，也就是按照具有社会有效性的解决方案互相补贴，从而消除加成。

在联合与共同成本存在时，社会有效接入资费和边际成本的大小难以确定。一方面，补贴或者市场势力的存在使得接入资费有低于成本的趋势；另一方面，在联合与共同成本存在时，运营商需要从每位用户身上"收回"联合成本，因此补偿联合与共同成本的压力要求接入价格加成。所以，在联合与共同成本不可忽视的情况下，高于成本的相互接入收费将会带来更大的价值。

8.2.3 运营商合谋

前文在高接入资费的情况下，运营商能提高彼此的成本，使零售合谋变得容易。但在运营商存在服务替代性和非线性定价的情况下，该结论是否成立？下面将分析在服务替代性和非线性定价的两种情况下，高接入资费与运营商合谋的关系。

1. 服务替代性

在线性定价条件下，如果电信运营商单方面降低市场价格将导致用户拨打更多的电话，由此会产生接入赤字。因此运营商之间的市场竞争将被削弱。但是当网络间的服务可以被高度替代（σ 很大），并且接入费足够高时，市场均衡将不会存在，合谋的结果将会消失。因为在电信运营商提供的服务具有高替代性的情况下，运营商能够通过降低少量价格垄断市场，从而使其市场份额翻番。在稍低的价格水平上，虽然从每个消费者身上获得的利润减少了，但是市场份额将显著增加，这时内生边际成本效应将发挥作用，运营商通过扩大市场份额避免了接入赤字，从而合谋的结果将消失。

维持合谋需要双方维持较高的接入资费，而运营商要争夺市场、大量减少它们异网呼叫的比重，仅仅需要较小幅度的价格削减。LRT 模型表明，当存在高度的替代性和足够高的接入资费时，零售均衡不会存在。

2. 非线性定价

在非线性定价时，运营商不仅收取每分钟的呼叫费用，也收取固定费用。因此在接入价格足够高的情况下，运营商能够在保持网络间通话流量平衡的条件下，利用降低固定费用的方法来扩大市场份额，从而避免了接入赤字。因此，在非线性定价时，在接入价格接近终接成本且两运营商为用户提供的服务差异程度不明显时，也存在特殊的对称均衡。由于运营商的接入价格与利润无关，因此运营商不可能利用接入价格进行合谋。

8.2.4 其他情形下的接入定价

LRT模型设定了许多假设，如用户偏好的无差异性、完全覆盖市场具有相同的成本结构等。本节将放宽其中的部分假设，从而探讨在更一般的情况下，接入定价的决定情况。

1. 基于消费者异质性的接入定价

LRT模型暗含了用户无差异的假定。在用户异质性的情况下[⊖]，首先令低需求用户数量为 K_L，占比为 μ，高需求用户数量为 K_H，占比为 $1-\mu$。将通话模式分为三类：第一类是平衡通话模式，即所有用户所接收到的通话分别等于其发起的通话；第二类是基于低端的通话模式，即低需求用户在同等价格下，收到的呼叫比他们发起的呼叫更多；第三类是基于高端的通话模式，即高需求用户在同等价格下收到的呼叫数会比他们发起的呼叫数多。

在显性价格歧视下，令 α_s 为某一运营商的不同类型用户所占份额，$s=L,H$。A_s 为运营商从某一类型用户获得的接入收入，总收入 $A = \alpha_L A_L + \alpha_H A_H$。用户为企业带来的利润函数：

$$\pi_S = \frac{1}{2\sigma} - A_S \tag{8-18}$$

通过式（8-18）可得，当一个用户为运营商带来的接入收入为负，即为运营商带来的接入费用 $A_S < 0$ 时，用户能够为运营商带来更多的利润。运营商要在从每个用户那里获得的利润最大化和市场份额之间进行权衡。要提升一部分市场份额，就需要削减价格。

2. 基于网络异质性的双向接入定价

现实中竞争网络的地位绝大多数是非对等的，所谓电信产业的对等网络是指接入双方具有相同的网络规模和网络覆盖率，同时还具有相同的需求以及成本结构；如果网络规模、网络覆盖率、需求以及成本结构中任何一个不相同，则电信网络的地位是非对等的。在现实中，在位运营商与新进入运营商提供的电信服务存在成本结构不对称等差异较为常见。

（1）**网络呼叫外部性**　LRT模型中假定只有拨打电话的主叫方才能从通话中获得效用，而接听者则不能，从而假定主叫方付费。在一方付费（例如主叫方）的情况下，通话的双方都能够获得效用，这称作**网络呼叫外部性**[⊖]。

在LRT模型的基础上，假定用户通过决定拨打的电话消费量（以通话时长计）q 以最大化终接的净效用 w。根据效用函数 $u(q)$，得到需求函数 $q(p_i)$。用户接听电话数量（以通话时长计）$\bar{q}$ 的效用为 $\bar{u}(\bar{q})$。在最大化利润函数的情况下，可以得到均衡价格：

⊖ 该模型引自Wouter Dessein的研究论文，进一步的分析可参见文献 *Network Competition in Nonlinear Pricing*。

⊖ 该模型引自姜春海的相关著作，进一步的分析可参见文献《网络产业接入定价：一般理论与政策设计》。

$$\frac{p^* - \left[c + \frac{1}{2}(a - c_0)\right]}{p^*} = \frac{1}{\eta}\left\{1 - \frac{2\sigma\pi(p^*)[1+(1-\eta)\beta]}{1+\beta}\right\} \tag{8-19}$$

同 LRT 模型，η 为需求弹性，σ 为替代参数，π 表示利润，$\bar{u} = \beta u$。当用户接听电话无法获得任何效用时，$\beta = 0$，此时均衡价格同 LRT 模型；当 $\beta > 0$ 时，$\frac{(1+(1-\eta)\beta)}{1+\beta} < 1$，此时，价格高于 LRT 模型中的均衡价格，即由于假定主叫方将接听者的效用实现了内部化，那么运营商可以在不影响终接市场份额的情况下提高零售价格。因此，当替代程度和价格加成不大时，接入价格还可以作为合谋的工具，并且 p^* 仍为接入费用 a 的增函数，是运营商替代性 σ 的减函数。

（2）**成本异构性** LRT 模型假设运营商的成本结构没有差异。但实际上，不同的运营商之间接入服务的边际成本往往是不同的。假定运营商可以实现差别定价[⊖]，且最终价格采取二部制定价的方法（同网呼叫与异网呼叫价格不同）。运营商 i 向用户提供最优合约 (F_i, p_i^1, p_i^2)，F_i 为运营商 i 向其用户收取的固定费用，p_i^1 为同网呼叫价格，p_i^2 为异网呼叫价格。假设运营商成本结构为：连接用户的固定成本 $f \geq 0$，运营商 i 内部同网呼叫的边际成本为 c_i^1，每一次通话发起和终接的边际成本相等，为 $c_i^1/2$，且 $c_i^1 \neq c_j^1$，a_i 为接入价格。异网呼叫边际成本变为 $c_i^2 = \frac{c_i^1}{2} + a_j$，单一运营商的市场份额为 α_i。运营商 i 的利润函数为

$$\pi_i = \alpha_i(F_i - f) + \sum_{k=1,2}\alpha_i\alpha_j(p_i^k - c_i^k)q_i + \alpha_i\alpha_j\left(\alpha_i - \frac{1}{2}c_i\right)q_i \tag{8-20}$$

式（8-20）的第一项为运营商 i 的固定入网费收入，第二项为同网呼叫与异网呼叫的收入，最后一项为接入服务收入。在企业利润最大化的条件下，由福利最大化的假设得到如下结论对于同网与异网呼叫，利润最大化的定价分别为各自的边际成本：$p_i^1 = c_i^1$，$p_i^2 = c_i^2$，这两个均衡价格保证了运营商和用户剩余之和的福利最大化，因此，均衡价格位于边际成本，在接入价格互惠且由效率低的运营商的边际成本确定的情况下（假定 $c_i^1 < c_j^1$），$p_i^1 = c_i^1$，$p_i^2 = c_i^2 = (c_i^1 + c_j^1)/2$，$p_j^1 = p_j^2 = c_j^1$。此时的均衡市场份额并不是确定的，因为效率较高的运营商不一定会采取削价策略吸引消费者。

8.3 兼容策略

8.3.1 性能与兼容性

在现实中，由于用户存在转移成本，正反馈效应的触发并不是那么容易。为了实现

⊖ 该模型引自姜春海的《网络产业接入定价：一般理论与政策设计》一书。

正反馈，运营商有两种策略选择：

基于兼容性的演化策略。该策略是指放弃一些性能而保证产品的兼容性，从而使得消费者更容易接受。

基于卓越功能的革命策略。该策略指的是不保留已有的产品技术和性能，只关注于生产出更优质的产品。

运营商需要在这两者之间进行权衡，形成合理的策略。若关注于提高性能，则用户转移成本将会提高。在一些情况下，兼容性很关键，如美国彩色电视机的发展，历史显示，与黑白电视机不兼容的 CBS 彩色系统并没有成功被消费者接受。因此，演化的路径要为消费者提供便利的转移通道。

然而，保持兼容性的演化策略也有其致命的弱点。例如，一些软件产品的升级，由于每一版新软件都需要和上一版本的保持兼容，因此功能上受到了很大的限制，随着版本的迭代，这些大量保持兼容性的附件极大地降低了产品的性能。此时，尝试卓越功能的革命策略的新进入者就会对在位企业造成极大的威胁。

8.3.2　开放与控制

除了兼容性与性能之间的权衡关系外，新技术和新商业模式的应用也要兼顾开放与控制的权衡。"开放"指允许其他企业使用必要的界面和规格；"控制"则是独占系统与技术，使之无法与其他竞争者共享。

当市场中没有一家企业强大到足以垄断技术标准时，开放的策略就比较重要。开放是放弃对技术、用户、数据等瓶颈资源的掌控，使之可以在市场中普遍运用。与控制相比较，开放是一种更为谨慎的策略。

并非所有的企业都能进行高效的控制，只有最强大的竞争者才能对战略资源保持较强的控制。这类企业通常是市场上的主导者，如微软、英特尔等。在少数的情况下，市场实力才能够完全来自该公司的技术优势——苹果、索尼和高通都曾经一度处于这种优势地位。

8.3.3　网络竞争的基本策略

围绕兼容性的企业竞争通常包括以下四种基本策略[⊖]（见表 8-2）：

表 8-2　基本网络策略

	控　制	开　放
兼容性	控制转移	开放转移
性能	丰富性能	中断

丰富性能策略。这是风险最大的一种策略。丰富性能策略就是在引入一种新的、不

⊖ 这些策略引自卡尔·夏皮罗的研究，进一步的分析可参见《信息规则：网络经济的策略指导》一书。

兼容的技术的同时，保持很强的独家控制。例如，20世纪80年代中期，任天堂利用丰富性能策略引入了任天堂娱乐系统。这种策略往往在以下情景中更为有效：基于新技术的开发为用户提供了远远超出现有技术的优势。对于那些没有进入市场并且不必担心安装基础的企业来说，丰富性能策略较为有效。即使是那些拥有较强竞争力的新技术的新进入者，也需要考虑牺牲一些性能，使系统能减少用户转移成本，这就是控制转移的策略。同时，也需要估计企业的市场力，在必要的时候争取联盟。

控制转移策略。在控制转移策略中，用户被提供一种新的、改进的技术，这种技术与现有的技术兼容，但是由供应者独家拥有。例如，Windows98和英特尔奔腾Ⅱ芯片就采取了这种策略。软件程序的升级和更新一般也符合这种类型。此升级由单个供应商提供，该供应商可以读取以前版本生成的数据库文件和程序，并且依赖于用户在以前版本中逐渐学到的许多技能。

开放转移策略。该策略给用户带来了更多的福利：许多供应商提供新产品，转让成本非常低。例如，微软发布的Windows系统，如今已更新至第11代。每一次更新换代都需要向前兼容，使得用户能够顺畅地使用先前的文件与程序，实现系统快速、平滑、可控的升级。开放转移更加适用于企业具有较强扩张能力的情况。在这种情况下，企业可以受益于更大的整体市场和规则，使规模经济能够充分发挥作用。

中断策略。中断是指新产品或新技术与现有技术不兼容，但由多个供应商提供的情况。例如，微软的Xbox One游戏机采用了一些新标准，其手柄设计了全新的数据接口，所以该产品已经无法继续支持目前的耳机，这意味着包括诸多第三方设备厂商都需要为Xbox One设计新的耳机产品。与开放转移策略一样，中断策略有利于那些在制造业（硬件行业）效率高的供应商，或者那些最有能力提供增值服务或软件改进（软件行业）的供应商。

本章小结

本章介绍了电信产业中的网络接入与定价问题。与传统的企业不同，平台企业大多存在着网络接入与定价的问题。当向持有瓶颈设施的企业接入时是单向接入，当在位企业各自具有瓶颈设施时，他们之间的互联互通称作双向接入。基于LRT模型，运营商可以通过提高接入价格来提高均衡价格。因此，在线性定价条件下，运营商可以利用互惠的接入价格作为合谋的工具。最后，基于网络的兼容与控制，本章给出了四种基本策略。

关键术语

| 网络接入 | 单向接入 | 双向接入 | 瓶颈设施 |
| 运营商合谋 | LRT模型 | | |

复习思考题

1. 简述单向接入与双向接入的区别。
2. 简述 LRT 模型中，最优接入价格的影响因素。
3. 解释用户竞争中为何会出现合谋的现象。
4. 简述网络竞争的四种基本策略，并举例分析。

参考文献

[1] 李美娟. 瓶颈设施、网络接入规制与电信竞争 [M]. 北京：科学出版社，2013.

[2] 拉丰，泰勒尔. 电信竞争 [M]. 胡汉辉，等译. 北京：人民邮电出版社，2001.

[3] 夏皮罗，范里安. 信息规则：网络经济的策略指导 [M]. 北京：中国人民大学出版社，2017.

[4] 姜春海. 网络产业接入定价：一般理论与政策设计 [M]. 大连：东北财经大学出版社，2011.

[5] 周德良. 电商平台企业价值获取研究 [J]. 宏观经济研究，2017(4):65-71.

[6] Laffont, Tirole. Access pricing and competition[J]. European Economic Review, 1994, 38(9):1673-1710.

[7] Armstrong, Vickers. The access pricing problem[J]. Journal of Industrial Economics, 1995, 44(2):131-150.

[8] Laffont, Rey, Tirole. Network Competition: I. Overview and Nondiscriminatory Pricing[J]. The RAND Journal of Economics, 1998, 29(1):1-37.

[9] Laffont, Rey, Tirole. Network Competition: II Price Discrimination [J]. The RAND Journal of Economics, 1998, 29(1):38-56.

[10] Dessein Network Competition in Nonlinear Pricing [J]. The RAND Journal of Economics, 2003, 34(4): 593-611.

DIGITAL ECONOMICS · **第 9 章**

平 台 垄 断

2020年12月15日，欧盟委员会发布了《数字市场法案》（Digital Market Act，DMA）的公共草案，该草案与《数字服务法案》（Digital Service Act，DSA）一起成为20多年来欧盟在数字领域的首次重大立法，旨在明确数字服务提供者的责任，加强对社交媒体、电商平台和其他在线平台的监管。其中，《数字市场法案》明确地提出了"守门人"制度，这是欧盟在数字经济反垄断规制领域进行的自我革新，是对欧盟反垄断法的重构。本章将结合已有的对反垄断的研究与实践，围绕数字平台垄断行为的典型特点，就数字经济中的相关市场界定、市场集中度计算、自我优待机制、垄断与创新的关系等核心问题进行探讨。

学习目标

▶ 学完本章，你应该做到：
1. 了解平台滥用市场垄断地位的典型模式；
2. 掌握平台经济中界定相关市场的基本方法；
3. 了解平台经济中垄断与创新之间的辩证关系。

引例

谷歌垄断案

2020年10月，美国司法部联合11个州政府正式对谷歌提起反垄断诉讼，这是美国司法部自1998年起诉微软以来对科技巨头发起的又一起代表性反垄断案。起诉书显示，谷歌占据了美国88%的通用搜索市场份额、94%的移动搜索市场份额以及70%的广告搜索市场份额；其排他性协议覆盖了美国近60%的搜索查询；谷歌的搜索引擎与Chrome浏览器联合控制了美国80%的搜索流量，若具体到搜索引擎流量和移动端搜索流量，这一比例将分别升至90%和95%。在搜索引擎市场中，Google的竞争对手，如Bing搜索、Yahoo搜索和DuckDuckGo等市场份额分别只占美国通用搜索市场的6%、3%和2%，没有任何向谷歌发起挑战的可能性。

谷歌滥用市场垄断地位的行为与传统方式截然不同。例如，谷歌会利用其在搜索领域的垄断地位，在搜索页面上不断增加谷歌自己的内容并故意混淆付费广告和正常搜索结果之间的区别；要求业务伙伴签署一系列反竞争合同，例如要求智能手机制造商预装谷歌的应用程序并将其设置为默认应用，从而排挤其他搜索引擎及应用竞争对手；谷歌通过每项服务都能获得大量用户数据，可以获得近乎完美的市场情报，从而能密切地跟踪竞争对手。

以谷歌为代表的科技巨头的垄断行为引发了大部分美国人的担忧。2020年9月，《消费者报告》(*Consumer Reports*)发表的一份名为《平台认知：消费者对网络平台竞争与公平的态度》(*Platform Perceptions: Consumer Attitudes on Competition and Fairness in Online Platforms*)的调查报告显示，85%的美国人担心网络平台存储过多的个人数据；79%的美国人认为科技巨头的合并与收购破坏了公平竞争，使消费者的选择减少；60%的美国人支持政府加强对网络平台的监管并强制实行互操作功能，让用户能更容易地从一个平台切换到另一个平台，且不会丢失重要数据或联系人；同时，有58%的美国人对他们使用在线平台购物或搜索信息时得到的搜索结果表示怀疑。

平台垄断带来的诸多问题，例如，减少消费者选择、抑制创新和创业、侵犯个人数据隐私等，使得美国政府对谷歌的后续反垄断行动有不断扩大的迹象，面临起诉的谷歌业务范围可能还会涉及数字广告、安卓系统、浏览器和数字地图与导航等优势行业。

9.1 平台垄断的典型特征

9.1.1 数字守门人

守门人的概念最早由被誉为社会心理学之父的库尔特·勒温（Kurt Lewin）提出，指在群体信息的传播过程中，存在一些能够对传播的内容进行把控、决定哪些内容可以传播的关键人物，在塑造群体特征的过程中起着至关重要的作用，这些关键人物即勒温所谓的守门人。2017年，奥拉·林斯基（Orla Lynskey）将守门人的概念引入到数字平台监管领域，认为守门人的概念能够更好地体现出数字平台所扮演的市场角色，也更能刻画数字平台带来的各种问题。虽然一些企业在很多重要方面都不同，但通过研究他们的商业行为，我们发现了许多共同问题。每个平台现在都是一个重要的分销渠道的"守门人"。2020年10月美国众议院公布的《数字市场竞争的调查》（*Investigation of Competition in Digital Markets*）及同年12月欧盟委员会公布的《数字市场法案》都重点关注了数字平台的数字守门人（digital gatekeeper）角色。如果一家企业同时拥有平台业务和自营业务且其平台业务能够阻止与自营业务相关的竞争对手的进入，则企业的平台业务就具有了数字守门人地位。数字守门人一般都掌握在线中介服务、搜索引擎、社交网络、在线视频分享、操作系统等核心平台服务，其守门人地位一般来自平台的多边网络效应、锁定效应、垂直一体化能力以及数据驱动优势。数字守门人往往具有通过服务来连接大规模的商业用户和终端用户的能力，并且能够利用这一连接能力从其现有业务领域扩展到新的业务领域，对数字经济的生态系统具有高强度的控制能力。

按照欧盟《数字市场法案》的规定，若满足以下条件，核心平台服务提供商即被认定为数字守门人：**一是对欧盟内部市场产生重大影响**。重大影响的量化条件为，企业过去三个财年内在欧盟境内的年均营业额达到或者超过65亿欧元或上一个财年的平均市值高于650亿欧元。**二是其运营的一项核心平台业务，是商业用户接触终端者的重要通道**。重要通道的量化条件为，核心平台服务有超过4 500万月度活跃终端用户建立或位于欧盟境内，并在过去一个财年有超过10 000家年度活跃商业用户建立于欧盟境内。**三是在相关业务市场中具有稳固和持久的地位或可以预见其在将来会具有稳固和持久的地位**。牢固和持久的地位的量化条件为，过去三个财年中，每个财年核心平台服务都有超过4 500万月度活跃终端用户和超过10 000家年度活跃商业用户建立于欧盟境内。满足上述条件的企业若不能提出确凿论据来证明相反的情况，则会被认定为数字守门人。《数字市场法案》规定定期（至少每两年一次）审查数字守门人的状态，以确认特定的数字守门人是否依法满足要求。

9.1.2 自我优待

自我优待（self-preferencing 或 self-favoring）是数字守门人地位赋予了数字平台企业利用市场地位限制竞争的独特方式。自我优待是指拥有核心平台服务的企业差别化对待自营业务和商业用户业务的行为。美国众议院的《数字市场竞争的调查》中，将自我优待与掠夺性定价、排他性交易一同列为数字守门人典型滥用市场支配地位的行为。

基于自身的业务模式与核心资源，数字守门人自我优待的表现方式不尽相同。例如，尽管亚马逊在公开场合称第三方卖家为合作伙伴，但调查显示，亚马逊私下称第三方卖家为内部竞争对手。亚马逊既是第三方卖家的市场运营方也是同一市场上的卖家，这种双重角色产生了内在的利益冲突。这一利益冲突促使亚马逊采取各种自我优待的反竞争行为，如基于竞争对手的数据预知市场信息并辅助决策，以及利用亚马逊的站内搜索将流量导入自营业务等。脸书则利用自身数据优势采集市场情报，识别新进入者的竞争威胁。一旦脸书判定某公司对其构成竞争威胁，则会有选择地执行自我优待政策，一般为收购复制其产品，从而削弱市场竞争、巩固自身服务优势。苹果公司则利用其对 iOS 操作系统和 App Store 的控制，构建竞争壁垒、歧视排挤竞争对手、优先推广自己的产品。同时，苹果公司还利用其市场力量盗用竞争敏感信息、剥削应用程序开发者，向 App Store 中的应用程序开发者收取高价。由于移动操作系统市场存在网络效应，进入壁垒和切换成本都很高，因此苹果一直在硬件市场中保持着主导地位。

9.1.3 排他性交易

排他性交易（exclusive dealing），也称作独占交易，原指产业链上游制造商利用排他性契约控制产业链下游零售商达成的策略行为。数字经济中，最典型的排他性交易是所谓的电子商务"平台二选一"，即电子商务平台要求商业用户只选择一个电子商务平台作为销售渠道的做法。2020 年年末，国家市场监督管理总局（以下简称市场监管总局）依法对阿里巴巴实施"二选一"等涉嫌垄断的行为进行立案调查。2021 年 4 月，市场监管总局依法对阿里巴巴实施"二选一"的垄断行为做出行政处罚，综合考虑其违法行为的性质、程度和持续时间等因素，处以其 2019 年在中国境内销售额 4 557.12 亿元的 4% 作为罚款，计 182.28 亿元。同时，市场监管总局向阿里巴巴集团发出《行政指导书》，要求其连续三年向市场监管总局提交自查合规报告。

一般而言，排他性交易行为是通过签订书面的独家交易协议方式完成的。但是，平台经营者利用技术手段，能够以更隐蔽的方式通过影响用户选择其他平台，从而限制其他平台经营者竞争。以电子商务平台为例，市场监管总局针对阿里巴巴的调查显示，电子商务"平台二选一"的垄断行为包括：

排他性交易协议。阿里巴巴要求部分核心商家签订《战略商家框架协议》《联合生意计划》《战略合作备忘录》等多种协议，明确规定核心商家不得进驻其他竞争性平台，专注于在阿里巴巴平台开展网络零售业务，将阿里巴巴平台作为中国境内唯一的网络销售渠道、不考虑自行或由代理商通过其他网络零售平台进行交易、改变现有网络零售渠道需经阿里巴巴同意，以及核心商家不得参加其他网络零售平台组织的"双 11""618"等促销活动或者未经阿里巴巴同意不得通过其他网络零售平台自行开展促销等条款，从而达到使核心商家仅在阿里巴巴平台经营并减少其他竞争性平台影响力的目的。

口头约定。除书面签订协议外，阿里巴巴更多是在签署相关合作协议或者促销活动谈判过程中，对核心商家口头提出仅在阿里巴巴平台经营、不在其他竞争性平台开设旗舰店、控制其他竞争性平台专卖专营店数量、下架全部商品、不予发货、限制库存等。在每年的"双 11""618"等促销活动期间，阿里巴巴均通过口头明确要求、发送核心商家在其他竞争性平台促销页面截屏等明示或暗示方式，要求核心商家不得参加其他竞争性平台的促销活动，包括不得参加其他竞争性平台的促销会场、不得在其他竞争性平台为商品打促销标签、不得在店铺内营造促销活动氛围等。由于阿里巴巴具有市场支配地位，平台内商家对阿里巴巴的网络零售平台服务具有较强依赖性，因此阿里巴巴的口头要求同样具有较强约束力。证据显示，阿里巴巴口头提出的不得在其他竞争性平台经营、不得参加其他竞争性平台促销活动的要求，普遍得到较好执行。

技术处罚。一方面，阿里巴巴通过流量支持等激励性措施促使平台内商家执行"二选一"要求；另一方面，通过人工检查和互联网技术手段监控等方式，监测平台内商家在其他竞争性平台开店或者参加促销活动情况，并凭借市场力量、平台规则和数据、算法等技术手段，对不执行当事人相关要求的商家实施处罚。处罚手段主要包括：一是减少促销活动资源支持。促销活动中，网络零售平台一般会给参加促销的商家和商品打上特定标识，并在活动页面对特定经营者或商品予以优先展示。对于违反"二选一"要求的商家，阿里巴巴采取了取消其促销活动期间资源支持的处罚手段，例如，取消促销会场优先展示位置等。二是取消促销活动参加资格。阿里巴巴建立"灰名单"制度，将在其他竞争性平台开店或者参加其他竞争性平台促销活动的商家列入处罚名单，取消这些商家参加阿里巴巴大型促销活动资格。进入"灰名单"的商家只有执行阿里巴巴要求并经审核通过后，方能恢复参加其大型促销活动和"聚划算""天天特卖"等日常促销活动的报名资格。三是实施搜索降权。搜索算法的核心是提升搜索转化率，使商品得到消费者的更多关注，从而提高商品销量，是商家的核心权益。阿里巴巴会调低部分未执行"二选一"要求的商家的搜索权重，令其商品在平台上排序靠后甚至无法被搜索到，以示严厉处罚。四是取消商家在平台上的其他重大权益。阿里巴巴对经多次要求仍不停止在其他竞争性平台经营或者仍不退出其他竞争性平台促销活动的商家，采取取消核心商家资格或者终止相关合作等手段，剥夺其相关服务保障等重大权益。这些措施具有很强的威慑效果，使得更多平台内商家不得不执行阿里巴巴提出的"二选一"要求。

9.1.4 掠夺性定价

掠夺性定价（predatory pricing），又称驱逐对手定价，是指企业为了将竞争对手挤出市场或威慑试图进入市场的潜在竞争对手，而降低价格（甚至低于成本）的行为。在数字经济中，平台企业跨界竞争而上演的补贴大战，是典型的平台企业掠夺性定价行为。例如，为了发展社区团购业务，平台企业利用自身的渠道优势和资金优势，大规模地对用户补贴，使得用户能够低价甚至免费买菜，实现将传统社区零售商家赶出市场、独占市场的目的。

显然，平台企业并不会永远对用户低价或者免费，在线订餐、叫车软件和共享单车都经历过相同的过程：平台企业首先采用不正当手段挤压线下社区零售，利用资金、流量优势进军社区团购，以低于成本的价格争夺市场；平台企业普遍存在"烧钱抢市场、垄断后提价"的不正当竞争倾向，短期看竞争前期实行的"补贴"策略确实能给消费者带来短期实惠，但占领市场后相关企业很可能大幅抬高价格获取高额垄断利润，严重损害消费者利益。

9.2 平台经济的相关市场

9.2.1 相关市场

相关市场（relevant market）是反垄断理论的基本概念之一，通常是指经营者在一定时期内就特定商品或者服务（一般统一称之为商品）进行竞争的商品范围和地域范围，包括相关商品市场和相关地域市场。相关市场是一个内涵丰富且复杂的概念，各国反垄断法对相关市场的界定方式也不尽相同。我国在 2020 年 11 月市场监管总局发布的《关于平台经济领域的反垄断指南（征求意见稿）》，以及 2021 年 2 月国务院反垄断委员会印发的《国务院反垄断委员会关于平台经济领域的反垄断指南》中，针对数字经济的相关市场问题，都是遵循我国《反垄断法》和《国务院反垄断委员会关于相关市场界定的指南》所确定的一般原则，同时结合平台经济涉及多方主体、业务类型复杂、竞争动态多变的特点，对以平台经济为代表的数字经济相关商品市场、相关地域市场做出界定。

1. 平台经济的相关商品市场

我国对数字经济的反垄断执法是基于个案展开的。在个案中界定相关商品市场时以替代性分析为基本方法，基于平台功能、商业模式、应用场景、用户群体、多边市场、线下交易等因素进行需求替代分析；当供给替代对经营者行为产生的竞争约束类似于需求替代时，可以基于市场进入、技术壁垒、网络效应、锁定效应、转移成本、跨界竞争等因素考虑供给替代分析。具体而言，可以根据平台一边的商品界定相关商品市场；也可以根据平台所涉及的多边商品，分别界定多个相关商品市场，并考虑各相关商品市场之间的相互关系和影响。当该平台存在的跨平台网络效应能够给平台经营者施加足够的竞争约束时，可以根据该平台整体界定相关商品市场。由于平台经营者之间的竞争通常围绕核心业务开展，以获得用户广泛和持久的注意力。因此，界定相关商品市场时，不能简单地根据平台基础服务界定相关商品市场，还需要考虑可能存在的跨平台网络效应，决定将平台界定为一个独立的市场，或者分别界定多个关联市场。

2. 平台经济的相关地域市场

数字经济领域的相关地域市场界定采用需求替代和供给替代分析。在个案中界定相关地域市场时，可以综合评估考虑多数用户选择商品的实际区域、用户的语言偏好和消费习惯、相关法律法规的规定、不同区域竞争约束程度、线上线下融合等因素。根据平台特点，相关地域市场通常界定为中国市场或者特定区域市场，根据个案情况也可以界定为全球市场。

9.2.2 假定垄断者测试

假定垄断者测试（the hypothetical monopolist test），也称为 SSNIP（Small but Significant Not-transitory Increase in Price）测试，美国于 1982 年在《并购指南》（*Merger Guidelines*）

中引入这一测试，它是指在界定相关市场时，假定有一个垄断企业在初始市场中对产品施加一个微小但显著且非暂时的提价（一般在 5% 到 10% 之间）后，如果只有很少的消费者发生转移，且对假定垄断企业的利润没有造成负面影响，则该初始市场就是相关市场；若结果相反，则应该在原初始市场中加入次优替代品，重复以上提价测试，直到提价使得垄断企业获利，此时所确定的市场范围即为相关市场。

假定价格上涨前的利润、平均可变成本、价格、销售量分别为 π_0、AVC_0、P_0、Q_0，且满足 $\pi_0 = (P_0 - AVC_0)Q_0$；价格上涨后的利润、平均可变成本、价格、销售量分别为 π_1、AVC_1、P_1、Q_1，且满足 $\pi_1 = (P_1 - AVC_1)Q_1$。价格变化 $\Delta P = P_1 - P_0$，销售量变化 $\Delta Q = Q_1 - Q_0$，平均可变成本变化 $\Delta AVC = AVC_1 - AVC_0$，则价格上涨前后利润变化为：

$$\begin{aligned} \Delta \pi &= \pi_1 - \pi_0 \\ &= (P_1 - AVC_1)Q_1 - (P_0 - AVC_0)Q_0 \\ &= (P_1 - AVC_1)Q_1 - (P_0 - AVC_0)(Q_1 - \Delta Q) \\ &= \Delta P Q_1 + (P_0 - AVC_0)\Delta Q - \Delta AVC Q_1 \end{aligned} \quad (9\text{-}1)$$

在假定垄断者测试过程中，对于正常商品来说，当 $\Delta P > 0$ 时，$\Delta Q < 0$，并主要考虑 $\Delta \pi$ 不大于零的情况。因而将式（9-1）两边同时除以 P_0，可以得到：

$$\frac{\Delta \pi}{P_0} = \frac{\Delta P}{P_0} Q_1 + \frac{P_0 - AVC_0}{P_0} \Delta Q - \frac{Q_1}{P_0} \Delta AVC \quad (9\text{-}2)$$

其中，$\frac{\Delta P}{P_0}$ 表示价格上涨，一般为 5% ～ 10%。在短期内不考虑平均成本的变化，即 $\Delta AVC = 0$，则式（9-2）变为：

$$\frac{\Delta \pi}{P_0} = \frac{\Delta P}{P_0} Q_1 + \frac{P_0 - AVC_0}{P_0} \Delta Q \quad (9\text{-}3)$$

可以看出，当 $\frac{\Delta P}{P_0} Q_1 + \frac{P_0 - AVC_0}{P_0} \Delta Q > 0$ 时，提价可以增加企业利润；反之则不可以。

假定垄断者测试可确定出最小市场边界，是目前国际上较为主流的方法。但在实践应用中，该方法还存在一定缺陷：

确定价格上涨幅度存在着一定的主观性。测试选择的价格上涨幅度若较小意味着反垄断执法较为宽松，反之则较为严格。目前，美国大多采用 5% 作为测试涨价幅度，欧盟则规定涨价幅度为 5% ～ 10%。

竞争性均衡价格难以获取。严格来讲，假定垄断者测试应基于竞争性均衡价格，但在反垄断执法中，由于竞争性均衡价格难以获得，执法机构一般采用当前同行市场价格进行假定垄断者测试。若同行价格本身就是缺乏竞争的价格，则会导致相关市场界定过宽。

市场数据难以获取。假定垄断者测试要求在测试期间，其他商品销售条件保持不变，但真实经济运行状态下常常无法满足此条件。另外，反映"其他商品销售条件"的数据获取成本较高、数据质量难以保证。由于对数据质量有着较高要求，因此反垄断调查中往往难以提供充分有效的数据进行假定垄断者测试。

9.2.3 临界损失分析

临界损失分析方法（critical loss analysis）包括利润最大化临界损失（profit-maximizing critical loss）和盈亏平衡临界损失（break-even critical loss）两种分析方法。利润最大化临界损失是指当企业涨价所得盈利大于因涨价引起的销量下降所受的亏损时，它会继续涨价直至盈亏相抵，此时的损失即为利润最大化临界损失。盈亏平衡临界损失则是指企业涨价但利润保持不变时的销售损失比例。当前，反垄断实践普遍采用盈亏平衡临界损失分析法，下面以盈亏平衡临界损失分析为例介绍计算过程。

假设，一家企业涨价后的利润水平保持不变，则临界损失取决于两种效应：一是因涨价而获得的利润；二是因销量减少而导致的损失。涨价前企业的利润为：

$$\pi_0 = P_0 Q_0 - Q_0 AVC_0 - FC \tag{9-4}$$

其中，π_0 表示涨价前的利润，P_0 为涨价前的价格，Q_0 为涨价前的销售量，AVC_0、FC 分别为涨价前的平均可变成本和固定成本。

涨价后，企业利润为：

$$\pi_1 = P_1 Q_1 - Q_1 AVC_1 - FC \tag{9-5}$$

其中，π_1、P_1、Q_1、AVC_1、FC 分别表示涨价后企业的利润、价格、销售量、平均可变成本及固定成本。按照盈亏平衡临界损失的定义，只有满足以下条件时，企业才能维持涨价前的利润水平，即

$$P_0 Q_0 - Q_0 AVC_0 - FC = P_1 Q_1 - Q_1 AVC_1 - FC \tag{9-6}$$

按照哈里斯和西蒙的结论，假定涨价前后固定成本不变且平均可变成本曲线平滑，以 AVC_0 代替 AVC_1，式（9-6）可转换为：

$$P_0 Q_0 - Q_0 AVC_0 = P_1 Q_1 - Q_1 AVC_1 \tag{9-7}$$

由 $P_1 = \Delta P + P_0$，$Q_1 = \Delta Q + Q_0$，代入上式可得：

$$\frac{\Delta P}{\Delta P + P_0 - AVC_0} = \frac{\Delta Q}{Q_0} \tag{9-8}$$

企业临界损失为：

$$CL = \frac{X}{X + CM} \times 100 \tag{9-9}$$

在实际调查中，将式（9-9）的计算结果与假定垄断者小幅涨价所引起的实际损失进

行比较，以确定涨价是否有利可图。若实际损失高于临界损失，表明涨价无利可图，假定垄断者没有垄断势力。反之，若实际损失低于临界损失，则表明涨价有利可图，假定垄断者具有垄断势力，应将备选市场界定为相关市场。

9.2.4 平台企业的临界损失分析方法

与传统企业结构不同，平台最大的差异在于可以向多边用户实施差别定价，对平台一边的用户进行补贴（收取低价或者免费）、利用交叉网络效应向另外一边或者多边的用户收费。

为简要说明平台临界损失的分析方法[一]，假设市场中存在两个对称的平台，记为平台1和平台2，分别以 P^A、P^B 的价格向 A、B 两组用户提供服务，P^A 和 P^B 满足 $P^A = P_1^A = P_2^A$ 且 $P^B = P_1^B = P_2^B$，同时 $P^A \neq P^B$。在进行临界损失分析时，对 A、B 两组用户的价格分别提高 $X^A\%$ 和 $X^B\%$，假定平台 S 侧的边际成本为 C^S，此时平台的收益变动量为：

$$\Delta P^A (Q^A + \Delta Q^A) + \Delta P^B (Q^B + \Delta Q^B) \tag{9-10}$$

平台涨价带来的损失为：

$$-(P^A - C^A) \Delta Q^A - (P^B - C^B) \Delta Q^B \tag{9-11}$$

令式（9-10）、式（9-11）相等，可得平台的临界损失公式：

$$\sum_{S=A,B} \left[R^S(X^S + M^S)\left(\frac{\Delta Q^S}{Q^S}\right) + R^S X^S \right] = 0 \tag{9-12}$$

其中，$R^S = Q^S P^S$ 表示平台在市场 S 侧的总收入，X^S 表示价格上涨幅度，$M^S = \frac{p^S - c^S}{p^S}$ 表示 Lener 指数。

假设，平台的需求函数为 $Q_i^S = F(Q_i^{-S} Q_{-i}^{-S})$，由于平台对称，因而需求函数为：

$$q_i^S = \alpha_S q_i^{-S} - \delta_S q_{-i}^{-S} + \theta_i^S \text{ 且 } \theta_i^S = \mu_S - \beta_S p_i^S + \gamma_S p_{-i}^S \tag{9-13}$$

其中，q_i^S 表示 i 平台 S 侧需求量的对数值；β_S 和 γ_S 分别表示平台服务自身的价格弹性和交叉价格弹性；δ_S 表示跨平台的跨边网络外部性，α_S 表示平台内部的跨边网络外部性。由式（9-13）得到 i 平台 S 侧用户的需求函数为：

$$q_i^S = f(\alpha_S, \delta_S, \beta_S, \gamma_S, \mu_S, p_i^S) \tag{9-14}$$

由式（9-14）可计算平台涨价后的实际损失。通过对比平台的实际损失和临界损失即可对相关市场进行合理界定。

[一] 该模型改编自 Evans 和 Noel 等人的研究论文，进一步分析可参考 *Analyzing Market Definition and Power in Multi-sided Platform Markets* 以及 *Defining Markets That Involve Multi-Sided Platform Businesses: An Empirical Framework With an Application to Google's Purchase of DoubleClick*。

9.3 平台反垄断的创新激励

9.3.1 垄断、竞争与创新

通过前面几章的学习可知，平台经济是自然垄断性行业，其自然垄断的属性主要成因为：一是平台用户规模带来的网络效应，通常导致"赢家通吃"的局面；二是以用户为中心的范围经济，平台可以围绕用户需求提供多种服务，但并不需要承担额外的获客成本；三是用户的转移成本，即用户更换产品或者服务所需承担的各种代价；四是由数据反馈回路形成的"飞轮效应"，当平台掌握的用户数据有助于第三方更好地为用户提供服务，更好的服务会吸引更多的用户加入平台从而产生更多的数据，而更多的数据又能让第三方提供更好的服务，从而形成正反馈。

技术创新和商业模式创新是平台自然垄断属性的根源。人们往往对创新驱动的垄断更加宽容，认为创新驱动的垄断是"好"的垄断。但实际上，这种"宽容"混淆了竞争手段与市场机制的概念。利用行政许可、提高固定资本投资、倾销是企业为获得垄断地位而采取的竞争手段，创新也是企业为获得垄断地位而采取的竞争手段，这两类竞争手段并无高下优劣之分。垄断与竞争是市场机制层面的话题，垄断作为市场失灵的一种表现，对市场效率的影响并不会因为其形成的原因而变得有区别。完善的市场机制，应当既鼓励创新所带来的"垄断"又能够让这种"垄断"面临被新一轮创新所替代的可能。若处于垄断地位的创新者滥用市场地位，创新形成的垄断被未来的创新所替代的可能性就会降低乃至消失，市场机制就会被破坏。从国际反垄断的经验来看，监管的重点往往不是创新者是否获得超额收益，而是作为垄断者的创新是否滥用市场地位。

9.3.2 商业窃取效应

市场的竞争机制是激励企业通过提供更好的产品或者服务来吸引消费者、扩大市场份额、获取超额收益的动态竞争过程。在这一过程中，创新能够帮助企业从竞争对手处赢得更大的市场份额。这种直接竞争对手之间的动态竞争过程被称为**商业窃取效应**（business-stealing effects），更为严格的定义为：创新的引进使得原有产品或服务失去吸引力，生产原有产品或服务的企业丧失竞争力、失去市场份额的效应，可以认为是创新在商业竞争领域的负外部性。一家企业通过向消费者提供更好的价值来赢得消费者通常是以牺牲其竞争对手的市场份额为代价的，因此商业窃取效应的存在非常普遍。为了争夺消费者，企业要不断地推出更有吸引力的产品或是不断降低产品的价格，这一过程显然是有利于消费者福利水平的提升。

企业窃取效应对创新的影响机制与阿罗（Kenneth Arrow）的学术思想一脉相承：因为不必担心自身业务会被竞争对手夺走，具有相同创新能力的市场垄断者的创新意愿要弱于市场的潜在进入者。换言之，企业创新的动力在于能够比对手获得更高的商业窃取效应。假设 A 企业已经开发并推出了产品 a，此时 B 企业试图投资开发一种性能更好的新产品 b。在这种情况下，B 企业的创新投入对 A 企业产生了负外部性。产品 b 和产品 a 的替代性越强，则产品 b 对产品 a 的商业窃取效应越大。

9.3.3　商业窃取效应的内部化

如果市场上存在竞争关系的若干企业，例如，电子商务平台或是那些面临着被社区团购平台吞并的数量众多的便利店，合并为一个平台，会对创新造成什么影响呢？

一般而言，这种同行业内产品或服务相同或接近的两个以上企业的合并被称作横向合并。生产替代品的企业合并会消除直接竞争，导致**单边价格效应**（unilateral price effects），即企业横向合并后造成的产品价格上升、产量降低和社会福利减少的状态。横向合并将两个具有替代性的企业之间的商业窃取效应内在化，从而降低了市场竞争程度，显然会伤害消费者福利。以两家互联网打车软件公司合并为例，D 公司提供专车和顺风车，K 公司只提供快车；这些移动出行服务互为不完全的替代品。在合并之前，D 公司将根据专车和顺风车的盈利情况考虑是否对专车价格进行下调；但在 D 公司和 K 公司合并后，合并企业在考虑专车产品价格的调整时，还会将这一调整对快车的影响考虑在内。下调专车的价格，会导致乘客使用更少的快车，因此专车的降价对于合并后的企业而言吸引力降低。由此看来，合并具有较强竞争关系的企业，必然会弱化市场竞争、降低企业创新意愿、损害消费者福利。

与单边价格效应类似的是**单边创新效应**（unilateral innovation effect），企业决策的重点在于是否投资开发新产品而非定价。例如，苹果公司在移动客户端的重要应用是 iOS 操作系统，假设某创业公司正在开发一种竞争性手机客户端操作系统 X。此时，如果苹果公司将创业公司收购，操作系统 X 的开发是否会放缓乃至停止呢？如果苹果在 iOS 系统中获得了巨大利润，且创业公司的 X 系统推广受到 iOS 系统的影响，则收购后的结果同单边价格效应一样，并购后创业公司的开发意愿将大幅降低。事实上，这正是平台经济中常见的杀手级收购（killer acquisition）。

9.3.4　创新协同效应

创新协同效应（innovation synergies）是指通过合并企业间的有益协调，企业合并也能够促进创新的机制。第一类创新协同效应是非自愿溢出的内部化（internalization of involuntary spillovers）。当一家企业的创新是非竞争性的且只具有部分排他性时，则会产生非自愿溢出。例如，一家创新型企业的竞争对手可以在不侵犯其知识产权的情况下部分模仿其新产品。非自愿溢出的内部化可以部分或完全抵消企业窃取效应内部化导致的创新意愿降低。在溢出效应足够高的情况下，由于企业合并可以提升创新的专有性，因此企业合并可以增加研发投资，从而增加创新并最终使消费者受益。需要指出的是，合并并不是非自愿溢出内部化的唯一方式，例如，它可以通过成立合资企业实现。与企业并购相比，成立合资企业的反竞争作用更小，有利于保证当前和未来的市场保持竞争。

第二类创新协同效应指合并后企业间的自愿技术转让（facilitates voluntary technology transfer）。自愿技术转让是指通过企业并购扩大技术扩散的过程。为维护创新权益，企业一般都会采取专利保护等形式保护创新，这在一定程度上限制了技术扩散的速度。合并有利于降低创新的交易成本，使得合并前的企业外部交易"内部化"，降低了创新扩散的壁垒，加快了创新扩散的速度。若合并企业试图利用这一协同机制通过反垄断调查，首先需要证明有益的技术转让不能通过企业合并之外的形式产生，例如，通过合资企业或许可协议等形式。

第三类创新协同效应是研发协同（R&D synergies）。如果联合两家企业的开发团队能够使他们更有效地开发新产品，那么研发协同效应就会产生。这种协同效应由单个企业内的互补资产的组合产生，合并可以通过整合互补的研发能力，减少获得合并后实现的规模经济和范围经济而额外增加研发成本，因而会增加合并企业的研发动力，从而导致更多创新。概括而言，研发协同效应依赖于合并企业间的资产互补性，以及两家合并企业进行研发协同的形式。

尽管企业合并产生的创新协同效应有利于创新，但一般而言，若以创新协同效应实现企业并购、通过反垄断调查，一般需要满足以下条件：一是证明创新协同效应来自企业合并；二是证明除企业合并之外，没有更好的有利于保持市场竞争的替代方式；三是合并后的创新产出不仅能够抵消因合并而导致的创新激励减少，而且能够抵消单边价格效应对当前和未来的市场竞争以及消费者福利造成的损害。

本章小结

本章介绍了数字守门人、自我优待、排他性交易及掠夺性定价等平台企业显著区别于传统企业的滥用市场地位的方式，并针对相关市场界定这一平台经济反垄断调查的关键步骤，介绍了假定垄断者测试、临界损失分析和平台企业的临界损失分析方法。最后，针对反垄断是否会抑制平台创新的话题，基于商业窃取效应的视角，从激励创新的角度探讨了垄断、竞争与创新的关系。

关键术语

假定垄断者测试　　临界损失　　数字守门人　　排他性协议
掠夺性定价　　　　自我优待　　垄断与创新　　反垄断监管

复习思考题

1. 数字平台的垄断行为具有哪些典型特点？
2. 如何界定平台企业的相关市场？
3. 什么是"自我优待"？平台企业自我优待的方式有哪些？
4. 在何种条件下，平台垄断有可能会带来更多的创新？

参考文献

[1] 邓志松，戴健民. 数字经济的垄断与竞争：兼评欧盟谷歌反垄断案 [J]. 竞争政策研究，2017(5):46-50.

[2] 苏治，荆文君，孙宝文. 分层式垄断竞争：互联网行业市场结构特征研究——基于互联网平台类企业的分析 [J]. 管理世界，2018，34(4):80-100.

[3] 国务院反垄断委员会. 国务院反垄断委员会关于平台经济领域的反垄断指南（国反垄发〔2021〕1号）[EB/OL]. (2021-2-7)[2021-7-2]. http://www.gov.cn/xinwen/2021-02/07/content_5585758.htm.

[4] 国家市场监督管理总局. 国家市场监督管理总局行政处罚决定书（国市监处〔2021〕60号）[EB/OL]. (2021-7-6)[2021-7-10]. https://www.cqn.com.cn/zj/content/2021-07/07/content_8710640.htm.

[5] Aaron. A Short Guide to Competition Law for Digital Rights Litigators[R]. Digital Freedon Fund, 2019.

[6] Jerrold, Cicilline. Investigation of Competition in Digital Markets[R]. UNITED STATES, 2020.

[7] Rutherford M. Digital Economics[J]. National Bureau of Economic Research, 2008.

[8] Noel, Evans. Analyzing Market Definition and Power in Multi-sided Platform Markets[J]. Journal of Competition Law & Economics, 2008, 4(3): 663-695.

[9] Evans, Noel. Defining Markets that Involve Multi-Sided Platform Businesses: An Empirical Framework with an Application to Google's Purchase of DoubleClick[R]. Regulation & Markets Center Working Paper No.07-18, 2007.

[10] Federico, Morton, Shapiro. Antitrust and Innovation: Welcoming and Protecting Disruption[J]. NBER Chapters, 2019.

第 10 章 · DIGITAL ECONOMICS

数字经济统计核算

关注数字经济的读者会发现，按照中国信息通信研究院《中国数字经济发展白皮书》的统计方法，2020 年我国数字经济规模占 GDP 的比重为 38.6%。但是，2021 年 3 月颁布的《中华人民共和国国民经济和社会发展第十四个五年规划和 2035 年远景目标纲要》提出了数字经济核心产业这一新的统计口径，且按新口径统计的 2020 年我国数字经济规模占 GDP 的比重为 7.8%。为什么按照不同的口径会得到不同的数字经济规模？本章将结合数字经济统计核算的基本概念，系统地讨论数字经济统计核算的范围以及方法，并从国际、国家、企业以及消费者个人层面探讨数字经济带来的社会价值。

学习目标

▶ 学完本章，你应该做到：
1. 阐述当前数字经济统计的范围、步骤和方法；
2. 阐述数字经济卫星账户的编制方法；
3. 理解数字鸿沟、包容性增长的基本概念；
4. 了解生产率悖论及其在数字经济时代的演化；
5. 简要介绍免费商品对消费者福利的影响。

引例

美国经济分析局的数字经济测度

2018年，美国经济分析局（BEA）发布了《数字经济定义和测度》（Defining and Measuring the Digital Economy）报告，在报告中BEA对数字经济进行了定义，并划定了数字经济的测度范围，对数字经济的规模进行了测度。

在报告中，BEA给出了基于供给–使用表的测度方法，基于北美产业分类体系（North American Industry Classification System，NAICS），BEA对2006—2016年美国的数字经济规模进行了测度。估计结果显示，2006～2016年，美国数字经济实际增加值年均增长5.6%，超过整体经济1.5%的年均增速。2016年，数字经济实际增加值（经通胀调整）总计1.302 2亿美元，比2005年增长82.2%。2006—2016年，数字经济的实际增加值增速每年都超过整体经济增长速度，并缓解了2008年和2009年经济衰退期间GDP的下滑，如图10-1所示。

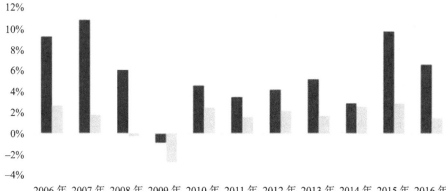

图10-1 2006—2016年美国数字经济规模增长速度

资料来源：BEA. Defining and Measuring the Digital Economy[R/OL]. https://www.bea.gov/digital economy/_pdf/defining-and-measuring-the-digital-economy. pdf, 2018.

10.1 数字经济统计核算的主要问题

10.1.1 现行的国民经济统计体系

国民经济统计体系是顺应工业社会需求，在联合国、国际货币基金组织等国际组织的推动下，形成的以国民账户体系（SNA）为基础的一系列统计标准和规范，以GDP核算为中心，涵盖经济、金融、财政、贸易、投资、价格等各个领域，为测度人类经济社会发展而建立的统计体系。

GDP 是测度一个国家或地区生产规模的主要指标，核算对象是本国或本地区常驻单位的生产成果，GDP 可以通过以下方法估算：

生产法：用各部门总产出的加总减去各部门中间消耗的加总的方式得到 GDP 的数值。

收入法：用各部门从业人员报酬、各部门固定资产折旧、各部门生产税净额和各部门营业盈余加总的方式得到 GDP 的数值。

支出法：用最终消费支出、资本形成总额、政府消费和净出口加总的方式得到 GDP 的数值。

按照国民账户体系规定的范围，GDP 的测算并没有将全部生产活动包括在内。一方面，GDP 并没有将无偿提供的产品纳入核算系统。另一方面，GDP 的核算没有考虑非企业化单位和个人进行的生产活动。传统的生产统计以法人单位和个体经营户为主要调查对象。按照 GDP 的统计范围，对于数字经济的统计核算很容易造成"漏统"。例如，"免费"的数字产品比比皆是，但按照 GDP 的统计范围，这部分产品并不能统计在内。同时，在数字经济中，个人成为重要参与者，但 GDP 的调查范围并不包括个人，调查方法也很难完整地采集到个人对应的生产数据，从而导致对生产活动的低估。概括而言，数字经济统计核算面临的问题主要包括参与者身份模糊、免费产品的统计以及价格和数量差异等。

10.1.2 参与者身份与资产边界相对模糊

SNA 区分了经济活动中的生产者与消费者，明确界定了参与者的生产、消费和资产范围，通过设置不同账户对经济活动进行核算。数字经济活动的参与者身份往往无法清晰界定，这为数字经济统计核算带来了挑战。

1. 生产边界模糊

生产边界模糊指的是生产活动边界逐渐扩张，居民部门的自给性服务被越来越多地提供到市场当中。在 SNA 中，居民部门的自给性服务没有包含在核算范围内，但在数字经济时代下，数字技术使消费者角色发生变化，可能成为生产者。数字技术的普及应用使越来越多的家庭从事或参与以往只有专门机构才能开展的生产性活动（即纳入 GDP 的活动），众多数字平台可以为非法人服务提供者和家庭提供中介服务，并为个体经营者提供弹性的市场准入条件。很多传统的中介服务交易被个人通过网络平台提供的服务所替代，非企业化的单位与个人越来越多地成为产品供应者和价值的创造者。例如，网约车平台能让许多用户在工作之余利用自己的私家车运营。这些新兴活动改变了传统消费者与企业的互动方式，消费者可以更多地参与到生产活动中。然而，由于现行统计体系对生产核算范围的界定，这些生产性活动目前并不能有效地纳入 GDP 的核算。

2. 消费边界模糊

用户部门的自给性服务也模糊了现有核算体系界定的消费边界，主要体现在两个方面。一方面，商品的使用权和所有权界限模糊，传统的消费边界不再清晰。例如，以往的就业者不再是拥有单一职业和单一收入来源的群体，而是可以利用闲暇时间选择自己擅长的工作或在家利用闲置物品获取收入；数字经济条件下失业者不再是以往定义的失业者，就业形式也不再限于传统的雇佣或全职模式。另一方面，数字生产及消费边界混乱，数字产品估值困难，价格和服务量难以确定，使得现行统计体系无法真实测度消费者交易情况。各种平台的出现促进了个人交易的进行，例如，Airbnb 等平台，租房价格的制定以及住宿期间提供的各种服务等都难以准确地度量，因此现行统计体系难以对真实的交易情况进行测度。

3. 资产边界模糊

《2008 年国民账户体系》（SNA-2008）将数据库实际维修和建设的费用作为固定资产进行统计，然而并没有将数据本身的潜在价值列入生产资本。在数字经济时代，数据成为一种重要的生产要素，资产的范围进一步扩大。数据所蕴含的价值可能大大高于以往常规方法（如永续盘存法）所作的估值，数字产品使用者生成的海量数据形成大量免费数据资产，通常具有巨大的隐性价值，虽然消费者没有直接支付这些资产的费用，但消费者（提供数据）和生产者（提供免费数字服务）可以通过隐性交易来实现数据资产的价值。

▨ 聚焦实践 10-1

网商银行

网商银行正在用数据和技术塑造中国服务小微企业的普惠金融模式。打造了"310"贷款模式：3 分钟申请、1 分钟到账、0 人工干预。

"310"贷款模式是通过大数据技术汇总形成 10 万多项指标，创建了 100 多种预测模型和 3 000 多项策略，网商银行的客户通过电脑和手机端就能 7×24 小时获得金融服务，实现 3 分钟申请、1 分钟到账、0 人工干预。"310"模式大大地提升了服务效率，降低了小微金融的服务成本、风控成本。这便是数据资源的价值。然而，网商银行的数据资产既没有纳入现行统计体系的资产范围，也没有相关产品价格可用来参考以衡量其价值。

10.1.3 免费产品的统计核算

在现实生活中，我们无时无刻不享受着免费的数字产品带给我们的福利，如免费的搜索引擎、社交网络、音乐和网络邮箱等。现行统计体系无法衡量免费产品为经济体所带来的全部价值。根据 SNA-2008 的建议，GDP 的核算应基于基本价格，而现行的 GDP 核算方法不仅没有包含免费产品的价值，反而扩大了 GDP 增长和家庭福利增长之间的差距，忽视了数字经济的消费者剩余。

1. 免费产品的消费者福利

由于消费者总想为他们买的商品尽量少支付一些，因此价格降低会使消费者的福利提高，而（在不考虑负价格的情况下）免费商品无疑可以使得购买者的福利最大化。可以用消费者剩余的概念来准确地衡量由于价格下降引起的消费者福利的增加。

图 10-2 展示了一组典型的消费者需求曲线。在实际生活中，市场往往有大量的消费者，不同消费者的支付意愿之间的差别非常小，每一位消费者的退出引起的需求曲线的变化也非常小，当这种消费者退出导致的变化足够小时，需求曲线就变成了一条平滑的曲线。因此，图 10-2 中的需求曲线是向右下方倾斜的平滑曲线，消费者剩余是需求曲线和价格线围成的总面积。

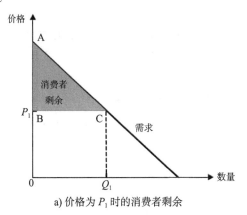

a) 价格为 P_1 时的消费者剩余

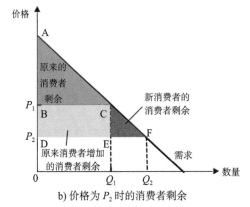

b) 价格为 P_2 时的消费者剩余

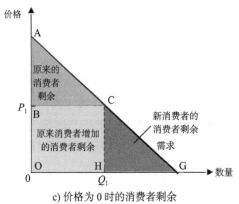

c) 价格为 0 时的消费者剩余

图 10-2　价格如何影响消费者剩余

在图 10-2（a）中，商品价格在 P_1 时，消费者剩余是三角形 ABC 的面积。在图 10-2（b）中，当商品价格从 P_1 降到 P_2 时，消费者剩余等于三角形 ADF 的面积。其中，由价格下降引起的消费者剩余的增加是四边形 BCFD 的面积，这其中包含了两部分新增消费者剩余：一部分是那些原来以较高价格 P_1 购买 Q_1 数量商品的消费者由于现在支付的少了而得到利益，消费者剩余增量是这部分消费者减少的支付量，即矩形 BCED 的面积；另一部分是由于价格降低吸引新的消费者进入市场，愿意以降低后的价格来购买该商品，这导致市场需求从 Q_1 增加到了 Q_2，这些新进入的消费者带来的消费者剩余增量是三角形 CEF 的面积。

对于免费商品而言，如图 10-2（c）所示，当商品价格从 P_1 降为 0 的时候，消费者剩余等于三角形 AOG 的面积。而此时免费商品带来的消费者剩余的增加是四边形 BCGO 的面积，同样也是由原有消费者减少的支付量（矩形 BCHO 的面积）和新进入市场的消费者增加的购买量（三角形 CHG 的面积）。

2. 免费产品的价值测算

腾讯的微信 App 就是一款提供免费互联网服务的软件。作为一款主流的社交软件，微信已经成为人们日常联络甚至学习工作必不可少的工具，为我们带来了极大的便利。它免费提供给用户使用，通过聚集用户流量，为化妆品、金融、游戏等各行各业的产品或服务生产商带来用户，并通过广告等业务获得利润。这种新型的盈利模式改变了直接利用产品销售收入弥补生产经营成本的盈利机制，使得免费产品的生产隐藏在企业盈利模式的创新架构中，现有的生产统计未能将其充分反映出来，从而低估了其价值。此外，互联网网站向居民提供免费产品，也导致居民关于这些服务的消费被忽略或者被严重低估，而且相应的居民可支配收入也被忽略或者被严重低估。某些免费产品给用户个人所带来的价值显然与其价格不符，我们可以通过测算用户愿意为其付出的金钱来直观的感受其为用户所带来的价值，即如果使一个微信用户在一段时间内不使用微信，那么他愿意为其付出多少金钱。

在国外的研究中，麻省理工学院斯隆管理学院的埃里克·布莱恩约弗森（Erik Brynjolfsson）教授带领的团队所提出的 GDP-B 衡量方法从福利角度衡量数字经济的贡献，尤其包含了免费产品所带来的福利。为计算消费者剩余，研究者设计激励相容实验，要求参与者在一定时间内不使用脸书来换取相应报酬，发现脸书对于 GDP-B 的贡献为 0.05%～0.11%。简单来说，GDP-B 的核心方法通过消费者放弃一件免费的数字商品所愿意付出的代价计算出消费者剩余，从而来测度免费商品的价值。

10.1.4　价格指数质量调整

技术进步带来的价格指数质量调整的问题，对价格统计是一种挑战。不对因质量变化引起的价格变动进行调整会导致价格指数发生高估，从而会导致核算的不变价 GDP 和实际经济增长率被低估。现有消费者价格指数（consumer price index，CPI）编制方法无法反映出数字产品对生活成本的影响。

第一，数字产品和服务质量的提升难以有效测度。如摩尔定律所描述的那样，在 ICT 产品和服务质量不断提升的前提下，其价格却持续下降。但是，基于价格编制的 CPI 难以体现这一趋势。第二，免费和廉价的数字产品常常作为其他非数字产品的替代品，允许消费者以更少的成本实现相同的功能。例如，手机功能的提升对手机价格的影响较小，但减少了对日历、字典、报纸等大量其他非数字产品的消费。单从手机价格的变动上看，CPI 难以准确反映数字产品对其他产品支出的影响。第三，电子商务、搜索引擎等数字应用大幅降低了消费者的搜索成本，但部分价值难以在 CPI 中反映出来。

因此，现有的 CPI 从数字经济层面上可能无法反映价格真实变动水平。此外，产品质量调整是价格统计中的一个重要环节，但目前仅部分国家尝试了对软件质量进行调整，多数国家没有考虑。

10.2 数字经济统计核算方法

10.2.1 数字经济统计范围

1. BEA 的数字经济统计范围

对数字经济的范围进行明确的界定是数字经济统计核算工作的首要步骤。2018 年，BEA 在《数字经济定义和测度》（Defining and Measuring the Digital Economy）中发布了美国数字经济统计核算框架体系。BEA 并未给出数字经济的具体定义，而是直接采用分类的方法对其进行范围界定。BEA 基于互联网及 ICT 角度对数字经济的统计范围进行了界定，并指出数字经济包含主要基于互联网及相关 ICT 的经济活动，具体包括以下三个方面：一是数字化基础设施（digital-enabling infrastructure），指支撑计算机网络与数字经济存在以及运行的基础物理材料和组织结构，是数字经济的基础；二是电子商务（e-commerce），指基于计算机网络进行的交易活动；三是数字媒体（digital media）指用户创建和访问的数字内容。

BEA 对数字产业的划分如表 10-1 所示：

表 10-1 BEA 对数字经济产业的分类

大 类	小 类	注 释
数字化基础设施	计算机硬件	构成计算机系统的物理元件。例如，显示器、硬盘、无线通信设备等
	计算机软件	程序以及其他利用设备（比如个人电脑和商业服务器）可操作的信息。包括商业软件和企业内部出于自身使用目的开发的软件
	通信设备与服务	通过电缆、电话或卫星等方式远距离传输信息所需的设备及服务
	支持数字经济运行的建筑	数字经济生产者提供数字货物和服务所需的建筑物以及为数字产品提供支持服务的建筑物。具体包括数据中心、半导体装配工厂、光导纤维电缆、开关、中继器的安装间等

（续）

大 类	小 类	注 释
数字化基础设施	物联网	支持互联网的设备，比如通过嵌入式硬件可以连接到网络并互相交流的电器、机器、汽车等
	支持服务	数据基础设施的支持服务，包括数据咨询服务以及计算机维修服务
电子商务	B2B电子商务	企业与企业之间使用互联网或者其他电子途径进行的交易。生产商、批发商以及其他生产最终消费产品和服务的行业从事的企业间或企业内的电子商务
	B2P电子商务	使用互联网和其他电子途径进行的企业与消费者之间的交易，又称为零售电商
	P2P电子商务	共享经济，又名平台支持的电商，是基于数字应用工具进行的消费者与消费者之间的交易。包括但不限于行车调度、住宿租赁、快递服务、景观美化、食品外卖、消费品租赁、家政清洁服务
数字媒体	销售型数字媒体	企业向用户出售的直接收费的数字产品
	免费数字媒体	一些公司向消费者免费提供数字媒体服务，比如YouTube和Facebook，通常企业会通过刊载广告获利
	大数据销售媒体	一些企业把生产大数据集作为它们的业务之一，利用数字媒体收集消费者偏好与行为，进而依托出售这些信息而获利

资料来源：根据Defining and Measuring the Digital Economy相关内容整理所得。

2. 中国国家统计局的统计范围

2021年5月，中国国家统计局出台了《数字经济及其核心产业统计分类（2021）》作为衡量数字经济发展水平的重要统计标准。该分类界定了数字经济及其核心产业统计范围，为全面统计数字经济发展规模、速度、结构，满足社会各界对数字经济的统计需求奠定了基础。

对数字经济的界定是**数字经济产业分类**的基础和前提。在中国的数字经济产业分类中，对数字经济做了如下界定：数字经济是指以数据资源作为关键生产要素、以现代信息网络作为重要载体、以信息通信技术的有效使用作为效率提升和经济结构优化的重要推动力的一系列经济活动。在以上定义中，数字经济紧扣三个要素，即数据资源、现代信息网络和信息通信技术，这三个要素缺一不可。

数字经济产业分类从"数字产业化"和"产业数字化"两个方面，确定了数字经济的基本范围，将其分为**数字产品制造业、数字产品服务业、数字技术应用业、数字要素驱动业、数字化效率提升业**5个大类。

- **数字产业化**。前4大类为数字产业化部分，即数字经济核心产业，是指为产业数字化发展提供数字技术、产品、服务、基础设施和解决方案，以及完全依赖于数字技术、数据要素的各类经济活动，是数字经济发展的基础。
- **产业数字化**。第5大类为产业数字化部分，是指应用数字技术和数据资源为传统产业带来的产出增加和效率提升，是数字技术与实体经济的融合。该部分涵盖智慧农业、智能制造、智能交通、智慧物流、数字金融、数字商贸、数字社会、数字政府等数字化应用场景，体现了数字技术已经并将进一步与国民经济各行业深度渗透和广泛融合。

数字产业化和产业数字化具有**互补关系**。以制造业为例，数字产品制造业是指支撑数字信息处理的终端设备、相关电子元器件以及高度应用数字化技术的智能设备的制造，属于"数字产业化"部分，包括计算机制造、通讯及雷达设备制造、数字媒体设备制造、智能设备制造和其他数字产品制造。而数字化效率提升业中的智能制造是指利用数字孪生、人工智能、5G、区块链等新一代信息技术与先进制造技术深入融合，旨在提高制造业质量和核心竞争力的先进生产方式，属于"产业数字化"部分，主要包括数字化通用与专用设备制造、数字化运输设备制造、数字化电气机械与器材和仪器仪表制造、其他智能制造。数字产品制造业和智能制造是制造业中数字经济具体表现形态的两个方面，互不交叉，共同构成了制造业中数字经济的全部范围。

统计标准在研制过程中都需要尽量保证科学性、全面性、前瞻性和可操作性。中国数字经济产业分类具有以下特点：

- **全面性**。数字经济产业分类从"数字产业化"和"产业数字化"两个方面，分别从经济社会全行业和数字产业化发展领域，确定数字经济及其核心产业的基本范围。同时，准确把握中国数字经济发展客观实际，涵盖了与数字技术存在关联的各种经济活动。
- **可比性**。数字经济产业分类充分借鉴了经济合作与发展组织和美国经济分析局关于数字经济分类的方法，遵循两者在分类中的共性原则，是具有国际可比性的数字经济产业统计分类。
- **可行性**。数字经济产业分类立足现行统计制度和方法，聚焦数字经济相关实物量和价值量指标需求，充分考虑数字经济产业活动数据的可获得性，全面、准确反映数字经济发展状况。数字经济产业分类在最大程度上对应中国国民经济行业分类中的全行业，以便能够基于现有数据资料或者通过适当补充调查后的所得资料进行统计测算。

10.2.2 数字经济的核算步骤

本部分将以 BEA 的核算方法为例。BEA 正是利用生产法对数字经济进行核算，即基于传统的产业数据，按一定的方法将各个行业内数字经济的产出分离出来，然后减去数字经济的中间消耗，就得到该行业数字经济的增加值。其中，数字经济的中间消耗难以利用现有数据直接得出，现有方法一般通过投入产出表进行估算。

BEA 在供给-使用表的框架下对数字经济进行核算。BEA 利用数字化的产品和服务作为筛选标准，按照供给-使用表内北美产业分类体系的产业分类，筛选出其中属于数字经济的产业数据，通过以下两个步骤对数字经济进行核算：

第一步，利用上述范围，BEA 在供给-使用表中筛选出属于数字经济的产品和服务。虽然数字经济的范围界定中包括了所有数字产品和服务，然而在 NAICS 中，部分产品或服务的类别同时拥有数字化与非数字化的成分，这类产品被称为不完全数字化产品。从这类产品中剥离出数字化的成分需要更多详细的数据作为支撑，而目前与数字经济相关的基础数据还不够完善，不能对这类产品的数字化与非数字化内容做出准确划分。因此，在实际估计中，BEA 对数字经济的界定没有包括不完全数字化产品的部分，只包括了 BEA 认为的完全数字化产品或主要特征为数字化的产品。最终，BEA 在 5 000 种产品和服务中选择了 200 多种产品和服务类别，并从供给–使用表中摘取相应数据以作为实际核算的数据。

第二步，BEA 进一步确定了生产这些产品的行业，并根据供给–使用表最终核算出数字经济的产出、行业增加值、劳动者报酬、就业等指标。BEA 按行业计算数字经济的各项指标。在计算某个行业中属于数字经济部分的增加值时，BEA 做了一个重要假设，假设该行业中数字经济的中间消耗占数字经济总产出的比重与该行业的中间消耗占该行业总产出的比重相同。BEA 进行核算的具体步骤如下：

首先，通过筛选出各行业中所生产的数字产品和服务来计算数字经济的总产出。

其次，在供给–使用表中，通过将所有产品和服务进行筛选和排查，得出该行业中间投入的数据，进而得出中间投入占行业总产出的比例。

最后，计算出该行业数字经济增加值，即数字经济的实际增加值等于实际总产出与实际中间投入之差。

此外，就业和劳动者报酬的计算采用与增加值相同的思路，即各行业中属于数字经济部分的就业和劳动者报酬的占比等于数字经济部分产出的占比。

10.2.3　BEA 方法的优势与不足

BEA 的数字经济统计核算体系能够较为清晰地测算出数字经济的细分产业部门增加值，包括传统的 ICT 制造业、ICT 服务业及以 ICT 为支撑衍生出的新兴产业部门。同时，该方法与传统的统计核算体系有着较好的兼容性。例如，电子商务，可以看作是第三产业中"批发和零售业"下的一个细分产业。这些部门划分比较明确，确定产业边界后便可以对其增加值进行准确核算。不足之处在于，对于数字技术渗透并改造传统产业所带来的增加值，利用生产法核算时都将统一核算为被改造产业的增加值。以汽车制造为例，近年来随着数字技术特别是智能技术在汽车制造领域的广泛应用，汽车产业的生产效率不断提升，汽车制造过程以及成品汽车的数字化程度也越来越高。然而，利用生产法进行核算，智能技术提升生产率所衍生出的额外增加值，都被统一划归汽车制造业，而无法分拆到数字经济中。

目前，BEA 正在研究如何将不完全数字化产品中数字化的部分剥离出来，以及如何对传统行业的数字化投入进行核算，以准确地核算数字技术对所有产业所带来的价值。除此之外，该测度方法还面临以下挑战：

使用最新的统计分类标准、方法和数据：数字经济的发展速度快于国际上的统计分类标准、方法和数据的更新速度。比如，BEA 在本次估计中使用了 2007 年供给–使用表和 2007 年 NAICS 分类系统，这意味着 BEA 的估计可能不能完全反映数字经济的现状。

估算消费者剩余：基于 GDP 的统计核算方法难以衡量消费者剩余，也无法衡量消费者愿意为商品或服务支付的价格与他们实际支付的价格之间的差额。

10.3 数字经济卫星账户

1993 年，SNA 引入了卫星账户的概念，指出对于那些直接纳入中心框架会使统计核算内容受到一定限制的特殊活动，可通过建立卫星账户对其进行全面描述。卫星账户是传统国民经济核算的辅助统计账户，通常用于分析国民经济运行中的特殊领域，通过构建卫星账户的方法可对特殊形态的经济模式及相关产业的运行状况进行专门的统计监测与分析，其核算结果是传统宏观经济统计数据的有效补充。

数字经济交易活动的发生可能同时涉及国民经济的第一产业、第二产业和第三产业。构建**数字经济卫星账户**（digital economy satellite account，DESA）可以从更全面的视角阐释数字经济的发展路径，探究数字经济与国民经济其他行业之间的互动机制，更加系统地测度数字经济的发展规模及其对宏观经济的贡献程度。

DESA 作为当前国际组织与发达国家正在积极推广的一类卫星账户，与旅游卫星账户（TSA）、环境经济核算体系（SEEA）等的功能相似，是在国民经济核算中心框架外，按照国际统一的国民账户的概念和分类要求单独设立的、能够反映数字经济规模及其对宏观经济贡献的账户体系，是对国民经济核算体系中心框架的有机拓展。

目前，国际上对 DESA 的构建研究尚处在初期探索阶段，做出比较前沿研究的国际组织是 OECD。OECD 构建的数字经济卫星账户提供了对数字经济核算非常有价值的信息，即围绕数字交易的类型对数字经济进行核算，而不是紧紧围绕数字产品或数字产业。下面我们将介绍 OECD 构建 DESA 的思路。

10.3.1 数字经济测度框架

2018 年，OECD 在其构建的数字经济维度框架下构建了数字经济概念框架，如图 10-3 所示：

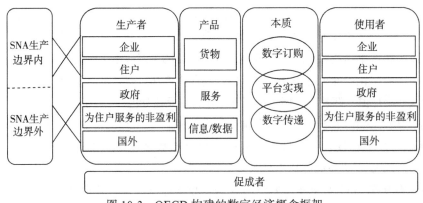

图 10-3 OECD 构建的数字经济概念框架

依据这个框架，OECD 确定了数字经济的各个维度，包括生产边界、数字经济参与者、产品和交易的本质，并通过交易的本质这一维度确定了数字经济的测度范围。OECD 主张通过交易的性质来界定一项经济活动是否属于数字经济，即一个经济交易，只要满足数字订购、平台实现或数字传递其中任何一项，便属于数字经济的范畴。

数字订购（digitally ordered）：近似于电子商务，但OECO规定只要产品或服务是通过这些方式订购的即可计算在内，产品或服务的付款和最终交付不必在网上进行。

平台实现（platform enabled）：通过数字中介平台购买的产品或服务。

数字传递（digitally delivered）：以网络流量下载的形式来进行交付的产品或服务。如软件、电子书、数据和数据库服务。

10.3.2 卫星账户的构建方法

构建数字经济卫星账户的一般框架如图10-4所示。

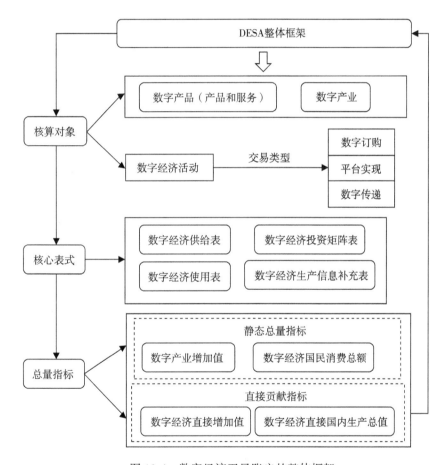

图10-4 数字经济卫星账户的整体框架

供给-使用表是构建卫星账户的重要基石，供给-使用表能够展示产业之间的互动关系以及互相提供的资本投入及其使用情况，呈现出的是全面平衡的经济统计表。供给-使用表的核心内容是两个基本的国民账户表格，分别是"供给表"与"使用表"。除此之外，数字经济投资矩阵表与数字经济生产信息补充表也是数字经济卫星账户中不可或缺的表式。通过编制数字经济供给表与数字经济使用表，得到数字经济总产出与数字经济中间投入数据，进而能够对数字经济直接总增加值等总量指标进行核算；通过编制数字经济投资矩阵表，能够获得数字经济资本形成总额等总量指标数据；数字经济生产信息补充表的编制，则是为数字经济运行中特殊交易情况（包括"免费"数字内容产品交易）的相关总量指标核算做铺垫。

数字经济供给-使用表在经济总体的标准供给-使用表的基础上编制。在编制数字经济卫星账户各表时，需要确定数字经济的核算范围、产品的分类以及产业的分类。

数字经济的核算范围。在前面已经介绍 OECD 对数字经济构建的概念框架，即通过交易的性质来界定一项经济活动是否属于数字经济。因此，交易的性质是编制数字供给-使用表的主导原则，即一个经济交易只要满足数字订购、平台实现或数字传递其中任何一项，便属于数字经济。

数字产品的分类。基于标准供给-使用表的产品分类，数字经济供给-使用表额外列出 5 个单独的产品类：数字产品、数字服务（除云计算服务和数字中介服务外）、云计算服务、数字中介服务与产品以及免费数字服务。

数字产业的分类。OECD 对相关行业进行了概念上的区分，按照数字经济的核心活动将企业划分为以下 6 个不同的类别：

第一，数字驱动行业。类似于国际标准产业分类中的 ICT 产业，该产业所生产的产品旨在通过传输和显示等电子方式实现信息处理和通信的功能，具体包括 ICT 制造业、ICT 服务业和 ICT 贸易行业。

第二，数字中介平台。可通过中介的服务性质来识别（如住宿数字中介平台、交通数字中介平台等）。

第三，电子零售商。电子零售商是通过网络等信息通信技术手段直接向消费者销售产品的企业集合。

第四，依赖中介平台的行业。包括那些在很大程度上依赖中介平台开展活动的企业。

第五，其他数字业务行业。包括基于网络的搜索引擎、社交网络和协作平台（如 YouTube、维基百科等），以及提供订阅基础内容的数字业务（如 Spotify、Netflix 等）。

第六，其他行业。包括前五个类别中未涵盖的所有其他数字经济相关企业，以保证数字经济维度的完整性。

1. 数字经济供给表

数字经济供给表[一]用来记录国内生产以及进口的产品，根据 OECD 的建议，供给表只列出数字经济产品通过数字订购、平台实现或数字传递交易模式进行的数字经济交易，通常数字订购被进一步分解为通过常住中介平台订购与通过非常住中介平台订购两类。随着数字经济发展情况的不断演变，交易类型还将做进一步的细分。

2. 数字经济使用表

数字经济使用表[二]是数字经济卫星账户的核心，反映以下几方面的内容：①区分中间

[一] 见附录 10A，表 10A-1。
[二] 见附录 10A，表 10A-2。

需求与最终需求的数字产品购买总量；②区分中间需求与最终需求的数字服务购买总量；③数字化订购的产品与服务的总价值；④由住户和企业提供的免费数字服务的估算价值。其中，最终消费应被进一步划分为家庭最终消费与政府最终消费，总资本形成则应被继续划分为固定资本形成与存货增加两项。使用表中只列出数字经济产品通过数字订购、平台实现或数字传递交易模式进行的数字经济交易，值得注意的是，免费数字服务的纳入需要用到公司内部数据，目前没有包含在 SNA 中心框架内，但数字化免费服务核算仍是数字经济统计中不可或缺的一部分。

3. 数字经济投资矩阵表

数字经济投资矩阵表[一]应在数字经济供给表与使用表的基础上编制，该表是数字经济详细生产账户的组成部分，包含与其他生产性经济活动相联系的固定资产投资数据，主要反映了各数字经济相关产业对数字化赋权基础设施的投资情况，鉴于 ICT 产品的数字化赋权特征，将 ICT 产品投资情况纳入数字经济卫星账户以反映数字经济赋权基础设施方面的信息，同时，该表也涵盖了数字经济相关产业对一些耐用消费品的投资情况。

4. 数字经济生产信息补充表

在数字经济背景下，大量数字平台通过收取在线广告费用的盈利方式免费或以不具有市场意义的价格向消费者提供数字化服务。OECD 建议 DESA 中纳入数字经济生产信息补充表[二]，数字经济生产信息补充表主要记录了数字经济相关产业的销售及特定数字平台的交易情况，包括数字平台收费情况以及数字平台的广告收入情况。

10.3.3 数字经济卫星账户的优势与不足

卫星账户是国民经济核算体系严谨性与灵活性折中的产物，OECD 与美国已经开始探索数字经济卫星账户的编制方法。数字经济卫星账户框架是目前国际上提倡使用的方法，是系统观察数字产品对经济和社会影响的一种方式。根据美国与新西兰的探索，数字经济卫星账户是各国基于本国统计基础和数字经济发展特征开发的国民经济辅助账户，其统计范围与编制过程不完全相同。

目前，国际上对数字经济卫星账户的构建方法还处在初期探索阶段，尚未完全落实。数字经济卫星账户在应用之前还需要解决很多的问题，如数字经济行业界定不明确、核算方法的复杂性以及大量数据搜集和估算等问题。其中，数据的获取是卫星账户编制中的关键工作。传统的数据采集方式不能适应数字经济统计对统计数据的要求，还需要进一步研究新的数据获取方法，如大数据技术、数据挖掘等。正式应用中还需要对国家实际情况和核算账户的适用性做进一步的探究。

[一] 见附录 10A，表 10A-3。
[二] 见附录 10A，表 10A-4。

10.4 数字经济的溢出效应

华为与牛津经济研究院（Oxford Economics）合作的一项研究（2017）捕捉到了企业数字投资的潜在积极溢出效应。溢出效应具体是指数字技术带来的好处超过主体范围，除了自身获益之外，与之相应的产业链上下游都会因为这种溢出而获得收益。

本小节就从数字经济的几个悖论出发，进一步阐释数字经济中的溢出效应。

10.4.1 生产率悖论

1. 生产率悖论的提出

斯蒂芬·罗奇（Stephen Roach）撰文指出，在美国服务业企业中，给每个白领配备的计算机的算力在 1970～1980 年的 10 年间得到了巨大的提升，但相应的企业生产率提升微乎其微，信息化提升对经济表现的影响非常小。[一]即在这一时期，美国企业大量的计算机设施投资并没有带来生产率的提高。在此背景下罗伯特·索洛（Robert Solow）[二]总结该现象为"**生产率悖论**"（productivity paradox）（又称"索洛悖论"），是指虽然计算机随处可见，却唯独在生产率上没有体现[三]。

以自动取款机（ATM）为例。ATM 的应用和普及减少了许多人工的处理环节，为银行和顾客都带来了极大的便利，但导致了银行产出和生产率指标的下降。因为在传统的统计方法中，ATM 带来的便利性并不会被统计，但是银行置办 ATM 的成本实实在在记录在账本中。并且，与大部分经济部门一样，银行的劳动生产率是通过产出总量与雇员人数之比衡量。但是，由于银行"真实产出"的总水平难以完全衡量，因此大多数传统统计方法表明，ATM 的推广应用并没有提高银行的劳动生产率。所以当对信息化的投入成本可以准确计算而其产生的收益难以衡量时，就不奇怪为什么信息化提升看起来是一笔"糟糕"的投资了。

2. 现代生产率悖论

生产率悖论在数字经济时代仍有体现，数字经济改变了国民经济的生产、消费和分配方式，提高了社会经济运行效率，但世界各国的宏观经济统计指标并没有反映出数字经济带来的提升。

现代生产率悖论是指数字经济随处可见，却唯独在宏观经济统计指标中无法捕捉到。依照生产函数，**全要素生产率和资本深化**的增长都会引起劳动生产率的增长；反之亦然。

全要素生产率通常被称为技术进步率，是新古典学派经济增长理论中用来衡量纯技

[一] 斯蒂芬·罗奇是时任摩根士丹利首席经济学家，他于 1987 年发表了《美国的技术困境：信息经济概况》（America's Technology Dilemma: A Profile of the Information Economy）一文指出这一现象，并认为信息化的提升对经济表现的影响非常小，在拥有大量信息技术人员的经济部门或产业尤为明显。

[二] 罗伯特·索洛，美国著名经济学家、1987 年诺贝尔经济学奖得主，提出了著名的"新古典经济增长理论"。

[三] 原文为"You can see the computer age everywhere but in the productivity statistics"，出自 1987 年索洛发表在《纽约时报书评》（The New York Times Book Review）上的《我们需要当心》（We'd Better Watch Out）一文。该文借对科恩（Cohen）和齐斯曼（Zysman）的著作《制造业的现状：后工业经济的神话》（Manufacturing Matters: The Myth of Post-Industrial Economy）内容的评论，对笃信信息技术和自动化可以拯救美国工业的观点提出质疑。

术进步在生产中的作用的指标，是剔除要素投入贡献后得到的余量，最早由索洛提出，因此也被称为**索洛余量**。

资本深化是指在经济增长过程中，资本积累快于劳动力增加的速度，从而导致资本-劳动比率或人均资本量在提高。因为企业的投资决策是对资本当前或预期边际产品增长的反映，资本深化一般意味着经济增长中存在技术进步。生产率悖论反映出的是社会对技术的投入与技术进步带来的生产率提升不成正比，直接导致了全要素生产率和资本深化的放缓。

数字经济时代索洛悖论存在的原因有以下两点：首先，数字经济蕴含提高生产力的巨大潜力，但尚未实现。尽管数字技术对特定行业产生了值得关注的影响和令人期许的变革，但现阶段带来的整体影响可能较小，还有长足的发展空间。其次，对数字经济带来的产出未能准确衡量。现阶段数字经济的概念、范围和统计方法均没有得到统一，各个国家和机构对数字经济的认识存在较大差异。数字技术带来的除了实用性变革，还有相对低廉的价格，这也导致了其在 GDP 等宏观指标核算中占据份额较小。因此，当前统计机构对数字经济规模测度存在不充分的现象是现代生产率悖论存在的一个主要原因。

10.4.2 人工智能悖论

麻省理工学院斯隆管理学院的布莱恩·约弗森教授发现，虽然目前人工智能技术创新速度很快，生产率的增长速度也处于历史新高，但就业率和收入中值水平在下降。针对这一现象，布莱恩·约弗森提出了人工智能悖论，并给出了形成人工智能悖论的四种解释：

现有 GDP 等度量方式未能有效测度人工智能技术的红利。对人工智能悖论简单解释就是没有正确测量人工智能技术的产出。以服务行业为例，24 小时自动取款机提供的便利性是无法衡量的质量改进。引入新产品或功能，例如，服装制造商选择生产更多颜色和尺寸的衬衫，为消费者创造了更多的选择，但现有的生产率测量很少考虑类似的价值，并且通常会在生产单一颜色和尺寸的公司中显示出更高的"生产率"。人工智能技术所带来的各种好处，例如，服务质量的提升、服务品种的增加、客户服务满意度的提升、资源配置的速度和响应能力的提升等，恰恰是生产率统计和大多数公司会计数据中很少考虑的产出计量方面，这些因素都将导致系统性低估人工智能技术的生产力。

人工智能技术对生产率的影响存在时滞。人工智能技术的投资回报率可能很大，但这一回报往往发生在较长的时间之后。导致时滞的原因在于，由于人工智能技术的复杂性和新颖性，组织和个人用户在熟练人工智能技术之前需要较长时间的学习和适应，因此人工智能技术投资的短期边际成本将大于短期边际收益。这一学习机理与规模经济类似，如果只衡量短期成本和收益，那么人工智能的投资似乎效率低下。但如果合理地考虑滞后，那么对人工智能驱动生产率增长的预期就相对乐观。

技术回报的非对称性。人工智能悖论的第三种可能性解释是技术对个别企业有利，但从整个行业或整个经济的角度来看，技术的影响是非生产性的。人工智能技术可能是重新分配了市场的份额，而没有让市场变得更大。例如，人工智能技术可能不成比例地用于市场营销（如用户画像、精准推荐等），这些应用对特定公司（如平台型互联网企业）

非常有利,但并不会增加总产出。此外,与其他商品相比,信息特别容易受到租金消散的影响,其中一家公司的收益完全是以牺牲其他公司的利益为代价。例如,某些销售类的互联网公司,并没有通过增加总产量创造新的财富,而是通过预先了解影响资产价格的市场信息(如消费者偏好、供求状况等),获得收益。对信息搜集的过度激励,有可能使企业的人工智能投入误入歧途,例如,投资大数据系统的目标,有可能是为了从其他市场主体处获得超额信息并获利,而非提升效率、降低成本。

人工智能应用、管理不善。人工智能悖论的第四种可能性解释是组织层面在人工智能应用和管理方面的效率不高。成功的技术实施过程不能简单地将新技术叠加在旧流程上,没有适当调整产出目标、更新工作组织和激励措施,导致人工智能技术增加了组织冗余而非产出或利润。人工智能技术在组织中的应用可能会给组织成员带来意想不到的瓶颈,在解决这些瓶颈问题之前,人工智能投入将无济于事。

10.4.3 信息化悖论

信息化悖论是指企业或行业在信息化方面的投资在财务回报上没有体现出来。信息技术应用于企业运营的各个环节,似乎理所应当为企业管理带来高效率,然而在很多情况下企业在打造信息系统升级的项目上花费了较大投入,并没有换来相应的利益回报。这对于众多投资人工智能技术失败的企业来讲无异于把钱投进了一个深不见底的"黑洞"中。因此,早期的企业信息化项目往往被称为"IT黑洞":一方面由于缺乏经验和战略规划,企业信息化项目的成功率低;另一方面,抛开完成时间与投入资金不谈,即使是已经成功的项目,尽管投入巨大,但对管理效率并没有带来质的提升。企业层面的信息化悖论主要表现出成功率低、超支严重和效果不佳三个特征:

成功率低。同时期进行的大多数信息化提升项目均以失败告终。20 世纪 90 年代,国内企业对于推动信息化项目提出了"2/8 定律"[①],并且已发生的投资属于沉没成本,无论项目是否继续都已经无法收回且没有产生任何效益。

超支严重。在既定的项目预算内无法按计划完成信息化项目。Johnson(1995)有研究估算 1995 年全美企业在信息化项目上的成本超支多达 590 亿美元,而 1995 年中国全年财政支出在 800 亿美元左右。

效果不佳。即使如期完成的信息化项目,其实际效果往往无法达到预期。

聚焦实践 10-2

CompuSys

CompuSys 是一家大型计算机企业,该企业耗时十多年开发了一个智能专家系统(CONFIG 系统)。CONFIG 系统的搭建旨在帮助企业的销售代表在向客户报价之前提供准确无误的配置。1981 年项目起始阶段,CONFIG 被普遍认为是稳赚不赔的项目,

---

① 即信息化项目成功率只有 20%,80% 的信息化项目都以失败告终。

投资回收周期很短，有望减少因为产品配置错误导致的扰乱产品生产和客户关系，从而节省大量资金。同时，该企业在生产环节使用的类似系统运行良好，似乎也证明了 CompuSys 配置系统的潜在价值。

尽管获得了企业高层的支持并分配了足够的资源来开发该系统，但是 CONFIG 项目从一开始就面临着严峻的挑战，其中包括缺乏销售部门的支持、系统漏洞丛生以及极度缓慢的项目进度。尽管 CONFIG 无法交付预期的结果，但获得了企业近 10 年的支持，并一直持续到一名项目经理的去世才结束。虽然尽了所有努力来增强系统，但直到 1992 年年底 CONFIG 被终止，其使用率仍然停留在令人失望的水平。

CONFIG 失败的主要原因是其设计概念错误地理解了销售部门。设计人员将 CONFIG 视为一个独立的支持工具，提供给客户经理使用，以减少他们在产品配置过程中的错误。但设计师们完全不了解的是，销售代表并不会因为配置正确而获得奖励，也不会因为配置错误而受到处罚。他们因为完成销售而获得奖励，并且没有任何动力去额外花时间学习新的配置系统。尽管 CONFIG 被视为专家系统的典范，并在 CompuSys 的工程文化中受到高度重视，但并不是一项好的商业投资。

综合来看，信息化悖论的产生主要是因为：一是传统的思维方式对信息化产生错误的预期。信息化提升项目并不是"一劳永逸"的，传统的"银弹思维"⊖（silver bullet）孤立地考虑信息化与商业价值的想法是不可取的，信息化是技术革新后的必经之路，是企业追赶时代步伐的一种方式。二是缺乏系统性的战略规划。信息化并不是简单的硬件堆砌和软件开发，而是整个企业文化的根本性变革。只考虑信息系统本身是无法完成信息化提升的，需要从企业制度、实际功能需求等根本上做出系统性的战略规划。

10.4.4 溢出效应的测算

Hulten 和 Nakamura 从消费者福利的角度解释了数字经济生产率悖论的原因。互联网的发展加速了信息的流通，而增加的信息流可以提升消费者从给定收入中获得的效用。在这一过程中，增加的信息流提高了消费者对可供选择产品的了解，更及时地获取信息，以及更好地将产品与需求相匹配，因而信息技术被称为**消费技术**。换言之，信息可获得性的普遍提升可以在不增加 GDP 的情况下增加消费者效用。此外，随着时间的推移，消费者福利的增长可能既反映了生产效率的提高，也反映了消费效率的改善。

Hulten 和 Nakamura 基于 Lancaster 的"消费者理论的新方法"，将传统的生产函数方法扩展到增长分析中，允许消费者更有效地利用每一美元的收入，从而将消费者效用纳入 GDP 的核算之中，构造了 EGDP。在 Lancaster 的理论框架中，**消费技术**将从生产者那里获得的产品（以生产成本衡量）转化为消费活动或产品，根据产品的特点提供效用。随着消费技术变得更有效率，效用函数可以随着时间的推移而变化。效率可以通过产品质量的无成本改进来提高，这样可以用同样的钱买到更好的产品，或者通过增加有效信息，允

⊖ 银弹一词来源于欧洲中世纪传说，是对付狼人等怪物的有效武器，后来被用于形容一劳永逸、百试百灵的方法。IBM 大型机之父 Frederick P. Brooks（弗雷德里克·布鲁克斯）在《没有银弹：软件工程的本质与附属性工作》一文中阐明"没有银弹"是指没有任何一项技术或方法可使软件工程的生产力在十年内提高十倍。此后，"银弹思维"被广泛运用于 IS 领域的研究中。

许消费者从给定的支出中获得更多的效用。消费技术的向外转移导致供应方生产可能性边界（production possibility frontier，PPF）保持不变的情况下，效用可能性边界（utility possibility frontier，UPF）向外移动。UPF 的转变实际上是**节省产出的技术变革**。

计算 EGDP 使用的生产函数为：

$$Q_t = e^{\lambda t} (R_t)^\alpha (E_t)^\delta (S_t)^\pi (L_t)^{1-\alpha-\delta-\pi} \qquad (10\text{-}1)$$

其中，R 代表无形资产投入，E 代表 ICT 设备投入，S 代表非 ICT 资本投入，L 代表劳动力投入，λ 代表技术进步率。

集约形式：

$$\frac{Q_t}{L_t} = e^{\lambda t} \left(\frac{R_t}{L_t}\right)^\alpha \left(\frac{E_t}{L_t}\right)^\delta \left(\frac{S_t}{L_t}\right)^\pi \qquad (10\text{-}2)$$

增长率：

$$q - l = \lambda + \alpha(r - l) + \delta(e - l) + \pi(s - l) \qquad (10\text{-}3)$$

式中，q、l、r、e、s 分别代表总产出、人口、无形资产、ICT 设备投入、非 ICT 资本投入的增长率。

效用函数：

$$U\left(\frac{C_t}{N_t}\right) = m\left(\frac{C_t}{N_t}\right) = m\left[\rho_t(1-\sigma_t)\left(\frac{Q_t}{L_t}\right)\right] \qquad (10\text{-}4)$$

式中，m 是标量数；总消费 C 是总产出 Q 的 $1/(1-\sigma)$，假设所有个体的 σ 相等且为常数；劳动力数量 L 占总人口的比重为常数 ρ，表面上个体对闲暇时间和劳动时间的配比不会发生变化。

如前所述，互联网加速了信息流动，从而可以通过增加备选渠道、实现信息及时传播、完成供需精准匹配，协助消费者有效利用每一单位的支出。因此，应在现有增长框架理论中引入消费技术，这种技术与传统的资源节约型技术相反，是产出节约型技术：

$$U\left(\frac{C_t}{N_t}\right) = me^{\theta t}\left[\rho_t(1-\sigma_t)\left(\frac{Q_t}{L_t}\right)\right] \qquad (10\text{-}5)$$

其中，$e^{\theta t}$ 代表了信息效应，且消费者获得的信息以 θ 的速度增长。[○]

增长率形式：

$$u = \theta + (q - l) = \theta + \lambda + \alpha(r - l) + \delta(e - l) + \pi(s - l) \qquad (10\text{-}6)$$

消费者效用的增长率等于信息的增长率与人均产出的增长率之和。这一结果将信息

○ 也就是说，考虑了信息效应的产出函数为：

$$Q_t^e = e^{\theta t} Q_t = \left(1 + \theta + \frac{\theta^2}{2} + \cdots\right) Q_t \approx (1+\theta) Q_t, \ (\theta < 1)$$

革命的非 GDP 效应纳入了分析框架（传统的分析框架通常只考虑信息革命对生产的改进而不考虑对消费的改进）。与 GDP 不同，效用不能直接衡量，因此根据相关的支出函数，以及补偿性和等价性变化来衡量效用。

支出函数：

$$e(P, U^*) = e^{-\theta t} \xi(P, U^*) \tag{10-7}$$

其中，$e(P, U^*)$ 代表在物价水平 P 和给定效用水平 U^* 时所需的最小支出。支出的变动取决于物价和效用水平的变动以及信息的增长率。

消费品的价格 P 取决于劳动力成本 P_L 和资本成本 P_K，以及技术带来的产出改进 $e^{\lambda t}$。

$$e(P, U^*) = e^{-\theta t} \xi(e^{-\lambda t} \phi(P_L, P_K), U^*) \tag{10-8}$$

物价水平不变，效用水平从 U_0 上升为 U_1 时需要多付出的成本（compensating variation）：

$$V^C = e(P^*, U_1) - e(P^*, U_0) \tag{10-9}$$

GDP 核算（假设只存在两种商品）为：$\text{GDP}_0 = P_0^X X_0 + P_0^Y Y_0$

上式为初始 GDP 水平，此时消费者的效用水平为 $U(X_0, Y_0)$。信息技术使得消费者在消费同样数量的商品时可以收获更高的效用。也就是说，同样的 GDP 水平可以带来更高的社会福利。

如何量化这种福利的提升就成了计算 EGDP 的关键，一个可行的思路就是采用之前提到的 compensating variation。X_1^e 和 Y_1^e 表示：为了获得存在信息技术效应时的效用水平，在没有信息技术情况下要消费的 X 和 Y 的数量。图 10-5 给出了两种情况的对比。

$$V = (P_0^X X_1^e + P_0^Y Y_1^e) - (P_0^X X_0 + P_0^Y Y_0) = \theta(P_0^X X_0 + P_0^Y Y_0) = \theta \text{GDP}_0 \tag{10-10}$$

$$E\text{GDP} = P_0^X X_1^* + P_0^Y Y_1^* = V + P_0^X X_0 + P_0^Y Y_0 = V + \text{GDP}_0 = (1 + \theta)\text{GDP}_0 \tag{10-11}$$

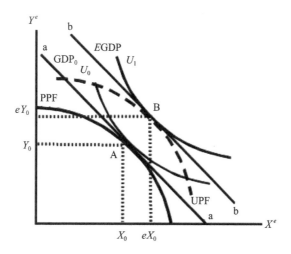

图 10-5　是否考虑信息效应的对比分析

综上，EGDP 的核心思想是在现有增长框架理论中引入消费技术，加入了消费者对节约产出型技术创新的支付意愿。将不涉及成本变化的效率提升得以体现。

10.5 数字经济发展水平的评估

10.5.1 数字经济发展水平的评估体系

对数字经济发展水平的评估往往超越经济增长，而涵盖更为广泛的社会指标。目前，国内外对于衡量数字经济发展水平的指标体系未形成统一的标准，各国际机构在制定数字经济指标体系时都有不同的侧重和价值导向。以欧盟和OECD为代表的标准体系，更加关注数字经济发展的社会属性；而以国际电信联盟（ITU）和世界经济论坛（WEF）为代表的标准体系，更加关注数字经济的基础设施。下面具体介绍四种国际权威的数字经济发展水平的评估指标体系。

1. 联合国国际电信联盟 ICT 发展指数

1995 年至今，ITU 已发布 9 版《衡量信息社会报告》和 ICT 发展指数（IDI）。2017 年的测评对象包括全球 192 个经济体，为各国政府和各部门广泛采用。IDI 是一个综合指数，针对 ICT 接入、使用和技能设立了 11 项指标，用于监测和比较各国 ICT 的发展，可对不同国家和不同时段进行比较。IDI 对经济相关的内容测量较少，但是对 ICT 相关领域的基础设施建设、产业应用、人力资本情况都有较为全面的衡量，如表 10-2 所示。

表 10-2 国际电信联盟 ICT 发展指数指标体系

一级指标	二级指标
ICT 接入	固定电话覆盖率
	移动电话覆盖率
	用户平均国际互联网带宽
	家庭电脑普及率
	家庭互联网接入率
ICT 使用	互联网用户率
	固定宽带使用率
	移动宽带使用率
ICT 技能	入学年限中位数
	初中入学率
	高等教育入学率

注：表中内容根据 *Measuring the Information Society Report* 整理所得。

2. 世界经济论坛网络化准备指数（NRI）

WEF 从 2002 年开始发布网络化准备指数，重点分析全球信息化领先国家和地区的排名、主要经验和做法，NRI 在信息化领域的国际测评中具有一定的权威性，一级、二级指标简洁、科学，三级指标总共有 53 个，全面而具体地对各经济体的网络准备度进行测评。

在动力机制方面，WEF 认为信息化准备度、应用情况以及大环境共同构成发展的驱动力，并产生经济和社会影响。相比其他指数，NRI 重点关注信息技术领域，但是信息化能力是发展数字经济的前置条件，因此它在信息化领域选取的指标、对经济的影响机制较为科学、权威。值得一提的是，该指数使用的很多数据来源于各种国际组织，如国际电信联盟、世界银行（The World Bank）、联合国教育、科学及文化组织（联合国教科文组织）等组织以及世界经济论坛的调查数据，具有较强的可信度。

网络化准备指数设置 4 个一级指标、10 个二级指标和 53 个三级指标。其中，4 个一级指标分别为：

一是环境指标。一个国家能否成功地利用 ICT，在一定程度上取决于整体经营环境的质量。因此，环境分类指数评估一个国家的市场条件和监管框架在多大程度上支持创业、创新和信息通信技术的发展。

二是准备度指标。准备就绪分类指数衡量一个国家在多大程度上具备支持使用 ICT 的基础设施和其他因素。基础设施支柱（四个指标）涵盖了一个国家的 ICT 基础设施状况，以及对 ICT 发展至关重要的基础设施：移动网络覆盖、国际互联网带宽、安全互联网服务器和电力生产。

三是应用指标。应用分类指数评估社会主要利益相关者（政府、企业和个人）利用 ICT 的水平。

四是影响指标。影响分类指数衡量 ICT 产生的广泛经济和社会影响。

具体各类指标如表 10-3 所示：

表 10-3　世界经济论坛网络化准备指数指标体系

一级指标	二级指标
环境	政治与治理环境
	营商与创新环境
准备度	基础设施
	可支付能力
	能力
应用	个人使用
	商业使用
	政府使用
影响	经济影响
	社会影响

注：表中内容根据 The Global Information Technology Report 整理所得。

3. 欧盟数字经济与社会指数（DESI）

有一些指标在测度 ICT 发展的同时，兼顾了社会民生等层面的测度，如欧盟与 OECD。欧盟历来重视数字经济的发展与统计，从 2014 年起发布了《欧盟数字经济与社会报告》（Digital Economy & Society in the EU）和数字经济与社会指数（Digital Economy and Society Index，DESI）。DESI 是刻画欧盟各国数字经济发展程度的合成指数，该指数由欧盟根据各国宽带接入、人力资本、互联网应用、数字技术应用和公共服务数字化程度等 5 个主要方面的 31 项二级指标计算得出，如表 10-4 所示。

表 10-4　欧盟数字经济与社会指数指标体系

一级指标	二级指标
宽带接入	固定宽度
	移动宽带
	速率
	可支付能力
人力资本	基本能力和使用情况
	高级技能及发展
互联网应用	内容
	交流
	交易
数字技术应用	企业数字化
	电子商务
公共服务数字化程度	电子政务

注：表中内容根据 Digital Economy and Society Index 整理所得。

该指标的合成方法参照了 OECD《建立复合指数：方法论与用户说明手册》，具有较高的理论水平、科学性和可延续性，并且该指数兼顾数字经济对社会的影响，是探析欧盟成员国数字经济和社会发展程度、相互比较、总结发展经验的重要窗口。该指标体系的另一大优势是大部分指标数据来源于欧盟家庭 ICT 调查、企业 ICT 调查等专项统计调查，具有充分的研究积累和数据支撑。

4. OECD 数字经济指标体系

2014 年，OECD 发布了《衡量数字经济：一个新视角》(Measuring the Digital Economy: A New Perspective)。其中，OECD 将数字经济划分为四个维度：智能基础设施投资、社会推进、创新性释放、增长和就业。根据这四个维度，OECD 设置了具有国际可比性的 38 个子指标来核算数字经济，并对各指标的定义、内涵和可测性做出明确说明，如表 10-5 所示，但是并未选取固定的样本国家进行全面的数据采集，也没有汇集成总的指标，没有对世界各国的数字经济发展的总体情况做出对比和评价。

在设定上述指标体系后，OECD 还从经济社会发展和已有核算方案的局限性等角度出发，尝试设计新指标，如改善网络安全和隐私、儿童信息化、医疗信息化、微观数据统计、通信服务质量测度等，以更全面地反映数字经济的发展状况及影响。

从实践来看，目前 OECD 成员国对数字经济的测度多数仅涉及部分维度或领域，对数字经济开展全面的测度和分析仍尚待时日。例如，OECD 中只有 6 个国家开展 Airbnb 中介平台的租金调查；9 个国家采用劳动力调查；8 个国家结合税务系统对自雇劳动开展调查；5 个国家进行了双重耐用品（固定资本形成总额和家庭最终消费）的区分识别工作；尚无国家对消费者生产的免费产品进行统计。

表 10-5 OECD 数字经济指标体系

维　度	主要指标
智能基础设施投资	宽带普及率、移动通信服务量、数据安全性、安全及隐私威胁敏感性、域名服务量
	跨境电子商务
	ICT 设备和应用、网络服务速度、网络资费
	个人数据价值、恶意软件、跨境数据风险、国家网络安全
社会推进	互联网使用者、网络购物、政务数字化
	在线活动、用户成熟度
	青年信息化、教育信息化、工作信息化、跨境内容
	儿童信息化、医疗信息化
创新性释放	ICT 研发支出、ICT 创新、电子商务、ICT 专利、ICT 设计、ICT 商标
	ICT 知识扩散度
	微观数据统计
增长和就业	ICT 投资、ICT 业务动态、ICT 增加值、ICT 劳动生产率、电子商务、ICT 行业就业人数、ICT 贸易统计
	通信服务质量

注：内容根据 *Measuring the Digital Economy: A New Perspective* 整理所得。

10.5.2 数字鸿沟

数字鸿沟是评估数字经济发展水平的重要议题，关于这一话题的讨论至少可以追溯到 20 世纪 90 年代。在当前数字技术和数字经济高速发展的情况下，对于数字鸿沟的讨论更是激烈。关于**数字鸿沟**，比较公认的是 OECD 给出的定义，是指不同社会经济水平的个人、家庭、企业和地理区域之间在获取信息通信技术的机会以及在各种活动中使用互联网方面的差距。

可以从 ICT 设备的获取、使用和使用后产生的内容这三个方面，将数字鸿沟分成三级：**一级数字鸿沟**，指从固定电话、广播和电视到互联网、移动电话、卫星服务等各种信息通信技术设备的可获取和接入差异，一级数字鸿沟强调数字基础设施和服务的差距，是数字鸿沟最初的表现形式；**二级数字鸿沟**，指处于不同社会经济发展水平的个人、家庭、企业和地区之间在获得 ICT 的机会以及在使用上存在的差距，在技术接入之外进一步强调了使用者能力和技能差异；**三级数字鸿沟**，在一级和二级数字鸿沟的基础上，进一步强调了由于信息不平等所产生的进一步影响，包括国家间信息技术不平等导致的全球鸿沟、不同地区间接入信息技术的差异导致的社会鸿沟、利用信息资源参与公众生活的差异导致的民主鸿沟。

1. 国家信息化水平总指数

我国信息产业部（2008 年整合划入工业和信息化部）于 2001 年正式推出了国家信息化水平总指数（NIQ），用于科学地评估国家和区域信息化，并与其他国家进行比较。它是在我国追求通过发展信息产业来促进工业化的背景下提出和完善的。NIQ 是由六个维度的 20 个指标组成的综合指数，分别是：

信息资源的开发和应用，包括广播和电视广播小时 /1 000 人、人均带宽、人均电话使用频率、互联网数据库总容量。

信息网络建设，包括长距离电缆的总长度、微波通道、卫星站点总数、每 100 人的电话线数。

信息技术应用情况，包括每千人有线电视台数量、每百万人使用互联网人数、每千人拥有的计算机数量、每百人拥有电视机台数、电子商务贸易额；企业对信息产业投资占固定资产投资总额的比重。

信息产业发展情况，包括信息产业对 GDP 总量的贡献增加值。

信息化人力资源，包括每千人中高校毕业生所占比例。

信息化发展的环境，包括信息产业研发支出占国家研发总预算的比例、信息产业基础设施建设投资占国家基本建设总投资的比例。

NIQ 的计算方法为：

$$\text{NIQ} = \sum_{i=1}^{n} \left(\sum_{j=1}^{m} P_{ij} W_{ij} \right) \times W_i \qquad (10\text{-}12)$$

其中，m 为维度 i 的指标个数；P_{ij} 为第 i 维度指标 j 的标准化值；W_{ij} 为第 i 维度的指标 j 的权重，W_i 为第 i 个维度的权重。

在 NIQ 计算中，分配给 6 个本构维（W_i）的权重为：IR 占 15%，IN 占 16%，IT 占 18%，II 占 15%，HR 占 20%，EI 占 16%。信息化的最高层次是人力资源维度，体现了人力资源始终是信息化的关键要素。第二高的层次是信息技术维度。再下面是信息网络建设维度和信息化发展环境维度。信息资源和信息产业维度权重最低。对于 W_{ij}，各指标在不同维度的权重是相同的。因此，具体的 W_{ij} 值取决于每个维度中指标的个数。

由于指标的单位不同，需要对指标的值进行标准化，才能纳入最终的 NIQ 综合指数中。20 个指标中各标准值的计算公式为：

$$Z_i = \frac{X_i - \min}{\max - \min} \times 100 \qquad (10\text{-}13)$$

式中，Z_i 为指标 i 的标准化值；X_i 为指标 i 的原始值；min 表示指标 i 在该指标所有情况中原始值最小；max 表示该指标在所有情况中 i 的最大原始值。

2. 信息化发展指数

信息化发展指数是一个评价国民经济和社会信息化发展水平的综合性指标，可以用来衡量社会利用信息通信技术创建、获取、使用和分享信息及知识的能力，以及信息化发展对社会经济发展的推动作用。信息化发展指数是根据国务院信息化工作办公室（简称国信办）和国家发展和改革委员会（简称国家发展改革委）制定的中国信息化发展战略和发展规划的任务而研究制定的，它的编制符合联合国及其下属的国际电信联盟等国际组织在信息社会世界峰会上对各国政府提出的要求。

中国政府在 2013 年发布的《信息化发展规划》中引入信息化发展指数Ⅱ来综合评价和监测国家信息化发展的进程及总体目标的实现。信息化发展指数Ⅱ是在国家"十一五"信息化发展规划的综合性指标——信息化发展指数Ⅰ的基础上，进一步优化信息化发展指数指标体系、完善统计监测方法而研究制定的国家"十二五"规划信息化综合评价指数。信息化发展指数Ⅱ从基础设施、产业技术、应用消费、知识支撑、发展效果五个方面测量国家信息化的总体水平，对国家信息化发展状况做出综合性评价，从而为"十二五"期间准确把握我国及各省信息化发展水平和发展进程提供科学的、量化的依据。

信息化发展指数Ⅱ指标体系。信息化发展指数Ⅱ从信息化基础设施建设、信息产业和技术、信息化消费水平和制约环境以及发展效果等方面综合性地测量和反映一个国家或地区信息化发展总体水平。信息化发展指数Ⅱ由 5 个分类指数和 12 个具体指标构成，如表 10-6 所示：

表 10-6　信息化发展指数Ⅱ指标体系

总指数	分类指标	分类指标权重	具体指标
信息化发展指数Ⅱ	一、基础设施指数	22%	电话拥有率（部/百人）
			电视机拥有率（台/百人）
			计算机拥有率（台/百人）
	二、产业技术指数	17%	人均电信业产值（元/人）
			每百万人发明专利申请量（个/百万人）
	三、应用消费指数	21%	互联网普及率（户/百人）
			人均信息消费额（元/人）
	四、知识支撑指数	19%	信息产业从业人数占比（%）
			教育指数（国外：成人识字率 ×2/3+ 综合入学率 ×1/3；国内：成人识字率 ×2/3+ 平均受教育年限 ×1/3）
	五、发展效果指数	21%	信息产业增加值占比（%）
			信息产业研发经费占比（%）
			人均国内生产总值（元）

信息化发展指数的计算采用了简单线性加权的方法，通过对每个具体指标的标准化数据进行加权计算，分别得出各个分类指数，然后通过各个分类指数加权计算得出总指数。具体计算公式为：

$$\text{IDI II} = \sum_{i=1}^{n} W_i \left(\sum_{j=1}^{m} W_{ij} P_{ij} \right) \quad (10\text{-}14)$$

其中，IDI II 为国家或地区的信息化发展指数，n 为信息化发展指数分类的个数，m 表示信息化应用水平第 i 类指数的指标个数。W_i 为第 i 类指数在总指数中的权重，P_{ij} 为第 i 类的第 j 项指标标准化后的值。W_{ij} 为第 j 个指标在第 i 类指数中的权重，且 $\sum_{j=1}^{m} W_{ij} = 1$。

在对各指标计算前，需要将各指标数据进行标准化处理，消除各指标的量纲，使其能够进行相加计算。具体步骤如下：

首先，确定指标数据阈值，每个指标的阈值包括最大阈值和最小阈值。为了便于在较长的时期内对区域信息化发展水平进行持续、统一的监测，对每个指标的这两种阈值均采用固定数值，其大小依据各个 w 指标在中国各区域 2000～2015 年的观测值和预测值以及其他相关计算因素来确定。

其次，进行标准化计算，对指标进行标准化计算可以使量纲不同的各类指标值转化为可以直接进行相加计算的数值。标准化计算分两种情况：

第一种是一般标准化方法。如果各地区之间指标数值分布均匀，则采用如下一般标准化公式计算：

$$Z_i = \frac{X_i - X_{\min}}{X_{\max} - X_{\min}} \tag{10-15}$$

其中，X_i 为指标值，$X_{\min}$ 为最小阈值，$X_{\max}$ 为最大阈值。

第二种是对数标准化方法。如果各地区之间指标数值差别较大，则采用取对数的标准化计算方法，以尽力消除指标数据差别较大带来的不利影响，其计算公式为：

$$Z_i = \frac{\log X_i - \log X_{\min}}{\log X_{\max} - \log X_{\min}} \tag{10-16}$$

其中，X_i 为指标值，$X_{\min}$ 为最小阈值，$X_{\max}$ 为最大阈值。

本章小结

现行的统计体系难以满足测度数字经济的需要，探索数字经济统计核算的新方法势在必行。但目前，关于数字经济统计核算范围各国尚未形成统一的标准，方法也不尽相同，由此形成的统计核算结果无法在国际间进行比较。国民数字经济统计核算体系利用已有产业数据对数字经济总量进行了统计，数字经济卫星账户可以显示出数字经济更为详细的信息，是对现行统计核算体系较为有效的补充。然而，数字经济带来的价值并没有完全反映在统计指标中，表现出一定的溢出效应。数字经济中存在的生产率悖论、人工智能悖论与信息化悖论揭示了数字经济中存在的"不合理现象"；数字经济的总体评价包含了溢出效应在内的数字经济发展评估。目前，数字经济的发展存在着非常不均衡的现象，即数字鸿沟。数字鸿沟的度量为数字经济的发展差异做出了评估。

关键术语

免费商品	国民数字经济测度	数字经济卫星账户	溢出效应
生产率悖论	人工智能悖论	信息化悖论	数字鸿沟

复习思考题

1. 论述线性统计体系测度数字经济存在的问题。
2. 简述基于国民数字经济核算体系未来存在的挑战。
3. 简述数字经济卫星账户的构建方法。
4. 讲讲你对生产率悖论的理解。

参考文献

[1] Brynjolfsson, Collis, Eggers. Using massive online choice experiments to measure changes in well-being [J]. Proceedings of the National Academy of Sciences, 2019, 116(15): 7250-7255.

[2] Bean. Reorganizing economic statistical agencies: economic statistics in a digital age [C]. Washington DC: Federal Economical Statistics Advisory Committee (FESAC) Meeting, 2018.

[3] Coyle. Do-it-yourself digital: the production boundary, the productivity puzzle and economic welfare [J]. Economica, 2019, 86(344):750-774.

[4] BYRNE, CORRADO. Accounting for innovation in consumer digital services: Implications for economic growth and consumer welfare [C]. Washington DC: IMF Statistics Forum, 2017.

[5] Reinsdorf, Schreyer. Measuring consumer inflation in a digital economy[M]. Salt Lake City: Academic Press, 2020: 339-362.

[6] BEA. Defining and Measuring the Digital Economy[EB/OL]. https://www.bea.gov/digital economy/_pdf/defining-and-measuring-the-digital-economy.pdf, 2018.

[7] Fraumeni. Measuring the New Economy [J]. Survey of Current Business, 2001, 81(3) :23-23.

[8] European Commission DESI 2014. Digital Economy and Society Index. Methodological note[R]. European Commission, 2014.

[9] OECD. OECD Information Technology Outlook[M]. Paris: OECD Publishing, 2010.

[10] OECD. Issue paper on a proposed framework for a satellite account for measuring the digital economy [EB/OL]. http://www.oecd.org/officialdocuments/publicdisplaydocumentpdf/? cote=STD/CSSP/WPNA (2017) 10&docLanguage= En, 2017.

[11] OECD. A Proposed framework for Digital Supply-Use Tables [J/OL]. (2018-10-31) [2021-07-22]. http://www.oecd.org/officialdocuments/publicdisplaydocumentpdf/?cote=SDD/CSSP/WPNA(2018)3&docLanguage=En.

[12] OECD. How large is the digital economy [J/OL]. (2016-10-19)[2021-07-22]. http://www.oecd.org/officialdocuments/publicdisplaydocumentpdf/?cote=S-TD/CSSP/WPNA（2016）11&docLanguage=En.

[13] OECD. Measuring the Digital Economy: A New Perspective [J/OL]. (2014-12-08) [2021-07-22]. http://dx.doi.org/10.1787/9789264221796-en. 2014.

[14] ITU. Measuring the information society report 2015[R]. Geneva: International Telecommunication Union, 2015.

[15] Solow. We'd Better Watch Out[J]. The New York Times Book Review, 1987-07-12: 36.

[16] Brynjolfsson, Hitt. Beyond the Productivity Paradox: Computers Are the Catalyst for Bigger Changes[J]. Communications of the ACM, 1998, 41:49-55.

[17] Dewan, Sanjeev, Kraemer, et al. Information Technology and Productivity: Evidence from Country-Level Data[J]. Management Science, 2000, 46(4):548-562.

[18] Lyytinen Hirschheim. Information systems failures—a survey and classification of the empirical literature[M]. Oxford University Press, Inc, 1988.

[19] Adams. Falling through the net: Defining the digital divide[J]. Journal of Government Informationm, 2000, 27(2): 245-246.

[20] OECD. Understanding The Digital Divide[EB/OL]. http://www.oecd.org/dataoecd/38/57/1888451.pdf.

[21] Brousseau, Nicolas. Internet and digital economics: principles, methods and applications[M]. Cambridge: Cambridge University Press, 2007.

[22] Roemer. Equality of opportunity[M]. Cambridge, Ma: Harvard University Press, 1998.

[23] Dijk. Digital divide research, achievements and shortcomings[J]. Poetics, 2006, 34(4-5): 221-235.

[24] 国家统计局. 新产业新业态新商业模式统计分类（2018）[EB/OL]. (2018-08-27)[2021-07-22]. http://www.stats.gov.cn/tjsj/tjbz/201808/t20180827_1619266.html.

[25] 国家统计局. 战略性新兴产业分类（2018）[EB/OL]. (2018-11-26)[2021-07-22]. http://www.stats.gov.cn/tjgz/tzgb/201811/t20181126_1635848.html.

[26] 中国信息通信研究院. G20国家数字经济发展研究报告 [R/OL]. (2017-12) [2021-07-22]. http://www.caict.ac.cn/kxyj/qwfb/bps/201804/P020171213443445335367.pdf.

[27] 中国信息通信研究院. 中国数字经济发展白皮书 [EB/OL]. http://www.caict.ac.cn/kxyj/quifb/bps/202007/P020200703318256637020.pdf.

[28] 许宪春，关会娟，张钟文. 新时代中国经济社会统计的创新与发展[J]. 统计研究，2019(9):3-17.

[29] 关会娟，许宪春，张美慧，等. 中国数字经济产业统计分类问题研究[J]. 统计研究，2020, 37(12):3-16.

[30] 杨仲山，张美慧. 数字经济卫星账户：国际经验及中国编制方案的设计[J]. 统计研究，2019, 36(5):16-30.

[31] 许宪春，张美慧，张钟文. 数字化转型与经济社会统计的挑战和创新[J]. 统计研究，2021, 38(1):15-26.

[32] 向书坚，吴文君. 中国数字经济卫星账户框架设计研究[J]. 统计研究，2019, 36(10):3-16.

[33] 徐清源，单志广，马潮江. 国内外数字经济测度指标体系研究综述[J]. 调研世界，2018(11):52-58.

[34] 陈梦根，张鑫. 数字经济的统计挑战与核算思路探讨[J]. 改革，2020(9):52-67.

[35] 蔡跃洲. 数字经济的增加值及贡献度测算：历史沿革、理论基础与方法框架[J]. 求是学刊，2018, 45(5):65-71.

[36] 丁守海，王红梅. 对"索洛悖论"解释的最新进展[J]. 经济理论与经济管理，2005(4):58-63.

[37] 茶洪旺，胡江华. 中国数字鸿沟与贫困问题研究[J]. 北京邮电大学学报（社会科学版），2012,14(1):74-80.

[38] Lancaster, Kelvin. Change and Innovation in the Technology of Consunption[J]. American Economic Review, 1966(56): 14-23.

附录10A 数字经济卫星账户核心表式

1. 数字经济供给表

表 10A-1 数字经济供给表

数字经济产品供给	各产业生产量						进口	总供给（基本价格）	运输费用、交易利润	产品税费减补贴	总供应（购买者价格）
	数字驱动行业	数字中介平台	依赖中介平台的行业	电子销售商	数字化金融服务业	其他数字业务	其他行业				
数字化产品											
直接从交易方获得											
通过常驻数字中介平台											
通过非常驻数字中介平台											
数字服务：除云计算服务和数字中介服务外											
直接从交易方获得											
通过常驻数字中介平台											
通过非常驻数字中介平台											
数字中介服务产品											
直接从交易方获得											
通过常驻数字中介平台											
通过非常驻数字中介平台											
云计算服务产品											
直接从交易方获得											
通过常驻数字中介平台											
通过非常驻数字中介平台											
免费的数字服务											
数字化数据服务											
其他数据服务											
非数字化产品和服务											
数字订购											
通过常驻中介平台											
通过非常驻中介平台											
总产出合计											

2. 数字经济使用表

表 10A-2　数字经济使用表

数字经济产品使用	中间使用							最终消费	最终使用		总使用（购买者价格）
	数字驱动行业	数字中介平台	依赖中介平台的行业	电子销售商	数字化金融服务业	其他数字业务	其他行业		总资本形成	出口	
数字化产品											
直接从交易方获得											
通过常驻数字中介平台											
通过非常驻数字中介平台											
数字服务：除云计算服务和数字中介服务外											
直接从交易方获得											
通过常驻数字中介平台											
通过非常驻数字中介平台											
数字中介服务产品											
直接从交易方获得											
通过常驻数字中介平台											
通过非常驻数字中介平台											
云计算服务产品											
直接从交易方获得											
通过常驻数字中介平台											
通过非常驻数字中介平台											
免费的数字服务											
数字化数据服务											
数字化数据产品											
非数字化产品											
通过常驻中介平台订购											
通过非常驻中介性中介平台											
中间使用合计											
总产出											
增加值											
雇员报酬											
关税及补贴											
总盈利剩余											

3. 数字经济投资矩阵表

表 10A-3　数字经济投资矩阵表

		产业类型						
		数字驱动行业	数字中介平台	依赖中介平台的行业	电子销售商	数字化金融服务业	其他数字业务	其他行业	总投资
投资-购买	软件、数据库、ICT产品、其他数字化基础设施、住所								
投资-自营	软件、数据库、ICT产品、其他数字化基础设施、住所								

4. 数字经济生产信息补充表

表 10A-4　数字经济生产信息补充表

		产业类型						
		数字驱动行业	数字中介平台	依赖中介平台的行业	电子销售商	数字化金融服务业	其他数字业务	其他行业	总销售
销售	通过自有网站对常住居民销售								
	通过自有网站对非常住居民销售								
	通过平台对常住居民销售								
	通过平台对非常住居民销售								
特殊平台交易	数字平台向常住生产者收费								
	数字平台向非常住生产者收费								
	数字平台向常住消费者收费								
	数字平台向非常住消费者收费								
	数字平台向常住居民收取广告费								
	数字平台向非常住居民收广告费								

DIGITAL ECONOMICS · 第 11 章

数字经济与就业

上一章介绍了由于数字技术运用差异导致的数字鸿沟问题，这一章转向劳动市场。在对数字技术影响下的数字经济和整体国民经济的分析中，就业问题一直是公众、媒体和学界争论的焦点之一。在新一代人工智能和智能机器人等新的数字信息技术涌现和应用的背景下，人们比以往任何时候都更加担心新技术对劳动力的替代，甚至引发失业潮。本章将以经济学的思维，从多个角度全面讲述数字经济和国民经济数字化对劳动力市场的影响，探讨国民经济的就业、劳动收入份额和工资等核心问题。

学习目标

▶ 学完本章，你应该做到：

1. 掌握当前劳动市场状况，并能以批判性思维去理解数字化技术对就业带来的多方面影响；
2. 运用基于任务的新古典增长模型，阐述数字技术可能引发的替代效应；
3. 运用新古典增长模型的扩展，阐述数字技术可能带来的任务创造等补偿效应；
4. 运用新古典增长模型的扩展，阐述数字技术与资本的互补性所蕴含的"鲍莫尔成本病"等补偿效应；

5. 结合内生增长理论，分析数字化技术如何促进技术进步并影响劳动力市场；
6. 结合内生增长理论，分析数字化技术是否会引发奇点效应及其制约条件；
7. 分析人工智能的发展和应用在何种程度上影响生产关系和收入分配；
8. 阐述数字经济可能导致的劳动力压榨和就业鸿沟与极化效应等问题；
9. 分析政府应该如何设计政策才能更好地利用数字经济的成果，保障劳动者的权利和社会公平。

引例

消失的银行出纳员

在如今的日常生活中，人们需要现金的时候可以很方便地在就近的 ATM 上自助办理而无须去银行排队进行柜台交易。自从第一台 ATM 诞生，多位业界人士便预言，银行业没必要再开设那么多的支行就可满足客户的现金需求，未来的银行部门只会存在极少的柜台员工（Gup, 2003），大部分现有出纳员都会从前台消失。

然而，回顾近四十年的数据和分析结果（见图 11-1），我们发现，无论是 ATM 兴起后不久的 20 世纪 70 年代，还是被快速应用的 20 世纪 80 年代、90 年代和几乎已经迅速普及的 21 世纪初，美国银行业雇用的柜台出纳员的数量不仅没有大幅下降和消失，反而还有所上升。这是为什么呢？

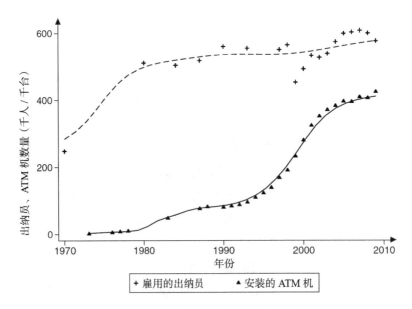

图 11-1　美国 20 世纪 70 年代至 21 世纪初的 ATM 数量与银行业出纳员数量的时间序列数据对比

资料来源：Bessen. Learning by Doing: The Real Connection between Innovation, Wages, and Wealth[M]. New Haven: Yale University Press, 2016.

在这个案例中，ATM 新技术对部分劳动力的替代效应并非没有发生，而是大部分人忽略了其他的补偿效应抵消甚至超过了替代效应。我们会在本章的学习中回顾这些补偿效应和替代效应，通过经济学理论模型的分析，帮助我们全面和深入地理解新技术的诞生对于劳动力市场的多维度影响，最终解开这个谜团。

在今天，数字技术日新月异，其中的 AI、智能机器人等新技术正飞速发展，它们对经济体和劳动市场的影响很可能与 ATM 不同。然而，对经济学家来说，其背后发生作用的机制、研究思路和假设条件的设定，却是基本一致的。巧合并有趣的是，在对 AI 和智能机器人的预言中，人们再次出现了类似对 ATM 的矛盾判断，即新技术会导致大量工人失业与新技术将使工人同等受益两种观点之间的分歧。

11.1 基于新古典理论延伸的数字化与就业

尽管信息技术具有与工业革命和机械自动化等旧的技术革命不同的技术特征，但经济学家已经从过去的技术进步与劳动力市场的关系研究中总结出了大量的经验证据和理论成果。本节，将重点讲述如何以新古典增长理论（如 Solow，1956）为基础框架打造一个扩展的理论模型（如 Baumol，1967；Zeira，1998；Aghion，2017；Acemoglu 和 Restrepo，2018，等等），并以此为工具分析数字化技术与就业的动态、多维度的关系。需要说明的是，数字化信息技术本身涵盖范围较广，理论模型将以简化和抽象的方式刻画数字化技术，例如，将智能机器人和自动化作为典型的数字技术形式而建模。这样的做法虽有一定的局限性，但不妨碍将类似的作用机制推广到其他技术运用的场景。

11.1.1 技术进步与就业的历史关系

数字技术作为一种新的信息技术，未来会如何发展和突破尚存在一定的不确定性，然而分析新技术对经济体和劳动力市场的影响却从来不是新的研究议题。相反，可以从历史经验开始探索，分析 20 世纪以来新技术应用和劳动力发展指标（如就业、工资和劳动收入份额等）之间的关联，总结其中的规律和对数字经济的启示。本节将首先回顾生产力进步和劳动力市场数据指标的历史趋势（以美国为例），继而阐述新古典增长理论在解释过往数据时的成功和不足之处，从而为下一节对新古典理论模型的扩展进行铺垫。

图 11-2～图 11-4 展示了美国人均真实 GDP、真实工资和劳动收入份额的历史数据。人均真实 GDP 经常被用于衡量一国的生产力或人均收入，真实工资反映劳动力的单位价值，劳动收入份额反映劳动者报酬在整体国民收入中的比重。经济增长理论试图解释上述这些经济发展的历史趋势，其中新古典增长模型是迄今影响力最大的理论分支。那么，回到本章的核心问题，技术进步如何影响并推动了上述经济变量的演进？新古典增长理论对此做何解释，其程度如何？

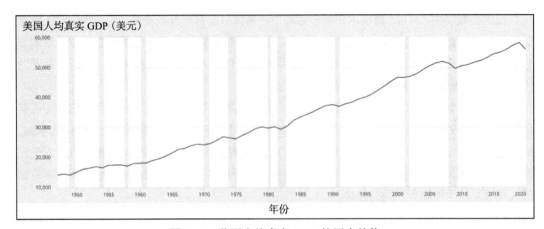

图 11-2　美国人均真实 GDP 的历史趋势

资料来源：FRED 数据库。

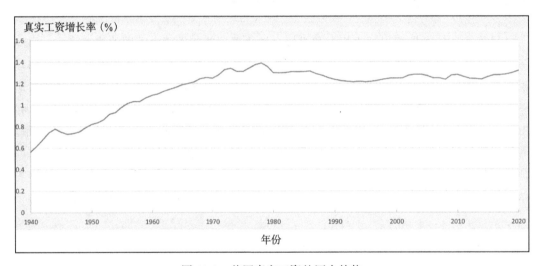

图 11-3　美国真实工资的历史趋势

注：作者将平均每小时名义收入月度数据通过消费价格水平调整之后得到，然后换算为年度数据。出于展示目的，数据值进行了适当放大。原始数据均源自 FRED 数据库。

首先，假设社会生产函数为柯布 – 道格拉斯形式，

$$Y = K^\alpha (AL)^{1-\alpha} \quad (11\text{-}1)$$

其中，Y 代表产出，K 代表机器等生产资本，L 代表劳动力，其被外生给定且以速度 n 指数增长，A 代表生产技术或效率，在基准的新古典模型中 A 也被简化为外生变量并以速度 g 指数增长，α 为大于 0、小于 1 的指数参数。柯布 – 道格拉斯生产函数的性质在于它假设不同要素 K 和 L 之间的替代弹性为 1[⊖]。另外，生产技术 A 与劳动力 L 并排出现在指

⊖ 柯布 – 道格拉斯生产函数可看作一般意义上的不变替代弹性（CES）生产函数中的一种特例，即不变的替代弹性恰好为 1。

数底数中意味着技术进步的形式是劳动增进型（labor-augmenting）[①]，而 K 与 AL 的指数相加等于 1 意味着此函数形式具有规模效益不变的特性。

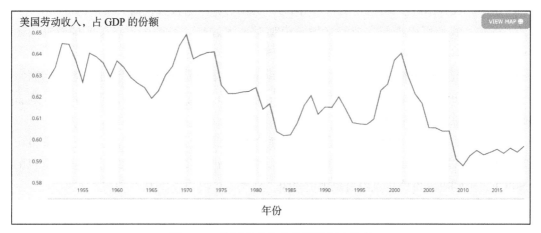

图 11-4　美国劳动收入份额的历史趋势

资料来源：FRED 数据库。

为了分析经济增长的长期动态，索洛考虑让生产要素发生动态变化，引入资本变动方程：

$$\Delta K = I - \delta K \qquad (11\text{-}2)$$

其中，Δ 代表时间单位上的变化，I 为投资，若定义 s 为社会储蓄率，则 $I = sY$。此外，δ 为 0 到 1 之间的参数，代表资本的折旧率。

上述模型经过推导[②]可得出一个基本的结论，即经济体会有一个长期稳态，在短期可能偏离于稳态，但会逐渐向稳态收敛。达到稳态以后，经济体的主要变量将出现均衡增长路径（balanced growth path，BGP），例如，Y 与 K 会同步增长且增长速度等于技术进步和人口增速之和（$n+g$），生产力（Y/L）的增长率则等于技术进步速度 g。

更重要的是，新古典增长模型对技术进步与劳动力市场的关系也做了预示。假设企业所处的产品市场在长期是完全竞争的并且不存在市场摩擦，那么劳动力的边际产出（作为企业的边际收益）应当等于真实工资 W（企业雇用劳动力的边际成本）：

$$MPL = (1-\alpha)\frac{Y}{L} = W \qquad (11\text{-}3)$$

因而，当社会生产力（Y/L）按照技术进步 g 的速度增长时，工人的真实工资也同样以速度 g 增长，这意味着技术进步最终使得工人获益。另外，将式（11-3）重新表述，意味着劳动收入份额 α_L 应该保持稳定：

---

① 取决于具体假设和情境，技术进步可以多种形式出现，例如还可写为希克斯中性（Hicks-neutral）的形式：$Y = AK^\alpha (L)^{1-\alpha}$，但新古典增长理论主要采用劳动增进型技术形式。
② 可通过结合 $\Delta K = 0$ 的稳态条件得出，参见曼昆《宏观经济学》第十版，此处不再详述。

$$\alpha_L = \frac{WL}{Y} = 1-\alpha \tag{11-4}$$

也即，在技术进步促使经济发展的同时，劳动力并不会被替代而失去市场份额。

现在，我们可以把新古典经济增长模型对技术进步和劳动力市场关联的解释与图 11-2～图 11-4 所示的数据证据进行对比，可以得出以下结论：

真实工资的增长在 20 世纪 80 年代以前基本保持了与经济发展一致的均衡增长路径，这可能显示了新古典增长模型的理论的成功；但是 80 年代以后真实工资遭遇停滞，新古典增长模型对此无法解释。

类似地，劳动收入份额并不像新古典理论模型预测的那样稳定，尤其是在 20 世纪 70 年代末期以后出现了下滑，并在 90 年代反弹过后进一步下滑；在 21 世纪金融危机的冲击下，劳动收入份额一直没有反弹的迹象。

劳动收入份额的逐年降低（对应资本收入份额的增加）意味着社会的收入分配出现了前所未有的状况，即资本家可能已经拉大了与工人阶级的收入差距，从而导致贫富差距和社会稳定问题。这些问题成为 21 世纪金融危机以后经济学家普遍担心和研究的议题[一]。

经济学家如卡尔多（Kaldor）和库兹涅茨（Kuznets）经常把 20 世纪 70 年代末以前宏观经济的均衡增长特性（如稳定的资本产出比、劳动收入份额等）称为大稳健比率（great moderation ratios）。以上结论意味着，新古典理论对这些大稳健比率的成功解释仅限于 20 世纪 70 年代末以前，而 70 年代末以后的经济增长可能具有特别的属性。这是否与数字信息技术以及智能自动化有关呢？这要求经济学家必须对现有的新古典经济理论进行修改和扩展，才能捕捉到这些理论遗漏的问题。下面三个小节将分别讲述经济学家对新古典经济理论的三个扩展，以应对经济发展的新特点和挑战。

11.1.2　数字技术的替代效应：工作任务模型（task-based model）

新古典经济增长模型能够出现均衡增长路径依赖于模型关于生产要素边际回报递减的特性和要素之间替代弹性为 1 的特例。此外，模型还假设技术进步本身是外生过程，并不依赖于过往技术或生产要素的积累。20 世纪 90 年代以后经济学家对新古典经济增长理论的扩展便是放松这些假设条件。其中，对技术外生性的推翻逐渐发展出内生增长理论，包括均衡增长路径在内的很多结论也随之被部分地推翻。

然而，仅仅推翻技术外生性而依然遵循前两个假设条件并不完全适用于以数字技术为代表的新的信息技术。这是由于平台经济、AI 和智能机器人等新技术不仅仅是独立存在的技术，还可以与现有生产要素如资本进行结合，改变原有的资本回报边际递减的特性或改变资本和劳动力之间的替代性，造成社会生产的广延边际（extensive margin）被改变而不仅仅是集约边际（intensive margin）被改变。在经济学含义上，这可能意味着新的生产机会（或环节、任务）被创造出来而不仅仅是在原有的生产模式中加大要素投入。

[一]　如法国经济学家皮凯蒂（Piketty）的《21 世纪资本论》（*Capital in The Twenty First Century*）（2014）。

在数学形式上，这意味着诸如式（11-1）那样的生产函数的指数部分可能被数字技术所改变。

约瑟夫·泽拉（Joseph Zeira，1998）提出了一个大胆的设想，他将生产过程描绘成由一个个工作任务构成而不是生产要素的固定组合拼装，由此开创了信息技术（如自动化）改变经济增长的工作任务法（task-based approach）。为了方便区分，泽拉把智能自动化等现代信息技术与传统的技术进步 A 区分开来，后者对现有的生产要素进行提升，而前者则通过把还没有自动化的生产任务变为自动化从而改变要素之间的替代弹性和生产的广延边际。例如，在泽拉模型中，社会生产函数设定为：

$$Y = A X_1^{\alpha_1} X_2^{\alpha_2} \cdots X_n^{\alpha_n} \tag{11-5}$$

其中，$i = 1, 2, \cdots, n$ 代表工作任务的个数，X_i 代表每个不同的任务中所采用的生产要素（可能是资本也可能是劳动力，也可能都有）的数量，α_i 代表每一个任务在社会总生产函数中的权重，为了简便计算，假设 $\sum_{i=1}^{n} \alpha_i = 1$。进一步，泽拉假设在所有生产任务中，还没有被信息技术完成自动化的任务主要依赖劳动力进行 1∶1 的生产，而已经完成自动化的任务则可以利用资本进行生产[⊖]，写为：

$$X_i = \begin{cases} L_i, & \text{如果该任务还未被自动化} \\ K_i, & \text{如果该任务已被自动化} \end{cases} \tag{11-6}$$

当社会中的企业在给定要素市场价格下最优化选择 K 和 L 时，全社会加总的生产函数可写为：

$$Y = A K^{\alpha} L^{1-\alpha} \tag{11-7}$$

由此看出，当采用工作任务法来模拟社会生产时，我们会类似于将新古典经济增长模型的劳动密集型技术进步修改为希克斯中性的技术进步形式。那么，在该模型中分析长期稳态和对劳动力市场的影响可沿用传统的方法进行。例如，我们可从社会资本 K 的变动规律入手去分析它的增长率是否能够稳定。定义社会资本 K 的增长率为 g_K，由式（11-2）并结合式（11-7）可得出：

$$g_K = \frac{\Delta K}{K} = \frac{sY - \delta K}{K} = sA\left(\frac{L}{K}\right)^{1-\alpha} - \delta \tag{11-8}$$

进一步，对式（11-8）先求对数再求时间的一阶微分并使其取值为零，即可得到经济体稳态时（g_K 不再变化）的条件：

$$\mathrm{d}g_K = g_A + (1-\alpha)(g_L - g_K) = 0$$

亦可写为：

⊖ 事实上这个假设等于附加了额外条件，即当自动化任务的企业选择生产要素时其使用资本与使用劳动力的相对边际成本更低，因此自动化任务的企业会全部选择仅使用资本进行生产。

$$g_y = \frac{g_A}{1-\alpha} \quad (11\text{-}9)$$

其中我们利用了 $g_k = g_K - g_L$ 且 $g_y = g_k$。

式（11-9）指出了新古典增长模型不具备的一个重要特性，即信息技术的应用可以提高经济体自动化的比率 α，产生极强的资本对劳动力的**替代效应**，并在 $\alpha < 1$ 时产生信息技术提高生产率的乘数效应 $\frac{1}{1-\alpha} > 1$。这样的特性将有助于刻画新一代信息技术对经济体可能造成的颠覆性影响，因而泽拉的**工作任务模型**成为后续经济学家理论建模和分析信息技术对经济体影响的起点。

然而，泽拉的工作任务模型仍然是不完备的，特别是无法解释 20 世纪初至 20 世纪 70 年代末的全球主要经济体的均衡增长过程，因为它等于走向了新古典理论的另一个极端。而且，其模型对劳动力市场的启示是当自动化水平提高，资本积累会通过乘数效应无限地扩张下去，从而劳动收入份额会被不断挤压直至消失，这显然也不符合过去几十年经济发展的现实。那么，经济理论应该如何继续完善才能够既解释经济体可能出现的稳定增长，又能提供一定的可能让经济体出现爆发式增长呢？经济学家需要找到两种相反的力量进行对冲（offset），下面第 11.1.3 和第 11.2 节分别从新任务的创造和劳动力与资本之间的互补性（鲍莫尔成本病）两个角度引入对冲的力量，我们把它们都归为补偿效应。

聚焦实践 11-1

众包平台的出现和发展

2010 年以来，随着数字技术的发展，众多数字化平台纷纷涌现。其中一类与劳动力市场高度相关的平台是众包平台（crowdworking platforms），即通过数字化技术搭建雇主（可能为企业或个人）与零工（多为个人）之间的劳动供需关系和互联，发掘社会中有时间打灵活网络工作的劳动力人群。2019 年，联合国贸易和发展会议（UNCTAD）在报告中报道了国际劳工组织（ILO）对全球 3 500 名众包工人（crowdworkers）的问卷调查。以下罗列了部分调查结果[1]：

◀ 哪些人群是众包工人？调查对象的平均年龄为 33.2 岁，一般都有良好的教育背景，56% 的人有 1 年多的众包工作经历，有近 1/3 的人有三年以上工作经验。
◀ 他们为何会从事众包工作？主要原因为"从已有其他工作中获得额外收入"（32%），"更喜欢在家里工作"（22%），"众包可以兼顾家庭责任"（13%），"身体状况不允许外出工作"（10%）。
◀ 他们能赚多少钱？2017 年，在所调查的 5 个平台上，众包工人的平均工资为

---

[1] 资料来源：UNCTAD. Digital Economy Report 2019[R/OL]. (2019-09)[2021-07-02]. https://unctad.org/webflyer/digital-economy-report-2019; Berg, Furrer, Rani, et al. Digital Labour Platforms and the Future of Work: Towards Decent Work in the Online World[M]. International Labour Organisation, 2018.

4.43 美元/小时；在大部分国家，这样的报酬仅仅在最低工资附近甚至以下。

- 工作的可获得性：众包工人需要花费不少时间在寻找和匹配适合自己的工作上，而且寻找工作任务、参加网上资格测试等也会消耗时间，折算成平均每小时的报酬后，收入并不高。
- 用过一个平台还是多个平台？接近一半的被调查者反映他们都曾使用过两个或两个以上的平台；同时还有超过60%的人表示他们愿意接受众包以外的工作（41%正在积极寻找）。
- 众包是他们非常依赖的主要收入来源吗？大部分人反映的基本情况是，除去家庭配偶给予的收入等以外，众包收入能够平均占到他们总收入的59%。
- 众包工作的灵活性、社交性和家庭责任是否能够兼顾？大部分工人反映众包工作具有很好的灵活性，但是同时表示众包工作牺牲了很多的社交和照顾家庭的时间。
- 众包工人从事的工作任务和技能水平如何？大部分众包工人反映众包工作与他们的高等教育背景关系不大，一般都是低技能的重复性的工作任务，仅有8%的工作与新技术如AI有关。
- 众包工作的社会保障制度如何？社会保障一般都比较低，而且越是依赖众包工作的人群，他们享受到的保障就越少。
- 被拒绝、收不到付款以及平台交流情况：有九成的众包工人遇到了工作成果被拒绝、未收到付款等情况；他们的诉求无法反馈在平台上，只能在自建论坛上求助。

上面的实践案例告诉我们，数字技术的发展，可以通过搭建平台来使更多劳动人口受益，从而创造新的就业，因此经济学理论模型需要捕捉到这一点。众包平台的发展也意味着宏观数据的失业率有被低估的可能。另外，也应该注意到，众包平台目前还停留在初级阶段，即仅仅是满足了社会的零工经济需求，还没有促进新技术和企业创新，同时众包工人的自身权益也没有得到很好的保障，这些问题为政府政策留下了发挥的空间。

11.1.3 数字技术的补偿效应1：新任务的创造

实际上，无论是数字技术业界、媒体界还是学界，都一直对AI和智能机器人等前沿技术存在着一种"非黑即白"的意见分歧，要么乐观地认为21世纪的新技术将带领人们走向资本与劳动力共享的美好未来（类似新古典理论的预示），要么悲观地认为新技术将取代人工，甚至成为少数人控制多数资源的统治工具（类似泽拉模型或某些20世纪90年代增长模型的预示）。经济学家通过对新古典经济理论的扩展，发现这可能是一种**错误的二分法**（false dichotomy），即新技术带来的两个方向的影响可能本来就是与生俱来的，需要看在什么条件下哪种力量更强。

上述实践案例恰恰提供了一种能够对冲新技术的替代效应的**补偿效应**——来自**新任务的创造**。对此，经济学家达龙·阿西莫格鲁（Daron Acemoglu）做出了开创性的贡献，将新任务的创造引入泽拉模型中，中和了泽拉模型原本过于强烈的、与已有数据趋势（无论是1980年代以前还是以后）不符的替代效应和不稳定性。出于方便展示和与前面理论模型相衔接的目的，我们将阐述一个简化的新任务创造模型[①]（Acemoglu和Restrepo，2016）。

模型借鉴了新古典经济增长理论的柯布-道格拉斯社会总生产函数和泽拉的工作任务模型，将社会总生产函数写为一系列工作任务按照单位替代弹性集合在一起的形式：

$$\ln Y = \int_{N-1}^{N} \ln y(x) dx \tag{11-10}$$

其中，每一个工作任务的形式依然参考泽拉模型，但做了细节的扩展：

$$X_i = \begin{cases} \gamma_L(x)L(x), & \text{如果该任务还未被自动化}, x \in (I, N] \\ \gamma_L(x)L(x) + \gamma_M(x)M(x), & \text{如果该任务已被自动化}, x \in [0, I] \end{cases} \tag{11-11}$$

阿西莫格鲁对泽拉模型的主要扩展在于：①虽然工作任务总数仍然标准化为1（即从 $N-1$ 到 N 的区间内），新的工作任务却可能被创造出来，即 N 本身可以增加。其带来的重要意义是除了自动化率 I 的改变会影响生产任务的广延边际之外，N 的变化也同样可以带来广延边际效应。②这一模型还比泽拉模型更好地考虑了密集边际，包括劳动增进型（labor-augmenting）技术进步 $\gamma_L(x)$（类似于新古典增长模型中的 A）和自动化深化型（deepening of automation）技术进步 $\gamma_M(x)$ 的引入，特别是后者是一种新的密集边际，可以提高现有自动化的生产效率。

与泽拉模型类似，当生产企业的产品市场和要素市场处于完全竞争时，最低成本利用生产要素的结果是全社会总的生产函数会具有以下类柯布-道格拉斯形式：

$$Y = B \left(\frac{K}{I-N+1}\right)^{I-N+1} \left(\frac{L}{N-I}\right)^{N-I} \tag{11-12}$$

其中，$B = e^{\left(\int_{N-1}^{I} \ln \gamma_M(x)dx + \int_{I}^{N} \ln \gamma_L(x)dx\right)}$ 代表两种增进型技术进步的影响。

为了简化分析，阿西莫格鲁施加了两个约束条件[②]：

$$\frac{W}{R} > \frac{\gamma_L(I)}{\gamma_M(I)} \tag{11-13}$$

$$\frac{\gamma_L(N)}{\gamma_M(N-1)} > \frac{W}{R} \tag{11-14}$$

其中，式（11-12）保证在既定任务区间内，处于 $[N-1, I]$ 自动化区域的所有任务一定会

[①] 模型的完全形态，例如采用CES社会总生产函数形式等。
[②] 此两个条件并非必要，Acemoglu和Restrepo（2016，2018）证明它们是必然结果，此处略。

通过使用资本（而不是仅仅使用劳动力）完成；式（11-14）则保证如果新任务诞生（例如任务数从 $N-1$ 增加到 N），工人会具有比较优势，因为劳动力相对于资本对企业的边际产出大于劳动力相对于资本对企业造成的边际成本，因而总产出也是增加的。

有了这些条件以后，模型的分析展现出了多维度的传导机制和传导效应：

类似泽拉模型具有的替代效应：

首先，根据完全竞争的假设，企业的雇用劳动力的边际收益等于边际成本，那么必将得到以下劳动力需求函数：

$$W = MPL = (N-I)\frac{Y}{L} \tag{11-15}$$

而劳动收入份额（labor share）α_L 可表达为：

$$\alpha_L = \frac{WL}{Y} = N - I \tag{11-16}$$

因此，通过式（11-16）可以看到，阿西莫格鲁的模型下，自动化必然具有降低劳动收入份额的替代效应：

$$\frac{d\frac{WL}{Y}}{dI} = -1 < 0 \tag{11-17}$$

生产力提升效应（一种补偿效应）：

可通过分析数字技术对工资（劳动力需求）的影响得出。首先，数字自动化技术对工资的影响可表述为：

$$\frac{d\ln W}{dI} = \frac{d\ln(N-I)}{dI} + \frac{d\ln\frac{Y}{L}}{dI} \tag{11-18}$$

然后分析 $\frac{d\ln\frac{Y}{L}}{dI}$，这需要先得到 $\ln\frac{Y}{L}$ 的表达式。我们可结合劳动力的需求函数（11-15）与资本的需求函数 $R = MPK = (I-N+1)\frac{Y}{K}$ 得到资本劳动比 $\frac{K}{L} = \frac{W}{R}\frac{(I-N+1)}{N-I}$，然后将其带入生产函数（11-12）即可得出对数生产力 $\ln\frac{Y}{L}$ 的表达式：

$$\ln\frac{Y}{L} = \left[\int_{N-1}^{I}\ln\gamma_M(x)dx + \int_{I}^{N}\ln\gamma_L(x)dx\right] + (I-N+1)\ln\left(\frac{W/R}{I-N+1}\right) \tag{11-19}$$

对上式求自动化率 I 的导数可得到：

$$\frac{d\ln\frac{Y}{L}}{dI} = \ln\left(\frac{W}{\gamma_L(I)}\right) - \ln\left(\frac{R}{\gamma_M(I)}\right) > 0 \tag{11-20}$$

其中，最后的大于号是利用了假设条件（11-13）。

最后，把式（11-20）代入式（11-18），我们便可得到数字技术对工资的总影响：

$$\frac{\mathrm{d}\ln W}{\mathrm{d}I} = -\frac{1}{N-I} + \left(\ln\frac{W}{\gamma_L(I)} - \ln\frac{R}{\gamma_M(I)}\right) \quad (11\text{-}21)$$

其中，$-\dfrac{1}{N-I}$ 部分类似我们在式（11-17）中已经识别出的替代效应，而 $\left(\dfrac{\mathrm{d}\ln W}{\gamma_L(I)} - \dfrac{\mathrm{d}\ln R}{\gamma_M(I)}\right)$ 部分则是新的补偿效应，其被阿西莫格鲁称为生产力效应（productivity effect）。

在劳动力供给给定且不具备弹性时，劳动力需求决定就业和工资。那么，在本章开头的引例中，银行 ATM 对部分银行出纳员就业的替代效应体现为 $-\dfrac{1}{N-I}$，而随着 ATM 节省下银行成本，银行可以去开更多的支行，去雇用更多的柜员；此外，银行业效率的提升也会正面影响其他行业，提高其他行业劳动力的需求，从而柜员的就业人数也可能上升。最终对就业的效应取决于两类效应孰强孰弱，很明显，在银行 ATM 的案例中，表现为替代效应被生产力效应超越。

此外，随着自动化过程推进、资本积累速度加快，由于劳动力和资本在模型设定中不是替代关系，那么资本的价格（租金 R）就会下降，从而可能加强生产力效应。

自动化深化（deepening of automation）效应：

如果数字技术继续进步从而使现有的自动化生产任务进一步深化，可能还会有一个补偿效应，即会提高已实现自动化的任务内的生产效率（属于密集效应）。对此，我们假设所有属于 $[N-1, I]$ 区间的增进效率都一样，$\gamma_M(x) = \gamma_M$，那么我们可以对式（11-18）求对 γ_M 的导数，得到：

$$\frac{\mathrm{d}\ln W}{\mathrm{d}\gamma_M} = 0 + \frac{\mathrm{d}\ln\frac{Y}{L}}{\mathrm{d}I}$$

而结合式（11-19），我们可以进一步求解出：

$$\frac{\mathrm{d}\ln W}{\mathrm{d}\gamma_M} = (I - N + 1)\mathrm{d}\ln\gamma_M > 0 \quad (11\text{-}22)$$

即自动化技术的深化可以提高生产的密集边际，释放出更多的补偿效应，增进劳动力需求和就业。

新任务创造（creation of new tasks）的广延边际效应：

值得注意的是，上述两个补偿效应仅会提升工资 W，对劳动收入份额却没有提升，因为对于劳动收入份额来说，式（11-17）的存在意味着自动化的推进总是会从广延边际上挤出劳动份额。然而，阿西莫格鲁注意到，如果是 N 的增加，即新的工作任务被不停地创造出来，那么劳动份额也可能会增加。这一点我们通过修改式（11-17）对 N 求导即可看清：

$$\frac{\mathrm{d}\frac{WL}{Y}}{\mathrm{d}N} = \frac{\mathrm{d}(N-I)}{\mathrm{d}N} = 1 > 0 \qquad (11\text{-}23)$$

这意味着劳动份额可以像新古典经济增长模型预示的那样（也与过往数据大部分时间相吻合），随着经济增长劳动份额也保持不变，从而共享经济发展的成果。只不过，在数字技术发展的背景下，其实现的途径不是通过新古典理论依赖的资本的边际回报递减，而是通过数字技术对新工作任务的不断创造。

最后，我们对工资也进行分析，同样对 N 求导：

$$\frac{\mathrm{d}\ln W}{\mathrm{d}N} = \frac{\mathrm{d}\ln(N-I)}{\mathrm{d}N} + \frac{\mathrm{d}\ln\frac{Y}{L}}{\mathrm{d}N}$$

通过结合式（11-20），可写为：

$$\frac{\mathrm{d}\ln W}{\mathrm{d}N} = \frac{1}{N-I} + \left[\ln\frac{R}{\gamma_M(N-I)} - \ln\frac{W}{\gamma_L(N)}\right] > 0 \qquad (11\text{-}24)$$

其中，最后的大于号得益于 $\ln\frac{R}{\gamma_M(N-I)} - \ln\frac{W}{\gamma_L(N)} > 0$，其可由假设条件（11-14）满足，故 $\ln\frac{R}{\gamma_M(N-I)} - \ln\frac{W}{\gamma_L(N)} > 0$ 的效应也被称之为一种生产力效应，而 $\frac{1}{N-I} > 0$ 被称为恢复效应（reinstatement effect）。因此，新任务创造不仅总是能提高劳动收入份额，也总是能提高工人工资。新任务创造的效应解释了为什么过去一个多世纪，人类的技术总是在进步并替代了相当一部分的人力劳作，但是工作岗位并没有减少，特别是劳动收入份额为什么能基本保持稳定：很多旧岗位被新技术替代的同时，新岗位也同步被创造了出来，而劳动份额保持不变可能是两者发生速度恰好相等的结果。

11.2 替代弹性和数字化下的内生技术进步

上一节的讲述说明，当数字技术不断在国民经济的生产任务中应用时，泽拉模型可以产生不同于新古典增长理论下的非均衡增长路径，随之劳动收入的份额也会不断下降，从而威胁就业。而阿西莫格鲁的理论拓展有效地解决了这一问题，只有不停创造出新工作岗位才能保证劳动力不会被替代掉。实际上，还有其他的因素也可能补偿数字技术对劳动力的替代效应，其中一个代表是鲍莫尔成本病（Baumol's cost disease）机制。本节将讲述这一机制的原理，并把它放入泽拉模型中进行建模，分析其对就业市场的影响。最后，模型将考虑数字技术内生性地促进一般技术进步的情形进行扩展，再次分析对劳动力市场的动态影响。

11.2.1 数字技术的补偿效应 2：鲍莫尔成本病机制

早在 1967 年，经济学家威廉·鲍莫尔（William Baumol）就提出，应用新技术的进步部门虽然生产效率不断提高，但是新技术无法被运用或者很难提高效率的落后部门反而会成为短板而影响整体经济发展的前景。其中的原因是进步部门一方面在扩张从而使得它在国民经济中的比重上升，但是另一方面随着它们把新技术加大应用，人们却并不会同比例地一直增加对先进部门产品的购买而是会把节约下来的收入购买更多的落后部门的产品，从而将社会生产资源导向相对生产成本更高、更难提升效率的落后部门，反而使得落后部门的比重上升。最终两部门的比重高低取决于两种力量的相对变化。第一种力量与前几节讲过的泽拉模型的增强资本比重的替代效应机制类似，而第二种力量则取决于不同部门产品间的替代性，当替代性不强时，资源将更多的流向生产成本更高的落后部门，学界称为**鲍莫尔成本病**机制。

近期，经济学家菲利普·阿吉翁（Philippe Aghion, 2017）等将鲍莫尔成本病作为一种补偿效应机制引入到了泽拉模型中。由于鲍莫尔成本病涉及不同中间产品间的替代弹性，模型需要采用不变替代弹性（CES）生产函数：

$$Y_t = A_t \left(\int_0^1 Y_{it}^\rho di \right)^{1/\rho} \quad (11\text{-}25)$$

其中，A_t 为以速度 g 增长的外生技术进步，Y_{it} 为分布在 [0, 1] 区间上的不同的工作任务以生产不同的中间产品，$\frac{1}{1-\rho}$ 代表不同中间产品间的替代弹性，当 $\rho<0$ 时，替代弹性 $\frac{1}{1-\rho}<1$，即不同产品间是互补关系而非替代关系，这一点非常重要。反之，当 $\rho>0$ 时，替代弹性 $\frac{1}{1-\rho}>1$，不同产品间是替代关系，当 $\rho \to 0$ 时，替代弹性 $\frac{1}{1-\rho} \to 1$，会接近于柯布–道格拉斯函数。

对于不同的工作任务 Y_{it} 的过程，我们沿用泽拉模型的形式：

$$Y_{it} = \begin{cases} L_{it}, & \text{如果该任务还未被自动化} \\ K_{it}, & \text{如果该任务已被自动化} \end{cases} \quad (11\text{-}26)$$

模型的其他部分沿用泽拉模型中的条件（11-2），以及市场出清的条件：

$$\int_0^1 K_{it} di = K_t$$

$$\int_0^1 L_{it} di = L_t$$

$$Y_t = C_t + I_t = (1-s)Y_t + sY_t$$

定义 β_t 为国民经济所有中间生产任务中已经数字自动化了的任务比率，那么，当生产要素被均匀分配到每个生产任务时，社会的总生产函数可以写为：

$$Y_t = A_t \left[\beta_t \left(\frac{K_t}{\beta_t} \right)^{\rho} + (1-\beta_t) \left(\frac{L_t}{1-\beta_t} \right)^{\rho} \right]^{1/\rho} \quad (11\text{-}27)$$

从上面的社会总生产函数我们已经可以看到数字化率 β_t 对资本和劳动力的影响并不是方向一致的，例如可以把上式重新写为近柯布－道格拉斯的形式：

$$Y_t = A_t [(B_t K_t)^{\rho} + (C_t L_t)^{\rho}]^{1/\rho} \quad (11\text{-}28)$$

其中，$B_t = (\beta_t)^{\frac{1-\rho}{\rho}}$，其可看作传统的资本增进型技术进步；$C_t = (1-\beta_t)^{\frac{1-\rho}{\rho}}$，其可看作传统的劳动力增进型技术进步。而 β_t 对资本和劳动力的影响则取决于替代弹性 ρ。

回顾当 $\rho < 0$ 时，替代弹性 $\frac{1}{1-\rho} < 1$，即不同产品间是互补关系而非替代关系，此时 $\frac{1-\rho}{\rho} < 0$，这意味着数字化率 β_t 的提升反而会造成资本减弱的效应（B_t 下降）而非增进效应；同时，它会增进劳动力（C_t 上升）。此时，鲍莫尔成本病的机制便出现了。

下面，我们不妨用更严谨的方式去考察要素收入的份额如何受到数字化率 β_t 的影响，以及是否仍然可能存在与新古典增长模型类似的均衡增长路径。

首先，我们利用（11-4）的公式计算出劳动收入份额：

$$\alpha_{L_t} = \frac{W_t L_t}{Y_t} = \frac{MPL_t \cdot L_t}{Y_t} = \frac{\partial Y_t / \partial L_t \cdot L_t}{Y} = (1-\beta_t)^{1-\rho} \left(\frac{A_t L_t}{Y_t} \right)^{\rho} \quad (11\text{-}29)$$

同理，我们可以算出资本收入份额：

$$\alpha_{K_t} = \frac{R_t K_t}{Y_t} = \frac{MPK_t \cdot K_t}{Y_t} = \frac{\partial Y_t / \partial K_t \cdot K_t}{Y} = (\beta_t)^{1-\rho} \left(\frac{A_t K_t}{Y_t} \right)^{\rho} \quad (11\text{-}30)$$

以及两者之间的份额比率：

$$\frac{\alpha_{K_t}}{\alpha_{L_t}} = \left(\frac{\beta_t}{1-\beta_t} \right)^{1-\rho} \left(\frac{K_t}{L_t} \right)^{\rho} \quad (11\text{-}31)$$

尽管我们还不确定数字化率对生产要素收入份额的两种方向相反的影响孰强孰弱，我们可以先假定经济体可能到达一种类似新古典模型的均衡增长路径，从而要素份额是稳定的：

$$d \ln \frac{\alpha_{K_t}}{\alpha_{L_t}} = 0 = (1-\rho) g_{\beta_t} + \rho (1-\beta_t) g_{k_t} \quad (11\text{-}32)$$

$$d \ln \alpha_{K_t} = 0 = (1-\rho) g_{\beta_t} + \rho (g_{A_t} + g_{K_t} - g_{Y_t}) \quad (11\text{-}33)$$

其中：$g_{k_t} = g_{K_t} - g_{L_t} = g_{K_t} - n$。

上面两式结合（同时利用 $g_{y_t} = g_{Y_t} - n$）即可得到此模型可能出现均衡增长稳态的条件：

$$g_{y_t} = g_{A_t} + \beta_t g_{k_t} \tag{11-34}$$

由此我们可以推论：

若经济除去数字技术以外的技术进步速度为零，$g_{A_t} = 0$，则出现均衡增长稳态的条件为：

（1）$\beta_t = 1$，即经济体完全数字化，此时自然满足稳态条件：$g_{y_t} = g_{k_t}$（在人口增速恒定为 n 时亦可等价写为 $g_{Y_t} = g_{K_t}$），即劳动收入份额自然保持不变。

（2）$\beta_t < 1$，即经济体未完全数字化，此时必须满足：$g_{y_t} = g_{k_t} = 0$，即零增长的经济体才会有稳定的劳动收入份额。

第二种情形等于为了保证收入分配均衡而牺牲了经济发展，因而很难被大家接受。而第一种情形，虽然技术设为外生不变，但经济体在数字化的推动下可以同时实现经济增长和要素收入分配的稳定。

图 11-5 展示了第一种情形下的模型动态表现。其中可以看出，尽管在数字化率提升的短期动态过程中，资本收入份额被大幅提升（类似 20 世纪后半叶农业机械化的初期和 21 世纪数字化技术刚开始推广的时期），劳动岗位被替代，但是鲍莫尔成本病的逆向作用机制一直存在，导致数字化越往后发展，经济体（在非自动化部门）的短板就越明显，资本份额反而会逐渐下降。在自动化率接近于 100% 时，短板效应达到最强，资本份额下降到 1/3 左右且会长期不变（而不会像泽拉模型那样一致增加从而迫使劳动份额下降到 0），接近过去 100 年发达国家数据中的平均值[⊖]。

虽然没有阿西莫格鲁的新任务创造机制，在阿吉翁模型中依然通过鲍莫尔成本病的引入成功给数字化的替代效应带来了反向的补偿机制。导致这一切的关键点就在于任务产出的产品之间的替代与互补关系。在上文的分析中，默认使用了 $\rho < 0$ 的设定，从而替代弹性 $\frac{1}{1-\rho} < 1$，即不同产品间是互补关系而非替代关系。从经济学直觉上来解释，当数字化了的产品行业逐渐提高生产效率从而降低产品价格时，人们并不会因为相对价格便宜而一直大量购买数字化产品，例如一场演奏会在 20 世纪初和 21 世纪初可能都是同样需要 10 个人来完成，显然数字化的效率提升没有体现在这类音乐服务产品上，那么更便宜的数字化产品如电子图书或其他物质产品的价格降低并不能让喜欢演奏会的人们少听演奏会而转去购买大量已经足够多的数字化产品，那么演奏会的价值其实是更加重要了，从而使经济体自发形成反向机制。

反之，如果 $\rho > 0$，从而替代弹性 $\frac{1}{1-\rho} > 1$，即不同产品间是替代关系，那么上文的所有分析结论都将被改变（从上述几个数学关系式均可以直接看出，人们倾向于放弃音乐演奏会而转去购买更多数字化产品），其结果是经济体将失去与数字化替代劳动力相抵消

⊖ 最后模型的资本份额收敛到多少取决于参数赋值。

的力量，从而结局会非常接近泽拉模型中的悲观预示。这也是为什么文献研究中如果想拟合过去的实际数据特征，会在使用 CES 生产函数时主要采用 $\frac{1}{1-\rho}>1$ 的假定。

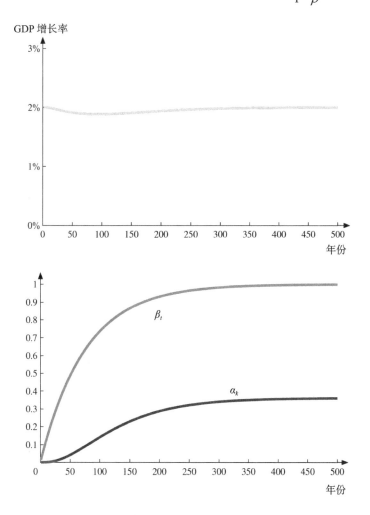

图 11-5　阿吉翁模型中鲍莫尔成本病与经济体长期要素份额的数值模拟

资料来自：Aghion, Jones B. F., Jones C. I. Artificial Intelligence and Economic Growth[J]. NBER Working Paper, 2017.

11.2.2　数字化与内生技术进步

前面的分析显然还可以被扩展，因为施加除数字化以外的其他生产技术 A 不变的假设显然未必符合现实，而且新古典经济增长理论也早已在 20 世纪 90 年代逐步被扩展为内生增长理论，即技术的产生过程可以被人类的研发投入和生产要素决定。那么，AI、智能机器人等先进数字技术的应用会同样促进其他生产技术的进步吗？其相互作用如何？劳动力市场是否会被挤压替代，还是仍然可以保持乐观？接下来将展示阿吉翁模型的内生技术扩展版本以回答这些重要问题。

▨ 聚焦实践 11-2

信息通信技术行业的结构变迁与创新

ICT 行业是数字经济的核心支柱产业之一，然而其行业结构也经历了较大的变化。在过去十年的发展中，与制造有关的信息通信制造业的生产技术不断成熟并逐步数字化、自动化，其产值份额在总 ICT 中的份额不断下降。然而，信息通信制造的数字化不仅引发对传统制造的替代效应，还推动了计算机服务业的飞速发展，其中很多计算机服务业的技术员工来自从传统制造业投入的人力和物力。中国手机和信息通信制造业巨头华为在保留和发展电信制造部门的同时，在 2015 年投入 8 万人（占总人员 45%）到信息技术部门，促进了华为信息专利技术的跨越式发展（华为 2017 年年报）。

图 11-6 展示了联合国贸易和发展会议发布的全球 ICT 行业报告中传统的信息通信制造业、电信业和计算机服务业的就业人数从 2010 年到 2015 年的动态变化。我们发现，传统通信行业中在被技术发展替代的同时，也促进了计算机服务业的技术发展和就业。实际上，总的 ICT 行业的就业人数从 2010 年到 2015 年净增长了 530 万人（UNCTAD，2019）。

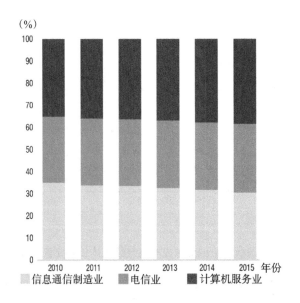

图 11-6　2010～2015 年全球 ICT 行业的就业结构变迁

资料来源：UNCTAD. Digital Economy Report 2019[R/OL]. (2019-09)[2021-07-02]. https://unctad.org/webflyer/digital-economy-report-2019.

图 11-7 展示了 2015 年全球多个主要经济体的传统电信业的就业人数与计算机服务业的就业人数呈现明显的负相关关系，可以清晰地看到这种行业主动转型投入资源到计算机服务业的过程。

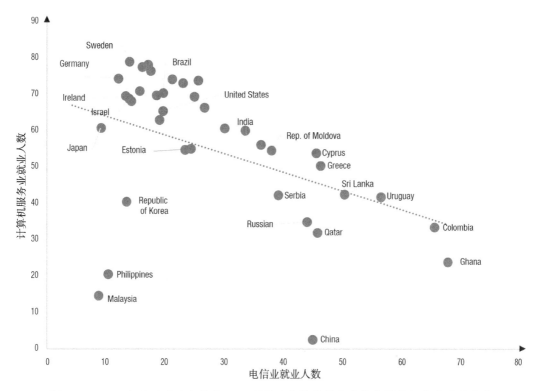

图 11-7　2015 年全球多个经济体 ICT 行业中电信业就业人数与计算机服务业就业人数（纵轴）的相关关系

资料来源：UNCTAD. Digital Economy Report 2019[R/OL]. (2019-09)[2021-07-02]. https://unctad.org/webflyer/digital-economy-report-2019.

这表明，数字技术的发展也可能会促进其他相关技术和产业的发展。那么我们在理论模型中可以对其他技术 A 外生的设定进行放松，允许数字技术影响 A 的发展。

为了体现数字技术对其他生产技术创新的影响，我们借鉴内生增长模型中的处理方法，即其他生产技术可以被生产要素（人力、物力）内生创造出来。例如借鉴式（11-25）的形式，考虑技术 A 的变化由以下生产函数生产出来：

$$\Delta A_t = A_t^\phi \left(\int_0^1 X_{it}^\rho \mathrm{d}i \right)^{1/\rho} \tag{11-35}$$

因此，我们与产品生产任务一样，也采用了 CES 的函数形式。同样，我们假设生产知识的任务 X_{it} 中会有一部分比例 β_t 被数字技术改造，从而我们可以得到类似式（11-27）的社会总的技术生产函数[⊖]：

$$\Delta A_t = A_t^\phi \left[\beta_t \left(\frac{K_t}{\beta_t} \right)^\rho + (1-\beta_t) \left(\frac{S_t}{1-\beta_t} \right)^\rho \right]^{1/\rho} \tag{11-36}$$

⊖ 为了与前面外生技术模型区分，我们把任务用 X 表示，把生产技术的工人（研发人员）用 S 表示。

我们同样看到数字化率 β_t 对资本和劳动力的影响也不是方向一致的，例如也可以把上式重新写为类似式（11-28）的形式：

$$\Delta A_t = A_t^\phi [(B_t K_t)^\rho + (C_t S_t)^\rho]^{1/\rho} \qquad (11\text{-}37)$$

其中，$B_t = (\beta_t)^{\frac{1-\rho}{\rho}}$，其可看作传统的资本增进型技术进步；$C_t = (1-\beta_t)^{\frac{1-\rho}{\rho}}$，其可看作传统的劳动力增进型技术进步。而 β_t 对资本和劳动力投入的影响则取决于替代弹性 ρ。

最后，为了分析得简洁明了，我们假设产品市场的生产任务公式（11-27）简化为①：

$$Y_t = A_t L_t \qquad (11\text{-}38)$$

那么，我们可以用不包含数字技术的内生增长模型的分析方法来分析模型的长期均衡②。首先，我们可以把式（11-37）写为：

$$\Delta A_t = A_t^\phi C_t S_t \left[\left(\frac{B_t K_t}{C_t S_t}\right)^\rho + 1\right]^{1/\rho} \qquad (11\text{-}39)$$

然后，考虑数字技术的应用率 β_t 按照一个有规律的增长方式进行，例如假设剩余还未数字化的任务按照指数速度减少：

$$r_t = 1 - \beta_t = e^{-\theta t}$$

那么，C_t 的增长率 g_{C_t} 则为：

$$g_{C_t} = \frac{d\ln(1-\beta_t)^{\frac{1-\rho}{\rho}}}{dt} = \frac{d\ln(e^{-\theta t})^{\frac{1-\rho}{\rho}}}{dt} = -\frac{1-\rho}{\rho}\theta$$

与此同时，我们注意到，随着数字技术应用推进，$\beta_t \to 1$，因此在长期 $B_t \to 1$。进一步假设研发人员的增长速度为外生给定 $g_{C_t} = n_S$，且经济体有长期增长（即 $\frac{K_t}{S_t}$ 会增长），那么 $\left(\frac{B_t K_t}{C_t S_t}\right)$ 在长期会无穷大。因为 $\rho < 0$，所以 CES 的部分 $\left[\left(\frac{B_t K_t}{C_t S_t}\right)^\rho + 1\right]^{1/\rho} \to 1$。因此，式（11-39）可在长期近似为：

$$\Delta A_t \approx A_t^\phi C_t S_t \qquad (11\text{-}40)$$

最终，我们回到了熟悉的传统内生增长理论模型的分析法，即模型的均衡增长稳态是否存在就看参数 ϕ 的取值：

---

① 如果没有这一简化，则模型均衡需要同时分析产出、资本、数字技术和其他技术的长期稳态，不仅分析庞杂不利于展示，而且没有增加新的见解，因此做了简化。
② 可借鉴两部门内生增长模型的分析方法（如 Romer, 1990; Grossman 和 Helpman, 1991; Aghion 和 Howitt, 1992）。

（1）当 $\phi < 1$ 时，数字技术对其他技术的提升也要符合边际回报递减特性，因此数字化并不会带来爆发式全社会技术进步，最多只能使得短期的经济发展水平更高，长期会再次达到稳态，增长率短暂增加后会在长期回到稳态增长率。此时，稳态增长率的解可以通过把式（11-40）改写为 $\frac{\Delta A_t}{A} = A_t^{\phi-1} C_t S_t$，两边取对数微分，再使其等于零即可得到：

$$d \ln \frac{\Delta A_t}{A} = (\phi-1)g_{A_t} + g_{C_t} + n_S = 0$$

或

$$g_{A_t} = \frac{g_{C_t} + n_S}{(1-\phi)} = \frac{n_S - \frac{1-\rho}{\rho}\theta}{(1-\phi)} \quad (11\text{-}41)$$

这表明，当稳态存在时，全社会技术进步得益于人口增速和数字化两种源动力。前者已被传统内生经济增长模型所揭示，而后者则属于数字经济赋予的额外增长引擎。另外，当均衡路径存在时，劳动力和资本共享经济发展的成果，并不会发生长期失业问题。

（2）当 $\phi = 1$ 时，任何人口增加或数字技术的进步对 A 的影响都不会边际递减，因而会导致社会生产技术 A 的永久性增加，劳动者被挤压。

（3）当 $\phi > 1$ 时，任何人口增加或数字技术的进步对 A 的影响不仅不会边际递减，还会放大，因而会导致社会生产技术 A 的爆发式增长，劳动者被挤压。

11.2.3 数字化与企业创新的微观机制

前面的分析是理论层面的探讨，其有可能因为简化和建设条件的局限而忽略实际经济活动中存在的很多弊端。数字技术到底是像过往一直在发生的技术进步一样最终并不影响均衡增长的路径，还是会有根本的不同会带来社会生产力的跨越式发展，除去宏观抽象出的参数取值（替代弹性、要素和技术的边际递减特性等）至关重要以外，在微观上还必须建立数字化公共服务和促进其余生产力进步的有效机制。这些微观机制包括但不限于以下内容：

逃离竞争效应（escape competition effect），意指数字化技术使得企业的创新竞争空前激烈，只有最快速有效的创新成果才能让企业生存下来，那么竞争压力会鼓励企业多投入资源和精力到研发活动中，从而促进整个社会的生产技术进步。

气馁效应（discourage effect），其与逃离竞争效应对应且方向相反，意指企业也可能因为竞争压力过大、失败的风险过高而放弃研发，转而从事别人遗漏的技术含量低的小领域，这种现象无论在发达国家还是发展中国家都普遍存在。

逆向研发和抄袭（reverse engineering and imitation），这两个效应同样可能相互对冲，数字技术使得很多技术信息可以共享和透明，企业可以通过逆向研发更快地追上前沿科技的步伐,并可能在此过程中发明新技术;但与此同时,企业也可能没有足够的激励去创新而是依赖抄袭和模仿,从而阻碍创新,这在发展中国家较为普遍。

开发新产品(innovation of new products),数字经济透明、开放和共享的特点使得企业重复生产产品的受众面会越来越低,加上竞争的激烈,企业研发技术的前沿越来越困难,它们可能转向新产品的研发,创造出完全不同的产品,从而促进社会创新。

搭建平台(building platforms),这是被数字经济学家经常展示的数字技术带来正面效应的机制,现实中很多企业通过数字化平台节约了信息沟通成本、代理人成本、搜寻匹配成本等,从而也有利于企业创新活动的展开;然而,其反面作用同样不能忽视,例如平台经济可能也会诞生垄断企业(无论是国外的谷歌、脸书还是国内的BAT三巨头都具有垄断性质),依赖这些平台生存的企业或个人经常会被攫取垄断利润,从而抑制创新。另外,平台企业会通过自身战略设计设置进入壁垒(entry barriers),从而也不利于新企业进入和新技术的诞生。

专利保护(patent protection),经济学家都已经认识到,专利保护是一把"双刃剑",一方面,只有充分保护数字技术专利才能保留上述数字技术对企业创新的正面作用;另一方面,专利的保护本身也会形成垄断和壁垒,因而同样可能对市场竞争和企业创新不利。

因此,一个经济体的数字化必须尽量扬长避短,在推动自身部门发展和向其他部门扩张的同时,应当给企业和个人的其他创新活动提供足够的激励机制,才能不妨碍其他生产技术的发展。

11.3 人工智能与就业

在上一节的内容中,我们看到数字技术的发展除去人们从技术层面看到的乐观或悲观的表象的背后,其实隐藏着经济学原理的作用机制,特别是数字技术对劳动力的替代效应也可能会被其他几类或大或小的补偿效应所抵消,因而总的效应可能是不确定的。然而,现实中有一类数字技术在近年来得到了飞速的发展,其自身不仅代表新技术,还可能直接取代生产要素(包括资本、机器和劳动力),甚至还可以自我进化,这便是人工智能(artificial intelligence,AI)。实际上,经济学家阿西莫格鲁每次在公开场合谈到我们上节讲到的新任务的创造等补偿效应时,经常会收到台下人工智能专家的提醒甚至批评,称AI是一种完全不同的技术,其对经济体的影响会在广度、深度和速度上比大部分经济学模型强大得多。

这意味着上节提到的各种补偿效应可能属于乐观预计,例如新任务的创造可能远远赶不上AI的替代效应;又如鲍莫尔成本病作用的大前提是AI的自动化过程不可以太快;AI也许会提高创造力为人类创造艺术作品和高阶服务从而产生替代性更高的产品,进而降低鲍莫尔成本病的补偿作用;而内生技术进步理论与AI的结合可能出现AI自我快速进化去创造新知识,从而引发技术爆炸。

在这一节中,我们将充分考虑AI的特殊性,以更加开放、大胆的假设去分析AI作为目前最炙手可热的数字技术对经济增长和劳动力市场的影响。具体地，我们将考察 AI 的发展是否会带来技术进步和经济发展速度的奇点[○]（singularity），从而引发不可控的爆发式增长并造成劳动力被完全、永久替代。参考 Aghion 等（2017）的分析，我们分别从 AI 完全替代产品生产过程的劳动力、AI 完全替代内生技术生产的劳动力、不完全自动化下的爆发式增长和超级智能四个角度去分析出现奇点的可能性。最后，我们依然保持经济学的冷静，从技术瓶颈、鲍莫尔成本病的再回顾与熊彼特的创造性毁灭等角度审视奇点效应也许并不容易马上出现的原因。

11.3.1 AI 引发奇点的理论分析

第一种可能，我们考虑 AI 实现技术突破，在最终产品的生产中完全替代掉了人类。例如，依托上一节中的模型，这意味着社会总生产函数简化为著名的 AK 模型：

$$Y = AK \tag{11-42}$$

另外假设资本变动方程不变：

$$\Delta K = I - \delta K = sY - \delta K \tag{11-43}$$

结合两式可得：

$$g_K = \frac{\Delta K}{K} = \frac{sY - \delta K}{K} = sA - \delta \tag{11-44}$$

$$g_Y = g_A + g_K = g_A + sA - \delta \tag{11-45}$$

因此，任何技术的进步（或储蓄率的提高）都会产生资本积累和产出增长速度的自我加速效应，经济体呈现爆发式增长。在此情况下，劳动力被永远取代，失业便是未来趋势。

第二种可能，是最终产品的制造依然需要劳动力 $Y_t = A_t L_t$，但技术的生产过程率先摆脱了劳动力的束缚，仅仅由 AI 的自我进化配合一定资本即可实现，例如，式（11-36）此时变为：

$$\Delta A_t = A_t^{\phi} K_t$$

其中，$\phi > 0$。

那么，如何分析技术的长期状态呢？我们需要把资本变动和上式的技术变动联合起来考察：

$$\frac{\Delta K_t}{K_t} = s \frac{sY - \delta K}{K} = \frac{sL_t A_t}{K_t} - \delta$$

[○] 奇点效应指经济技术发展到达一种临界点会突然加速突破，呈现爆发式增长的现象（Kurzweil, 2006; Danaylov, 2012；等等）。

为分析简便，不妨设人口为常数 $sL_t = 1$，且 $\delta = 0$，于是上面两式可简化为：

$$\frac{\Delta A_t}{A_t} = A_t^\phi \frac{K_t}{A_t} \tag{11-46}$$

$$\frac{\Delta K_t}{K_t} = \frac{A_t}{K_t} \tag{11-47}$$

此时，虽然两式依然没有给出直接的关于 A_t 与 K_t 的增长率的解，但我们可以先通过反推来论证它们两者的大小关系。现在假设 A_t 与 K_t 增长率都相同，则它们的比值 $\frac{K_t}{A_t}$ 和 $\frac{A_t}{K_t}$ 都应该是稳定的常数，例如，可以设定 $\frac{K_t}{A_t} = a$，$\frac{A_t}{K_t} = 1/a$，然而此时式（11-46）意味着 $\frac{\Delta A_t}{A_t}$ 是增长的，而式（11-47）意味着 $\frac{\Delta K_t}{K_t}$ 是固定不变的，因此必然是 $\frac{\Delta A_t}{A_t} > \frac{\Delta K_t}{K_t}$ 才可能如此。据此，把式（11-47）修改为：

$$\frac{\Delta K_t}{K_t} = \frac{A_t}{K_t} < \frac{\Delta A_t}{A_t} \text{ 或 } \frac{K_t}{A_t} > \left(\frac{\Delta A_t}{A_t}\right)^{-1}$$

然后把（11-46）中的 $\frac{K_t}{A_t}$ 求出，然后代入上式即可得到：

$$\frac{\Delta A_t}{A_t} > (A_t)^{\phi/2} \tag{11-48}$$

这个结果说明，只要 $\phi > 0$，技术进步速度就会被任何 A 的提高进行自我加强，从而产生**奇点**效应[⊖]。此时，研发部门不需要研发人员，仅仅依靠 AI 便可以实现爆发式增长，因而劳动力的需求将仅仅是配合制造最终产品，其增长速度是稳定的而经济体的爆发速度是极快的，因而劳动收入份额会无限降低。

不完全自动化下的奇点效应。 上述第二种奇点的可能性依赖生产过程完全的自动化，一个自然的问题便是，如果是不完全自动化是否就不能产生爆发增长呢？下面我们来分析一下。假设最终产品和知识的生产都只有部分完成了 AI 自动化，其生产函数分别为：

$$Y_t = A_t^\sigma K_t^\alpha L_t^{1-\alpha} \tag{11-49}$$

$$\Delta A_t = A_t^\phi K_t^\beta S_t^\lambda \tag{11-50}$$

因而，产品生产和知识生产中分别有 $1-\alpha$ 和 $1-\beta$ 比例的任务还没有被 AI 自动化。相应地，资本变动方程可写为：

[⊖] 从传统的没有 AI 的内生增长理论我们也不难发现，即使 $\frac{\Delta A_t}{A_t} = (A_t)^{\phi/2}$ 也一样会导致爆发式增长。

$$\Delta K = sY - \delta K = sA_t^\sigma K_t^\alpha L_t^{1-\alpha} - \delta K \qquad (11\text{-}51)$$

下一步，不妨再次设定人口为常数 $sL_t = 1$ 且 $\delta = 0$，然后把式（11-50）、（11-51）写为增长率的形式：

$$\frac{\Delta A_t}{A_t} = A_t^{\phi-1} K_t^\beta S_t^\lambda \qquad (11\text{-}52)$$

$$\frac{\Delta K_t}{K_t} = sA_t^\sigma K_t^{\alpha-1} \qquad (11\text{-}53)$$

此时，我们可以看出资本和知识的动态分析又回到了熟悉的新古典内生增长模型的分析法。例如，我们可以假设 $\frac{\Delta K_t}{K_t} = 0$，从而以式（11-53）得到 $K_t = A_t^{\sigma/(1-\alpha)}$，将其带入（11-52）可得：

$$\frac{\Delta A_t}{A_t} = S_t^\lambda A_t^{\frac{\beta\sigma}{(1-\alpha)}+\phi} \qquad (11\text{-}54)$$

因此，出现均衡增长的稳态的条件必然为：

$$\frac{\beta\sigma}{(1-\alpha)} + \phi = 1 \qquad (11\text{-}55)$$

这是因为只有 $A_t^{\frac{\beta\sigma}{(1-\alpha)}-\phi} = 1$ 才能保证知识的增长率不会因为知识水平的增加而继续增加，而 S_t^λ 是外生给定的稳定过程不会影响经济体的稳定。

有两点总结：第一，均衡增长需要满足的条件式（11-55）与传统内生增长模型的含义一致。例如，当产品生产符合 $\frac{\sigma}{1-\alpha} = 1$ 时，代表产品生产符合规模报酬不变；而此时式（11-54）便剩下 $\beta + \phi = 1$，符合知识生产的规模报酬不变，所以式（11-55）是产品和知识生产同时满足规模报酬不变这个新古典经典假设的综合条件。第二，第一条分析也就意味着，当 $\frac{\beta\sigma}{1-\alpha} + \phi > 1$ 时（在参数取值区间内完全可能发生），经济体便会再次进入奇点，出现爆发式增长。由于这是劳动力稳定时得到的结果，这意味着劳动力份额会随着经济爆发而无限降低。

超级智能（super intelligence）的出现。当前很多人工智能预言家都提出一个更为极端的技术可能，就是 AI 不仅可以替代人力进行运算，还可以自我产生数据、自我分析、自我纠错，从而完成自我进化并创造出新知识。如果技能发展能够突破计算的瓶颈，那么 AI 就可以具有人类一样的认知能力，从而无限接近甚至超越人类智能。虽然我们还未看到这一幕在今天出现，但是技术上并不排除这种可能。因而，我们将 AI 进化出的认知能力也纳入模型中来分析。例如，我们把认知能力当作变量 Q_t，其服从 AI 的自我进化过程如下：

$$\Delta Q_t = Q_t^{1+\mu} \qquad (11\text{-}56)$$

那么，由类似上面几种情景分析的方法可知，当 $\mu > 0$ 时，AI 便会加速自我进化，最终接近超级智能。

而如果我们允许 AI 发展出的认知能力作为一种生产要素能够用于物质生产中的生产力 A_t，则社会生产力的函数可以写为：

$$\Delta A_t = Q_t^{\gamma} F(K, L) \qquad (11\text{-}57)$$

那么，同理可知当 $\gamma > 0$ 时，物质生产力也会出现奇点效应，引发爆发式增长。而这一切都无须依赖人类的体力或者脑力，因而 AI 很有可能（或早或晚）取代劳动力。

11.3.2 阻挡 AI 统治世界的因素

我们不难看到，当引入 AI 到内生技术进步模型时，除非给定很特殊的参数取值约束，否则 AI 都有理论上发生奇点效应的可能并最终取代人类，从而引致人类暗淡的未来。然而，经济学原理经常提醒我们，利与弊经常是一对双胞胎，正向与反向的力量一般不会单独出现。那么，能够平衡 AI 强烈的替代效应的因素有哪些呢？下面，我们将列举一些已经学过的力量，以及一些新的因素。

首先，在第 11.1、11.2 节中回顾的新任务创造效应和鲍莫尔成本病效应都依然存在。尽管 AI 在本节学习中被设定为非常强大，然而我们会发现 AI 也总是能创造出一些新的工作岗位，近的如 AI 训练师，远的可能会包括人机交互、智能互动等多种工作岗位，这会相当程度上补偿 AI 强烈的替代效应；此外，国民经济部门和人类的需求中，总有一些内在需求和精神境界的追求是 AI 所无法替代的，这意味着 AI 可能永远也不能完全实现经济的数字化和自动化。那么，只要经济体没有完全被 AI 控制，未控制的部分就会变得越来越重要，成为整个经济的短板和资源分配相互竞争的地方，那么鲍莫尔成本病会再次发生作用，AI 的比重可能无法获得永久提升。

其次，自动化本身可能具有发展的瓶颈。我们在超级智能的分析中假设了 AI 可以进行所有的认知能力，这是人类特有的高级智慧形式，从而可以替代人类履行知识创造和物质创造的任务。然而，现实中人类总有一些认知能力是 AI 无法完全替代的。

再次，即使 AI 可以完成完全的自动化代替人类，它还需要面对服从自然法则的知识的边界极限。这在现实中表现为"涸泽而渔效应"（fishing-out effect）（Jones, 2009），很难搜寻到新知识的效应（Kortum, 1997）以及"黔驴技穷"（running out of ideas）效应（Gordon, 2016）。这在模型中体现为式（11-57）中的指数 $\gamma < 0$ 的情况。

最后，我们注意到有些经济学家（如 Aghion 等，2017）提出了人类做研发还是 AI 做研发的两难选择问题，如果允许 AI 自我创造新的生产技术并参与生产，同时假设新技术总是替代旧技术（依据熊彼特的**创造性毁灭**理论），那么人类可能反而陷入增长困境。这是由于，普通的创造性毁灭模型只是考虑了创造新知识会对人类造成成本，这种成本相比新知识的正面生产力效应还不够强大，因而不足以导致经济没有创新动力。然而，Aghion 等人在把 AI 加入类似模型之后，他们发现 AI 的高效率进一步增加了人类亲自做创新的成本，长期来看，随着 AI 自动化的逐步完成，人类投入研发的资源会趋向于 0，从而再也没有生产力的进步，经济发展陷入停滞，进而使得 AI 的奇点效应和爆发式增长并没有出现，人类也不会被 AI 取代。

11.4 数字化时代的劳动者保护和政府政策

经过前面几节的相关理论和数据分析，我们了解到数字技术对国民经济的发展既有利也有弊，既有替代效应也有补偿效应。在这一节中，首先，我们将总结以上理论对劳动力市场的影响，并分析其对就业的启示；其次，我们转向更为复杂的劳动力市场结构问题，包括劳动者保护、技能溢价、数字鸿沟和劳动力市场摩擦等亟待解决的问题；再次，我们还将关注人口老龄化问题，分析其与自动化的关系；最后，我们提出几条政策建议，为数字化时代的劳动者保驾护航并促进经济体效率和公平的平衡。

11.4.1 数字经济下政府就业政策的目标和工具

政府就业政策的目标。就业是财政和货币政策的重要政策目标，其具体分为以下几个维度，每个维度都有自己的目标设定和面临的利弊权衡：

第一，长期目标与短期目标。主流理论一般把长期目标交给财政政策去实现，而货币政策一般具有长期货币中性。财政政策的长期就业目标为保障充分就业、就业稳定和就业公平；另外需要注意到，长期目标与短期目标可能具有潜在的冲突，例如，财政政策对长期劳动力市场的调控可能被短期货币政策的逆周期操作而影响甚至中断。

第二，就业目标可能与其他国民经济调控目标（如潜在产出目标与通胀率目标等）产生冲突，这种冲突主要出现在短期，在菲利普斯曲线中有充分体现。

第三，就业总体目标和结构目标的冲突。劳动力市场结构出现问题会拉大贫富差距，导致不同群体间的工资和就业出现差异甚至形成两极分化。政府政策需要权衡总体目标和结构目标。

第四，效率和公平之间的权衡。数字技术作为一种未来极具潜力并可能影响国民经济全局的技术，能够提升生产效率，因此政府政策应该引导其健康发展，然而在发展过程中对就业的负面作用也会显现，甚至会非常激烈，这就需要政府认真做好效率和公平的权衡。

下面将从劳动力市场结构、人口老龄化等维度去分析政府政策应当如何趋利避害，引导数字经济的良性发展。

调控工具包括：

第一，产业政策工具，包括对数字化经济及其相关产业的扶持和优惠。在实际运行过程中，需要注意产业政策可能带来的市场扭曲和资源浪费，政策应旨在引领市场方向、解决市场存在的固有问题而非破坏市场本身的效率。

第二，政府服务。加快政府服务转型，加大政府在人才培养、市场匹配方面的支出，提高劳动力技能并与 AI 等先进数字技术匹配；减少劳动力市场摩擦，提供必要的服务和帮助，降低市场供需双方的搜寻成本，提高匹配效率。

第三，效率和公平的利弊权衡。理解数字化给就业市场带来的正向和反向的作用机制，避免错误的二分法和顾此失彼。尽量发挥数字经济对就业的新任务创造效应，削弱其在短期内对劳动力的替代效应和收入分配效应；认识到发挥数字经济补偿效应的同时可能对效率产生的伤害。

第四，税收及补贴工具。应避免为了发展数字经济而对数字产业或资本收入过度补贴，应当合理调节劳动收入在国民经济中的份额，在生产效率和社会公平之间做好科学决策，提高政策制定和实施的合理性。

11.4.2　平台经济的算法压榨与劳动者保护

在前面章节的理论分析中，我们知道数字经济可以通过搭建平台等方式创造出新的工作岗位，劳动者可能不会被取代。然而，在现实经济的运行中，劳动者的权益仍然有可能受到侵害和压榨。

聚焦实践 11-3

当北大博士成为外卖骑手

2021 年 5 月，搜狐新闻旗下的极昼工作室刊载了一篇题为《当北大博士成为外卖骑手》的文章，记录了一位叫陈龙的北京大学博士加入北京一家外卖骑手团队体验骑手工作和据此写作论文的故事。

陈龙在一次系统的大调整中发现，外卖平台在压缩配送时间上永不满足，他们总在不断试探人的极限。以下是陈博士的部分口述：

"我们每天 9 点在中关村广场集合，……我第一天才跑了 9 单，……后来极限撑开了，我最多一天送了 24 单，那个时候甚至还想平台怎么不多派两单。"

"那个时候我还没有想到用'算法'这个词，用的是'数字治理'。因为我在送外卖的过程中意识到，平台在不停地搜集数据。……平台可以不断地追踪骑手的轨迹。"

"这样庞大复杂的劳动秩序之所以成为可能，是有这样一套数据支撑的系统，……是一种高度的控制和精准的预测。"

"我送外卖那段时间，大部分时候也会抱怨一件事情，就是时间，特别是中午高峰期时段，单子真的特别多，也催得紧。……通常也是这个时候最容易出事故。"

"我记得当时我们去中国人民大学知行公寓楼送外卖，学校只允许骑手从校园北门进去,所以系统给你计算送餐时间的时候,会以北门作为测算依据,……要花4分钟时间。但后面就有人发现,知行公寓旁边有一个侧门,……人下来走两步就进去了,……步行时间不超过半分钟。所以很多骑手就会改变路径,提前完成知行公寓的送餐任务,节省下来的时间可以跑其他订单……这相当于是系统中的一个漏洞,……但很多人都这么做了以后,平台也发现了,它就会给你压缩时间,堵上这个'漏洞'……由于系统敏锐的'数据控制',……最后可能就导致原先的30分钟变成25分钟。"

"因为大家都在做平台,都是零工经济,你自以为走出一个牢笼,实际可能是进入一个新的牢笼。……(改变)很难。除非是平台想改变,或者是政府出台相关的政策,不然的话没有办法。"

很显然,聚焦实践11-3中的这个案例揭露了一个残酷的事实,平台经济在体现技术进步、算法精进的同时,也可能出现劳动者权益保护的真空地带。在这位陈博士的骑手体历中,我们看到了送餐工作的激烈竞争,看到了交通安全隐患,更看到了智能的平台算法让骑手很难有缓冲和调节的余地,最后被迫压榨出身体的极限。而且骑手工作一般很难有长期保障和行业工会保护,平台占据了绝对优势,这就体现出垄断的危害。

类似这样的情况还有很多,智能的算法并不代表其本身具有人文关怀,劳动者基本权益的保护还得依靠政府出台和改善劳动者保护制度和相关法律法规。在政府制定应对政策时,首先需要守住劳动者基本权益必须得到有效保护的底线,其次是应对反垄断等市场竞争问题,前者只需要弥补法律法规的缺位,后者则需要在市场效率和公平之间做一个权衡。

11.4.3 数字化与劳动力市场结构:数字鸿沟、技能溢价与劳动力市场摩擦

国民经济的数字化发展不仅在总体层面引发替代效应和补偿效应,在经济结构上也会造成不均衡等结构问题。下面将从数字鸿沟、技能溢价与劳动力市场摩擦等角度阐述数字经济带来的劳动力市场结构问题。

1. 就业市场的数字鸿沟

▒ 聚焦实践11-4

数字自动化与贫富差距

图11-8描绘了美国收入最高的0.01%人群占有国民收入的比重变化情况,我们从中看到了明显的上升趋势,这一趋势与数字技术的出现和应用不谋而合。而图11-9则描绘出,低收入群体更容易被自动化所取代。两幅图很容易让人联想到贫富差距拉大与数字自动化的应用有关。

图 11-8 贫富差距：美国 0.01% 的人口拥有的社会收入比重

资料来源：Thomas P, Emmanuel S. Income Inequality in the United States, 1913-1998[J]. Quarterly Journal of Economics, 2003(118): 1-41. 数据更新到 2016。

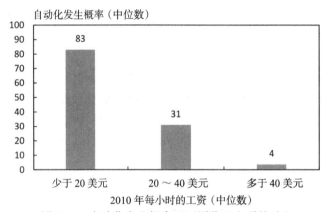

图 11-9 自动化发生概率：不同收入人群的对比

资料来源：美国白宫. 人工智能、自动化和经济 [R]. (2016-12-22)[2021-07-02].

这便产生了**数字鸿沟**现象，即随着数字技术的应用，不同国家、地区和群体之间由于起点不同、市场竞争地位不同以及创新能力存在差异，导致贫富差距拉大，甚至出现两极分化严重的现象。一个国家的政府政策应当充分考虑到国家之间、民族之间、行业之间、社区之间甚至人与人之间的信息技术掌握、运用和接受能力的差别，尽量避免数字技术成为收入分配不公的祸源。

2. 技能溢价与劳动力市场摩擦

聚焦实践 11-5

技能溢价

图 11-10 描绘了高技能者（体现为学历差距）的技能溢价（skill premium）呈现出

上升趋势。

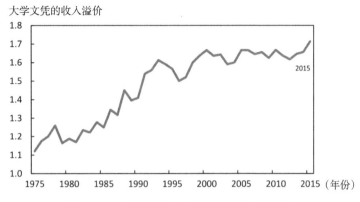

图 11-10　技能溢价：大学文凭的收入溢价

资料来源：CPS ASEC（美国人口普查中心、美国数字货币管理委员会），2016。

技能溢价的出现也有可能是数字经济和自动化发展的一个自然结果。这是因为自动化首先替代的便是低技能的劳动者的工作任务（Acemoglu and Restrepo 2016）。这表明政府部门应当出台政策，以帮助提升低技能劳动者的劳动技能，以及提高国家高等教育的普及率。

阿西莫格鲁等（2018）还将劳动力市场摩擦中劳动者技能与自动化不匹配的情况做了理论分析。结合第 11.1.2 小节的模型，得到了以下结果：

$$\frac{\mathrm{d}\ln\left(\frac{W_H}{W_L}\right)}{\mathrm{d}I} = \frac{1}{S-I} \tag{11-58}$$

$$\frac{\mathrm{d}\ln\left(\frac{Y}{L}\right)}{\mathrm{d}I} = \ln\left(\frac{S-I}{I-N+1}\right)\frac{K}{L} + \ln\frac{\gamma_M(I)}{\gamma_L(I)} \tag{11-59}$$

$$\frac{\mathrm{d}\ln\left(\frac{Y}{L}\right)}{\mathrm{d}N} = \ln\frac{\gamma_H(N)}{\gamma_M(N-1)} - \ln\left(\frac{N-S}{I-N+1}\right)\frac{K}{L} \tag{11-60}$$

其中，W_H 与 W_L 分别代表高、低技能工人的真实工资，S 代表高技能工人的比重。从式（11-58）可以看出，自动化率 I 的提高会提高技能溢价 $\frac{W_H}{W_L}$；式（11-59）表明当劳动技能更加不匹配时（S 降低时），自动化率 I 对生产力的提升作用将打折扣；式（11-60）表明当劳动技能更加不匹配时（S 降低时），新任务的创造对生产力的提升作用也将减弱。因此，政府应当积极推出改善劳动力市场技能和资本匹配的政策措施，并加大力度提高劳动力的整体技能水平，降低贫富差距，减少效率损失。

11.4.4　人口老龄化与数字化就业

▓ 聚焦实践 11-6

人口老龄化与自动化

人口老龄化已经成为新的全球化问题，不仅发达国家一直存在老龄化问题，我国近年来也已经遭遇生育率下降和老龄化等问题。

图 11-11 展示了美国经济学家阿西莫格鲁在实证研究中根据国际上多个国家的人口数据和机器人使用数据得出的发现。从结果上看，人口老龄化推动了自动化的加速发展。值得注意的是，中国的老龄化现象也比较严重，但是自动化水平并不高，因此政府政策有巨大的发挥空间。

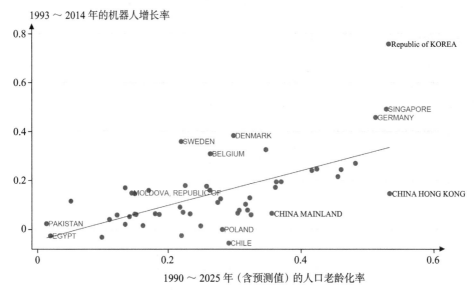

图 11-11　阿西莫格鲁关于人口老龄化与自动化的实证研究

资料来源：Acemoglu, Restrepo. Demographics and automation[J]. NBER Working Paper, 2018.

由此可见，政府在制定数字经济相关政策时应考虑劳动力结构问题，包括人口老龄化问题。

第一，人口老龄化已成为全球性的紧迫问题，关系到国民经济结构和民生福祉。

第二，在短期鼓励生育的政策难以见效的情况下，发展数字经济和自动化是解决劳动力稀缺和养老问题的重要手段。

第三，我国自动化发展的潜力和空间还很大，推行自动化的边际收益较高。

▓ **本章小结** ▓

本章讲述了数字经济研究的焦点问题之一——就业问题。这一章从传统的新古典经济增长理论讲起，在案例分析和数据对比中理解传统理论的不足之处，继而引入新古典理论的拓展模型——工作任务模型，从而刻画出数字技术的替代效应。随后引入了新任务的创造以及鲍莫尔成本病的理论扩展，分析多种补偿效应从而能够与替代效应对冲。这些理论模型使人们能够认识到关于数字技术"非黑即白"的二分法的错误，并能够理解两种效应强弱变化的发生条件。接下来又将理论模型扩展为内生增长，并分析数字技术是否促使均衡增长与实现就业稳定。第3小节从奇点理论和熊彼特的创造性毁灭理论两个相反的角度去分析AI在未来可能对劳动力市场和就业产生的影响。最后，在上述理论分析的基础上，分析了政府应该如何制定政策才能更好地利用数字经济的发展成果，保障劳动者的权利和社会公平。

关键术语

替代效应	工作任务模型	错误的二分法	补偿效应	新任务的创造
鲍莫尔成本病	奇点	创造性毁灭	数字鸿沟	技能溢价

复习思考题

1. 请简述数字技术对就业的几种不同效应，并按照替代和补偿作用做出归类。
2. 请简述鲍莫尔成本病的成因和依赖的假设条件，并举出一个现实生活中的例子。
3. 大学生小明在使用淘宝网购物时，无意间被营销进店主的微店，并且加了微信。很快，小明发现自己逐渐从微店和朋友圈等渠道买入了比预计更多的商品，甚至还后悔买了一些用不到的商品。再后来，小明从微店用户的评价中发现了咸鱼App，随后小明便把不想要的多余商品在咸鱼上卖掉了。
   请回答：①在这个事例中共有几个数字化平台？②你认为这些平台的出现对小明是好事还是坏事？③结合这个事例，你认为平台经济的发展是否促进了新任务的创造或者新技术的产生？对社会就业的影响如何？④结合这个事例，你认为平台经济的发展应该受到哪些约束？
4. 请举出3个你认为AI可能永远也达不到的人类认知能力或高级智慧。

参考文献

[1] 美国白宫. 人工智能、自动化和经济[R]. (2016-12-22)[2121-07-02]. https://obamawhitehouse.archives.gov/sites/whitehouse.gov/files/documents/Artificial-Intelligence-Automation-Economy.PDF.

[2] 华为技术有限公司. 2017年年度报告[EB/OL]. (2018-03)[2021-07-02]. https://www.huawei.com/en/press-events/annual-report.

[3] UNCTAD. Digital Economy Report 2019[R/OL]. (2019-10-27)[2021-06-03].

https://unctad.org/webflyer/digital-economy-report-2019.

[4] 搜狐网极昼工作室，当北大博士成为外卖骑手[EB/OL]. (2021-05-07) [2021-07-02]. https://finance.sina.com.cn/chanjing/gsnews/2021-05-07/doc-ikmxzfmm1024243.shtml.

[5] Acemoglu, Restrepo. The Race Between Machine and Man: Implications of Technology for Growth, Factor Shares and Employment.[J]. NBER Working Paper, 2016.

[6] Acemoglu, Restrepo. Artificial Intelligence, Automation, and Work [J]. NBER Working Paper, 2018.

[7] Acemoglu, Restrepo. Demographics and Automation.[J]. NBER Working Paper, 2018.

[8] Philippe, Benjamin, Charles. Artificial Intelligence and Economic Growth[J]. NBER Working Paper, 2017.

[9] Baumol W J. Macroeconomics of Unbalanced Growth: The Anatomy of Urban Crisis[J]. American Economic Review, 1997, 57(3):415-426.

[10] Rani, Berg, Furrer. Digital labour platforms and the future of work: Towards decent work in the online world[M]. Geneva: International Labour Organisation, 2018.

[11] Bessen. Learning by Doing: The Real Connection between Innovation, Wages, and Wealth[M]. New Haven: Yale University Press, 2016.

[12] Danaylov. 17 Definitions of the Technological Singularity [EB/OL]. (2012-04-18) [2021-07-02]. https://www.singularityweblog.com/17-definitions-of-the-technological-singularity/.

[13] Gordon. The Rise and Fall of American Growth: The US Standard of Living since the Civil War[M]. Princeton: Princeton University Press, 2016.

[14] Grossman, Helpman. Innovation and growth in the global economy[M]. Cambridge, MA: MIT Press, 1993.

[15] Gup, Benton E. The Future of Banking[M]. Westport, CT: Quorum Books, 2003.

[16] Jones. The Burden of Knowledge and the Death of the Renaissance Man: Is Innovation Getting Harder?[J]. The Review of Economic Studies, 2009, 76 (1).

[17] Kortum. Research, Patenting, and Technological Change[J]. Econometrica, 1997, 65(6): 1389–1419.

[18] Kurzweil. The Singularity is Near[M]. New York: Penguin Books, 2006.

[19] Piketty. Capital in the twenty-first century[M]. Cambridge, NA: Belknap Press, 2014.

[20] Thomas, Emmanuel. Income inequality in the United States, 1913–1998[J].

Quarterly Journal of Economics, 2003(118): 1-41.

[21] Romer. Endogenous Technological Change[J]. Journal of Political Economy, 1990.

[22] Solow. A contribution to the theory of economic growth[J]. The Quarterly Journal of Economics, 1956, 70(1): 65-94.

[23] Zeira. Workers, machines, and economic growth[J]. The Quarterly Journal of Economics, 1998, 113 (4): 1091-1117.

第 12 章 · DIGITAL ECONOMICS

数字货币

2020 年 2 月中旬，国际清算银行公布了一项调查结果：大多数新兴市场经济体正在发展央行数字货币；在 66 个国家（覆盖全球 75% 的人口和 90% 的经济产出）的中央银行中，有 10% 将在未来 3 年内发行央行数字货币，受众群体将占世界总人口的 20%。中国是在央行数字货币方面发展进度最快的主要经济体，而美国联邦储备系统（简称美联储）曾经表示没有必要发行数字货币，不过进入 2020 年后它的态度有了变化，已经开始研究发行数字货币的可行性。

不过，谈到数字货币的时候，很多人并不是首先想到央行数字货币，而是关注到以比特币为代表的私人数字货币。自比特币 2009 年问世以来，各种基于分布式账本或区块链技术的数字货币纷纷涌现。例如，Facebook 联合 20 多家机构组成协会，计划以联盟链的形式发行基于法币资产储备的 Libra，引起各国政府和央行的高度关注，进一步推动了全球数字货币潮流。那么，什么是数字货币？这些由中央银行发行的数字货币与比特币等民间数字货币有什么区别？为什么各国都在积极探索发行数字货币？发行数字货币对宏观经济有什么影响？本章，我们将从数字货币的基本概念入手，逐步对上述问题展开讨论。

学习目标

▶ 学完本章，你应该做到：

1. 辨析数字货币、电子货币、虚拟货币的基本概念；
2. 了解区块链和数字货币的基本特征；
3. 了解私人数字货币和央行数字货币的区别；
4. 阐述 CBDC 的两种运营体系，并比较这两种运营体系的优缺点；
5. 理解 CBDC 的货币政策传导机制；
6. 阐述 CBDC 对宏观经济的影响。

引例

Libra 将何去何从

2019 年 6 月 18 日，社交网络平台 Facebook 发布了 Libra 白皮书，计划于 2020 年上半年成立数字货币 Libra（又被称作"天秤币"）的理事会，这则消息引起了全球性的轰动。Libra 是一种建立在区块链技术基础上，使用资产储备作为担保的全球性数字货币，其宗旨是建立更具包容性的全球金融生态系统，为人们提供一种具有最大限度易用性的通用货币，满足人们的日常生活需要。

Libra 项目自推出以来，就受到了各国政府、央行及立法机构的关注和质疑：2019 年 7 月，美国众议院向 Facebook 致公开信称，Libra 可能会与美国的货币政策以及美元抗衡，此外也将给超过 20 亿 Facebook 用户、投资者、消费者等相关方带来严重的隐私、交易、国家安全和货币政策方面的担忧。2019 年 10 月 5 日，PayPal 宣布放弃参与 Facebook 旗下加密货币 Libra 项目。随后，万事达卡（Mastercard）、维萨（VISA）等多家 Libra 的重要创始会员也纷纷选择退出。2019 年 10 月，以法国为首的欧盟五国联手抵制 Libra 进入欧洲市场，还要求 Facebook 放弃该项目。2020 年 3 月，面对各方的阻力，Facebook 及其合作伙伴考虑重新设计 Libra 项目，以便接受多种数字货币，包括各个国家央行发行的数字货币。Facebook 希望借此改变监管机构的态度，并重建计划。

12.1 数字货币概述

12.1.1 数字货币的基本概念

首先，有必要先明确以下几个不同概念：电子货币、虚拟货币和数字货币。

电子货币（electronic currency）是法定货币的一种电子化，常以磁卡或账号的形式存储在金融信息系统内，以方便储藏和支付为主要目的，货币的价值与法定货币等值。常见的电子货币包括信用卡、储值卡等。此外，还有一种没有实物形态的货币，统称为广义的**虚拟货币**（virtual currency）。广义的虚拟货币范围较广，包括电子货币和下文介绍的数字货币等。与之相对应，狭义的虚拟货币是基于网络的虚拟性，由互联网平台发行并应用在网络虚拟空间的类似法定货币，又被称为网络货币。例如，各大网络游戏公司出品的游戏币，各论坛的积分，等等。

数字货币（digital currency）可以认为是一种基于节点网络和数字加密算法的虚拟货币。数字货币的核心特征主要体现在三个方面：①多数基于开放算法的数字货币缺少发行主体，因此没有任何人或机构能够控制它的发行（这里不包括下文提到的发行受货币当局的严格控制的央行数字货币）；②数字货币总量被算法解固定，避免了货币超发的情形；③数字货币在交易过程需要网络中的各个节点形成共识，因此数字货币的交易过程相对安全。从发行主体、适用范围、发行数量等方面将数字货币与电子货币和虚拟货币进行对比（见表 12-1）。

表 12-1　电子货币、虚拟货币与数字货币的对比

	电子货币	虚拟货币	数字货币
发行主体	金融机构	网络运营商	无（私人数字货币）
使用范围	一般不限	网络企业内部	不限
发行数量	法币决定	发行主体决定	数量一定
储存形式	磁卡或账号	账号	数字化
流通方式	双向流通	单向流通	双向流通
货币价值	与法币对等	与法币不对等	与法币不对等
信用保障	政府信用	企业信用	网民信念
交易安全性	较高	较低	较高
交易成本	较高	较低	较低
运行环境	内联网、外联网、读写设备	企业服务器与互联网	开源软件以及 P2P 网络
典型代表	银行卡、公交卡、支付宝等	Q 币、盛大币、各论坛积分等	比特币、Libra 等

12.1.2　数字货币的类型及特点

根据发行主体的身份，数字货币可分为私人数字货币（private digital currency）和央行数字货币（central bank digital currency，CBDC）。

1. 私人数字货币

私人数字货币起源于 2008 年由中本聪（Satoshi Nakamoto）提出的比特币，目前比较主流的私人数字货币主要包括比特币（Bitcoin）、天秤币（Libra）和以太币（ETH）等。有学者认为，任何以**分布式账本技术**（distributed ledger technology，DLT）和**去中心化**

（decentralization）支付为特征的电子形式的货币或交换媒介都可以称之为私人数字货币。[①]那么，应该如何理解这两个名词？为此，我们有必要先介绍区块链的概念。

区块链（Blockchain）起源于比特币，是比特币的底层技术。简单来说，区块链是一个共享的分布式账本和数据库，具有去中心化、不可篡改、全程留痕、可以追溯、集体维护、公开透明等特点。这些特点保证了区块链的可靠性和透明度，为区块链创造信任奠定了基础。区块链的应用场景十分丰富，能够解决信息不对称的问题，实现其用户间的信任与协作行动。从技术层面来看，区块链涉及密码学、互联网、计算机编程等诸多学科。

举个例子，我们目前的金融体系使用的是中心化的记账方式，如果甲给乙汇款10 000元，那么银行在甲的账户里减少10 000元，在乙的账户里相应增加10 000元，银行就担当了这个中心化记账的第三方。银行的存在，本质上其实是解决甲乙双方的信任问题。而在区块链的去中心化记账体系中，甲和乙的交易信息都自动记录在账本里，不存在银行这个第三方。区块链每隔一定时间（通常是10分钟）形成一个新的账本，把所有的最新交易信息全部记录在这个账本上，然后发给所有用户进行同步。区块链的每一个链（或数据块）都是一个新增的账本，然后链接到之前已有的账本上，这就形成了一个不可篡改的账本记录，这个账本记录所有用户都可以下载。

此外，这个账本存储在整个区块链中被授信的节点里，每个节点都可以复制并保存一个分类账，且每个节点都可以进行独立更新：如果一共有1 000个授信节点，那么意味着这个账本同时储存在这1 000个不同的节点，这就是所谓的**分布式记账**。分类账的更新是由每个节点独立构建和记录的，节点还可以对这些更新进行投票，以确保其符合大多数人的意见，这种投票机制又被称为共识机制，会通过算法自动运行。共识一旦达成，分布式分类账就会自行更新，分类账的最新商定版本将分别保存在每个节点上。分布式记账解决了信任问题，减少了对银行、政府等中心机构的依赖，也解决了消费者权益、财务诚信和交易速度的问题。

当然，账本不会凭空出现，而是按照以下步骤生成：首先用户的交易会生成一个订单，然后需要专门的记账员（指专门从事私人数字货币挖矿的人、机器或程序）根据订单信息生成合法的账本和数据块，成功生成后，专门的人（或机器、程序）会把交易账本分享并链入系统的各个节点，这时交易才算成功完成。这种生成数据块、链入区块链的过程，就是"挖矿"。参与挖矿的记账员，就是"矿工"。在比特币交易系统中有大量矿工，他们需要通过参与解决一个系统给出的复杂的数学问题（该过程需要使用专门的算法，并耗费电力和时间）来获取记账的资格和权利，只有第一个解决该数学问题的矿工才会被选中进行记账，完成记账的矿工将会获得系统新生的比特币奖励。

除了去中心化和分布式记账之外，私人数字货币还具有匿名性、可编程性、加密性、自治性等特征。

匿名性是指数字货币的用户可以在发送交易指令时选择匿名或显示其身份，发送方

[①] Barrdear, Kumhof. The macroeconomics of central bank digital currencies[J]. Journal of Economic Dynamics and Control, 2021: 104-148.

或接收方都不需要识别身份或提供任何其他个人信息。但在特定条件下，这种匿名性是可以控制的，例如，瑞典央行发行的数字货币——电子克朗（e-krona）就遵从有限匿名，若数字货币存储金额低于一定数量，则无须实名登记，但若超过该金额则须实名。可控匿名性通常在货币当局发行数字货币时采用，在保障了正常匿名需求的同时，也保证了当局在打击洗钱、恐怖融资、逃税方面的追踪能力。

可编程性是指数字货币运行于区块链或分布式记账系统上，表现为计算机代码，交易是账户和地址之间计算机程序与程序的交换。可编程性使得人们可以编制智能合约，一旦双方或多方事先约定的条件达成，计算机将监督合约自动执行，任何人都不可能反悔。可编程性使央行拥有了追踪数字货币流向的能力，从而可以更精准地执行货币政策，精准预测市场流动性。同时，可编程性也能让交易更加自动化，省去金融机构庞大的后期结算流程，甚至让很多金融交易可以实时清算。这极大地提升了金融交易的效率，提高了资金周转速度，削减了运营成本。

加密性是指数字货币采用先进的加密算法保障交易数据不被盗用、窃取和侵犯。数字经济时代，数据隐私侵犯和个人信息泄露的问题越来越严重，而金融交易数据恰恰是我们最重要、最有价值的数据。数字货币的加密性可以有效保护我们的交易数据。当然，这种加密性并不是100%有效的，因为加密算法可能被破解，加密系统可能被恶意攻击。

自治性是指数字货币基于协商一致的规范和协议，通过一系列公开透明的数学算法，建立一整套自治机制，使得系统中的所有节点都能在具备信任的环境中自由安全地交换数据，任何人为的干预都不起作用。这使得人们可以不需要中介机构的帮助，就可以在系统中进行点对点、端到端、P2P的交易。

2. 加密数字货币和稳定币

根据赋值方式的不同，私人数字货币可以划分为两类：一类是基于区块链的原生代币，指依赖于区块链系统并在该系统内产生和使用的数字货币，又称**加密数字货币**或**加密币**（cryptocurrency）。加密币通常使用密码学原理来确保交易安全及控制交易单位，以比特币为代表。另一类是在区块链上发行运营，但与链外资产或法定货币挂钩，价格不会在短时间内大涨大跌，具有稳定价值的加密数字货币，称为**稳定型加密币**，又称**稳定币**（stablecoins），如Facebook发行的天秤币就属于稳定币。下面我们分别以比特币和天秤币为例，介绍一下加密币和稳定币的区别与联系。

比特币是基于分布式账户的P2P网络系统，其特点包括去中心化（没有中心服务器和中央控制点）、网络中所有节点彼此对等、节点之间相互连通、节点之间遵守共同的协议规则、协同处理交易等，每个节点在对外提供服务的同时也使用网络中的其他节点所提供的服务。前面我们提到的私人数字货币的匿名性、可编程性、加密性、自治性等也都是比特币的典型特征。这些特点使得比特币具有独特的优势：①区块链和数字货币的共识机制，可以自动执行约定的计算机程序，保障了金融交易的高效、低成本运行，使得任何交易只要约定好时间，就可以在区块链上自动执行；②依靠分布式共享账本和加密算法，确保在没有中心化机构的帮助下，自主、自治地保证账务的真实准确，实现了点对点的去中心化交易；③写入区块链的信息，能够确保不可篡改、可以追溯，这就使得区块链可以应用于解决金融交易中的"存证"难题；④由于所有的信息都平等分布在区块链上，所以使用比特币交易可以避免信息不对称的问题。

  天秤币是社交网络平台Facebook推出的一种稳定币。2019年6月18日，Facebook发布了天秤币白皮书，其思想是借用区块链技术继承比特币点对点交易的优点，同时克服比特币币值不稳定的问题。Facebook在白皮书中描绘了天秤币的三个组成部分：一是建立在安全、可扩展和可靠的区块链基础上；二是以赋予天秤币内在价值的资产储备为后盾（最初以美元、英镑、欧元和日元4种法币计价的一揽子低波动性的银行存款和短期政府债券作为抵押物）；三是由独立的天秤币协会治理，该协会的任务是促进天秤币金融生态的稳定发展。相对于比特币、以太币等传统的加密数字货币，天秤币的创新点在于：对每个新建的天秤币，在其资产储备中都有与之对应价值的一揽子银行存款和短期政府债券与之挂钩，以建立人们对其内在价值的信任。在面对较大的监管压力之后，Facebook在2020年发布了白皮书2.0版，做出了"除了锚定多币种的稳定币外，新增锚定单一币种的稳定币""以稳健的合规框架提高天秤币支付系统的安全性"等关键性修改，都是着眼于维持天秤币的币值稳定。

  Facebook想要为线上的数字货币找到线下资产作为背书，解决比特币缺少信用背书的问题，从而消除数字货币币值的大幅波动，让天秤币能够承担起价值储藏、计价单位和交易媒介的通货职能。简单来说，Facebook是想把数字货币和区块链分开对待，用线下资产背书解决天秤币的币值波动问题，同时依然运用区块链实现分布式账户、去中心化的点对点交易和智能合约。天秤币实际上是一种超越主权的世界货币，其以Facebook海量的全球社交媒体用户作为用户基础。相对于比特币，天秤币的全新优势主要体现在以下几点：一是通过和一揽子资产挂钩确保币值稳定，避免币值波动幅度过大；二是形成了中心化和去中心化相结合的运作模式——独立的天秤币协会，实际上具有中心化的特点，同时天秤币使用区块链技术，又是去中心化的；三是在发行数量上，天秤币突破了比特币2 100万个的上限；四是从流通范围来看，天秤币具有遍布全球的数十亿用户基础，在跨境支付上拥有规模庞大、遍布全球的用户基础，借助天秤币，全球跨境支付只需要将一些天秤币从一个Facebook账号转移到另一个Facebook账号即可，跨境支付流程将极大简化。

  尽管如此，天秤币也存在巨大的风险：一是用户数据隐私问题，尤其是在近些年Facebook被频繁曝出用户数据泄露丑闻的背景下，如何确保全球用户支付数据的安全性成为天秤币需要解决的首要问题；二是基于海量的用户基础，天秤币可能很快会形成规模优势，甚至形成金融垄断，如何确保Facebook不滥用其垄断地位是全球央行共同关注的问题；三是天秤币可能会降低主权国家的货币主权，假如一个国家的居民大量使用天秤币进行交易和跨境支付，必将严重降低该国法定货币的地位，同时削弱该国的货币政策效力和货币当局的宏观调控能力。

3. 央行数字货币

央行数字货币（CBDC）是指由国家货币机构（通常是中央银行）或者国家货币机构授权的机构所发行的数字货币，也叫**法定数字货币**。从目前各国央行的实践来看，央行数字货币一般承担以下三种职能：一是电子货币，即作为对现金和银行存款的补充，主要发挥交易媒介的作用，在这种情况下，央行保持数字货币与现金和银行存款间的平价和自由兑换；二是作为通用储备货币取代现金发挥价值储存的作用，在这种情况下，央行一般会保持数字货币和银行存款之间的平价，但不是自由兑换；三是充当主权账户货币和记账单位，在这种情况下，央行承担了在经济中创造和发行货币的唯一责任。

根据发行对象的不同，CBDC 可分为批发型 CBDC 和零售型 CBDC：批发型 CBDC 只在特定范围内面向少数大型金融机构发放；零售型 CBDC 则针对普通居民和企业部门发行，应用场景更加广泛。从国际实践来看，对于批发型 CBDC，欧洲央行和日本央行于 2016 年联合启动了批发型 CBDC 研发项目——Stella 项目，旨在研究分布式账本技术在支付领域和金融市场基础设施领域中的应用；对于零售型 CBDC，欧洲央行于 2020 年 10 月公布了"数字欧元"（Digital Euro）的计划，并向社会各界征集关于"数字欧元"的相关意见，以探讨欧元区发行这种零售型 CBDC 的必要性，以及可能带来的影响；此外，英格兰银行于 2015 年提出了双层运营体系的零售型 CBDC 项目——RSCoin 系统，截至 2020 年年底仍然处于试验阶段。

央行数字货币的运营体系包括单层运营体系（single tier operation system）和多层运营体系（multi tier operation system）。在单层运营体系中，央行负责数字货币的分发、运营、货币钱包或账户建设、底层交易系统构建等，即央行负责数字货币流通的全过程，央行直接对公众发行数字货币。多层运营体系与传统货币发行方式类似，即先由央行向第三方机构发行数字货币，公众再通过第三方机构获取和使用数字货币，这些第三方可以是传统金融机构，如商业银行、清算机构，也可以是新兴的金融机构，如支付服务提供方。在多层运营体系下，央行可以选择性地开放允许第三方机构进入的领域，如图 12-1 所示。在实践中具体采用哪种模式取决于各国自身的实际情况，与其金融稳定性、金融市场基础设施状况、金融监管等因素有关。

2021 年 7 月，中国人民银行发布了《中国数字人民币的研发进展白皮书》，向社会展示了中国的法定数字货币——**数字人民币**（e-CNY）的设计框架。数字人民币的特点如下：

数字人民币只是法定货币的数字形式。数字人民币与法定货币具有相同的基本功能。例如，价值尺度、交易媒介、价值贮藏等功能。此外，数字人民币同法定货币一样，是以国家信用为支撑的央行对持有者的负债，具有法偿性[○]，它只是法定货币的数字形式，目的是充分满足公众日常支付需要，提高零售支付系统效能，降低全社会零售支付成本。它将与实物人民币长期并存，二者具有同等法律地位和经济价值。

○ 任何债权人在任何时候均不得以任何理由拒绝接收。

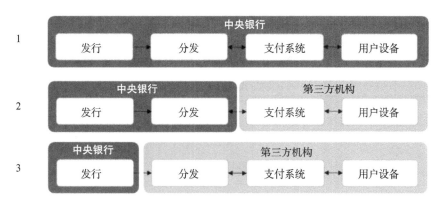

图 12-1 央行数字货币的不同运营体系

资料来源：IMF. A Survey of Research on Retail Central Bank Digital Currency[J]. WorkingPaper No.20/104. （2020-06-26）[2021-07-02]. https://www.imf.org/en/Publications/WP/Issues/2020/06/26/A-Survey-of-Research-on-Retail-Central-Bank-Digital-Currency-49517.

数字人民币采用的是中心化管理模式和"央行－商业银行"的双层运营体系。在数字人民币的运营体系中，人民银行处于中心地位，负责向指定机构发行数字人民币，并进行生命周期管理。指定的运营机构或者商业银行则负责向公众提供数字人民币的兑换以及流通服务，即由央行负责发行，商业银行则与央行合作，维护数字货币的发行和流通体系。这就是数字人民币的双层运营体系，该体系一方面通过商业银行的合作能够分散人民银行的风险；另一方面也能够避免对商业存款的挤出效应，防止金融脱媒[⊖]。

可控匿名性。数字人民币高度重视个人信息与隐私保护，遵循"小额匿名、大额依法可溯"的原则，确保相关交易遵守反洗钱、反恐怖融资等要求。同时，数字人民币的交易信息能够得到更好的保护，人民银行内部对数字人民币相关信息设置"防火墙"，通过严格的制度安排，禁止任意查询、使用。

表 12-2 中总结对比了传统法定货币、私人数字货币和央行数字货币在不同层面的区别和差异。

表 12-2 私人数字货币和央行数字货币的对比

特征	法定货币	比特币	Libra	央行数字货币
匿名性	匿名	匿名账号、交易信息公开	匿名或实名	可控匿名
信用背书	国家信用	无	一揽子储备资产	国家信用
潜在的发行量	可变	算法自身容量（2 100 万）	可变	可变
价值波动	稳定	极其不稳定	稳定	稳定
发行	央行发行	"挖矿"	Facebook 发行	央行发行
管理模式	中心化	去中心化	中心化发行，去中心化使用	中心化

⊖ 金融脱媒是指存在金融管制的情况下，资金供给绕开商业银行体系，直接输送给需求方和融资者，完成资金的体外循环。

(续)

特征	法定货币	比特币	Libra	央行数字货币
流通范围	取决于该国法币在世界和网络的认可程度	全球互联网	全球互联网	取决于该国法币在世界和网络的认可程度
技术架构	不使用区块链	纯区块链	纯区块链	部分区块链

聚焦实践 12-1

比特币是不是货币

对于货币的本质，不同的经济学派有不同的认识。马克思认为，货币是从商品中分离出来的，固定充当一般等价物的特殊商品；古典经济学派主要从交易媒介功能来认识货币；凯恩斯学派则更加注重从价值贮藏、计价单位来理解货币，认为货币是流动性较强的资产。

任何一种货币，如果要大规模流通，就必须履行货币的三个基本职能：价值贮藏、价值尺度以及交易媒介。作为价值尺度和价值贮藏，货币代表着人们普遍接受的某种价值单位。同时，作为交易媒介，货币本质上体现了发行者和持有者之间的债务－信用关系。货币具有两面性，它是发行者的一种债务，也是持有者的一种信用资产。国家是货币的发行单位，所以有责任保持币值稳定。历史上的货币，无论是黄金还是美元，如果要成为普遍的通货，必须履行这样三个基本的职能，从这个角度来看，比特币并不是货币。

首先，比特币的币值极其不稳定，并且没有诸如国家主权等强力信用的背书，因此很难充当一般等价物，无法履行计价单位的功能；其次，比特币的首次币发行（initial coin offering，ICO）使得发行者与购买者之间出现了不对称，很多代币发行本质上是为了追求超额的铸币税，这与主权国家发行货币的初衷相违背；最后，比特币的"挖矿"数量上限为 2 100 万个，数量的限制决定了如果比特币成为流通货币，那么它的有限供给将很难满足日益增长的货币需求。

12.2 私人数字货币的定价与监管

目前，市场上私人数字货币的种类众多，其价格也经常发生剧烈波动，因此，如何对这些种类繁多的私人数字货币进行合理估值和定价，是投资者最为关心的话题。同时，私人数字货币也存在威胁金融安全的风险，如何对其进行监管也是各国监管机构共同面临的挑战。

12.2.1 加密数字货币的定价

前文中，我们将私人数字货币分为加密币和稳定币。其中，稳定币会与诸如黄金、法币等具有稳定价值的资产直接挂钩,使其单位价格的货币代表着一定的实际购买力,因此稳定币的币值是相对稳定的,可以通过其所挂钩的资产价值来对稳定币进行定价。而对于加密币,基于不同的视角,可以采用成本定价法、股票定价法、期权定价法和无套利定价法等不同方法对其进行定价。

1. 成本定价法

当加密币"挖矿"未达到预定上限时,可将加密币视为一种商品,利用供求关系对其进行定价。当前的加密币市场更像一种卖方垄断市场,即加密币的生产者(矿工)形成垄断竞争格局,而由于平台的开放性和匿名性,消费者(加密币的购买者)难以进行共谋,往往是价格的接受者。根据微观经济学理论,在长期,垄断竞争市场的生产者不仅可以调整生产规模,还可以进入或退出市场,因此长期市场均衡时垄断竞争厂商的利润为零,此时,平均收益等于平均成本,而平均收益又等于收入除以数量,即价格。因此,基于商品供求关系和长期垄断竞争利润的角度,加密币的长期均衡价格应该等于平均成本,这就是成本定价法的原理。

以比特币为例来说明成本定价法的实际应用。2018年2月,专业的比特币矿工(以Bitmain的AntMiner S9为例)价格为2 700美元,这台矿机每天可挖0.001 2枚比特币。一台AntMiner S9每天耗电33度,按照居民用电价格计算,大概每天电费2.6美元。假定AntMiner S9的折旧年限为3年,可推算每天固定资产折旧为2 700/(365×3)≈2.5美元,加上耗电费用2.6美元,得到一枚比特币的生产成本为(2.5+2.6)/0.001 2 = 4 250美元,因此2018年2月比特币的均衡价格为4 250美元。

2. 股票定价法

首次币发行(initial coin offering,ICO)是指区块链项目首次发行代币,募集比特币等加密数字货币的行为。目前,世界各国监管机构倾向于按实质重于形式的监管原则,判定ICO是一种证券行为,并向投资者警示其风险。按照这种思路,我们可以将加密币类比股票,利用现有的股票定价方法对其进行定价,主要包括两种方法:市盈率法和现金流贴现法。

市盈率法是一种相对估价法,通常用于对非上市企业或者刚刚进行首次公开募股的企业进行估价。假定同行业中的其他企业可以作为被估企业的"可比较标的",将同行业的平均市盈率 R 作为定价的基准,进而估算出目标企业的每股盈利水平 E,两者相乘即可得到目标企业股票的内在价值 e。

$$e = R \cdot E \tag{12-1}$$

将市盈率估价法应用于加密币的估值,我们需要估算两个数据:一是基准的市盈率水平 R;二是每币盈利水平 E。以 Ripple 为例,它是一种旨在优化银行体系流动性的跨境结算工具,力图实现实时转账,并大幅减少金融转账的费用。截至2018年2月,Ripple的实时结算时间需要4秒,每秒处理可达到2 000次交易,最终性能目标是与VISA和Mastercard相当,达到每秒处理超过40 000笔交易。2018年2月9日,VISA

市盈率 38.03，每股收益 3.04 美元；Mastercard 市盈率 44.48，每股收益 3.66 美元。以 VISA 和 Mastercard 为 Ripple 定价的"可比较标的"，将两者的平均市盈率 41.26 作为定价的基准。而对于每币（股）盈利水平 E，我们做个大概的推算：Ripple 的实际每秒交易笔数是 10 笔，若假定 VISA 和 Mastercard 的实际平均每秒交易笔数为最高性能的 1/4，即 10 000 笔，据此，我们假定 Ripple 的每币盈利水平是 VISA 和 Mastercard 的平均每股收益的 0.1%，那么，Ripple 的每币盈利水平就是 (3.04+3.66)×0.5×0.1/100=0.003 35 美元，从而可算出 Ripple 每币的内在价值为 41.26×0.003 35≈0.138 2 美元。

现金流贴现法则是首先预测未来时期的每股股利 D_t，进而利用恰当的贴现率 y_t 进行贴现加总，计算出股票价值。与市盈率估价法相比，现金流贴现法的优点在于考虑了企业的未来发展前景，并且纳入资本成本因素。现金流贴现法的计算公式如下：

$$e = \frac{D_0(1+g)}{y_t - g} \quad (12\text{-}2)$$

其中，D_0 代表当期股利；g 代表股利的不变增长率。为简单起见，我们姑且将加密币的贴现率设为美国标准普尔 500 指数基金的长期年均收益率，即 y_t 等于 7%，对 Ripple 进行定价。《2017 年全球支付报告》估计，全球范围内非现金批发业务交易量的年均复合增长率将达到 6.5%，据此，我们假定 Ripple 的未来盈利增速同样为 6.5%。每币盈利水平同前文一样，仍为 0.003 35 美元，年化盈利水平 0.003 35×4=0.013 4 美元。于是，可以计算得到 Ripple 每币的内在价值为 0.013 4×(1+6.5%)/(7% − 6.5%)=2.854 2 美元。同市盈率估计法的结果相比，相差 20 多倍。2018 年 2 月 11 日，Ripple 价格为 0.92 美元。若从现金流贴现法来看，可能还有增长空间。

3. 期权定价法

期权定价法的思路是将加密币的经济价值看作以项目未来价值为标的资产的看涨期权。假定项目价值以比特币为形式，在未来 T 期，以比特币计价的项目价值为 $S(T)$，届时比特币的法币价值为 $U(T)$，那么以法币计价的项目价值 $V(T)=S(T)U(T)$。根据加密币收益的或有特征，T 期的加密币价值 $P(T)=\max\{S(T) - Z, 0\}$，Z 为以比特币计价的看涨期权价格，当项目价值低于临界值时，意味着项目失败，加密币价值为零，否则项目价值为 $S(T) - Z$。简单起见，假定 Z 为 1 比特币，此时加密币价值可表示为 $P(T)=\max\{S(T), 1\} -1$，将 $V(T)=S(T)U(T)$ 代入，得到 $P(T)=\max\{V(T)/U(T), 1\}-1$。进一步利用金融学中的布莱克－斯科尔斯期权定价公式（Black—Scholes option pricing formula）[⊖]，可以求解出加密币以比特币计价的现值：

$$P(0) = V(0)/U(0) \cdot \exp(-q_v T) \cdot N(d_1) - \exp(-q_u T) \cdot N(d_2)-1, \quad (12\text{-}3)$$

$$d_1 = \{\ln[V(0)/U(0)]+(q_u - q_v +\sigma^2 /2) \cdot T\}/(\sigma \cdot \sqrt{T}), \quad (12\text{-}4)$$

⊖ 公式的详细情况请参考：Black, Scholes. The pricing of options and corporate liabilities[J]. The Journal of Political Economy, 1973, 81(3): 637-654.

$$d_2 = d_1 - \sigma \cdot \sqrt{T}, \quad (12\text{-}5)$$

$$\sigma = \sqrt{\sigma_u^2 + \sigma_v^2 - 2\rho\sigma_u\sigma_v}, \quad (12\text{-}6)$$

其中，exp 和 N 分别表示以自然常数 e 为底数的指数函数和正态分布变量的累积概率分布函数；q_v 为加密币项目价值的增长率；q_u 为比特币价值的收益率；σ_v 和 σ_u 分别为相应的波动率（标准差）；ρ 为加密币项目价值和比特币价值的瞬时相关系数。

以上估值思路的优点在于：第一，不以持续经营为假设，假定加密币项目可能成功也可能失败；第二，估值公式独立于无风险利率，避免了现实中不存在加密币无风险利率的技术难题，也无须估计风险的溢价；第三，考虑了加密币项目价值与其计价加密币项目发展的相关性，更符合经济现实。

我们利用期权定价法对以太币进行估值。简单起见，以太币项目的价值增长率 q_v，比特币价值的增长率 q_u，相应各自的波动率 σ_v 和 σ_u，以及两者相关系数 ρ 均根据 2017 年的数据回溯得到：$q_v = 0.07$，$q_u = 0.049$，$\sigma_v = 0.012$，$\sigma_u = 0.007$，$\rho = 0.08$，并假定以太币项目的价值是比特币的 2 倍，即 $V(0)/U(0) = 2$，期限 $T = 1$，由此可以计算出 1 个以太币的价格为 0.075 个比特币价格。2018 年 2 月 12 日，1 个以太币的价格为 0.1 个比特币价格，略为高估。

4. 无套利定价法○

2017 年 12 月，美国商品期货交易委员会批准芝加哥商业交易所集团、芝加哥期权交易所先后上市比特币期货。比特币期货的出现使得比特币的无套利定价成为可能。具体方法如下：

首先，构造两种投资组合。

A 组合，一份规定到期时将以 F 为交割价格购买一单位比特币的期货合约（设该期货合约当前时刻的价格为 v，由于期货合约实行每日结算制，每份合约必须根据当日的收盘价格进行清算，因此 $v = 0$），加上 $F \cdot \exp(-r)$ 金额的本币存款。

B 组合，一个单位的比特币（等值于 e）。

其中，r 是本币的存款利率；$\exp(-r)$ 是未来现金的折现系数；$F \cdot \exp(-r)$ 金额的本币存款到期后可以取出 F 金额的现金。期货合约到期时，A 投资组合的持有者将持有 F 单位的本币现金以及一份可以以 F 为交割价格购买一单位比特币的权利，总价值相当于一单位的比特币。对于 B 投资组合，显然，其价值也等于一单位的比特币。因此，期货合约到期时，A 组合的价值应该等于 B 组合的价值。如果市场中不存在套利机会，那么期货合约到期时价值相等的投资组合在当前时刻的价值也必须相等，即：

$$v + F \cdot \exp(-r) = e \quad (12\text{-}7)$$

由于 $v = 0$，我们得到 $e = F \cdot \exp(-r)$，这就是比特币的无套利定价公式。

○ 套利（arbitrage）指利用不同资金市场的利率差异，把短期资金从低利率的市场调到高利率的市场投放，以获取利差收益。

2018年2月9日,芝加哥商业交易所集团的3个月比特币期货报价为8 600美元,而同期美元年利率为1.81%,由此可算出比特币价格e等于$8\,600 \times \exp(-1.81\% \times 0.25) = 8\,561.71$美元。

不过,无套利定价法成立的前提是:一旦期货价格和现货价格偏离定价公式时,无风险套利活动可以迅速开展,然而在现实中由于以下因素,比特币期货和现货之间的无风险套利活动难以实现:一是比特币的现货流动性很差,套利者不一定能根据套利需要按期望的价格买入比特币,且有时还需面临现货交易的风险;二是比特币现货交易本身的性能缺陷,比如交易的清算确认具有概率性,交易费用高,确认时滞长等,将会极大制约套利活动的开展;三是比特币现货市场不能做空,无法进行"做多期货、做空现货"的套利活动。因此,应审慎看待利用无风险套利定价法得到的比特币价格。

12.2.2 私人数字货币的监管

以比特币为代表的私人数字货币为经济发展创造了更多可能性的同时,也给监管带来了很多问题。

首先,私人数字货币的几乎所有操作都基于互联网运行,因此黑客攻击、病毒入侵等传统的网络安全问题都会影响私人数字货币。数字货币交易所更是频繁发生黑客攻击、平台宕机、用户数据丢失等安全事件,数字货币的加密性并不能确保其100%安全。例如,2014年3月,日本最大的比特币交易平台Mt.Gox受到黑客攻击,损失了价值约3.65亿美元的比特币。

其次,由于私人数字货币的匿名性特征,金融机构无法对交易用户的信息进行核查,而监管部门想要追踪交易信息也十分困难。因此,不法分子会利用交易系统漏洞进行洗钱、欺诈等违法行为并逃避监管。

再次,由于比特币等私人数字货币多基于开源算法,且没有明确的发行和运营主体,没有任何人或机构能够控制它的发行交易,使得监管需要创新来适应新环境。另外,缺少中心机构也使得参与交易的消费者没法追溯在交易中遭受的意外损失。

最后,私人数字货币作为一种资产,缺少国家的信用担保,价格波动较大,消费者易产生投机心理。投资者面对开放的数字货币市场,跨境投资无法避免。此时,由于各国间的监管空白,投资者的权益无法保障,并且可能会产生非法集资等现象,形成高风险的跨境投资市场。

基于以上几点,如何平衡数字安全与隐私保护,如何对私人数字货币实施有效监管,如何保障各参与方的权益,都是各国政府与监管部门需要思考解决的问题。目前,由于各国金融环境不同,其对于私人数字货币的监管态度也不尽相同。有些国家如美国、日本持积极监管态度,积极部署数字货币行业的监管措施。而有些国家如印度,目前则禁止在境内开展数字货币的相关业务。表12-3列示了部分国家对数字货币的监管情况。

表 12-3　部分国家对私人数字货币的监管措施

国　家	政　策
美国	美国各州对数字货币的态度各有不同：纽约州对数字货币交易所实行严格管控，目前只有少部分交易所获得了授权许可；华盛顿州于 2017 年 4 月通过了第 5031 号法案，该法案规定华盛顿州所有货币交易所，包括虚拟货币运营商，都必须申请牌照才可运营，目前许多在华盛顿州开展业务的交易所已获得了相关牌照；其他州也都在美国证监会的规定下，积极采取措施，对数字货币交易实施牌照化管理
日本	日本是第一个将数字货币交易纳入法律法规体系的国家。2017 年日本开始实施《资金结算法》，承认数字货币作为支付手段的合法性；之后，日本金融厅颁布《支付服务法案》，对数字货币交易所实施全方位监管；所有在日本境内运营的交易所必须获得财政部与日本金融厅的牌照授权
新加坡	在新加坡政府对金融科技"不寻求零风险，不扼杀技术创新"的原则指导下，新加坡积极发展区块链技术，积极推动数字货币的发展，新加坡是亚洲区域内最支持数字货币发展的国家之一。由于新加坡的积极良好的制度环境，多家交易所选择在新加坡开展业务
澳大利亚	由于金融犯罪不断增加，2017 年年底，澳大利亚正式通过了《反洗钱与反恐怖主义融资法案 2017 年修正案》。其明确规定：数字货币并不是货币资产，而是价值的电子表现形式；提供数字货币交易业务的机构，必须向澳大利亚交易报告和分析中心提交申请，取得相应监管牌照与准入许可；交易所应根据反洗钱框架下的制度标准，对业务进行反洗钱和反恐怖主义融资评估

12.3　央行数字货币的传导机制

中央银行制定货币政策后，从政策的实施到政策发挥作用必须经历一系列传导过程。**货币传导机制**（monetary transmission mechanism，MTM）描述的是货币政策影响经济变量的这一过程，具体是指中央银行根据货币政策目标，运用货币政策工具，通过金融机构的经营活动和金融市场传导至企业、居民，对其生产、投资和消费等行为产生影响的过程。在宏观经济分析中，传统的货币政策传导机制主要包括利率传导机制、信贷传导机制、汇率传导机制、财富效应传导机制、资产价格传导机制（托宾 Q 理论）、预期传导机制等，其中传播效力最强的是利率传导机制和信贷传导机制。㊀

那么，央行数字货币的引入会如何影响货币政策的传导机制，进而影响实体经济？本节，我们就来回答这一问题。为了方便论述，我们把央行数字货币的传导机制分为三个阶段：第一阶段考虑政策工具（二级市场上央行数字货币的利率及供给量）的设置及其对二级市场利率的影响；第二阶段关注央行数字货币的利率和价格波动向经济中其他资产（金融市场）的传递过程；第三阶段是金融市场波动向实体经济的传递过程，这一阶段的传导渠道和传统的货币政策传导机制一致，如利率传导机制、信贷传导机制、预期传导机制等。

我们的分析集中关注和讨论特定政策工具变化的边际影响，例如，央行数字货币政策对经济稳态条件下的均衡利率、信贷息差有何影响。

㊀ 张晓慧. 多重约束下的货币政策传导机制 [M]. 北京：中国金融出版社，2020.

12.3.1 第一阶段：市场利率的变化

货币政策工具的一个最重要因素是中央银行控制市场利率的能力。这里的市场利率主要指**银行间同业拆借利率**（interbank rate），它是指一家金融机构利用手头资金向另一家金融机构借出贷款和拆借资金的利率，一家银行的拆入（借款）实际上也是另一家银行的拆出（贷款）。如果借出的贷款只借一夜，第二天就要归还，那这种贷款就叫隔夜贷款，对应的银行间同业拆借利率就叫**隔夜利率**（overnight rate）。因此，隔夜利率是同业拆借利率的一种，时间短并且利率相对较低。

在 2008 年金融危机爆发以前，大多数发达国家的中央银行通过向商业银行等金融机构提供存贷款便利机制而形成一个利率操作区间，从而依靠设定的利率操作区间来稳定市场拆借利率和银行体系流动性，这就是**利率走廊系统**（interest rate corridor system）。利率走廊的三个基本要素是利率上限、利率下限和目标利率，其中利率上限一般为中央银行的再贷款（或再贴现）利率，利率下限是商业银行在中央银行的存款准备金利率。就其作用机制而言，中央银行通过调整商业银行的存款准备金利率 DR 和再贷款（或再贴现）利率 CR，控制目标利率 TR。同业拆借市场中资金需求方拆入资金的市场拆借利率不会高于 CR，因为如果拆入利率高于 CR，资金拆入方会更优先选择从中央银行获得再贷款（或再贴现）弥补资金短缺；同理，资金拆出方的利率也不会低于 DR，因为如果拆出利率低于 DR，那拆出方就会把资金全部储备到中央银行，因为后者提供的利息更高。这样同业拆借市场的利率 r 将会在中央银行规定的存贷款利率之间波动，即 DR ≤ r ≤ CR。央行通过各种货币政策工具，将银行间市场利率调节在基准利率目标的附近，央行会允许银行间利率在这一基准利率目标上下波动。2008 年金融危机之后，许多发达国家的央行大幅扩充存款准备金，大量购买储备资产，导致二级市场上广泛使用存款准备金利率来支付和结算，这称为**利率地板系统**（interest rate floor system），如图 12-2 所示。因此，与政策立场相关的利率实际上已经不再是央行货币的二级市场利率，而是存款准备金利率。

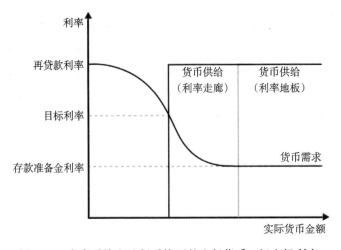

图 12-2　走廊系统和地板系统下的央行货币二级市场利率

1. CBDC 对央行货币市场利率的影响

随着央行数字货币（CBDC）的推广和普及，会使央行货币二级市场利率发生怎样的变化呢？我们首先考虑央行发行数字货币的情形。央行的货币需求曲线将向右移，因为那些先前无法被纳入数字货币体系的非银行机构的货币需求将增加。需求曲线右移的幅度取决于央行数字货币的吸引力，而吸引力主要取决于其制度和政策的设计，例如，是否有可信的存款担保措施，以及电子支付和现金支付之间如何平衡，等等。

货币需求曲线右移对利率的影响取决于央行的反应。如果央行通过充分扩大货币供给来适应需求的增长，那么它们就能够将现行利率维持在最低水平（下限利率），如图 12-3 的 A 点。然而，如果它们不能完全适应货币需求的增长，那么二级市场的利率将以类似于利率走廊的方式上升，如图 12-3 的 B 点。如果央行保持图 12-3 中初始的货币供给曲线，那么不仅二级市场利率会上升，而且经济内部也会出现央行数字货币的再分配。银行将减少其 CBDC 持有量至原始需求曲线的拐点，如图 12-3 的 C 点，但这是它们在当前框架下无法做到的。非银行机构将吸收银行手中这些多余的 CBDC，以满足它们增加的货币需求。当然，CBDC 的任何供给增加都会导致央行资产负债表的扩张。

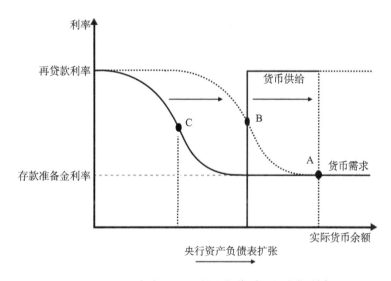

图 12-3　考虑 CBDC 的央行货币二级市场利率

除了需求曲线的这种变化之外，银行间同业拆借市场的性质也将发生根本性变化。目前，同业拆借市场只是一个银行间市场，因为只有少数银行基于同质的目的参与该市场的交易，其主要目的是缓解银行的流动性压力和挤兑冲击。随着 CBDC 的普及，银行间仍可以通过同业拆借的方式进行货币交易，但这种方式只是 CBDC 交易市场的一个组成部分：如果一家银行需要在某一天结束时拆入资金以满足其流动性需求，那么它现在可以从一家非银行机构借入这些资金，而不是只能从银行借入；同样，CBDC 过剩的银行也将能够向银行以外的更多机构拆出资金，它们可以在银行业之外进行放贷。CBDC 的引入使得更多金融机构被纳入央行货币的二级市场中，可能会增加央行货币的流动性和市场竞争。

非银行机构可以选择在央行以 CBDC 的形式持有资金，并获得央行提供的 CBDC 利率。这将提高利率地板系统的效果，使其更具约束力。因为如果任何机构都能获得央行提供的政策性利率，那么它们就没有动力以低于央行无风险利率的水平将资金存起来或者借给别的机构。

更为重要的是，央行可以控制 CBDC 利率：一方面，央行可以通过扩大 CBDC 的供给量，使得在利率地板系统下的二级市场在下限利率位置出清（如图 12-3 的 A 点），进而指导和影响其他经济领域的利率；另一方面，央行还可以通过控制 CBDC 的供给量，作为刺激经济的独立的货币政策工具。

2. CBDC 的利率期限结构

利率期限结构（term structure of interest rates）是指某个时点不同期限资金的利率（或收益率）与到期期限的关系及变化规律。从对应关系上来说，任何时刻的利率期限结构是利率水平和期限相联系的函数。因此，利率的期限结构通常用资金的到期收益率与期限的函数关系来表示，这称为收益率曲线。同业拆借市场的收益率曲线有三个特征：①随着时间的推移，不同期限的利率有同向运动的趋势：如果短期利率在今天上升，则在未来将趋于更高；②如果短期利率较低，收益率曲线倾向于向上倾斜，如果短期利率较高，收益率曲线通常是翻转的；③收益率曲线通常是向上倾斜的，也就是说，资金的到期期限越长，利率越高。

目前，央行准备金的定期借贷仅限于相对较短的期限。然而，如果将 CBDC 纳入考量，那么除了隔夜贷款和存款外，CBDC 还可以进行定期存取和借贷，因此 CBDC 的借贷将使得基于同业拆借市场的收益率曲线向上倾斜。向上倾斜是由于 CBDC 涵盖了更加广泛的市场机构，使用范围更广，交易动机也更加多样化，因此 CBDC 的借贷期限比传统准备金更长，这就意味着 CBDC 借款会在长期索要更高的利率。

另外，就像同业拆借利率市场和隔夜利率市场那样，CBDC 的普及也可能会出现一个基于 CBDC 利率的二级市场，CBDC 利率成为该市场的基准利率和参考点。因此，通过引导市场对 CBDC 利率未来走向的预期，各国央行可以改变 CBDC 的利率期限结构，进而影响其他资产的利率。

3. CBDC 对其他资产利率的影响

前面我们提到，CBDC 的利率期限结构可以影响经济中其他资产的利率，那么这种影响是通过何种途径来实现的？应该如何量化和评估这种影响？下面我们通过一个简化的套利定价公式来分析这个问题。⊖

如果一笔资金的借贷没有任何风险，那么其预期获得的利率就是无风险利率，用 r 表示。**无风险利率**（risk-free rate）是指把资金投资于一个没有任何风险的投资对象所能

⊖ 详情请参考：Meaning, Dyson, Barker, et al. Broadening narrow money: monetary policy with a central bank digital currency[J]. International Journal of Central Banking, 2021.

得到的收益率。在国际上，一般采用短期国债收益率或短期国库券利率作为市场无风险利率。一般会把这一利率作为基本收益率，再考虑可能出现的各种风险。

CBDC 同样被认为是无风险的，但是除了传统央行货币的价值储存功能外，CBDC 还作为一种交易手段提供一种额外的服务，例如，降低交易成本。我们把这种额外服务的收益率（非货币性交易的效用，或便利收益率）记为 φ^c。φ^c 的激励动机有很多，可以随着时间和 CBDC 存量而变化。假设 CBDC 的预期收益率为 r^c，那么市场中的无风险收益率应该满足：$r = r^c + \varphi^c$，如果不满足这个条件，市场上就会存在套利机会。例如，当 $r > r^c + \varphi^c$ 时，我们可以以 r^c 的利率借入 CBDC 资金，然后转手以 $r - \varphi^c$ 的利率全部借出，这样可以获得 $r - \varphi^c - r^c > 0$ 的无风险收益率，其中 $r - \varphi^c$ 是套利的资金收入，r^c 是套利的资金成本。这里之所以以 $r - \varphi^c$ 的利率而不是 r 的利率借出，是因为我们已经从 CBDC 的交易中获得了非货币性效用的补偿，因此即使借出利率低于无风险利率，也是可以接受的。这样我们就得到 CBDC 的预期收益率 r^c 为：

$$r^c = r - \varphi^c \tag{12-8}$$

然后，经济中其他资产的利率可以用一般形式表示为：

$$r^x = r^c + \varphi^x \tag{12-9}$$

其中，φ^x 是资产 x 的溢价。受多种因素影响，这可能包括该资产相对 CBDC 的违约风险，资产提供的非货币性交易效用（如资产为流动性管理或监管目的提供的效用），等等。例如，国债和国库券几乎没有违约风险，因此风险溢价的因素会很低，但它们也几乎没有提供交易效用，这将导致其相对于 CBDC 利率的正息差 φ^c 出现，此时 φ^x 就等于 φ^c。商业银行的存款可以提供类似于 CBDC 的交易服务，因此会有和 CBDC 相似的交易效用，但其违约风险相对较高，[○]因此会出现正的溢价 φ^x。

12.3.2 第二阶段：向金融市场传导

随着 CBDC 的普及，央行将为那些希望持有电子货币余额的非银行机构提供一种外部的、有竞争力的借贷选择和支付方式，而这些机构之前只能通过在商业银行存款来实现这一目标。有了这样一种外部选择，如果一家商业银行试图以低于 CBDC 的利率吸收存款，那么非银行存款人将减少他们在商业银行的存款而扩大 CBDC 的存款，因此，商业银行提供的存款利率必须要高于 CBDC 利率。这种调整可能使银行业发生重大结构性变化，对信贷供应和银行融资模式产生深远影响，也会影响央行的货币政策利率向金融市场传导的速度和力度。

○ 尽管存款保险制度的存在使得商业银行和中央银行在违约风险方面没有显著差异，然而，存款保险制度的覆盖面并不完全，特别是对商业账户持有人和余额较大的账户。此外，即使那些被存款保险制度完全覆盖的商业银行，也面临着资金被冻结或捆绑的风险。这些都可能会导致银行在破产清算时，存款保险制度无法及时发挥作用。况且，存款保险制度可能会引发银行的道德风险，银行可以在不面临融资成本增加的情况下承担更高的风险。从本质上讲，银行可以以低于其真实承担的风险的成本获得融资。因此，有理由相信商业银行存款具有比 CBDC 更高的内在风险。

首先，CBDC 的普及可能会降低政府对银行体系的担保程度，因为 CBDC 提供了一种真正无风险的资产的普遍使用权，这种资产可用于支付，而且不依赖于银行体系，也不受到银行体系风险的影响，这可能会对商业银行的纪律性产生影响，因为它们必须采取一系列措施向存款客户表明自己是安全的，才能与 CBDC 提供的服务进行竞争，否则它们将面临更高的融资成本。

其次，CBDC 普及之前商业银行存款往往具有一定黏性，因为储户通常不会轻易更换银行，因此其存款需求的价格弹性较低。而随着 CBDC 的普及，如果商业银行以更高的融资成本（以更高利率吸收存款）与 CBDC 竞争，那么人们可能会调整他们的投资组合，重新分配他们在商业银行和 CBDC 的投资比例。如果央行提高对 CBDC 支付的利率，这会导致人们对银行存款的需求下降；反之，如果央行降低 CBDC 利率，那么人们的一部分 CBDC 需求将转化为银行存款需求。CBDC 的普及将会加速这一过程，而以客户关系为中心的银行存款机构比那些在完全市场中进行价格竞争的金融机构更容易受到存款外流的影响，因此，商业银行的储户可能会更频繁地更换其存款账户。

最后，从央行货币利率变化到银行存款利率变化的传递速度和传递力度是否会发生变化，将取决于银行的反应。

从传递速度来看：一方面，如果我们假设储户可以更容易、更廉价地在银行存款账户和 CBDC 账户之间进行转换，那么银行必须迅速做出反应，阻止存款外流，央行的利率政策向金融市场的传导将是十分迅速的；另一方面，银行可能会通过改变其融资模式，更多地依赖定期融资"锁定"存款，以缓解其流动性压力，这意味着上述的利率传递速度最终将会放缓。

从传递力度来看：一方面，CBDC 的普及可能造成信贷市场上更激烈的竞争，因为 CBDC 允许非银行机构更容易发放贷款（例如，点对点的贷款机构将不再需要通过银行媒介来结算，从而消除中间交易成本，这称为"金融脱媒"），使非银行机构与银行业在信贷市场上处于更加平等的地位，并限制银行根据融资成本的变化而改变其利润率的程度，这些最终导致金融市场上融资成本和借贷利率对政策利率变化的敏感性增加，增强货币传导机制中的信贷机制的效力；另一方面，在 CBDC 体系之下，央行货币利率的调整将会对银行融资成本和借贷利率产生更大、更广泛的影响，但如果 CBDC 的普及使商业银行部门出现金融脱媒现象，除了会导致金融体系的不稳定之外，银行系统存贷款规模的减少也可能使市场利率和政策利率出现脱节，因此，货币政策的执行框架也需要被迫进行调整，这意味着 CBDC 对货币政策的传导效率和实施效果可能被削弱。

12.3.3 第三阶段：向实体经济传导

利率变化只是货币传导机制中的一个中介目标，货币政策的最终目标是影响实体经济，而要实现最终目标有多种渠道，就像我们在本节开头提到的利率传导机制、信贷传导机制、汇率传导机制、财富效应传导机制、资产价格传导机制、预期传导机制等。这些货币政策传导机制（渠道）几乎在任何一本金融学、经济学相关的教材中都有介绍，本书我们只介绍其中效果最明显的两种渠道:利率传导机制和信贷传导机制。

1. 利率传导机制

利率在货币政策传导机制中占有重要的位置。这种传导机制可以简单描述为:通过 CBDC 供给 M 的增减影响利率 r(主要是债券利率),利率的变化则通过资本边际效益的影响使投资 I 以乘数方式增减,而投资的增减进一步影响总支出 E 和总收入 Y。用符号可表示为:

$$M\uparrow \to r\downarrow \to I\uparrow \to E\uparrow \to Y\uparrow$$

在这个传导机制中,发挥关键作用的是利率:CBDC 供应量的调整首先影响利率的升降,然后才使投资乃至总支出发生变化。如果我们考虑货币市场与商品市场后续的相互作用,可以进行一般均衡分析。其传递过程如下:

第一,假定 CBDC 供给增加,当产出水平不变时,利率会相应下降,下降的利率会刺激投资,并引起总支出增加,总需求的增加又推动产出上升。这是货币市场对商品市场的作用。

第二,产出和收入的增加,必将引起货币需求的增加,这时如果央行没有增加新的货币供给,则货币供求的对比会导致下降的利率回升。这是商品市场对货币市场的作用。

第三,利率的回升,又会使总需求减少,产量下降,而产量下降又会导致货币需求下降,利率又会回落。这是货币市场与商品市场往复不断的相互作用过程。

第四,上述过程最终会逼近一个均衡点,这个点同时满足货币市场和商品市场两方面的供求均衡要求。在这个点上,可能利率较原来的均衡水平低,而产出量则较原来的均衡水平高。

总之,利率传导机制较为间接,传导效果取决于三个参数的影响:①货币需求对利率的敏感性,它决定了货币供给的变动能在多大程度上影响利率;②私人投资对利率的敏感性,它决定了利率的变动对私人投资的影响;③投资乘数,它决定了私人投资的变动能够在多大程度上影响国民收入。

2. 信贷传导机制

在传统的分析中,货币供应量的变动影响公众对于货币和债券两种资产的选择和配置,从而影响债券市场利率。现实中,对于银行来说,它们还持有更多贷款形式的资产,企业不仅可以从债券市场融资,还可以通过贷款融资。特别在信息不对称的条件下,对于中小企业来说,银行的贷款融资是不可或缺的。因此,企业本身与银行之间共同构成了一个信贷市场,从而引申出货币政策传导的信贷传导机制。信贷传导机制的核心思想是,货币当局可以通过央行数字货币的发行、流通和回收政策来调节银行的资金头寸,改变银行提供贷款的能力,最终影响总产出,其简单传递过程如下:

央行数字货币政策(发行、流通和回收政策)→银行存款准备金→(贷款者、借款者、储蓄者)信贷可得性变动→投资变动→总产出变动信贷传导机制强调信贷传导有其独立性，与利率传导的分析不同，该机制主要侧重于分析货币政策的紧缩效应，主要通过银行信贷和企业资产负债表的渠道发挥作用：

（1）银行信贷传导渠道。假设中央银行决定实施紧缩性的货币政策，回收央行数字货币，那么商业银行可用的准备金 R 相应减少，存款货币 D 的创造相应减少，其他条件不变，银行贷款 L 的供给也不得不同时削减。结果，致使那些依赖银行贷款融资的特定借款人必须削减投资和消费，于是总支出下降。其过程可以描述如下：

$$\text{CBDC 紧缩操作 } M\downarrow \to R\downarrow \to D\downarrow \to L\downarrow \to I\downarrow \to Y\downarrow$$

（2）资产负债表渠道。央行数字货币供给量的减少以及利率的上升，将影响借款人（主要指从商业银行借款的企业）的资产状况——利率上升会导致利息等费用支出增加和销售收入减少，进而导致净现金流减少；同时，利率的上升将导致企业股价的下跌，从而恶化借款人的资产状况，使其可用作借款担保品的价值降低。这些情况，会使借款人的逆向选择和道德风险增加，因而银行会减少贷款投放。一部分资产状况恶化和资信状况不佳的借款人不仅不易获得银行贷款，也难于从金融市场直接融资，结果就会导致投资与产出的下降。其过程可以描述如下：

$$\text{CBDC 紧缩操作 } M\downarrow \to r\uparrow \to PE\downarrow \to NCF\downarrow \to H\uparrow \to L\downarrow \to I\downarrow \to Y\downarrow$$

其中，PE 为公司净值；NCF 为净现金流；H 为逆向选择和道德风险；其他符号所代表的含义同（1）。

最后，我们需要注意的是，本节的分析都是以 CBDC 的利率存在为前提的。也就是说，只有当 CBDC 具有生息性时，CBDC 的引入才可能显著影响货币政策传导机制。目前，中国人民银行发布的数字人民币（e-CNY）坚持 M_0 定位，不计付利息，以降低与银行存款的竞争。数字人民币的投放方式与实物人民币基本一致，采用双层运营体系且由商业银行承担向公众兑换的职能。因此，数字人民币并不会改变流通中货币的债权债务关系和现有的货币投放体系，不会改变现行的货币市场运行机制和货币政策传导机制。同时，人民银行也适当设置制度摩擦，防范银行挤兑快速蔓延。为引导数字人民币应用于零售业务场景，降低对存款的挤出效应，避免套利和压力环境下的顺周期效应，提出数字人民币钱包分级分类设计，分别设置交易金额和钱包余额上限。

12.4 央行数字货币对宏观经济的影响

上一节，我们探究了央行数字货币（CBDC）的货币政策传导机制，本节我们从更广泛的角度来谈谈央行数字货币对宏观经济的影响。

12.4.1 对支付体系的影响

零售型 CBDC 与批发型 CBDC 的发行都会对支付系统产生明显的影响。

零售型 CBDC 对支付系统的影响主要体现为以下三点：**一是促进无现金支付的发展，降低私人数字货币的大量流通**。一方面，零售型 CBDC 直接减少了现金的使用，促进了无现金支付的发展；另一方面，零售型 CBDC 减少了私人货币的使用。由于私人数字货币使用的前沿数字技术对金融系统的影响力极大，因此，货币当局需要开发同等技术的数字货币以维持金融系统的稳定。**二是推动支付产业的竞争与发展**。零售型 CBDC 兼备安全性和高效性，丰富了第三方支付机构的数量，防止现有电子支付工具形成垄断，促进金融体系的效率提升。**三是提升国家支付体系的稳定性与支付效率**。CBDC 可以显著降低交易成本，促进经济发展落后地区移动支付的发展，提高支付系统的稳定性和金融包容性；同时，CBDC 系统可以与政府的其他数字系统连接，为发达地区提供更高效、更准确的公共服务。

批发型 CBDC 的用户范围较为局限，仅限于能够获取央行准备金的商业银行、清算公司或其他金融机构，因此其发行对国内和跨境的大额支付结算体系有较大影响，主要表现为：**一是批发型 CBDC 能够提升金融机构间的工作效率**。通过改善银行间结算系统，使复杂的支付流程更加高效。**二是批发型 CBDC 增强了支付体系的拓展性**。CBDC 允许银行在无须央行担保的情况下持有其他国家中央银行的准备金，因此增强了支付体系的拓展性和可操作性。

12.4.2　对货币需求和货币创造的影响

关于 CBDC 对货币需求与创造的影响方面，学术界主要对零售型 CBDC 进行了探讨。相比于批发型 CBDC，零售型 CBDC 的应用场景并不固定，因此对各个部门的货币需求函数影响更大，甚至对商业银行吸纳存款与放贷的能力产生影响，并且这一影响在 CBDC 具有生息性的情况下将会更大。

理解 CBDC 货币创造的一个关键是确定 CBDC 体系下的信贷流程，因此，学界多是从 CBDC 对商业银行系统的影响及 CBDC 发放形式的角度入手展开分析的。一方面，CBDC 的发行在挤出现金的同时，也可能会挤出银行存款，拉升利率水平，提高商业银行的融资成本，并减少商业银行存贷款规模和其在央行储备的准备金规模，严重时可能会出现金融脱媒。即使是不计息的 CBDC 也可能会对银行存款产生挤出效应。这些变化反映在货币乘数上，就是银行超额准备金率的下降和现金漏损率的上升，进而对货币乘数⊖和货币创造机制产生影响。另一方面，竞争性 CBDC 的引入降低了商业银行在存款市场上的垄断程度，因此，CBDC 的发行也许并不会引发银行脱媒，也不会导致商业银行贷款规模的缩减，反而有可能因为扩大了存款规模而增强银行部门的金融中介作用。

⊖　货币乘数是指货币供给量（主要指公众持有的现金和活期存款）对基础货币（主要包括商业银行的存款准备金和公众持有的现金）的倍数关系。简单地说，货币乘数是一单位基础货币所产生的货币量。货币乘数的计算公式是：（1+ 现金漏损率）/（法定存款准备金率＋超额存款准备金率＋现金漏损率）。现金漏损率就是现金在活期存款中的比率。

12.4.3 对货币政策的影响

上节我们提到，具有生息性的 CBDC 能够更加显著地影响货币政策传导机制，而不计息的 CBDC 发行对货币政策及其传导机制的影响较为微弱，这是因为不计息的 CBDC 可以限制 CBDC 与商业银行存款之间的竞争。计息的 CBDC 对货币政策的影响主要体现在以下两个方面：

第一，计息的 CBDC 能够丰富货币政策工具，使央行具有更多的政策选择，在某些情况下甚至可以实现负利率。当然，也有学者指出，计息的 CBDC 与现金同时存在可能会削弱央行使用 CBDC 来调控经济的效力。⊖

第二，CBDC 的发行提高了货币政策的精准性。（1）CBDC 能够与其他有息资产进行相互转换，这使得各部门对利率的敏感性提高，从而提升了货币政策调控的时效性；（2）在传统货币体系下，中央银行对信贷的流向难以控制和监管，调控如果不精准会造成更大的经济波动。通过 CBDC，央行可以获取及时且更为准确的信息，为调控经济创建有利的环境。

12.4.4 对金融稳定与金融监管的影响

CBDC 的发行是否以及如何影响金融体系的稳定性，是各国政府十分关心的问题。2020 年，国际清算银行（Bank for International Settlements，BIS）提出，央行不应为了发行 CBDC 而牺牲金融体系的稳定性。一方面，CBDC 的发行降低了支付信用风险和商业银行的垄断力。CBDC 的发行使得私人部门都能够在支付系统中使用央行的货币，这使得支付系统中的风险大大降低，也削弱了大型商业银行的垄断地位，有利于金融系统的稳定。另一方面，CBDC 也有可能损害金融系统的稳定性。一是 CBDC 有可能会导致金融脱媒。居民和企业可以便利地将银行存款转换为央行数字货币，导致金融中介规模收缩，金融波动性增大，从而会导致结构性的金融脱媒以及央行信贷分配过程的过度集中。二是 CBDC 提升了挤兑风险。在金融系统发生风险时，央行数字货币为社会公众快速转换安全资产提供了渠道，从而可能会加剧商业银行的挤兑问题。

CBDC 的机制设计会对金融系统的稳定性产生不同程度的影响。如果 CBDC 的机制设计优良，那么其能够提升支付系统的弹性，同时，央行也可以通过调控 CBDC 来防止金融脱媒等现象的发生。

在金融监管层面，CBDC 的发行可以有效降低反洗钱、防恐怖融资、反偷税的成本。由于数字货币的可控匿名性，CBDC 可以进行全程管理，对货币流通能实现全流程监控，不法活动的空间大幅缩小。但与此同时，相较于传统货币而言，CBDC 的流通速度更快，流通范围更广，流通规模变化更为迅速，如果央行不能对其进行有效监管，则很有可能导致金融秩序混乱。因此，央行需要加大对金融机构获取和使用数据的监管力度。而针对金融风险的防控，开展跨国合作以及发展金融科技实现数字化监管也是十分必要的。

⊖ Davoodalhosseini. Central bank digital currency and monetary policy[J]. SSRN Electronic Journal, 2017.

12.4.5 对社会总产出的影响

CBDC 的发行和普及是否可以提高经济总产出并提高社会福利水平？这个问题从不同视角可以给出不同的答案，这与经济体的自身特点、CBDC 的发行方式都有关系。

约翰·巴德尔（John Barrdear）和迈克尔·库姆霍夫（Michael Kumhof）[一]最早将 CBDC 纳入宏观经济学的动态随机一般均衡（dynamic stochastic general equilibrium, DSGE）模型[二]中进行分析。他们假设中央银行通过购买政府债券来发行 CBDC，这将降低实际利率，从而刺激经济，提高产出。同时，CBDC 对社会总产出及福利水平的影响与 CBDC 的利率水平及信贷市场的竞争程度有关：如果 CBDC 与商业银行存款存在竞争，那么 CBDC 的普及将银行的一部分利润转移至其他部门。此外，CBDC 也提升了金融的包容性，刺激了家庭储蓄和消费，这有利于经济总产出和社会福利的提升。

并非所有研究都认为 CBDC 的发行和普及会显著提升经济的产出水平。因为在一定条件下，CBDC 与商业银行存款之间的替代效应可能对总产出没有影响，尽管二者在流动性和回报等方面都有所不同。[三]其他学者的研究结果表明[四][五]，不论是 CBDC 技术方面的提升，还是 CBDC 对现金和银行存款的替代作用，CBDC 在短期内对产出的影响均不显著，这与我们在上一节中提到的结论是一致的。

12.4.6 对国际经济的影响

在开放经济条件下，CBDC 的跨境发行可以降低国际资本市场的交易成本和信息搜寻成本，减小摩擦，提高国际资本的流动性，并提高欠发达国家或中小企业的金融普惠性。同时，许多国家跨境发行 CBDC 也为跨国贸易和投资提供了多种可替代的支付方案，那些可靠性较高的 CBDC 将脱颖而出，形成一定的市场规模，可以改善该国货币在国际外汇储备中的地位。另外，本国居民使用多种货币也可以使本国的外汇储备多样化。

尽管 CBDC 的跨境发行和使用可以使国家间的金融联系更加紧密，但也可能会给本国及他国的货币体系带来风险和挑战。

第一，随着国家之间的金融联系日益紧密，经济波动的国际溢出效应也随之扩大。CBDC 与其他货币的自由兑换在带来效率提升的同时，也放大了国内资本市场和外汇市场的风险，国际市场的金融风险也有可能传递至国内。

[一] Barrdear, Kumhof. The macroeconomics of central bank issued digital currencies[R]. Bank of England Staff Working Paper, 2016(605).

[二] 动态随机一般均衡模型，是以微观和宏观经济理论为基础，采用动态优化方法考察各个行为主体（家庭、厂商等）的决策，即在家庭最大化其效用、厂商最大化其利润的假设下得到各行为主体的行为方程。各行为主体在决策时必须考虑其行为的当期影响，以及未来的后续影响，同时，现实经济中存在诸多的不确定性，因此，DSGE 模型在引入各种外生随机冲击的情况下，研究各主体之间的相互作用和相互影响。

[三] Niepelt. Reserves for All? Central Bank Digital Currency, Deposits，and Their (non)-Equivalence[R]. Study Center Gerzensee Working Paper, 2018 (2).

[四] 姚前. 法定数字货币的经济效应分析：理论与实证 [J]. 国际金融研究，2019 (1)：16-27.

[五] 谢星，张勇，封思贤. 法定数字货币的宏观经济效应研究 [J]. 财贸经济，2020 (10)：147-160.

第二，零售型 CBDC 的跨国发行可能会加剧国际货币体系的不对称性，尽早推出 CBDC 的国家会有一定的先发优势。

第三，本国零售型 CBDC 在其他国家广泛流通可能会影响本国货币政策的独立性，会使本国的货币政策立场以及金融风险水平受到其他国家的影响。一方面，发行数字货币的央行可以增加铸币税收入；另一方面，本国数字货币的外部需求波动可能会引发本国的国际资本流动大幅变化。这些变化都给本国央行带来了新的挑战。央行在制定货币政策时不仅要考虑本国的情况，而且要考虑对其他国家和全球资本市场的影响，而货币政策工具在国内和国外可能无法实现一致的目标。

第四，跨境发行与使用 CBDC 可能会与其他国家的主权货币产生竞争甚至冲突，如果发达国家的 CBDC 流入欠发达的国家或地区，那么很可能会对弱势国家的货币产生替代效应，进而损害弱势国家的货币主权。当然，从长期来看，CBDC 带来的货币竞争还可以促进国家间的风险分担，跨境使用 CBDC 可以帮助弱势国家的企业和家庭更好地管理资产风险。

因此，中央银行应该谨慎设计零售型 CBDC 的跨境方案，通过限制 CBDC 的收益或外国居民的持有数量等方式来降低风险。

聚焦实践 12-2

欧洲央行：加密币对实体经济没有实际影响

在 2019 年 5 月欧洲央行公布的一份题为《加密资产：对金融稳定、货币政策、支付和市场基础设施的影响》的报告中，欧洲央行研究了数字货币对经济发展和货币政策的潜在影响，明确指出，如果加密币成为现金和存款的可靠替代物，则这一影响可能会真实发生。

欧洲央行进一步表示，由于数字资产的价格仍然不稳定，加密币的部署仍然有限，目前仅有少数商家允许以数字货币的形式购买商品和服务。最后，欧洲央行辩称，"没有任何特定机构（如货币当局）阻碍了它们作为一种货币的使用，而是加密币本身的波动性阻碍了它们被用作价值储藏和支付手段的功能，因此难以将它们作为一个单独的记账单位使用"。

早些时候，欧洲央行行长马里奥·德拉吉（Mario Draghi）表示，"加密币在经济实体中并不足以让其以宏观方式影响我们的经济。加密币或比特币以及类似的东西，不是真正的货币，它们是资产。欧元是欧元，今天、明天、一个月后，它依然是欧元。欧洲央行支持欧元。谁会为加密币做背书？所以它们是非常冒险的资产"。

本章小结

本章聚焦于一个全新的体系——数字货币。我们首先给出了数字货币的定义，并将其与电子货币、虚拟货币的概念进行了对比辨析。随后我们介绍了数字货币的两大类型：私人数字货币和央行数字货币（CBDC），并分析了数字货币的特点，包括去中心化、分布式记账、匿名性、可控匿名性、可编程性加密性、自治性等。随后，我们分别对私人数字货币和CBDC展开分析。针对私人数字货币，我们探讨了其定价方式（包括成本定价法、股票定价法、期权定价法和无套利定价法四种方法）和监管的困境。对于CBDC，我们详细介绍了其两种不同的运营体系（单层运营体系和多层运营体系），并从货币传导机制的角度分析了CBDC发行对货币政策和二级市场的影响。最后，我们从更宏观的六个角度（支付体系、货币需求和货币创造、货币政策、金融稳定与金融监管、社会总产出、国际经济）梳理总结了央行数字货币发行和普及对宏观经济的深远影响。

关键术语

数字货币　　　　去中心化　　　　分布式记账　　　　区块链
私人数字货币　　央行数字货币　　货币传导机制　　　CBDC运营体系

复习思考题

1. 请简述数字货币的概念及其类型，并比较不同类型数字货币的特点。
2. 请根据资料回答问题：比特币是一种只存在于网络中的数字货币，它诞生于2009年1月，其工作原理是每个人都可以在他的计算机上通过运行特定软件来参与特定数学问题的计算。计算完成后，计算机主人将收到25枚（新挖掘出的）比特币作为奖励。因为在2014年，每10分钟就有一个数学问题被算出，所以每10分钟就会产生25枚新的比特币。截至2019年1月，世界上大约有1 220万枚比特币。①根据上文，哪一年挖掘出的比特币数量将超过1 800万枚？②从哪一年开始，计算所获得的奖励将得不到一枚比特币？③确定可以流通的比特币的最大数量。
3. 如果Libra被允许发行，将对我国产生哪些影响？我国应该采取何种监管措施加以应对？
4. 请简述央行数字货币的利率传导机制和信贷传导机制。
5. 付息的央行数字货币发行会对同业拆借市场利率和商业银行体系产生哪些影响？
6. 请简述央行数字货币跨境发行对国际经济的影响。

参考文献

[1] 朱阁.数字货币的概念辨析与问题争议[J].价值工程，2015(31):163.
[2] 刘凯，李育，郭明旭.主要经济体央行数字货币的研发进展及其对经济系统的影响研究：一个文献综述[J].国际金融研究，2021(06): 13-22.

[3] 姚前. 法定数字货币的经济效应分析：理论与实证 [J]. 国际金融研究，2019(1)：16-27.

[4] 谢星，张勇，封思贤. 法定数字货币的宏观经济效应研究 [J]. 财贸经济，2020 (10)：147-160.

[5] 姚前. 数字货币经济分析 [J]. 新金融评论，2018(04):5.

[6] 李拯，唐剑宇. 比特币、Libra 和央行数字货币的比较研究 [J]. 前沿理论，2021(07):13-17.

[7] Barrdear, Kumhof. The macroeconomics of central bank digital currencies[J]. Journal of Economic Dynamics and Control, 2021: 104-148.

[8] Kiff, Alwazir, Davidovic, et al. A survey of research on retail central bank digital currency[R]. SSRN, 2020-07-23.

[9] Kumhof, Noone. Central bank digital currencies: Design principles and balance sheet implications[R]. Bank of England working paper No. 725, 2018.

[10] Allen, Capkun, Eyal, et al. Design choices for central bank digital currency: Policy and technical considerations[R]. National Bureau of Economic Research, 2020.

[11] Bordo, Levin. Central bank digital currency and the future of monetary policy[R]. National Bureau of Economic Research Working Paper No. 23711, 2017.

[12] Committee on Payments and Market Infrastructures-Markets Committee. Central bank digital currencies[R]. 2018-03.

[13] Yao. A systematic framework to understand central bank digital currency[J]. Science China, 2018, 61(3): 1-8.

[14] Boar, Holden, Wadsworth. Impending arrival–A sequel to the survey on central bank digital currency[J]. BIS, 2020 (107).

[15] Bank for International Settlements (BIS). Central bank digital currencies: Foundational principles and core features[R/OL]. (2020-10-09)[2021-07-02]. https://www.bis.org/publ/othp33.htm.

[16] International Monetary Fund (IMF). Digital money across borders: Macro-financial implications[J]. Policy Paper No. 2020/050, 2020-10-19.

[17] Auer, Haene, Holden. Multi-CBDC arrangements and the future of cross-border payments[R]. Bis Papers No. 115, 2021-03-19.

[18] Auer, Böhme. The technology of retail central bank digital currency[J]. BIS Quarterly Review, 2020-03:85-100.

[19] Auer, Böhme. CBDC architectures, the financial system, and the central bank of the future[J]. VoxEU, 2020-10-29.

[20] Meaning J, Dyson B, Barker J, et al. Broadening narrow money: monetary

policy with a central bank digital currency[J]. International Journal of Central Banking, 2021.

[21] Friedman. A program for monetary stability[M]. Ravenio Books, 1960.

[22] George, Xie, Alba. Central bank digital currency with adjustable interest rate in small open economies[J]. SSRN, 2020.

[23] Ferrari, Mehl, Stracca. Central bank digital currency in an open economy[J]. CEPR Discussion Papers, 2020.

[24] Piazzesi, Rogers, Schneider. Money and banking in a New Keynesian model[R]. Stanford: Working Paper, 2019.

[25] Barrdear, Kumhof. The macroeconomics of central bank digital currencies[J]. Journal of Economic Dynamics and Control, 2021-05-15.

[26] Benigno, Schilling, Uhlig. Cryptocurrencies, currency competition, and the impossible trinity[R]. National Bureau of Economic Research, 2019.

第 13 章 · DIGITAL ECONOMICS

数据隐私的博弈

在数字经济的发展历程中，数据起到了核心和关键作用。《经济学人》杂志曾将数据比喻为"21 世纪的石油"，数据的重要性不言而喻。数据已经成为一种重要的生产要素和新型的战略性社会资源，数字化企业通过大量搜集、存储、使用消费者用户数据并据此制定商业战略或与第三方分享数据，并将数据转化为成功的产品和服务，获取巨大的经济利益。但与此同时，恶意搜集隐私数据、大数据杀熟定价、隐私信息泄露、网络诈骗等诸多问题愈演愈烈，这不仅会引起消费者对隐私问题的担忧和对在线交易的信心，也会影响数字经济的高效发展。因此，实施有效的隐私保护成为各国政策关注的重点。

数据是什么？它有哪些特征？数据使用和隐私保护的行为是如何影响经济活动的？如何在充分发掘数据经济效益的同时又能很好地保护数据隐私？对于当下隐私信息滥用的问题，消费者、企业和政府监管部门应该做些什么？在本章，我们就来解答这些疑问。

学习目标

▶ 学完本章,你应该做到:

1. 了解"数据"与"信息"的区别,以及数据的基本特征;
2. 掌握数据要素、数据资产、数据资本等基本概念;
3. 了解隐私经济学的研究对象、研究方法和研究热点;
4. 能够用简单的博弈模型分析和解释基于数据隐私的消费者与企业的策略选择;
5. 了解隐私保护市场失灵的原因及代表性学派的解决思路。

引例

Facebook 用户个人数据信息泄露

2021年4月,超过5.33亿Facebook用户的个人数据被泄露,其中包括大量的用户个人信息,如电话号码、Facebook ID、全名、地点、出生日期、电子邮件地址以及一些生物信息。据悉,个人信息已被公布在一个黑客网站上。与此同时,还有106个不同国家的Facebook用户信息被泄露,其中包括3 200万条美国用户记录,1 100万条英国用户记录和600万条印度用户记录。对此,Facebook的发言人表示,这起信息泄露事件实际上发生于2019年,当时Facebook有一项功能遭到滥用,在发现这个问题后,该公司已经堵住了这个漏洞。

这并不是黑客第一次因为Facebook拥有海量的用户数据而将其作为攻击目标。2018年,Facebook的一个安全漏洞让黑客窃取了2 900万用户的数据,包括从用户名和关系状态到宗教信仰、生日和家乡等全部细节。

Facebook的数据信息泄露事件只是大数据时代数据隐私问题的冰山一角。随着黑客盗取数据、平台恶意贩卖数据等现象在全球范围内愈演愈烈,人们经常有一种"被扒光"和"被操控"的无力感。现代互联网技术完全能够依靠数据技术勾勒出一个人的"信息形象",这种"信息形象"包含年龄、性别甚至性格等个人隐私。一旦这些信息遭到泄露、滥用和侵害,轻则要应对每天的垃圾短信、垃圾邮件和骚扰电话,重则个人信息可能被不法分子利用从事违法犯罪活动。

⊖ 从内容上讲,本章与第14章"数据资产定价"属于微观经济学的内容。但是,2020年4月,中共中央、国务院发布《关于构建更加完善的要素市场化配置体制机制的意见》,赋予数据与资本、劳动等传统要素相同的地位,而且第13章、第14章的内容与第15章"数据治理"联系紧密,出于以上两点考虑,本书将第13章和第14章的内容放在宏观部分,作为理解数据要素和数据治理的微观基础。

13.1 何为"数据"

数字经济时代,数据、信息、大数据等概念被频繁使用,不同的国家、地区以及国际组织对此会有不同的称谓和用语。因此,在正式介绍与数据有关的话题之前,有必要建立对这些概念的共识,明确这些概念的区别与联系。

13.1.1 "数据"与"信息"

根据国际标准化组织(International Organization for Standardization,ISO)的定义,**数据**(data)是指搜集到的、原始的、未经处理的关于客体的事实;**信息**(information)是指对人们有意义的数据,是数据经过提炼、加工、整合后形成的关于事实、事件、事物、过程的思想和知识,其在特定语境中有特定的含义。**大数据**(big data)是指一种规模大到在获取、存储、管理、分析方面大大超出了传统数据库软件工具能力范围的数据集合,具有数据规模海量(volume)、数据流转高速(velocity)、数据类型多样(variety)和价值(value)密度低①四大特征,简称"4V"特征。

"数据"不等同于"信息",二者之间存在着一个梯次关系。"数据"强调"信息"的一种更加原始的状态,保留了更多原始的"信息",人们通过"数据"可以挖掘更多的"信息"。"数据"比"信息"更为根本,而信息则是经过加工后,有逻辑、有意义的数据。"数据"是纯粹的"事实",具有无修饰的、独立的性质,通过上下文和周围环境的相互作用,这些"数据"(或"事实")在一个具体的、特定的背景环境下,进行释义后成为人类所定义的"信息"。比如在网络治理语境下,经常使用的"违法有害信息",以及在个人信息保护语境下的"个人信息",都是指向内容意义本身。2021年6月10日,第十三届全国人民代表大会常务委员会第二十九次会议通过了《中华人民共和国数据安全法》,其中关于"数据"的定义是"本法所称数据,是指任何以电子或者其他方式对信息的记录",强调数据是信息的存在形式或记录本身。

数据可以从不同的角度分成多种类型。例如,我们可以从数据主体(指数据或信息在网络中以各种方式加以披露的自然人)的角度把数据分为个人数据(涉及财务、健康、文化、生物特征以及能辨识出特定自然人的多种类别的数据)和非个人数据(商业、政府等相关数据)。目前国家间协议、国内法规等,在谈及数据时,主要内容是指个人数据。随着数字经济的快速发展,数据的内容不断丰富,逐步扩展到商业数据、政府数据等方面。

尽管"数据"和"信息"两个概念的语义是有所区别的,但值得注意的是,在特定的讨论语境下,"数据"和"信息"两个概念可以互换,如个人信息和个人数据、政府信息和政府数据等表述互换一般不会使人产生误解。近年来中国有关部门在发布有关个人数据的相关规定和标准规范时,一直使用"个人信息"而非"个人数据"的称谓,例如

---

① 价值密度是单位数据所产生的有价值的信息量。价值密度低是指大数据虽然规模庞大(价值巨大),但是有价值的信息所占比例较小。

最新的《信息安全技术 – 个人信息安全规范》（GB/T 35273—2020）。从国内外对于这些文件的界定来看，我国实际上并没有区分"个人数据"和"个人信息"。因此，根据我国的具体使用习惯和用法，本书会在兼顾"个人信息"的基础上使用"个人数据"，对这二者并不做严格的区分。

13.1.2　数据的功能

在数字经济的发展历程中，数据起到了核心和关键作用，人们对数据功能的认识也是由浅入深、由简单趋向复杂。总体来看，人们对数据功能的认识主要分为三个阶段：第一阶段是数据资源阶段，数据是记录、反映现实世界的一种资源；第二阶段是数据资产阶段，数据不仅是一种资源，还是一种资产，是个人或企业资产的重要组成部分，是创造财富的基础；第三阶段是数据资本阶段，数据的资源和资产的特性得到进一步发挥，与价值进行结合，通过交易等各种流动方式，最终变为资本。

数据作为生产要素。在信息社会中，数据已经成为信息技术和网络空间赖以生存和发展、不可或缺的物质基础。在数字化环境中，所有要素只能以数据的形式外化，它和资本、劳动力、土地和能源等生产要素一样具有很高的价值，是一种新型的战略性社会资源，这意味着任何主体对数据的非法干预都可能构成对国家核心利益的损害。但是，数据与这些传统生产要素不同，它具有可再生、无污染、无限性的特征。可再生是指数据资源不是从大自然获得的，而是人类自己生产出来的，通过加工处理后的数据还可以成为新的数据资源；无污染是指数据在获得与使用的过程中不会污染环境；无限性是指数据在使用过程中不会变少，而是越用越多，这与传统资源越用越少的特征不同。

数据作为资产。随着数字经济的发展，人们发现数据不仅仅是资源，还具备资产的特质。所谓资产，是指由企业过去经营交易或各项事项形成的、被企业拥有或控制的、预期会给企业带来经济利益的资源。从资产的界定来看，它具有现实性、可控性和经济性三个基本特征。现实性是指资产必须是现实已经存在的，还未发生的事物不能称为资产；可控性是指企业要对资产有所有权或控制权；经济性是指资产预期能给企业带来经济效益。结合资产的特征，数据资产便是指企业在生产经营管理活动中形成的，可拥有或可控制其产生及应用全过程的、可量化的、预期能给企业带来经济效益的数据。实现数据可控制、可量化与可变现属性，体现数据价值的过程，就是数据资产化过程。但要注意数据并不等于数据资产，也就是说，并非所有的数据均有经济效益，除非同时满足可被计量、可被控制、可被变现的属性。当前，数据已经渗入各行各业，逐步成为企业不可或缺的战略资产，企业所掌握的数据规模、数据的鲜活程度，以及采集、分析、处理、挖掘数据的能力决定了企业的核心竞争力。

数据作为资本。资本是用于投资得到利润的本金或资产。在数据资产不断为企业获取大量经济效益的同时，数据已经成为一种资本，和金融资本一样，能够产生新的产品和服务。但是，与实物资本不同，数据资本也有自身的特性，例如，数据资本具有不可替代性，即实物资本是可以替换的，人们可以用一桶石油替换另一桶石油，而数据资本则不行，因为不同的数据包含不同的信息，其所包含的价值也是不同的。数据资本化的过程，就是将数据资产的价值和使用价值折算成股份或出资比例，通过数据交易和数据流动变为资本的过程。换句话说，数据作为资本的价值要在数据交易和流动中才能得到充分体现。这也引发了当前业界的一大难题，即数据产权问题。只有确定了数据产权问题，数据交易才具备顺利开展的前提基础。

13.1.3　数据的基本特征

不同学科对于"数据"的定义略有不同，数据的基本特征在不同领域内也可以有不同的表现形式，这取决于从何种视角，或者出于何种研究目的进行考察。在数字经济学中，我们主要关注数据的四个基本特征：非竞争性、不可分离性、价值不确定性和数据外部性。

数据的非竞争性。通常情况下，数据能够被无限分享和复制，并且数据的价值不会因为使用者的增多而降低。这个特点使得数据具备了使用上的非竞争性。数据的非竞争性给数据资产的交易带来了极大的阻碍。即使对数据的权限给予了规定，但在数据的分享没有成本、不影响其他相关者利益且会给分享者带来收益的情况下，数据的转售行为很难被完全禁止，从而损害原创者的利益。

数据的不可分离性，即数据使用的效果无法和数据主体完全分离。如果数据主体不允许自身的活动被观察到，就不会有数据产生。同时数据的使用也可能会影响到数据主体，例如，某款数字应用在使用用户数据时可能会侵犯用户的隐私或忽视他们的数据安全，这正是隐私和安全问题的根源。

数据的价值不确定性。数据作为资产或资本，其价值的不确定性主要来源于：一是数据具有先验信息不对称的特点。如果买方在交易前不知道数据的详细信息，那么买方将不会完全知晓购买该数据后能为自己带来多少的价值；但如果买方知道数据的所有信息，则数据对买方而言就没有价值。这就是由于先验信息不对称引起的"逆向选择"问题。二是数据具有协同性，数据集的不同组合可以带来不同的价值，从而产生范围经济的特征。三是数据具有自生性，当用户拥有更多的数据组合时，这些数据更有可能相互组合产生新的数据，从而带来更多的价值。四是数据具有网络外部性，即数据产品的用户越多，其价值越高。五是数据的价值与数量、质量、时效性的关系不确定。例如：对于利用数据提供 Proactive Customer Care 的商业用户而言，最新的数据更有价值；但对于学者而言，历史数据与当前数据具有几乎相同的价值，有时早期数据会具有更大的价值。六是数据的价值与用户的异质性密切相关。数据只有在使用时才能产生价值，不同用户的目的、知识、能力、私人信息和现有数据将导致相同数据对不同购买者的价值存在巨大差异。因此，数据的价值评估不可能成为一个标准品并由买方共同定价。

数据外部性，是指数据的作用既可能超出其最初收集者的预期，也可能超越其最初信息系统设计的目的，即同一组数据可以在不同的维度上产生不同的价值和效用。如果我们能不断发现、开拓新的使用维度，数据的能量和价值就将层层放大。数据外部性有正、负之分：如果数据外部性能够提升数据相关方的效用，提高经济效率和社会福利，那么称其为正外部性；如果数据外部性损害了数据当事人、第三方的利益或者社会福利，则称之为负外部性。

13.2 隐私的经济学观点

与"数据"类似，"隐私"这一概念也有多种含义，主要取决于使用对象和场景。目前，经济学界对于数据隐私问题的研究已经形成了一门专门的学科——隐私经济学。本节，我们将从"隐私"的基本概念出发，介绍关于数据隐私相关的专业术语及经典理论，并建立数学模型分析现实社会中的问题。

13.2.1 "隐私"与个人信息

世界上第一个正式的隐私概念是社会学家艾伦·威斯汀（Alan Westin）[⊖]提出的，他将隐私定义为：**个人、团体或组织有权利确定向他人披露信息的时间、方式和范围**。该定义特别关注人们对个人信息的控制和传播。在今天，隐私的含义更加宽泛，它可以指一个人拥有个人空间和独处的权利，或是对个人信息的保护，甚至超越经济层面，涉及人的尊严、自主权和人身自由。

隐私的核心是个人信息（personal information），这里并不是特指那些敏感的、隐私的或令人尴尬的个人信息，而是表示信息与其所有人之间的关系，即无论该信息是敏感还是无关紧要，只要它具有专属于他人的可识别性，就应当被视为个人信息。在当今的互联网络中，个人的真实姓名、性别、年龄、身份证号等一切能反映个人身份的数据都属于个人信息，权利主体对这些数据资料享有隐瞒、利用、维护和支配的权利，如果网站在未经权利人同意的情况下，随意搜集、更改、泄露这些资料，就属于侵权行为。

13.2.2 隐私经济学

经济学对隐私问题的关注主要基于个人信息（或者说个人数据）是一种重要生产要素，对隐私问题的关注点在于如何在实现个人信息最大化开发利用的同时实现有效的个人隐私保护，以及如何设计市场化的个人信息交易机制以促进数据开发利用和有效的个人隐私保护。因此，经济学家对隐私问题的关注主要集中在保护个人数据隐私和促进个人数据信息共享的利益取舍问题上。

当前经济学界已经对隐私和个人信息的问题开展了诸多研究，经济学家将作为隐私的个人信息视为一项产权标的，利用微观经济学、博弈论、信息经济学等经济分析方法对隐私问题进行研究分析，形成了一门专门的学科——**隐私经济学**（the economics of privacy）。

⊖ Westin. Pivacy and freedom[J]. Michigan Law Review, 1967, 66(66).

隐私经济学主要关注消费者和生产者在保护或分享个人信息过程中的利益取舍：一方面，个人信息同时具有私人价值和商业价值，分享这些数据可能缓和市场摩擦并促进交易；另一方面，分享数据并不总是带来社会福利，而常常危害个人效用和社会福利。同时，隐私经济学还关注信号传递行为、隐私产权治理、隐私政策与政府监管等议题，这些问题我们将在本章的后几节中进行探讨。在此之前，我们先在本节的剩余部分介绍隐私经济学的几个基本概念和经典理论。

13.2.3 隐私风险与隐私偏好

消费者的任何购买行为，都可能无法确知其预期的结果是否正确，而某些结果可能令消费者不愉快，所以，消费者购买决策中隐含着对结果的不确定性，这种不确定性就是风险感知最初的概念。隐私风险作为消费者风险的因素之一，是指个体感知到在使用某种移动服务的过程中，运营商在不被个体知晓或同意的情况下使用、租借或贩售消费者隐私，甚至从事对个体不利活动的可能性。隐私风险通常是由数据的负外部性导致的，包括对获取用户个人信息相关的机会主义行为的风险（如向第三方营销公司、金融机构或政府出售、共享信息），也包括个人信息的滥用（如内部人披露、未授权的获取或身份盗窃）。在信息隐私领域，人们主要通过评价负面结果的可能性及其是否会造成潜在损失来界定隐私风险的程度。

隐私偏好是一个人对自己的个人信息被泄露或与他人分享可能带来的伤害程度。大多数研究将隐私偏好当作用户对隐私的重视程度。由于各类信息本身特性使得用户对信息的关心重视程度存在较大的差异，且用户对各类信息的关心重视程度会随着用户年龄、性别、学历的差异而有所不同，因此隐私偏好不仅是信息自身的属性，还和人们所处的环境有关。如人们对电子商务、社交网络、财务网站和健康网站等存在不同的隐私偏好，也就是说，消费者的隐私偏好是依情境而改变的。

13.2.4 隐私悖论

隐私悖论是指消费者通常声称关注自己的隐私，但是在很多情况下其行为表现却与其所宣称的相反，其对隐私披露比较轻率并且也不积极采取提高隐私保护技术的现象。信息化时代，用户一方面享受披露个人信息带来的丰富的社会福利，另一方面也面临隐私安全问题。皮尤研究中心互联网项目调查显示，85%的成年人认为控制对其个人信息的访问是"非常重要的"；然而，在对Facebook用户进行调查时发现，超过90%的用户在Facebook上披露过其真实姓名、出生日期、资料图片以及电子邮件等隐私信息[一]。用户一方面担心隐私安全，另一方面又热衷分享个人隐私信息，这种矛盾的行为即隐私悖论。

[一] Stutzman, Capra, Thompson. Factors mediating disclosure in social network sites [J]. Computers in Human Behavior, 2011, 27(1):590-598.

目前学术界对隐私悖论有几种不同的解释。一种观点认为，这是因为当事人不了解隐私被侵犯可能带来的严重后果或由于一些重要的数字应用缺乏可替代选择，用户不得不让渡一定的隐私权。[⊖]例如，为了使用微信，用户必须同意微信的隐私条款，否则只能退出。但随着越来越多的新选择不断涌现，这种理论很难解释用户为何对层出不穷的新数字服务也"来者不拒"。另一种观点认为，当面临真实的选择时，人们会在隐私和数据福利之间进行权衡取舍。因此，"隐私悖论"的本质是：与个人数据相关的消费者权益具有双重性，一个是隐私被保护的权益，一个是因为分享数据而获得（更好）服务的权益。两者之间的权衡，才是对消费者权益的完整理解。

13.3 基于消费者隐私信息的市场博弈

在一个经济学的典型市场中，企业与消费者之间的经济活动和博弈行为是绕不开的研究话题。在互联网时代，数字经济中的企业与其消费者也无时无刻不在根据自己的利益调整对隐私信息的战略行为。本节我们分别从企业与消费者的角度，对隐私经济学中涉及企业和消费者博弈行为的研究进行梳理和总结，并在最后引入一个密切相关的数学博弈模型，以便于读者对数字经济中关于隐私信息的经济博弈行为有一个更直观的认识，并且更好地理解隐私经济学的研究工具和研究方法。

13.3.1 基于隐私信息的企业策略

互联网时代不但孕育了大量信息，应运而生的还有追踪信息的技术。一般企业或专业数据媒介企业可以使用多种信息技术跟踪用户线上行为，利用网络漏洞和 Cookies 都能搜集到消费者的隐私信息。网络漏洞并不储存于用户的电子设备中，若用户不懂网页代码将无法察觉；Cookies 储存于用户计算机中且用户可以选择清除，但往往消除后会被限制访问某些网站或者应用程序。现代追踪技术与传统手段相比，企业在搜集消费者线上数据时耗时少且成本低廉。在这部分，我们主要以企业是否实施价格歧视作为企业的战略行为，着重讨论企业利用消费者隐私进行价格歧视，以及企业保护消费者隐私信息这两种策略。对于企业推送定点广告与定制个性化服务的行为，将在消费者战略行为部分进行说明。

1. 企业利用消费者信息实施价格歧视

消费者不经意间在网上披露的隐私信息会使自己的隐私泄露，企业甚至能通过识别在线消费者的地理位置和个体特征将不同消费者引向不同价位的产品，这使得消费者购买相同产品的价格差达到 10%～30%，也就意味着隐私泄露为企业后续的价格歧视奠定

⊖ Chen, Michael. Privacy issues and solutions in social network sites[J]. IEEE Technology and Society Magazine, 2012, 31(4):43-53.

了基础,而这种歧视也被认为是"搜索歧视"。

互联网企业实施的价格歧视一般为跨期价格歧视。企业运用 Cookies 记录消费者在第一期的购买行为,再根据已有信息对第二期的不同类型的消费者制定不同定价策略。目前关注度比较高的"大数据杀熟"问题就属于跨期价格歧视,"大数据杀熟"是指同一件商品或者同一项服务,互联网厂商显示给老用户的价格要高于新用户,并依此获得利润最大化。大数据杀熟现象最早可以追溯到亚马逊在 2000 年一个差别定价"实验"。当年,有用户发现《圣诗复仇》(*Titus*)的碟片对老顾客的报价为 26.24 美元,但是用户删除 Cookies 后发现报价变成了 22.74 美元。这件事情的曝光,让亚马逊面临消费者潮水般的谴责,最后 CEO 贝佐斯亲自道歉,称一切只是为了"实验"。这是否仅仅是个"实验"不得而知,但通过调整价格来"追逐利润"是毋庸置疑的。

互联网中的消费者也分为两类:一类是**精明的消费者**,另一类是**幼稚的消费者**。精明的消费者能意识到自己在第一期的购买行为可能会导致企业在第二期对自己的价格歧视,而幼稚的消费者无法预测自己当期的行为对未来的影响。亚历山德罗·阿奎斯蒂(Alessandro Acquisti)和哈尔·范里安(Hal Varian)教授将市场假设为只存在幼稚的消费者、只存在精明的消费者以及两种类型消费者都存在的三种垄断市场,结果发现动态定价只对幼稚的消费者是有效且盈利的,而对精明的消费者是无效的,因为精明的消费者总是会采取策略躲避企业的价格歧视。[1]

除了价格歧视,还有其他形式的歧视也是企业通过分析消费者隐私信息完成的,这些歧视与价格歧视相比更加"隐形"。例如,在招聘市场上,雇主通过应聘者的简历能对应聘者加以区分,甚至能通过名字得出应聘者的人种信息,这可能会导致招聘市场上出现性别歧视和种族歧视现象。再比如,顾客在购物网站上的消费记录可能会被恶意泄露,这些信息被不法分子所利用,进行有针对性的电话推销或电信诈骗。

2. 企业保护消费者隐私信息以留住客源

事实上,企业保护消费者信息更多是因为市场中大部分的消费者是精明的。当精明的消费者能预测到企业会利用自己的隐私信息实施价格歧视时,他们会战略性地降低自身需求,该行为一方面导致企业只能得到一些无用的消费者信息,另一方面使有效需求变得更富有弹性,这可能导致企业无法从搜集的消费者信息中获取更多的利益。所以在消费者能预测到企业行为的情况下,企业会偏向于不对消费者实施价格歧视或是签订有约束力的隐私政策。企业选择保护消费者信息是因为消费者采取匿名措施成本低廉,以及精明的消费者可以采取反制措施从而降低企业销售额。但对企业来说,保护消费者福利与增加自身效益也许并不冲突,因为价格歧视可能会导致过度的价格竞争,这将不利于企业的发展。

㊀ Acquisti, Varian. Conditioning prices on purchase history[J]. Marketing Science, 2005, 24(3):367-381.

13.3.2 消费者的隐私策略

不仅是企业在对待隐私信息时采取不同的战略行为，隐私问题也因消费者特征与偏好不同而存在明显差异。下面我们就来讨论当面对隐私信息被利用的时候，消费者是如何采取行动的。

1. 消费者对隐私侵犯的反制行为

企业利用消费者信息会触及消费者的隐私，企业储存消费者信息的行为可能造成消费者的隐私信息被泄露，所以部分消费者会选择对企业信息搜集行为采取反制措施。

消费者对企业的反制措施主要有三种形式：匿名（或清除 Cookies）、使用反制软件与等待降价购买。高价值的消费者通常是精明的消费者，他们迟早会发现企业在未来会对自己制定高价，于是会以匿名或清除 Cookies 的方式躲避企业根据购买记录定价，让企业的价格歧视将变得无利可图；另外，精明的消费者能预测到产品在未来将降价，他们为避免被企业认定为老客户而选择等待，从而在未来可以获得针对新用户才有的优惠价格，所以消费者的"等待策略"通常会促使企业保护消费者。

2. 消费者与企业共享隐私信息

隐私问题对不同特性的消费者有着不同答案，上述消费者与企业相互博弈的过程只是其中的一个方面，另一方面，一些消费者甚至会希望企业根据个人隐私信息提供个性化的服务与商品，以缩短自己网上购物的时间和提高生活水平，某种程度的信息共享还能提高社会福利水平并促进社会发展，这就是我们之前提到的"隐私悖论"。隐私问题的双面性不能以一部分消费者的偏好与某种社会情况以偏概全，应具体问题具体分析，在信息共享部分会分别从社会与消费者两方面说明。

从社会角度出发，隐私信息的公开或者数据的共享可以使市场上由于信息扭曲导致社会福利损失的情况减少，例如"柠檬市场"的减少、网上婚恋市场匹配度提高等。在医疗行业中，医疗技术的进步和发展也依赖于信息共享，当病人的医疗数据能以电子病历的形式随时在网上查看并且可以随病人转院一起迁移时，信息共享会提升病人就医的效率和医生诊断的准确性，且能提高疾病治愈率与安全性。

从消费者角度出发，有些消费者不排斥企业通过分析自己的隐私信息为自己推送"量身定制"的内容。事实上，不管是对于精明的消费者还是幼稚的消费者，若能享受到企业的个性化服务，便能提高自身福利水平。消费者能够通过企业的个性化服务缩短购物时间，企业也能攫取消费者更多的剩余价值。

通过对消费者战略行为的梳理，可以发现因为消费者对隐私的敏感度不同以及对个性化服务的偏好不同，他们基于隐私的战略行为存在异质性。一般而言，偏好个性化服务的消费者对隐私的敏感度较低，换言之，消费者的最终战略行为取决于个性化服务与隐私之间的权衡。

13.3.3 基于消费者隐私的博弈模型

前面我们讨论了基于隐私信息的企业和消费者的博弈行为。从企业角度来看：一方面，为给消费者提供更有针对性的商品或榨取消费者更多的剩余价值，企业会通过科技手段获取消费者信息并对消费者进行分类，再对其推送相关个性化服务或实施价格歧视；另一方面，企业会为了追求利润最大化与留住优质客源而选择保护用户的隐私信息。从消费者角度来看：一方面，部分消费者在消费时会因偏好企业提供的个性化服务与商品而愿意与企业共享自己的隐私信息；另一方面，部分精明的消费者会发现企业获取隐私信息后对自己实施价格歧视，故选择匿名的方式躲避企业的信息采集。因所处环境和偏好的不同，企业与消费者的战略行为具有多样性和变化性。

下面，我们利用前面的理论基础，构建一个两阶段的不完全信息动态博弈模型，并由此探讨在一定条件下企业滥用消费者隐私信息的行为究竟会对市场产生哪些影响。模型的基础设定如下㊀。

1. 模型设定

我们对该数学模型做出如下假设：

（1）市场中的消费者是幼稚消费者，风险中性。将消费者的总数标准化为1，用连续型随机变量 i 来识别不同的消费者，i 的不同取值代表不同的消费者，$i \in [0, 1]$ 且服从 $[0, 1]$ 区间上的均匀分布。

（2）市场中存在两家风险中性的企业，用 t 表示，$t = 1, 2$，它们各自生产不同的商品并进行垄断销售，也就是说，企业 t 垄断商品 t 的生产和销售。

（3）消费者 i 对于商品 t 的保留价格用随机变量 v_{it} 表示，表示消费者能接受的商品最高价。v_{it} 是只有两个取值的离散型随机变量，$v_{it} \in \{v_L, v_H\}$，$0 \leq v_L < v_H$，并且 $P(v_{it} = v_H) = \lambda_i$，$P(v_{it} = v_L) = 1 - \lambda_i$。其中 λ_i 是消费者 i 对商品 t 估价为 v_H 的概率，是独立同分布的连续型随机变量，它们来自同一个总体 λ，期望值为 $E(\lambda)$。另外，假设消费者对两种商品分别独立地给出保留价格，也就是说，v_{i1} 和 v_{i2} 相互独立。

（4）每个消费者 i 的保留价格 (v_{i1}, v_{i2}) 是其个人的隐私信息，是其在博弈的开始阶段就决定了的。但是 (v_{i1}, v_{i2}) 的分布律是共同知识，也就是说 $P(v_{it} = v_H) = \lambda_i$，$P(v_{it} = v_L) = 1 - \lambda_i$ 以及 $\lambda_i = F(i)$ 是公共信息。

根据（3）和（4），我们可以知道全部消费者的保留价格类型 (v_1, v_2) 一共有四种：(v_L, v_L)，(v_L, v_H)，(v_H, v_L) 和 (v_H, v_H)㊁。其中 (v_H, v_H) 类型的消费者总的预期数量为：

$$\int_0^1 \lambda_i \cdot \lambda_i di = E(\lambda^2) \tag{13-1}$$

同理可知 (v_L, v_L) 类型的消费者总的预期数量为：

㊀ 本模型改编自 Acquisti、Varian 和 Taylor 等人的研究论文，进一步分析可参考 Conditioning Prices on Purchase History (Acquisti, Varian, 2005) 以及 Consumer privacy and the market for customer information (Taylor, 2004)。

㊁ 这里 (v_1, v_2) 依然表示全部消费者对于商品1和商品2的保留价格，只是不再区分具体是哪一位消费者。

$$\int_0^1 (1-\lambda_i) \cdot (1-\lambda_i) di = E[(1-\lambda)^2] = 1 - 2E(\lambda) + E(\lambda^2) \tag{13-2}$$

(v_L, v_H) 和 (v_H, v_L) 类型的消费者预期数量均为 $E(\lambda) - E(\lambda^2)$。这样我们可以写出 ($v_1$, v_2) 的联合分布律（见表 13-1）：

表 13-1　消费者保留价格（v_1, v_2）的分布律

v_1 / v_2	v_L	v_H
v_L	$1 - 2E(\lambda) + E(\lambda^2)$	$E(\lambda) - E(\lambda^2)$
v_H	$E(\lambda) - E(\lambda^2)$	$E(\lambda^2)$

（5）企业 t 以 p_{it} 的价格将商品 t 出售给消费者 i。在模型中，企业 1 实行统一定价 $p_{i1} = p_1$，而企业 2 的定价依赖于不同的制度设定。每个消费者的购买决策用 q_{it} 表示。当 $q_{it} = 1$ 时，表示消费者 i 接受商品 t 的价格并购买；当 $q_{it} = 0$ 时，表示商品 t 的定价超过消费者 i 的保留价格 v_{it}，此时消费者 i 放弃购买商品 t。

（6）考虑两种情形下的博弈：一是保密制度，企业必须对其客户的隐私信息进行严格保密，消费者信息不允许被出售或交易；二是信息披露制度，在此制度下企业可以将其客户的消费信息出售给其他企业，但消费者对自己的信息被出售并不知情。

2. 博弈过程

在这些基本假设的基础上考虑一个两阶段的博弈。其主要过程设计如下：

第一阶段主要涉及企业 1 的垄断定价和消费者对商品 1 的消费决策。首先，每个消费者决定其保留价格（v_{i1}, v_{i2}），这是消费者的隐私信息，无法被企业观测到。但是企业知道消费者 i 对某个商品估价为 v_H 的概率 λ_i 及其分布。其次，企业 1 对商品 1 进行统一的定价 $p_1 \in R_+$，该价格可以被市场（包括全部消费者和企业 2）观测到。然后，每个消费者 i 选择是否接受企业 1 的出价并购买商品 1（若购买，则 $q_{i1} = 1$；不购买，则 $q_{i1} = 0$）。

第二阶段涉及企业 1 对企业 2 兜售隐私信息、企业 2 的定价方式和消费者对商品 2 的购买决策，但其流程依赖于不同的制度。在保密制度下，企业 2 直接对商品进行统一定价 $p_2 \in R_+$。在信息披露制度下，企业 1 可以将全部消费者的购买决策 q_{i1} 打包成消费记录，并以 $w \in R_+$ 的价格卖给企业 2。企业 2 可以自行决定是否购买该记录（用 $x = 1$ 表示购买，$x = 0$ 表示不购买）。如果企业 2 没有购买商品 1 的消费记录，那么它会对所有消费者制定统一的价格 $p_{i2} = p_2 \in R_+$，这和保密制度下的结果是一致的。而如果企业 2 购买了消费记录，这会帮助企业 2 对每个消费者的类型进行识别，并据此对不同类型的消费者进行价格歧视（对 $q_{i1} = 1$ 的消费者定价为 $p_{i2} = p_2^1$，对 $q_{i1} = 0$ 的消费者定价为 $p_{i2} = p_2^0$）。最后，每个消费者决定接受（$q_{i2} = 1$）还是拒绝（$q_{i2} = 0$）企业 2 的出价。

由此，我们可以得出消费者和企业在这个博弈过程中的回报。

消费者 i 的回报：$(v_{i1} - p_1)q_{i1} + (v_{i2} - p_2)q_{i2}$。

企业 1 的回报：在保密制度下，企业 1 的回报是 $p_1 \cdot \left(\int_0^1 q_{i1} di\right) = p_1 \cdot E(q_1)$，这里 $E(q_1) = \left(\int_0^1 q_{i1} di\right)$ 表示接受企业 1 出价的消费者总数；在信息披露下，企业 1 的回报是

$p_1 \cdot E(q_1) + wx$。

企业 2 的回报：在保密制度下，企业 2 的回报是 $p_2 \cdot \left(\int_0^1 q_{i2} di\right) = p_2 \cdot E(q_2)$，这里 $E(q_2)$ 表示接受企业 2 统一定价的消费者总数；在信息披露下，企业 2 的回报是 $(1-x)p_2 \cdot E(q_2) + x[p_2^1 E(q_2^1) + p_2^0 E(q_2^0)] - wx$。

这里 $E(q_2^1)$ 和 $E(q_2^0)$ 表示接受企业 2 歧视性定价 p_2^1 和 p_2^0 的消费者数量。

13.4 均衡策略与隐私信息披露的福利

前面我们对企业和消费者基于隐私信息的博弈行为进行了介绍，并引入了一个数学模型。那么，随之而来的，你可能想知道这些博弈策略是如何实现均衡的，以及隐私信息的披露对于企业和消费者的福利有什么影响。本节我们就来对模型进行求解，并探讨这些问题。

13.4.1 不同机制下的博弈均衡策略

我们先分别计算保密制度和信息披露下的博弈均衡。

1. 保密制度下的博弈均衡

由于在此制度下，不存在信息交易，因此两阶段的博弈均衡是单次静态博弈均衡的简单重复。该博弈模型的唯一均衡策略如下：

$$p_t = \begin{cases} v_L, & E(\lambda) \leq v_L/v_H \\ v_H, & E(\lambda) > v_L/v_H \end{cases}, \quad q_{it} = \begin{cases} 1, & p_t \leq v_{it} \\ 0, & p_t > v_{it} \end{cases}$$

其对于任意 $i \in [0, 1]$ 和 $t = 1, 2$ 都成立。

这个结果不难理解。首先，企业不会采用除 v_L 和 v_H 这两个值之外的定价。如果定价 p_t 大于 v_H，将没有消费者购买他们的商品，企业得不到任何收益；如果定价 p_t 小于 v_L，所有消费者都会购买这两种商品，但是企业可以一直提价直到 $p_t = v_L$，在这个提价的过程中，消费者需求不变，即使提价到 v_L，所有消费者仍然会购买两种商品，但是企业的收益在提价过程中不断增大，因此，当 p_t 小于 v_L 时，企业有提价到 v_L 的动机；如果定价 $p_t \in (v_L, v_H)$，此时只有那些保留价格为 v_H 的消费者才会购买两种产品，企业同样有提价到 v_H 的动机，因为在此过程中，消费者需求是不变的，但提价可以增加企业收益。综上所述，均衡状态时，企业的定价一定是 v_L 或 v_H。

其次，我们可以知道：当企业定价为 v_L 时，购买产品的消费者总数为 1，每个企业的收益为 v_L；当企业定价为 v_H 时，购买产品的消费者预期数量为 $E(\lambda)$，每个企业的收益为 $E(\lambda)v_H$。因此，企业的策略就是最大化其收益，也就是：

$$\max\{E(\lambda)v_H, v_L\}$$

由此，我们便得到本小节一开始给出的结果。

2. 信息披露下的博弈均衡

相比保密制度，信息披露下的博弈均衡为子博弈精炼贝叶斯均衡，求解过程较为复杂。求解之前我们首先思考一下均衡时的企业特征：

由于企业 1 具有对消费记录的议价能力，均衡状态下企业 1 会充分发挥消费记录的最大价值。在信息披露下，如果企业 2 预期可以从企业 1 提供的消费记录中获得有价值的信息并产生正的收益，那么均衡时企业 1 的消费记录兜售价格就等于企业 2 对于信息价值的预期，此时企业 2 购买消费记录的概率为 1，消费记录兜售价格为 $w \in R_+$。如果企业 2 无法从消费记录提供的信息中获得任何正收益，或者说查看消费记录的回报为 0，那么此均衡状态就相当于企业 1 将消费记录以 $w = 0$ 的价格兜售给企业 2。也就是说，无论是哪种情形，我们都可以将均衡状态下企业 2 购买消费记录的概率看作 1，但是消费记录的价值可以是 0。

综合以上两点可知，企业 1 和企业 2 在博弈中是利益共同体，一方面企业 1 会最大化消费者信息的价值并兜售给企业 2，另一方面企业 2 会按照信息的预期收益购买企业 1 搜集的消费记录。因此，我们可以把企业 1 和企业 2 看作一个单一的垄断厂商，其既销售商品又搜集消费者的消费记录和隐私信息。而消费者只能在博弈的第一阶段最大化他们的预期收益，而不考虑他们在第一阶段的购买决策将影响他们在第二阶段收到的报价，因为他们并不清楚自己的信息被出售。

下面，我们利用逆向归纳法来求解此均衡：

在第二阶段，如果消费记录对于企业 2 是有价值的，那么企业 2 一定可以借助消费记录来分辨每个消费者的类型并进行价格歧视，这就要求 $v_L < p_1 \leq v_H$。因为当 $p_1 \leq v_L$ 的时候，所有消费者都会购买商品 1，当 $p_1 > v_H$ 的时候，所有消费者都不会购买商品 1，这样企业 2 就无法从消费记录中获得任何额外的有价值的信息。

当 $p_1 \in (v_L, v_H]$ 时，$v_1 = v_H$ 类型的消费者，包括（v_H, v_L）和（v_H, v_H）会购买商品 1；而 $v_1 = v_L$ 的消费者，包括（v_L, v_L），（v_L, v_H）不会购买商品 1。在此情形下，观测消费记录 q_{i1} 等价于观测 v_{i1}。因此，给定消费记录 q_{i1} 的条件下，消费者 i 支付 $p_{i2} = v_H$ 的概率是 $E(\lambda_i | v_{i1})$。那么，企业 2 应该如何根据消费记录采取最佳的定价策略呢？

根据条件概率公式，我们计算得出 $E(\lambda_i | v_{i1})$ 的值：

$$E(\lambda_i | v_{i1} = v_H) = P(v_{i2} = v_H | v_{i1} = v_H) = \frac{P[(v_{i1}, v_{i2}) = (v_H, v_H)]}{P(v_{i1} = v_H)} = \frac{E(\lambda_i^2)}{E(\lambda_i)} \quad (13\text{-}3)$$

$$E(\lambda_i | v_{i1} = v_L) = P(v_{i2} = v_H | v_{i1} = v_L) = \frac{P[(v_{i1}, v_{i2}) = (v_L, v_H)]}{P(v_{i1} = v_L)} = \frac{E(\lambda_i) - E(\lambda_i^2)}{1 - E(\lambda_i)} \quad (13\text{-}4)$$

对于消费者总体，以上两式可以写成：

$$E(\lambda | v_1 = v_H) = \frac{E(\lambda^2)}{E(\lambda)} \quad (13\text{-}5)$$

$$E(\lambda | v_1 = v_L) = \frac{E(\lambda) - E(\lambda^2)}{1 - E(\lambda)} \quad (13\text{-}6)$$

根据方差公式：$E(\lambda^2) - E^2(\lambda) = D(\lambda) > 0$，我们可知 $E(\lambda^2) > E^2(\lambda)$，据此可以得到以下不等式：

$$E(\lambda | v_1 = v_H) > E(\lambda) > E(\lambda | v_1 = v_L)$$

这个不等式表明，在此条件下购买商品 1 的消费者对商品 2 的保留价格极有可能是 v_H，也就是说，购买商品 1 的消费者对商品 2 的保留价格是 v_H 的概率要大于 $E(\lambda)$。同理，没有购买商品 1 的消费者对商品 2 的保留价格是 v_H 的概率要小于 $E(\lambda)$。因此，均衡状态下企业 2 的最优定价策略是：对购买商品 1 的消费者定价为 $p_{i2} = p_2^1 = v_H$，对未购买商品 1 的消费者定价为 $p_{i2} = p_2^0 = v_L$。企业 2 不会采用除 v_L 和 v_H 这两个值之外的定价，原因与上一小节的分析同理。

在 $p_2^1 = v_H$，$p_2^0 = v_L$ 的定价方案下，只有（v_H, v_L）类型的消费者不会购买商品 2。这样，企业 2 从（v_L, v_L）类型的消费者中获得收益 $[1 - 2E(\lambda) + E(\lambda^2)]v_L$，从（$v_L$, v_H）类型的消费者中获得收益 $[E(\lambda) - E(\lambda^2)]v_L$，从（$v_H$, v_H）类型的消费者中获得收益 $E(\lambda^2)v_H$，总的收益为：

$$E(\lambda^2)v_H + (1 - E(\lambda))v_L \quad (13\text{-}7)$$

消费记录的期望价值 $E(w)$ 应该等于企业 2 实施歧视性定价的收益与实施一价政策时收益的差额，表示相对于统一定价而言，消费记录和价格歧视措施的溢价。前面我们已经对统一定价时的均衡价格进行了分析，为：

$$p_2 = \begin{cases} v_L, E(\lambda) \leq v_L/v_H \\ v_H, E(\lambda) > v_L/v_H \end{cases} \quad (13\text{-}8)$$

$p_2 = v_L$ 和 $p_2 = v_H$ 对应的企业 2 的收益分别为 v_L 和 $E(\lambda)v_H$，可以合并写成 $\max\{E(\lambda)v_H, v_L\}$，因此我们得到消费记录的期望价值（当 $p_1 \in (v_L, v_H]$ 时）如下：

$$E(w) = E(\lambda^2)v_H + (1 - E(\lambda))v_L - \max\{E(\lambda)v_H, v_L\}, v_L < p_1 \leq v_H \quad (13\text{-}9)$$

从前面对单次静态博弈均衡的分析和对 $E(w)$ 的推导中，注意到企业 1 的定价策略 $p_1 = v_L$ 和 $p_1 = v_H$ 必须是企业 1 的最优选择。由此我们对博弈的第一阶段展开分析：

（1）如果 $E(\lambda) \leq v_L/v_H$，那么 $p_1 = v_L$，企业 1 的收益为 v_L。在此情形下，如果企业 1 仍然按照 $p_1 = v_H$ 定价，其销售收入为 $E(\lambda)v_H$，兜售消费记录的收益：

$$w = E(\lambda^2)v_H + (1 - E(\lambda))v_L - v_L = E(\lambda^2)v_H - E(\lambda)v_L \quad (13\text{-}10)$$

企业 1 总的收益为：$E(\lambda)v_H + E(\lambda^2)v_H - E(\lambda)v_L$，这样我们写出此情形下的激励相容约

束为：

$$E(\lambda)v_H + E(\lambda^2)v_H - E(\lambda)v_L \leq v_L \quad (13\text{-}11)$$

为了方便书写，记 $[E(\lambda) + E(\lambda^2)]/[E(\lambda) + E^2(\lambda)] = \gamma$，上式化简为：$\gamma E(\lambda) \leq v_L/v_H$。

另外注意，由于 $E(\lambda^2) > E^2(\lambda)$，并且 $E(\lambda)$，$E(\lambda^2)$，$E^2(\lambda)$ 均大于 0，因此 $\gamma > 1$。

（2）如果 $E(\lambda) > v_L/v_H$，那么 $p_1 = v_H$，企业 1 的销售收入为 $E(\lambda)v_H$，兜售消费记录的收益：

$$w = E(\lambda^2)v_H + (1 - E(\lambda))v_L - E(\lambda)v_H \quad (13\text{-}12)$$

在此情形下，如果企业 1 仍然按照 $p_1 = v_L$ 定价，其销售收入为 v_L，兜售消费记录的收益为 0，激励相容约束为：

$$E(\lambda)v_H + E(\lambda^2)v_H + (1 - E(\lambda))v_L - E(\lambda)v_H > v_L \quad (13\text{-}13)$$

整理得到：

$$\frac{E(\lambda^2)}{E(\lambda)} > \frac{v_L}{v_H} \quad (13\text{-}14)$$

由此，我们得到信息披露制度下唯一的均衡结果：

（1）如果 $\gamma E(\lambda) \leq v_L/v_H$（由于 $\gamma > 1$，因此也有 $E(\lambda) \leq v_L/v_H$），那么企业 1 定价 $p_1 = v_L$，所有消费者购买商品 1，消费记录的价值为 0；企业 2 对所有消费者实行统一定价 $p_2 = v_L$，所有消费者购买商品 2。

（2）如果 $\gamma E(\lambda) > v_L/v_H$，那么企业 1 定价 $p_1 = v_H$，消费者 i 仅在满足 $v_{i1} = v_H$ 时购买商品 1，消费记录有正的价值；企业 2 购买消费记录并进行歧视性定价：对购买商品 1 的消费者定价为 $p_2^1 = v_H$，对未购买商品 1 的消费者定价为 $p_2^0 = v_L$；只有 (v_H, v_L) 类型的消费者不会购买商品 2。

对比保密制度和信息披露下的均衡结果，我们发现：对于企业 1 而言，尽管在两种制度下消费者的需求是相同的，但是企业 1 并没有遵循相同的定价策略。因为在信息披露制度下，企业 1 可以通过出售商品和出卖消费者的隐私信息两种途径获取收益，具体的定价策略取决于在二者之间的权衡。

13.4.2 隐私信息披露对福利的影响

下面，我们先分别计算保密制度和信息披露下的消费者、企业的收益和社会总福利，然后对不同情形下的结果进行对比。

1. 保密制度下的福利

通过前面的分析，我们已经得知保密制度下唯一的均衡策略为：

$$p_t = \begin{cases} v_L, & E(\lambda) \leq v_L/v_H \\ v_H, & E(\lambda) > v_L/v_H \end{cases}, \quad q_{it} = \begin{cases} 1, & p_t \leq v_{it} \\ 0, & p_t > v_{it} \end{cases}$$

其中，$i \in [0, 1]$ 和 $t = 1, 2$。据此，我们计算出消费者剩余、生产者（企业）剩余为：

（1）当 $E(\lambda) \leq v_L/v_H$ 时，那么 $p_1 = p_2 = v_L$，此时所有消费者都购买两种商品。每家企业的回报都是 v_L，消费者剩余是 $2E(\lambda)(v_H - v_L)$。在此情形下最大的社会总剩余是企业和消费者的总收益，为 $2[E(\lambda)v_H + (1 - E(\lambda))v_L]$。

（2）当 $E(\lambda) > v_L/v_H$ 时，那么 $p_1 = p_2 = v_H$，此时购买每种商品 t 的消费者预期数量为 $E(\lambda)$。每家企业的收益为 $E(\lambda)v_H$，总的消费者收益为零。在此情形下社会总剩余是 $2E(\lambda)v_H$，存在 $2(1 - E(\lambda))v_L$ 的无谓损失。这些无谓损失来源于企业的垄断，因为这些公司发现放弃低价销售是最佳选择，而垄断高价可以榨取更多的消费者剩余从而获取更多的企业回报，但这个行为严重损害了消费者的收益，从而导致社会总福利下降。

2. 信息披露下的福利

实际上，在我们的模型中，不论是采取保密制度还是信息披露制度对于企业 2 来说无关紧要，因为信息披露（出售消费记录）的收益都被企业 1 拿走了，企业 2 的收益在扣除信息披露的价值后与统一定价的收益是一致的，为 $\max\{E(\lambda)v_H, v_L\}$，这一点我们之前的分析也有提及。同样，$(v_L, v_L)$ 类型的消费者也对这两种制度漠不关心，因为他们的消费者剩余一直都是零。因此，我们通过分析企业 1 和其他类型消费者的收益状况就可以分析社会福利：

（1）如果 $\gamma E(\lambda) \leq v_L/v_H$，均衡时有 $p_1 = p_2 = v_L$，所有消费者购买商品 1 和商品 2。此时我们的分析结果同 $E(\lambda) \leq v_L/v_H$ 情形下保密制度的结果是完全一致的。每家企业的收益都是 v_L，消费者的期望收益是 $2E(\lambda)(v_H - v_L)$，社会总剩余为 $2[E(\lambda)v_H + (1 - E(\lambda))v_L]$。

（2）如果 $\gamma E(\lambda) > v_L/v_H \geq E(\lambda)$，那么 (v_H, v_H) 和 (v_H, v_L) 类型的消费者获得的定价为 $p_1 = p_2 = v_H$，信息披露下这两类消费者的剩余为零，较之保密制度下的剩余大大减少；(v_L, v_H) 类型的消费者获得的定价为 $p_1 = v_H$，$p_2 = v_L$，其消费者剩余与保密制度下是相同的，都是 $[E(\lambda) - E(\lambda^2)](v_H - v_L)$；企业 1 的收益在信息披露下为 $E(\lambda)v_H + E(\lambda^2)v_H - E(\lambda)v_L$，大于保密制度下的收益 v_L；企业 2 的剩余为 v_L；社会总剩余为 $E(\lambda^2)v_L + 2E(\lambda)(v_H - v_L) + v_L$，小于保密制度下的社会剩余。因此，整体来看，企业的剩余增加，但消费者和社会总福利减小。

（3）如果 $v_L/v_H < E(\lambda)$，那么 (v_H, v_H) 和 (v_H, v_L) 类型的消费者在两种制度下的剩余是相同的，都是零；(v_L, v_H) 类型的消费者获得的剩余是 $[E(\lambda) - E(\lambda^2)](v_H - v_L)$，大于保密制度下的剩余；企业 1 的收益为 $E(\lambda^2)v_H + (1 - E(\lambda))v_L$，大于保密制度下的收益 v_L；企业 2 的剩余为 $E(\lambda)v_H$；社会总剩余为 $[1 - 2E(\lambda) + E(\lambda^2)]v_L + 2E(\lambda)v_H$，大于保密制度下的社会剩余 $2E(\lambda)v_H$。整体来看，企业和消费者的剩余在信息披露下都有所增加，社会总福利提高。

综上所述，消费者隐私信息的披露通常会增加企业的生产者剩余，但消费者剩余的变化是不确定的，取决于消费者的保留价格和消费者类型的分布，这导致社会总福利的变化也存在不确定性。我们可以列表总结不同情形下消费者、企业的收益和社会福利状况（见表13-2）：

表 13-2　不同机制下的福利对比

机制	条件	消费者剩余	生产者（企业）回报	社会总福利
保密制度	$E(\lambda) \leq v_L/v_H$	$2E(\lambda)(v_H - v_L)$	$2v_L$	$2[E(\lambda)v_H + (1-E(\lambda))v_L]$
	$E(\lambda) > v_L/v_H$	0	$2E(\lambda)v_H$	$2E(\lambda)v_H$
信息披露	$\gamma E(\lambda) \leq v_L/v_H$	$2E(\lambda)(v_H - v_L)$	$2v_L$	$2[E(\lambda)v_H + (1-E(\lambda))v_L]$
	$\gamma E(\lambda) > v_L/v_H \geq E(\lambda)$	$[E(\lambda) - E(\lambda^2)](v_H - v_L)$	$E(\lambda)v_H + E(\lambda^2)v_H - E(\lambda)v_L + v_L$	$E(\lambda^2)v_L + 2E(\lambda)(v_H - v_L) + v_L$
	$v_L/v_H < E(\lambda)$	$[E(\lambda) - E(\lambda^2)](v_H - v_L)$	$E(\lambda^2)v_H + (1-E(\lambda))v_L + E(\lambda)v_H$	$[1 - 2E(\lambda) + E(\lambda^2)]v_L + 2E(\lambda)v_H$

在现实社会中，我们不难找到与这个模型相关的真实事例，例如，在房产交易时，当消费者购买新房屋时，房地产开发商作为我们的交易对手取得了交易的相关数据，那么开发商就有义务确保交易数据不被披露，因为这是只允许在房产交易双方中使用的私人数据。然而，一些装修公司可能觊觎这些数据，发现可以利用其寻找一些装修的商业线索。因此，一些装修公司会串通房地产开发商获取这些隐私数据，房地产开发商也可以从兜售数据中获利，而一旦购房者的购房信息和交易行为的数据被装修公司获取，那么装修公司就可以针对具体的购房者进行个性化推销并进行歧视性定价。

在这个案例中，房地产开发商和装修公司构成了一个利益共同体：开发商先行参与有关的经济活动并获取消费者的消费记录和隐私信息，然后将其兜售给装修公司，随后装修公司利用这些信息进行价格歧视并榨取更多的消费者剩余。作为博弈过程中通常处于优势地位的一方，开发商和装修公司往往从信息披露中获取更高的收益和生产者剩余，而消费者受到的影响往往是不确定的：一部分消费者可能因为受到价格歧视而遭受福利损失；一部分消费者可能并不会受到信息泄露的影响，比如他们在购房前就已经联系好了装修公司，或者压根没打算装修，那么房地产公司的信息披露就不会导致消费者剩余发生变化；也有一部分消费者可能因此受益，因为装修公司的主动推销和个性化服务降低了消费者自身搜寻和联系装修公司的搜寻成本和沟通成本。因此，现实社会中信息披露的福利也往往与消费者类型的异质性（包括消费者保留价格、消费习惯等方面的异质性）有关。

除了上述案例，现实社会中的很多其他现象也都可以利用这个模型来解释。例如：移动应用程序通过监视用户的手机浏览记录来获取隐私信息以此进行"大数据杀熟"；某些企业有时会将其获得的用户姓名、电话、住址、购物记录等信息非法兜售给其他有需要的企业或个体并以此牟利，尤其是近年来电信、电商、快递、外卖等行业频频爆出员工非法售卖用户信息的新闻，引发了公众的不安，凡此种种，不胜枚举。

需要注意的一点是，尽管现在普遍认为企业掌握了过多数据会产生歧视，但信息披露的不充分同样有可能产生歧视。以抗击疫情的健康码为例，假设说不让政府搜集公众数据做成健康码，那么很难鉴别具体的某个人有没有去过高风险地区，因此有些地方可能出于疫情防控的需要，本着"不错放一个"的想法将本地区的人全部隔离起来，这才是基于身份产生的歧视。

13.5 隐私信息监管与产权治理

数字商务企业大量过度搜集用户隐私数据并且频繁出现隐私数据泄露事件,使个人隐私数据保护成为社会公众和各国政策制定者普遍关注的热点问题。在数据成为数字经济第一生产要素的背景下,个人隐私保护不仅涉及个人隐私权保护的问题,也涉及数据要素开发利用的问题。政府隐私保护政策制定需要有效平衡个人隐私权保护与促进数字经济创新发展的关系。

本节,我们主要介绍隐私保护和隐私治理的经济学思路,主要从隐私保护的市场失灵、隐私数据的产权配置以及隐私保护的监管制度三个方面入手。

13.5.1 隐私保护的市场失灵

市场失灵意味着市场机制未能充分发挥资源配置作用。一般认为,市场失灵的原因包括垄断、外部性、公共物品和信息不完全。隐私权市场失灵意味着市场机制不能有效解决隐私保护问题,不能合理配置资源。

芝加哥学派普遍认为隐私保护不存在市场失灵,以理查德·波斯纳(Richard Posner)、乔治·斯蒂格勒(George Stigler)为代表,主张通过有组织的数据隐私信息市场交易实现最佳的隐私保护或个人信息披露,他们通常反对政府对信息自由流动和数据隐私使用的监督,认为隐私保护监管会增加市场运行成本,降低市场机制的有效性。理查德·波斯纳就认为隐私保护是对私人信息进行掩盖,导致信息匮乏,最终降低市场效率。乔治·斯蒂格勒也认为,政府干预个人信息流动的监管政策往往是无效的,且有时也有可能是有害的。政府的干预使得资源配置变得低效,并使得再分配也不再公平。

不过,芝加哥学派的观点遭到了亚历山德罗·阿奎斯蒂、哈尔·范里安等主流经济学家的反对。他们认为,正是由于市场机制在解决隐私保护中会出现失灵的现象,适度的政府监管才能够更加有效地保护个人隐私。哈尔·范里安认为,商家滥用消费者数据信息会带来负外部性。当用户对企业隐瞒的信息过多时,消费者将承担较高的隐私成本,即滥用隐私数据会对消费者造成伤害,从而降低社会福利。亚历山德罗·阿奎斯蒂则认为,只有企业将搜集到的消费者隐私信息用来提高个性化服务水平时,才能提高企业的利润。由此可见,单靠市场机制,无法同时兼顾消费者和企业的利益。

隐私保护和隐私披露市场失灵的主要原因有以下三个方面:**一是隐私市场中存在信息不对称的信息**。通常情况下,消费者不了解自己的数据信息是如何被收集的,也不知道企业将如何使用这些信息,因此无法实现最优的隐私保护解决方案。这使得企业能够利用用户的信息不完全与非理性决策来谋取利益。因此,超出用户预期的过度数据采集和信息披露等行为屡见不鲜。**二是隐私谈判能力不对等**。在隐私交易协商中,消费者与企业之间的谈判协商能力存在明显的不对等现象,这使得双方无法达成科斯谈判解。由于隐私协商的私人激励与社会激励存在差异,简单的市场化隐私协商交易并不会产生使得社会福利最大化的最优解。**三是平台垄断及其策略滥用行为**。拥有大量私人数据并将其进行商业利用的平台企业一般具有非常强大的市场主导地位。在这种严重缺乏市场竞争的情况下，主导企业可能没有动力为消费者提供强有力的隐私保护，因此需要进行有效的政府干预以保持市场的竞争。

13.5.2　隐私保护的产权治理

根据科斯定理的产权理论，如果可以明确个人数据信息的产权，并建立有效的私人市场协商和交易机制，就可以在隐私保护和私人数据利用之间实现最佳平衡。在科斯定理的基础上，哈尔·范里安等学者认为，企业过度搜集、过度使用消费者隐私数据的隐私保护市场机制失败的根本原因是缺乏明确的产权界定，导致私人信息成为公共产品。因此，他们主张明确界定个人数据的产权，建立运作有序的数据市场，并在此基础上通过私人数据信息交易实现最佳隐私保护。基于产权的私人交易将带来数据信息的最佳配置和使用，并产生最佳的社会福利效果。

但是以上观点也受到很多学者的反对，代表人物有保罗·萨缪尔森、亚历山德罗·阿奎斯蒂。这些学者认为，对用户赋予个人数据产权既不现实也不合理，主要原因在于：一是在现实生活中，数据产权的界定很难实现。同时，基于该产权的市场交易机制也难以实现，并且会带来非效率的结果。二是数据产权会带来用户的道德风险问题，即用户可能提供虚假数据欺骗商家，从而使私人数据产权带来巨大的交易成本和经济成本。三是数据产权观点的前提假设是交易成本为零，并且数据的价值已被充分挖掘、明确。当交易成本不为零，或交易双方对数据信息价值无从得知时，数据产权的交易则会存在很多的问题和阻碍。四是数据的使用具有正外部性，专有所有权将数据从公共产权转变为私有产权，这可能导致数据产权过度碎片化，降低数据可操作性。因为数据对许多人来说都是有价值的，所以更多的人使用相同的数据不会增加成本，而是会创造更多的价值。因此，允许每个使用数据创造价值的人访问数据将最大限度地提高总的社会福利。

当然，上述两种观点并非截然相反，而是同一个问题的两个方面。目前，各国的个人数据市场仍处于探索阶段。因此，往往很难通过基于明确数据产权的市场交易实现有效的隐私保护。然而，随着数据技术创新和数字交易制度的完善，当个人数据市场可以有效运行时，隐私保护的产权观念可能就是一个重要且现实的政策选择。

13.5.3　隐私信息的监管

如前文所述，个人数据的保护是否要由政府进行干预，经济学界目前还没有形成统一的答案。大多数隐私权理论研究支持政府对隐私权实施监督，但并不支持政府的全面干预和过于严格的行政隐私权监督政策，而是主张谨慎、有限的隐私权监督。消费者隐私保护政策的核心问题是如何在不损害信息共享利益的情况下保护隐私，其核心在于：首先，在什么情况下需要规制，在什么情况下不需要规制；其次，在需要监督的情况下，什么样的政策才能实现政策目标。

1. 隐私信息监管的风险和成本

政府对数据隐私的过度监管可能引起的监管风险和监管成本主要有以下三点：**一是会扭曲市场机制，阻碍数字经济的发展**。例如，欧盟实施的《隐私与电子商务指令》，大大降低了广告市场的效率，对其产生了不小的负面影响，对小型平台和单一业务平台的影响尤其显著。过度的隐私保护大大增加了企业的成本，从而对经济发展造成阻碍。**二是会对创新产生负面影响**。政府对于隐私权的干预对技术创新的影响具有异质性，可能对创新产生促进作用，但也可能阻碍创新，要视具体的监管法规或政策而决定。一项关于美国基因隐私法对基因测试和个性化药物开发的影响的研究发现，如果企业在以消费者知情同意为前提来实施信息的搜集和利用的监管环境下，将显著增加医疗机构基因测试的成本，并阻碍药物开发和创新。**三是会影响再分配**。由于隐私保护具有天然的再分配效应，不恰当的隐私保护反而会降低消费者福利。在消费者免费使用在线数字服务的情况下，消费者通过共享或交换一定的隐私数据给数字企业以获取服务和便利，从而实现个人效用和利益的最大化，这实际上是一种资源的再分配过程，消费者的隐私数据就是其为了获取服务而自愿支付的一种隐性价格。而政府的隐私监管阻碍了企业收集消费者隐私信息并进行彼此交换，这会提高企业搜集和使用数据的成本，弱化企业之间为了获取数据而进行的竞争，并使一些商业模式难以开展，而企业成本的提高和市场竞争性的降低也会减少消费者剩余，影响再分配。

2. 隐私信息监管的思路

目前，对于隐私保护监管体系的设计，经济学理论主要有两个思路。**一是强调监管应重视私人监管的基础作用**。私人监管是指交易双方通过合同等形式建立私人秩序，保障市场交易秩序，没有政府的干预。私人监管机制可以不断提升市场中各交易方的声誉机制，从而提升互相的信任，形成正反馈机制。但其有效性又受到用户对信息使用的预期、科学的管理等多种因素的影响。**二是主张多种机制的综合应用**。该主张认为隐私保护的各个方案之间不是替代关系，而是互补关系。同时，应该将平衡隐私保护和信息共享作为最终目的，以促进社会整体福利的提高。政府监管既要发挥市场机制的基础作用，也应结合行业或平台的私人规制、消费者责任、技术方案等政策手段。只有在以市场为导向的治理机制失灵且政府监管措施收益明显高于成本的情况下，政府监管才是必要的。

以上就是隐私经济学理论研究对于隐私信息监管的看法和观点。而在实践中，面对当前日益严重的隐私侵犯问题，各国纷纷加强个人信息保护立法，保护数据隐私。根据联合国贸易和发展会议（UNCTAD）统计，截至2020年年底，全球有107个国家通过了数据保护相关的专门立法，其中有66个是发展中国家，我们前面提到欧盟实施的《隐私与电子商务指令》就是在隐私保护实践层面的一个重要例子。这些国家和地区以及国际组织在隐私监管与个人信息保护层面采取的实践规制以及措施，属于"**数据治理**"的内容，我们将在本书后续的"数据治理"章节中进行详细介绍，本章不再对这一问题进行展开。

本章小结

在数字经济背景下,数据已经成为重要的生产要素,同时数据的采集和应用也成为影响隐私安全的最大威胁。本章我们从数据的基本概念入手,探讨了数据作为生产要素、资产、资本的价值和功能。隐私经济学是一个新兴的经济学理论研究领域,也是政府设计最优隐私保护监管政策的基础。本章正是基于隐私经济学的理论方法,对数字经济中的隐私问题进行了详细讨论,主要观点如下:①在竞争性市场中,企业和消费者基于隐私信息进行了一系列的战略博弈,但因所处环境和偏好的不同,企业与消费者的战略行为具有多样性和变化性,这些行为所产生的后果也充满异质性;②由于消费者在数据隐私决策中的"隐私悖论",以及数据市场私人交易的信息不对称、谈判力不对称等问题,市场机制本身尚无法解决最优隐私保护问题;③基于科斯定理的个人数据产权思路并不能保证实现最优的个人隐私保护,个人数据产权无论是配置给消费者还是数据企业都不会产生最优的数据隐私保护结果;④最优的隐私保护监管政策设计既是隐私经济学研究的前沿问题,也是各国隐私保护体制设计的难题,由于个人数据市场尚处于发育阶段,市场的不完善和个人数据市场内生的市场失灵风险说明,隐私保护监管需要协调市场机制和监管体制的互补性作用并实现动态的平衡。

关键术语

数据隐私　　数据资产　　数据外部性　　隐私悖论
市场失灵　　社会福利　　隐私产权理论　　隐私信息监管

复习思考题

1. 什么是数据?数据有哪些基本特征?请举例说明。
2. 在本章第 3 节提出的博弈模型中,如果将消费者类型设定为精明的消费者,也就是说消费者意识到企业 1 兜售其消费记录的行为并对此进行反制,而其他条件不变。你认为消费者可以采取哪些措施进行反制?这些措施会对均衡结果产生哪些影响?
3. 你认为隐私保护应该是由市场机制起主要作用,还是由政府监管起主要作用?

参考文献

[1] 蔡培如,王锡锌.论个人信息保护中的人格保护与经济激励机制 [J].比较法研究,2020 (01): 8.
[2] 程啸.论大数据时代的个人数据权利 [J].中国社会科学,2018(03): 102-122.
[3] 唐要家,汪露娜.数据隐私保护理论研究综述 [J].产业经济评论,2020(09).
[4] 陈剑,张晨钰.互联网时代的隐私信息、企业策略与政府监管:一个文献

综述 [J]. 产业经济评论，2019(06):41-61.

[5] 李三希，武玙璠，鲍仁杰. 大数据、个人信息保护和价格歧视：基于垂直差异化双寡头模型的分析 [J]. 经济研究，2021(01).

[6] Acquisti, Varian. Conditioning prices on purchase history[J]. Marketing Science, 2005, 24(3):367-381.

[7] Varian. Economic aspects of personal privacy[J]. Internet Policy & Economics, 1996.

[8] Acquisti, Friedman, Telang. Is there a cost to privacy breaches? An event study[J]. Twenty-seventh International Conference on Information Systems. 2006 Proceedings, 2006: 94.

[9] Acquisti, Taylor, Wagman. The economics of privacy[J]. Journal of Economic Literature, 2016, 54(2): 442-92.

[10] Posner. The Right of Privacy[J]. Georgia Law Review, 1978.

[11] Posner. The economics of privacy[J]. The American Economic Review, 1981, 71(2): 405-409.

[12] Rubin, Lenard. Privacy and the commercial use of personal information[M]. Boston: The Progress & Freedom Foundation, 2001.

[13] Stigler. An introduction to privacy in economics and politics[J]. The Journal of Legal Studies, 1980, 9(4): 623-644.

[14] Taylor. Private demands and demands for privacy: Dynamic pricing and the market for customer information[D]. Durham: Duke University, 2002.

[15] Taylor. Consumer privacy and the market for customer information[J]. The RAND Journal of economics, 2004-11-04.

[16] Miller A R, Tucker C. Privacy Protection, Personalized Medicine and Genetic Testing[J]. Social Science Electronic Publishing, 2014.

[17] Bennett, Raab. The governance of privacy: Policy instruments in global perspective[M]. New York: Routledge, 2017.

[18] Bouckaert, Degryse. Opt in versus opt out: A free-entry analysis of privacy policies[R]. CESifo Working Paper, 2006.

[19] Samuelson. Privacy as intellectual property?[J]. Stanford law review, 2000: 1125-1173.

[20] Campbell, Goldfarb, Tucker. Privacy regulation and market structure[J]. Journal of Economics & Management Strategy, 2015, 24(1): 47-73.

DIGITAL ECONOMICS · **第 14 章**

数据资产定价

对数字产品和数字服务的分析应考虑数据的价值，缺乏对数据价值的理解可能会削弱管理者做出与数据相关的投资、管理和外包决策的能力。此外，在日益增长的数据驱动型经济中，没有任何关于数据价值的信息可能会让投资者对基本面产生误解，从而抑制资本流向创新企业或丧失良好的投资机会。为了解决上述问题，在本章中，我们研究了如何从商业角度对数据的经济价值进行概念化和衡量。首先，我们将回顾数据资产的相关概念及其特点，随后介绍数据资产的分类和交易问题；其次，我们将引入数据价值链的概念，并以此来论证数据资产的价值是如何被创造的；最后，我们介绍测算数据资产价值的几种不同方法。

学习目标

学完本章，你应该做到：

1. 理解数据资产与会计学资产的联系与区别；
2. 掌握数据资产的基本概念以及如何对数据资产进行分类；
3. 掌握数据价值链的产生过程及创造链条和实体链条的

概念；

4. 论述三种基于传统方法的数据资产定价原理及优缺点；
5. 理解基于组织资本的数据资产定价方法的原理；
6. 理解基于 R&D 折旧模型的数据资产定价方法的基本原理。

引例

数据是阿里巴巴最值钱的财富

在 2014 年 11 月 28 日举办的第十四届中国年度管理大会上，阿里巴巴集团有关负责人表示："数据是阿里巴巴最值钱的财富。今天的阿里巴巴本质上是一家数据公司。我们做淘宝的目的不是为了卖货，而是获得所有零售业的数据和制造业的数据；我们做阿里小微金服的目的，是建立信用体系；我们做物流不是为了送包裹，而是把这些数据合在一起。我们对一个人的了解远远超过你，你是不了解你的，电脑会比你更了解你。"2015 年 6 月 24 日，阿里巴巴集团 CEO 张勇在华盛顿尼尔森全球论坛上表示，阿里巴巴从来没有将自己仅仅定位为一家电商公司，而是一个数据平台，现在阿里巴巴正背靠强大的移动互联网生态，建设一个数据驱动的市场营销平台，阿里巴巴将从电商、供应链、消费者营销等多个领域入手，用数据创造价值。张勇直言，阿里巴巴的最大优势是数据，数据将驱动阿里巴巴的线上、线下业务融合，因为用户永远在线，也随时会变成线下消费者。

阿里巴巴集团是中国电子商务行业的巨头。随着大数据发展上升为国家战略，中国电商行业前景广阔，价值巨大。在电商业务蓬勃发展的同时，阿里巴巴早早就发觉到数据的重要性，要求企业运行过程中一定要完整保留下所有数据。而从 1999 年以来保留的这些数据，也帮助阿里巴巴做出一次又一次的重大决策，克服重重困难生存了下来。在用户越来越多之后，阿里巴巴警觉到必须要有自己的数据库，于是投入 100 亿元，花 10 年时间打造了"阿里云"。

14.1 数据资产的界定和交易

数据资产（data assets）是指企业在生产经营管理活动中形成的，由个人、企业拥有或控制，能够为企业带来未来经济利益的，以物理或电子的方式记录的数据。数据资产也具备数据的四个基本特征：非竞争性、不可分离性、价值不确定性和数据外部性。这一定义是参考了《企业会计准则》对"资产"的定义。《企业会计准则》对于数据是否可以作为资产具有一定的指引作用，然而，实际在衡量企业价值的时候，我们经常看到投资人对某些拥有大量数据资产的公司支付远高于其账面资产价值的溢价。这也意味着，即使数据无法作为资产被反映在财务报表上，仍可能蕴藏着巨大价值。本节我们将根据数据的特征，分析数据资产化面临的一些挑战，并介绍数据资产的分类和交易。

14.1.1 数据资产化面临的挑战

按照会计学中资产的概念，可以从以下几个方面理解数据资产化面临的一些挑战：

一是数据作为资产是否由企业的过去事项所形成。一般情况下，尽管数据产生于企业的日常生产与经营活动，并且由过去的事项所产生，符合《企业会计准则》中关于资产的界定标准，但是，动态更新的数据才更有价值，这一价值还与数据在未来能否持续进行更新密切相关。这使得数据与传统的无形资产不同，也超出了《企业会计准则》对资产的界定范围。

二是数据作为资产是否由企业拥有或控制。用户创造内容（user generate content，UGC）是最普遍的互联网商业模式。在这种模式下，数据往往由企业和用户共创。例如，微信的数据来源于用户的浏览、社交等行为，谷歌的搜索结果来源于用户的点击量排序。这类数据的权属问题非常复杂，尚无明确界定。

三是数据作为资产，预期会为企业带来利益。资产界定的重要原则就是预期能够为企业带来收益，然而数据的预期收益难以衡量。一方面，同样的数据由于使用主体的差别将显示出不同的价值；另一方面，数据在使用过程中会不断滚动、增值，这一部分价值也很难估计。

四是数据作为资产，其成本和价值能够可靠计量。数据的成本主要包括搜索成本、处理成本以及存储成本等，其中，除了搜索成本通常难以可靠计量，其他成本基本能够有效计量。另外，数据的价值与其使用场景息息相关，通常也难以准确计量。

14.1.2 数据资产的分类

数据可以从不同的角度分为多种类型，不存在一个涵盖所有类型数据的通用分类法。相反，围绕企业使用数据的不同情景和问题，我们需要使用不同的分类法。

在上一章，我们从数据主体的角度将数据分成个人数据和非个人数据两大类。在本章，我们借鉴经济合作与发展组织（OECD）对于数据资产的分类，建立了基于数据搜集和维护的资金来源、所有权或使用权、数据主体、数据生成方式、数据来源的数据资产分类标准，如表 14-1 所示。值得注意的是，表 14-1 中列出的数据类型并不是相互排斥的，因为一些数据集会落入多个类别。例如，随着新的数据挖掘技术或数据分析方案的出现，可能新的数据源能够识别最初匿名的个人（例如，通过比较 IP 地址、Cookies、地理位置、社交媒体流等数据追踪匿名账户），从而使非个人数据成为个人数据。

表 14-1 数据资产分类

分类依据	数据类型	备注
搜集和储存数据的资金来源	私营部门数据	由私营部门资助、创建、维护和持有的数据，例如汽车公司内部产生的有关其生产过程的数据，或网络平台购物数据
	公共部门数据	由公共部门资助、创建、维护和持有的数据，例如公民的医疗数据或个人税务数据，或源自GPS卫星的定位数据
使用权或所有权	专有数据	受知识产权或具有类似效力的任何其他权利保护的所有权明确的数据，可能包括个人数据，也可能包括组织数据
	开放数据	公开可用的数据（相对于专有数据），任何人可自由用于任何目的，不受任何法律限制。不受知识产权、版权或任何其他类似法律权利的保护
数据主体	个人数据	任何可用于识别个人数据主体的数据。它可以覆盖公共和私营部门的数据，如用户生成的内容（如博客、照片、推文）或来自手机的地理位置数据以及公共部门的数据（如犯罪记录、社保号码）
	非个人数据	用于识别非个体的组织的数据。这些数据通常由组织自身控制，也可以由税务机关等公共机构持有，通常是政府数据或商业数据
数据生成方式	用户创建数据	由个人提供的数据（如通过应用程序或社交媒体搜集的消费者行为数据）。这可以是关于用户的自愿数据（即主动数据）、观察数据（即被动或隐含数据）或派生数据
	机器生成数据	机器生成的数据，例如，机对机通信、物联网、从传感器搜集的数据
数据来源	内部数据	从企业的不同分支机构搜集和合并的数据。例如，来自销售部门的采购订单清单、来自会计部门的交易或任何其他负责记录商业交互信息的内部来源
	外部数据	从公司外部获取的数据，例如，通过购买私有数据库的访问权，这也可以作为采集数据

14.1.3 数据资产的交易

数据资产交易，可以满足企业对数据资产价值实现的需求。一方面，企业可以通过数据资产交易，将数据资产价值变现，由此创造全新的收入来源，而不只是支付高昂的存储、维护和管理成本；另一方面，数据资产交易可以最大化发挥数据资产的价值。如果数据资产可以通过交易有效流动起来，其产生的经济效益将会不可限量。可以说，数据资产交易是定价的基础，数据资产定价的一个重要作用就是为了满足交易的需要。

所谓交易，就是在公平自愿的前提下，把两个产权明确的资产互换。因此，产权明确是任何资产交易的先决条件。数据资产也一样，首要的是明确数据产权，也叫数据确权问题。数据确权的意义重大，没有清晰界定的产权，数据资产交易无从谈起。然而，目前数据确权正处于青黄不接的尴尬阶段：首先，表现在立法上，数据产权的具体制度处于立法空白，数据产权保护方式的立法态度不明确，这直接导致了司法实践面对有关数据权属争议时的回避、保守态度，在数据产权的保护上显得捉襟见肘；其次，学术界对数据权属的界定也是众说纷纭。关于数据产权和数据确权的话题，我们会在"数据治理"章节中进行更加详细的介绍，本章不再展开。

回到数据资产交易本身，根据卖方对数据资产加工整合的精细程度，数据资产交易可分为直接交易和间接交易。直接交易指卖方直接提供未经加工的原始数据，如消费者的年龄、收入等数据，这是大多数开发潜在客户的公司和一些金融数据销售公司（如Bloomberg、Wind）采用的方式。间接交易指的是卖方通过对数据的整合再加工形成一定程度的标准品或数据资产组合。

1. 直接交易

直接交易模式下卖方无法通过定价控制交易者对信息的使用。当数据产品的价值可预期、部分可知时，可以采取直接交易方式。此外，当数据的非竞争性（非竞争性意味着如果多个买方观察到同一组数据，则该数据的价值通常会降低）相对较小而买方的异质性过大时，也可考虑直接交易。例如，由于不同买方持有的私有信息不同，对信息需求也不同，所以对数据产品的要求迥异，以致卖方无法设计足够多的数据产品来满足所有买方的要求，此时直接出售未经加工的原始数据是更好的选择。

从直接交易的方式来看，捆绑销售、订阅租赁以及各种拍卖方式均可一定程度上运用于数据产品的直接交易。例如，卖方可将不同质量的数据产品捆绑销售，通过低价销售或免费赠送低质量的数据产品，将支付意愿和质量需求高的买方导流到高质量付费产品上，从而获取更高的利润。卖方也可通过租赁或销售"部分数据"的方式来识别高需求和低需求买方，因为高需求买方对数据的需求更高，倾向于高价订阅完整的数据。

直接交易还可通过交互式协议来进行动态交易。假设市场仅存在一个垄断的数据产品卖方、一个购买数据产品来优化其营销策略和避险决策的买方，双方的私有信息分别是卖方的数据和买方对于数据的估值。此时，卖方主要有三种交易方式可选择：其一，通过密封价格机制向买方透露产品价格，买方决定是否购买，此定价方式下的数据产品被视为一般商品；其二，买方支付一定的价格购买卖方提供的随机数据样本，买方可以根据数据样本决定是否购买完整数据；其三，卖方先向买方提供一部分随机数据样本，买方基于这部分样本判断整体数据的价值，再决定是否购买，这种方式使得卖方可以根据买方的事后选择来判断买方类型并进行价格歧视。

2. 间接交易

间接交易下卖方可以通过定价策略，增加噪声和限制购买数量来降低数据的非竞争性，但这给买方带来了较高的风险，所以间接交易适合非竞争性较强但买方风险容忍度高的情形。此外，当卖方处于寡头或完全竞争市场时，由于卖方之间对彼此拥有的数据产品的信息不完全，没有卖方可以通过直接交易攫取更大的剩余，此时买方可采取众包、众筹等模式，卖方可在竞标成功后进行间接交易。

根据买方的异质性需求，卖方可以通过设计不同成本–收益的数据产品来筛选买方类型。以买方购买数据进行风险规避和市场营销活动（比如是否对某个消费者借贷或推送广告）为例，在卖方垄断、买方异质的市场中，由于买方交易前拥有不同的数据资产，且对销售数据产品质量的预判不一，买方对卖方手中的数据的价值评估不同。卖方可以将这些数据打包成不同的组合类型来筛选买方，买方是决策者，由此卖方可以通过买方的选择来识别买方的私有信息，本质上是二级价格歧视。

在双边市场中，可由统一的第三方机构或市场机制来提供间接交易的数据产品。此时，多个买方需要不同准确度的数据产品，多个卖方共同出售各自的数据。这种机制下，价格能够真实反映买方估值、卖方收益最大化、收入公平分配给合作提供数据集的不同卖家、无套利等目标就显得非常重要。有学者提出由统一的机构设计不同的数据产品，并基于特定数据组合产品的"零后悔"拍卖机制来激励买方透露其真实的估值，继而根据以上结果对买方销售不同的数据产品和回报，同时按照卖方的边际贡献来公平分配数据产品的总销售收入。在充分竞争的双边市场中，卖方没有足够大的市场力量来控制市场，只能提供真实的数据，而非增加交易噪声或者复制数据滥竽充数。另外，统一的机构也可以通过随机抽样拍卖方式来促使买方反映自我的真实价值。

在直接和间接交易中，卖方也可能只选择买方中的一部分人进行交易。例如，当满足一定条件时（比如卖方提供给不同类型买方的差异化产品的边际收益相等），卖方将仅向部分买方销售数据产品。考虑到数据的可复制性、易于转售等问题，**数据交易**最可能采取的方式是"价高者得"，也就是最终只有使用价值最大、支付意愿最高的企业能够使用该数据资产。但从微观经济学视角来看，"价高者得"往往不是帕累托最优的决策，并不能实现利润最大化。

14.2　数据价值链

对数据价值链的理解可以帮助我们找到数据资产价值定价的正确方法。本节，我们将通过一些在线平台的例子来阐述数据价值链的定义，并详细论证数据资产的价值如何在链条中增加。

14.2.1　数据资产价值的创造链条

图14-1从企业角度展示了数据资产价值的创造链条。一般来说，企业从用户和第三方收集数据，并通过两种方式利用数据获利：

一种方式是将访问数据的权限授权给客户，比如授权给数据分析公司。一方面，一家企业不太可能使用数据的全部潜力；另一方面，没有内部数据分析能力或数据变现策略的公司更倾向于出售或租售数据使用权。

另一种方式是向客户（如第三方卖家）提供数据目标服务。针对不同客户的需求，可以提供各种数据目标服务，例如信用查询或风险管理、动态定价、需求预测、针对性广告分析等服务。这种方式需要数据聚合能力、数据分析能力和相关专家的技术技能，以便为数据目标服务制定相应的数据驱动的商业计划。

值得注意的是，如果企业不能出售或租售数据使用权，也不具备提供数据目标服务的能力，数据本身可能就不能产生太多价值。

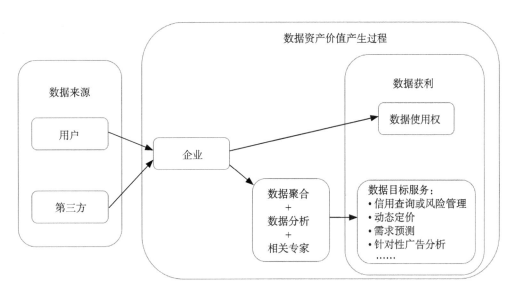

图 14-1 数据资产价值的创造链条

14.2.2 数据资产价值的实体链条

图 14-2 展示了数据资产价值的**实体链条**。值得注意的是，在线平台公司在链条的每个阶段都有外包的可选项。以谷歌为例，在设备阶段，谷歌并不生产手机，但是谷歌向苹果公司支付**流量获取成本**（traffic acquisition cost，TAC），①以成为 iPhone、iPad 和 Mac 设备上 Safari 浏览器的默认搜索引擎，从而搜集数据。也就是说，谷歌将数据搜集的业务外包给了苹果。虽然近年来 iPhone 用户的增长明显放缓，但谷歌支付给苹果的 TAC 在 2015～2019 年间增长了 12 倍，2019 年达到了 120 亿美元，相当于谷歌 2018 年数据定向广告收入的 10% 以上。这些数字表明了苹果生态系统的在线流量对谷歌数据目标服务的重要性，并解释了为什么谷歌在 2018 年收购了 HTC 的智能手机部门。

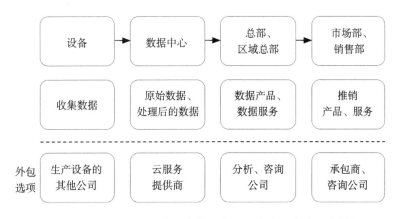

图 14-2 数据资产价值的实体链条（以在线平台公司为例）

---

① 流量获取成本是指维护平台流量，获得客户所需的成本，包括广告费、平台推广费、新用户补贴等。

除了数据搜集业务，在线平台公司也可以将数据存储业务及数据处理业务外包给云服务提供商，从而在储存时间和储存容量方面享有高度的灵活性，例如，阿里云和腾讯云。此外，公司甚至可以将客户关系的管理业务外包给其他咨询公司，将推销业务和售后业务外包给其他承包商。

14.2.3 数据价值链

基于图 14-1 和图 14-2 所示的数据资产价值的创造链条和实体链条，完整的**数据价值链**如图 14-3 所示，由**数据搜集**、**数据储存**、**数据分析**、**数据盈利**四个阶段组成。所有这些阶段都以贯穿整个链条的数据存储和数据流为基础。

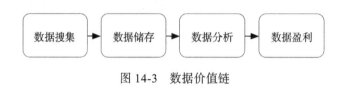

图 14-3　数据价值链

原始数据的搜集（第一阶段）可以在一个地方进行，也可以同时在多个地方进行，包括预期的和非预期的数据搜集活动，搜集的数据不限于非结构化和不相关的数据。然而，当企业搜集到数据并储存之后，面临数据传输和聚集的障碍（第二阶段）时，数据资产产生的额外价值是有限的。下一个阶段是聚合数据或对多个组合数据集进行分析（第三阶段），包括数据处理和可视化过程。最后，盈利阶段（第四阶段）会产生额外的数据，这些数据可以输入数据价值链中，从而形成一个循环。

这四个阶段对数据资产价值的贡献并不相同：数据搜集和储存只能产生少量的价值，而当一个公司拥有数据分析和盈利能力时，数据资产的价值就会急速增加。换句话说，企业可以通过出售数据使用权来获得一些利润，但拥有数据分析及盈利能力，将使企业收益最大化。另外，在线平台公司在数据价值链的垂直整合程度上存在差异，这种差异将决定企业如何利用数据盈利，以及它们能获得多少利益。拥有内部数据分析能力和盈利策略的在线平台公司能够创造出比外包数据分析工作更有价值的数据。垂直整合程度更强的在线平台公司可以从数据中获得更多的收益，它们的业务可以通过人工智能与数据之间的良性循环得到加强。也就是说，更多的数据可以带来更好的数字商品和服务，从而吸引更多的用户到它们的在线平台，产生更多的数据，进一步改善它们的数字商品和服务。

两个例子很好地诠释了数据价值链的概念和链内的垂直整合差异。在被谷歌收购之前，ITA Software 将业务集中在数据价值链的前两个阶段，并将数据的使用权授权给 Farecast 等公司。Farecast 将业务重点放在最后两个阶段，为消费者提供数据驱动的机票价格预测服务。谷歌在收购 ITA Software 后，利用 ITA Software 的数据结合自己的数据分析能力以及极高的搜索引擎覆盖度，推出了类似 Farecast 的机票价格预测服务，从而在这条数据价值链中获得了最高程度的垂直整合。

另一个例子是 Twitter。与谷歌或亚马逊不同，Twitter 缺乏强大的内部数据分析能力和数据盈利能力，无法完全垂直整合数据价值链。即使有大量的数据，在 2010 年之前，Twitter 还是选择租售数据使用权；2010 年之后，当根据数据定向投放广告成功市场化之后，Twitter 迅速采用了这种商业模式来利用其搜集的数据。2018 年第一季度，Twitter 的营收中只有 12.3% 来自出售或租售数据使用权，其余的营收则来自数据定向广告服务。

14.2.4 数据资产价值的影响因素

当我们考虑数据资产的价值时，我们应该从其收益和风险两个角度进行分析。其中，数据资产的收益包含数据质量和应用价值两个方面。数据的质量是其应用价值的基础，我们首先应该对数据质量进行有效合理的评估。数据质量的评估主要有以下几个方面：真实性、完整性、准确性、数据成本、安全性（见表 14-2）。

表 14-2 数据质量维度

数据质量	解　释
真实性	表示数据的真实程度。如果数据不是真实的，那么其统计价值与应用价值将会大打折扣；同时，即使数据只是有偏差，那么其使用结果也可能会"差之毫厘，失之千里"
完整性	被记录对象的数据信息的完整程度也是重要的一个方面。关键数据的缺失将直接影响数据在应用中的价值贡献，或者需要增加成本去补充数据。数据的采集范围越广，完整性可能越高，数据资产的价值也会越大
准确性	数据的"清洗"就是提升数据准确性的处理步骤，减少数据异常值、空白值、无效值、重复值等对后续应用的影响。数据的准确性越高，对数据的清理成本越低，数据的价值也就越大
数据成本	卖方出售数据时，首先会考虑数据的成本，数据的成本成为其质量或价值的重要参考。对于公司内部产生和收集数据，显性成本主要有收集、持有程序下的人力成本、存储设备成本等，隐性成本主要为数据所附着业务的研发成本、人力成本的摊销等。通常，获取成本越大，数据的交易价值相对越大
安全性	数据的安全性表示的是数据不会遭到窃取或破坏的能力。数据的安全性越高，就越能稳定地为企业创造价值；此外，数据持有企业对其支付的保护成本越低，其数据资产的价值越大

数据的价值在于与应用场景的结合。不同应用场景下，数据所贡献的经济价值有所不同。从数据资产应用价值的维度来看，数据资产应用价值的影响因素包含稀缺性、时效性、多维性、场景经济性（见表 14-3）。

表 14-3 数据资产的应用价值维度

应用价值	解　释
稀缺性	表示数据的拥有者对于数据的独占程度。对于稀缺资源的竞争往往是商业竞争的重要一环。在产品趋于同质的情况下，稀缺数据资源背后潜在的商业信息更加凸显价值
时效性	数据的时效性决定了决策在特定时间内是否有效。例如，乘客当下位置信息数据、司机当下位置信息数据以及乘客目的地信息数据等，网约车公司拿到这些数据，有助于它为司机迅速匹配有相应需求的乘客，从而完成交易。由此可见，数据的时效性在某些应用场景下至关重要

（续）

应用价值	解释
多维性	多维性衡量了数据覆盖范围的多样性。例如，当用户在搜索引擎中搜索多种多样的问题时，互联网平台便可以根据信息来分析用户的年龄、性别、文化背景、职业类别和需求偏好，推算出其收入类别，并将这些数据进行相互连接，从而可以得到较为全面的用户画像。因此，数据维度越多，数据的价值越大
场景经济性	在不同应用场景下，数据的价值有所不同。例如：在物流公司场景中使用交通信息，这比个人出行场景具有更大的经济价值；当多维用户信息用于寻找高净值客户时，它也比普通日用品的促销场景具有更大的经济价值

关于数据资产的风险，通常情况下，数据资产的风险主要来自商业环境的法律约束和道德约束。这对数据资产的价值的影响十分重大。例如，在法律限制层面，如果在法律没有明确规定的情况下，要区分哪些数据永远不能用来交易，而哪些数据在合法设计后可以用来交易。这些问题不仅限制了数据交易，也影响了数据资产的价值。

14.3 数据资产定价

数据对于企业竞争力来说至关重要，但数据是无形资产，其价值很难衡量。一方面，数据不是有形资产，它不会受到磨损；另一方面，数据并非研发资产等常规的无形资产，它不会因报废而贬值。此外，我们很难从企业获得所有数据和信息。数据的这些特征使我们很难给**数据资产定价**。本节概述了测量数据价值的各种方法：市场法、成本法、收益法，也提出了基于组织资本的实验性方法，旨在激发进一步的讨论。另外，目前对于数据资产定价还没有公认权威的方法，需要在这个问题上进行更多的研究。

14.3.1 基于市场价格的定价方法

根据价值规律，一种商品或服务的价值通常与市场均衡价格相一致，即需求和供给之间的交汇点，因此，我们可以根据数据资产的市场价格来确定其价值。**市场法**评估数据资产价值的计算方法如下：

$$评估价值 = 可比数据资产成交额 \times \Sigma 修正系数 \qquad (14\text{-}1)$$

其中，可比数据资产成交额为在公开交易活跃下，相同或类似数据资产的交易成交额；修正系数用于对标的数据资产和可比案例的差异进行修正。市场法的优点是能够客观反映资产目前的市场情况，并且评估参数和指标能够直接从市场取得，相对真实、可靠。

但这种方法同样有很大的局限性。首先，我们需要明确数据资产的目标市场。在某些情形下，目标市场是存在的，例如，我们可以搜集个人对于手机市场的偏好数据，这样的数据存在明确界定的目标市场——手机市场；但对于大部分数据集，这样的市场是不存在的。其次，数据的价值高度依赖于数据的使用情境，所以同一数据集在数据供应商、用户和监管机构之间可能会有不同的价值。例如，美国的一项调查研究表明，在美国，个人愿意以 240 美元的平均价格透露他们的社会安全号码，㊀而同样的数据可以从数据供应商 Pallorium 和 LexisNexis 处以低于 10 美元的价格获得。㊁最后，数据的真实价值可能不为卖方所知，因此，由于信息不对称，市场价格可能具有误导性。

下面，我们简单介绍三种可行的基于市场价格的定价方法。

1. 数据中间商

通过数据中间商出售数据的价格来给数据资产估值。数据中间商通常从公开或非公开的途径搜集信息，然后存储、加工并出售给不同的客户。例如，Wind 提供的各种金融证券数据等。这些数据中间商通常会引用一些详细分项的价格表来评估自己的数据集，再明码标价出售给不同的客户，出售的数据库一般按其市场价格进行估价，包括其中信息内容的价值。然而，这种方法的缺陷是难以界定哪些公司是数据中间商，因为在标准行业分类中，数据中间商并没有被分为单独的一个行业。

2. 保险市场

通过保险公司对数据相关保险的定价以及赔付标准来给数据资产估值。鉴于越来越多的企业对数据都存在高度依赖性，防范数据泄露变得越来越重要，因此许多企业都会寻求给数据相关的资产买保险。例如，在数据中心出现故障时，服务的中断会给企业带来巨大的损失，因此数据中心的运营商可能会购买保险，以保护自己免受此类意外事件的影响。保险公司对数据相关保险的定价以及在数据泄露之后的索赔都可以用来给数据定价（索赔可能包括诉讼或其他费用，因此超过数据本身的价值）。

3. 并购或破产估值

利用在**并购或破产清算中披露的资产估价信息**来给数据资产定价也是可行的，但是并购可能会存在溢价，破产清算中法院的估值也不一定准确，这些都是在实际定价中需要考虑的问题。

在并购中，法律要求被收购公司对其资产进行估价，包括数据库和软件等无形资产。例如，2016 年 6 月 13 日，微软宣布将以 262 亿美元（约合人民币 1 725 亿元）的价格收购领英（LinkedIn）。领英是全球最大的职业社交网站，也是西方最受欢迎的职场社交平台与人脉沟通平台，汇聚了数以万计的白领职业人士，全球会员超过 3 亿。领英拥有的职业信息和数据的价值远远大于社交网站拥有的社交信息价值。尽管传统的社交媒体如 Facebook 涵盖了用户的各种信息，例如个人兴趣、上传的图片、到过的地方等，但是这些信息会随着人们的品位和生活的变化而不断变化。然而在职业领域，有一套规范得多

㊀ 美国社会安全号码是社会安全卡的卡号，新移民抵达美国后，首先要向所属城市或邻近地区的社会安全局（社会保障局）申请一张社会安全卡，俗称"工卡"。

㊁ Horodyski. 2013 OECD guidelines on the protection of privacy and trans border flows of personal data as an example of recent trends in personal data protection[M]. OECD, 2015.

的标准来定义某个人：年龄、住处、工作单位、职位、学校、专业以及学业成绩 GPA。对于数据需求方来说，这种数据更易理解和利用，根据这些数据的广告投放也会更加精准。对于领英来说，其最重要的资产就是其搜集的职业人士数据，而微软的收购则在某种意义上给这些数据进行了定价。

在破产案件中，法院会对破产公司进行清算，对于数据资产也会进行估值。例如，当美国公司 RadioShack 在 2015 年申请破产保护时，该公司的债权人提出的最有价值的资产是一个数据库，里面有大约 6 700 万 RadioShack 客户的购买记录，以及他们的地址。未来的研究可能会关注法院使用何种估值方法，以及这些方法是否也可用于其他情况。

14.3.2 基于成本的定价方法

当考虑衡量数据资产的价值时，利用无形资产的定价方法是不错的想法，因为数据是无形资产的一种。例如，为了衡量国民经济核算中的数据资产，英国国家统计局（Office For National Statistics）会调查企业在数据库和软件方面的购买、处置和自营投资情况。然而，在这些调查中，对数据资产价值的衡量存在一些问题：第一，数据库的响应率相对较低；第二，自营账户数据库通常是作为自营账户软件的一部分，因此很难指出数据本身的价值；第三，在工业领域，建立数据库的支出和成本难以衡量。

我们可以看到，通过对数据库投资的衡量来对数据资产定价往往是不够充分的，因此，统计机构往往采用以成本为基础的定价方法。**成本法**评估数据资产价值的计算方法如下：

$$评估价值 = 重置成本 - 贬值因素 = 重置成本 \times 成新率 \quad (14\text{-}2)$$

其中，重置成本是形成数据资产的合理成本。对于公司内部产生和搜集的数据资产，显性成本主要有搜集、存储、处理数据的人力成本、设备成本等，隐性成本主要为数据所附着业务的研发成本、人力成本等；对于外购数据资产，重置成本为在现行市场条件下，重新取得同样一项数据资产所需支付的金额。传统成本法评估中，实物资产的贬值因素主要分为经济性贬值、实体性贬值和功能性贬值，但对于不具有实物形态且不作为功能性使用的数据资产而言，贬值因素主要来源于数据资产的时效性丧失带来的经济性贬值。成新率是指数据资产的现行价值与其全新状态重置价值的比率。

成本法进行数据资产定价的优势是易于理解（以成本构成为基础的分析方法），计算简单（以成本加总计算为主），但也有很大的局限性：

一是数据资产对应的成本不易区分。数据资产为生产经营中的衍生产物，对于部分数据资产来说，没有对应的直接成本，且间接成本的分摊不易估计。例如，用户在搜索引擎留下的查询记录等数据资产，其数据搜集成本包括网站建设成本、搜索引擎市场推广费用及管理、运营人员薪酬等，但这些成本中有多少应归属于数据资产，这一分摊比例难以估计。

二是数据资产的贬值因素不易估算。造成各类数据资产贬值的因素各不相同。例如，交通数据的时效性、司机驾驶信息的准确性,这些贬值因素的价值影响很难量化。

三是无法体现数据资产可以产生的收益。虽然在成本的归集中需要按照成本加成的方式考虑一定的合理利润,但传统资产评估的利润率可以参考实际利润率,如房屋建造的利润率,而数据资产业务的利润率并没有行业通识或惯例,难以简单地选择一个合理利润率,由此导致成本法难以体现数据资产应用所带来的价值。

2019 年,加拿大统计局使用程序员(或其他与数据有关的职业,如经济研究人员)数量的劳动力市场数据,以及他们的平均每小时工作成本,结合对工作时间、非工资劳动力成本和管理费用的假设,来估计数据资产的价值。加拿大统计局基于 8 个职业群体的数据探索了这一方法。他们假设不同的职业群体投入不同的时间来制作和维护数据资产:数据录入人员将 100% 的时间用于生成数据,而经济学家、经济政策研究人员和分析师用于数据生成的时间只有 20%～30%。根据这种方法,加拿大统计局估计,2018 年加拿大在数据资产方面的总投资为 94 亿～142 亿加元。

14.3.3 基于收益的定价方法

收益法又称为收益资本化法、收益还原法,是预测评估对象的未来收益并将其转换为价值的方法,它建立在资金具有时间价值的观念上。在收益法中,评估无形资产价值的方法有:权利金节省法(relief from royalty method)、多期超额收益法(multi-period excess earnings method)、增量收益法(with-and-without method)。

1. 权利金节省法

权利金节省法也叫许可费节省法,是指与向第三方支付许可使用费相比,假设拥有该无形资产将不必支付使用费,通过由此产生的资本价值来确定无形资产价值。计算公式如下所示:

$$资产评估价值 = \sum_{k=1}^{n} \frac{许可使用费}{(1+i)^k} + 所得税摊销收益 \tag{14-3}$$

在式(14-3)中,许可使用费是指为授权他人使用该数据资产可以收取的许可使用费;i 表示折现率,即数据资产的必要报酬率;n 为数据资产的使用期限;所得税摊销收益是指无形资产的摊销额可以抵扣会计主体的应纳税所得额,从而减少会计主体的所得税支出而产生的价值。目前,数据资产尚无法确认为无形资产入账,因此相关税收摊销收益无法确认。

该方法存在一定的优势,其不仅反映了数据资产的经济价值,也反映出数据资产与相关收入的对应关系。局限之处在于,数据资产的许可使用费估计较为困难,此外,由于数据资产是动态的,数据资产的使用期限通常不太明确。

2. 多期超额收益法

超额收益法通过将无形资产在未来经济生命周期内带来的净现金流量,用适当的折现率转换为现值来测算无形资产的价值。计算公式如下所示：

$$资产评估价值 = \sum_{k=1}^{n} \frac{超额收益}{(1+i)^k} + 所得税摊销收益 \qquad (14\text{-}4)$$

在式（14-4）中，超额收益是指该资产所带来的收入增加额或者成本减少额；i、n以及所得税摊销收益与前文相同。

多期超额收益法的优点是，一方面反映了数据资产的经济价值，另一方面可以较为充分地考虑到数据资产所能贡献的收益途径。多期超额收益法也存在局限性：首先，数据资产的超额收益估计起来较为困难，如智能交管数据，通过实时定位人车信息可以有效减少交通拥堵从而产生价值，但交通效率提升带来的经济价值则较难衡量；此外，同权利金节省法一样，数据使用期限的确定仍是难点。

3. 增量收益法

增量收益法也是评估无形资产的方法之一，是通过比较无形资产在使用与不使用的情况下所产生现金流的差额的一种估值方法。计算公式如下所示：

$$资产评估价值 = \sum_{k=1}^{n} \frac{增量现金流}{(1+i)^k} + 所得税摊销收益 \qquad (14\text{-}5)$$

在式（14-5）中，增量现金流是指应用数据资产情景下的现金流与不应用数据资产情景下的现金流之间的差额；i、n以及所得税摊销收益与前文相同。

增量收益法的优点是直观地反映了数据资产的经济价值。其局限性在于，不应用数据资产情景下的现金流通常难以准确测算。同时，由于市场情况不断发生变化，很难准确测算在其他条件不变的情况下，不使用该数据资产所产生的现金流。此外，增量收益法也存在数据资产的使用期限不易确定的问题。

一个有趣的例子是Citymapper。Citymapper是一款国外各大著名城市的公共交通线路规划应用程序，可以让用户在陌生城市旅游、工作和学习的时候也能享受到公共交通的便利。从2019年起，该公司开始提供Citymapper旅行卡，用以换取用户的旅游和出行数据。该旅行卡的每周价格比伦敦官方交通卡的价格低4.10英镑，粗略计算一下，该公司对个人年度旅游和出行数据的收益估值不低于213.20英镑（按照一年52周计算）。

14.3.4 基于组织资本的定价方法

考虑到三种传统方法的局限性，我们在这里介绍一种新的定价方法：由于大多数数据价值是在公司拥有数据驱动的商业模式时产生的，因此数字企业数据资产的价值严重依赖于其在商业模式上的投资，这可以通过它们在组织资本上的投资来衡量。

所谓**组织资本**（organizational capital）是指存在于组织之中、由组织成员在开展组织活动中所逐渐积累形成的资本，是一个有机整体的资本总量与组织中原来单个成员（如企业各个股东与雇员、社团单个成员等)的资本个体量简单加总的资本之差额。

然而，组织资本是一种无形资产，很难也很少在企业的财务会计报表上直接得到反映。为了简化分析，我们在这里使用企业年度报表中的 SG&A 费用作为组织资本投资的代替。

SG&A 费用（selling, general & administration expense）是一个公司直接和间接的销售费用以及所有的总务和管理费用。其中，直接的销售费用包括销售人员工资、广告费用、相关的财务费用等，间接的销售费用包括话费、利息和其他通信费用等；而总务和管理费用包括管理费用、非销售人员工资、租金以及水电等费用。我们可以看到，SG&A 费用包括产生组织资本的大部分支出，如员工培训成本、品牌提升成本、咨询费、供应链安装和管理成本等。

考虑到 SG&A 费用可能包括一些与提高企业的组织效率无关的项目，有学者使用了五种方式来验证使用 SG&A 费用替代组织资本的效果，结果表明使用 SG&A 费用替代是可行的（Eisfeldt, Papanikalaou, 2013）。此外，组织资本投资的无效率应该表现在组织资本的折旧率上。也就是说，如果企业对组织资本的投资具有显著的无效率性，则其组织资本的价值无法得到很好的维持，从而导致组织资本的折旧率较高。例如，在高科技行业中，市场的领导者通常比追随者的折旧率要小。我们这里采用 Li 和 Hall（2018）开发的 R&D 折旧模型，它使用企业的销售和无形资本投资数据来确定其无形资本的折旧率，对于估计无形资产的价值很有效。⊖

我们使用永续盘存法⊜来构建几家公司的组织资本存量和相关的增长率，使用的数据范围为 2000 年至 2017 年。相关估计结果如表 14-4 所示。例如，2017 年，我们估算出亚马逊的数据相关的业务收入为 418 亿美元，从数据驱动的商业模式中估算出的数据价值为 1 250 亿美元。

表 14-4　永续盘存法估计结果

在线平台种类①	企业	数据相关的佣金收入或许可权收入	数据价值（基于组织资本计算，使用 SG&A 费用）	并购价格
电子商务平台	Amazon	2017 年佣金收入为 418 亿美元，2018 年高级数据服务收入为 180 亿美元②	1 250 亿美元；年增长率为 35%，折旧率为 24.1%	
在线分享平台	Booking Holdings	118 亿美元（2017）	157 亿美元；年增长率为 40%，折旧率为 18.6%	
金融科技平台	Ant Financial	无公开财务数据		
在线社交网络服务平台	LinkedIn	29.9 亿美元（2015）③		2016 年被微软以 262 亿美元收购
在线匹配平台	eBay		160 亿美元；年增长率为 30%，折旧率为 26%	

⊖　Li, Hall. Depreciation of business R&D capital[J]. Review of Income and Wealth, 2020.
⊜　永续盘存法又称账面盘点法，是指企业设置各种有数量、金额的存货明细账，根据有关出入库凭证，逐日、逐笔登记材料、产品、商品等的收发、领退数量和金额，随时结出账面结存数量和金额。采用永续盘存法，可以随时掌握各种存货的收发、结存情况，有利于存货的各项管理。

（续）

在线平台种类[①]	企　业	数据相关的佣金收入或许可权收入	数据价值（基于组织资本计算，使用 SG&A 费用）	并购价格
在线众包平台	Waze	无公开财务数据		2013 年被谷歌以 13 亿美元收购
在线搜索平台	Google		482 亿美元；年增长率为 21.8%，折旧率为 26.5%	

① 在线平台种类分类见 OECD（2018）。
② 假设年销售额超过 1 000 万美元的第三方卖家订购了优质数据服务。有 19% 的第三方卖家的年销售额超过 1 000 万美元。
③ 大部分收入来自向招聘人员和销售人员出售会员数据。

本章小结

数据资产是企业在生产经营管理活动中形成的，由个人或企业拥有或者控制，能够为企业带来未来经济利益的，以物理或电子的方式记录的数据，其与传统会计学意义上的资产和无形资产既有联系又有不同。数据资产的交易、确权和定价是数据要素化和数据价值衡量面临的三大挑战，然而，这三个问题迄今为止都没有得到很好的解决。本章我们对数据资产的分类、交易和定价问题进行了简单的梳理和介绍：从数据资产分类来看，可以从不同角度将数据资产分成多种类型；从数据资产交易来看，我们分析了数据资产直接交易和间接交易的经济学行为；从数据资产定价来看，我们介绍了市场法、成本法和收益法三种传统的定价方法以及一种新的基于组织资本的定价方法。此外，我们还介绍了数据价值的创造过程，引入了数据价值链的概念，并阐述了数据资产价值的影响因素。

关键术语

数据资产　　数据交易　　数据价值链　　数据资产定价
市场法　　　成本法　　　收益法　　　　组织资本

复习思考题

1. 请简述数据资产的定义，并解释数据资产与传统的会计学意义的资产有何区别和联系。
2. 请画出数据资产价值的创造链条和实体链条。
3. 请简述市场法、成本法、收益法进行数据资产定价的优点和缺点。
4. 请使用组织资本定价方法估算阿里巴巴的数据资产价值，并与其数据相关业务的佣金收入做对比，数据来源可查询阿里巴巴的公开财务报告。

附录 14A R&D 折旧模型

假设企业 R&D[⊖]资本对企业利润的贡献随着时间的推移而下降。R&D 资本的预期折旧率是企业研发投资模式的重要组成部分：一个利润最大化的企业会对研发进行投资，使预期边际效益等于边际成本。也就是说，在每一个时间段 t，企业都会确定一个 R&D 投资额，使研发投资的预期收益的净现值最大化，即

$$\max_{R_t} E_t[\pi_t] = -R_t + E_t\left[\sum_{j=0}^{\infty} \frac{q_{t+j+d} I(R_t)(1-\delta)^j}{(1+r)^{j+d}}\right] \quad (14A\text{-}1)$$

其中，π_t 是 t 时期的 R&D 投资收益，R_t 是 t 时期的 R&D 投资额，q_t 是 t 时期的销售额，$I(R_t)$ 是 R&D 投资的利润率，δ 是 R&D 折旧率，r 是资本成本。参数 d 为滞后期，即研发资本开始贡献盈利与投入资本之间的时间差，这里我们假设 d 为一个不小于 0 的整数。在 t 时期的研发投资将对后期的利润做出贡献，但呈几何递减趋势。我们假设 t 时期之后的销售额 q 以恒定的增长率 g 增长，即 $q_{t+j} = q_t (1+g)^j$。这个假设与大多数研发密集型产业的产出随着时间的推移增长相当平稳的事实相一致。

为了解决大多数研发资产的价格通常是不可观察的问题，我们将 $I(R_t)$ 定义为凹函数。

$$I(R) = I_\Omega \left[1 - \exp\left(\frac{-R}{\theta}\right)\right] \quad (14A\text{-}2)$$

并满足 $I''(R) < 0$，$I'(R) = \frac{I_\Omega}{\theta} \exp\left(\frac{-R}{\theta}\right) > 0$，$I'^{(0)} = \frac{I_\Omega}{\theta}$，$\lim\limits_{R \to \infty} I(R) = I_\Omega$。

图 14A-1 描述了随着 R（本期研发投资）的增加，函数 I 渐近增加到 I_Ω。这种函数形式只有很少的参数，但却显示了 r 的理想凹性。

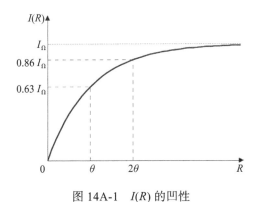

图 14A-1 $I(R)$ 的凹性

⊖ R&D（research and development），指在科学技术领域，为增加知识总量（包括人类文化和社会知识的总量），以及运用这些知识去创造新的应用而进行的系统的、创造性的活动，包括基础研究、应用研究、试验发展三类活动，可译为"研究与开发"。

函数 I 包含一个参数 θ，该参数定义了研发投资增长的投资规模，并作为一个平减指数来刻画研发投资增长的时间趋势。θ 的值因行业而异，美国经济分析局（U.S. Bureau of Economic Analysis，BEA）的行业数据显示，大多数行业的平均研发投资在 20 年的时间里都有很大的增长，因此我们预计，实现同样的利润率增长所需的投资规模 θ 也会相应增长。利用这一函数来刻画 R&D 资本的盈利，则式（14A-1）变为：

$$E_t[\pi_t] = -R_t + I_\Omega \left[1 - \exp\left(\frac{-R_t}{\theta_t}\right)\right] \sum_{j=0}^{\infty} \frac{E_t[q_{t+j+d}](1-\delta)^j}{1+r^{j+d}} \quad (14A\text{-}3)$$

注意，我们已经假设 d、r、δ 在 t 时刻是已知常量（t 时刻的 δ 应为常量，我们将通过后面的推导估计 δ）。因为 θ 随时间变化，我们定义 $\theta_t = \theta_0(1+G)^t$，这里 G 是恒定的增长率。为了衡量 G，我们假设产业研发投资增长模式与产业研发投资规模相似，并通过将研发投资数据拟合到方程中来估算 G，即 $R_t = R_0(1+G)^t$，大多数行业研发的 BEA 数据都随着时间的推移而平稳增长，这一事实证明了这种方法的合理性。因此式（14A-3）变为：

$$\pi_t = -R_t + I_\Omega \left[1 - \exp\left(\frac{-R_t}{\theta_0(1+G)^t}\right)\right] \frac{q_t(1+g)^d}{(1+r)^{d-1}(r+\delta-g+g\delta)} \quad (14A\text{-}4)$$

对 π_t 求一阶导，我们就得到了利润最大化的条件：

$$\frac{\partial \pi_t}{\partial \pi_t} = -1 + \exp\left[\frac{-R_t}{\theta_0(1+G)^t}\right] \cdot \frac{I_\Omega}{\theta_0(1+G)^t} \cdot \frac{q_t(1+g)^d}{(1+r)^{d-1}(r+\delta-g+g\delta)} = 0 \quad (14A\text{-}5)$$

通过这个方程，我们可以估计 R&D 的折旧率 δ。

参考文献

[1] 德勤咨询，阿里研究院. 数据资产化之路：数据资产的估值与行业实践 [R]. 2019.

[2] 熊巧琴，汤珂. 数据要素的界权、交易和定价研究进展 [J]. 经济学动态，2021(2):143-158.

[3] Horodyski. 2013 OECD guidelines on the protection of privacy and trans-border flows of personal data as an example of recent trends in personal data protection[M]. OECD, 2015.

[4] Nguyen, Paczos. Measuring the economic value of data and cross-border data flows: A business perspective[J]. OECD Digital Economy Papers, 2020.

[5] Wendy, Makoto, Kazufumi. Value of data: There's no such thing as a free lunch in the digital economy[J]. Discussion papers, 2019.

[6] Li, Hall. Depreciation of business R&D capital[J]. Review of Income and Wealth, 2020.

DIGITAL ECONOMICS · 第 15 章

数据治理

　　数据不仅是一种重要的生产要素和新型的战略性社会资源，能够带来巨大的经济效益，而且可以通过全球价值链参与国际生产和分工，帮助小型企业进入全球市场。数字经济时代，企业的生产和跨国贸易严重依赖于数据的存储、使用和流动。与此同时，随着数据的价值不断被发掘，随之而来也出现了诸多问题。例如，由于数据使用和保护不当引起隐私泄露等安全事件，由于数据跨境流动引发的对国家数据主权的担忧等。这些问题，都可以统称为"数据治理"问题。在本章，我们将介绍数据治理的基本概念，探讨数据产权、数据开放共享、数据跨境流动、隐私监管、个人信息保护等热门的数据治理议题，以及世界主要经济体和国际组织在解决这些问题上的一些立法实践和监管措施。

学习目标

▶ 学完本章，你应该做到：

1. 理解数据治理的概念与目标；
2. 分析政府数据开放共享的利弊；
3. 理解数据产权治理的核心问题；
4. 理解数据本地化和数据跨境流动的价值和风险；
5. 了解世界主要国家、经济体和国际组织的数据治理立法实践与监管措施。

引例

欧洲法院判决欧美之间的个人数据传输框架无效

2020年7月，欧洲法院裁决欧盟与美国之间的个人数据传输框架（"隐私盾"协议）无效。爱尔兰数据保护委员会根据此裁决，开始调查美国互联网巨头Facebook向美国传输欧盟民众数据的行为是否合法。Facebook随即发起诉讼，质疑该调查不符合程序。Facebook此前威胁，一旦数据传输受到限制，将被迫放弃欧洲市场。

其实在2000年到2013年间，欧盟曾对美国互联网巨头及美欧间数据传输表示过信任。在当时，尽管美国没有国家层面的隐私和数据保护法，欧盟还是做出决定：受美国联邦贸易委员会和美国交通部管辖的美国企业可以通过做出相应承诺加入"安全港"协议，进行与欧盟间的数据传输。2013年，美国中情局前技术分析员斯诺登通过多家媒体曝光了美国政府在全球开展的大规模监听项目，包括在用户不知情的情况下，大规模搜集个人日常邮件、通话、社交媒体通信内容以及视频、照片、个人文件、位置信息等数据，并创建大型数据库供政府部门进行检索和过滤。斯诺登曝光的内容震惊了欧盟，欧盟很难继续认可美国的数据保护力度，迅速叫停了所有欧盟至美国的数据传输，随后开始了针对美国的大规模调查。2016年7月12日，作为"安全港"协议的替代、升级版，美国-欧盟"隐私盾"协议被采用。与"安全港"相比，隐私盾为美国设置了更多的义务和更强的执行机制。美方必须给予个人数据更多的保障和更强的透明度，为欧盟公民提供更多数据权利和救济路径，并设置了隐私盾监察员制度。

一波未平，一波又起。2015年10月，一名奥地利籍法律系学生Max Schrems，在研读了Facebook的用户协议后向爱尔兰数据保护部门发起了投诉，他认为，在美国的法律下，Facebook通过替代机制转移至美国的个人数据仍无法得到充分保护，要求暂停或禁止Facebook进行其个人数据的转移行为（Schrems II案件）。2020年7月16日，欧洲法院做出具有里程碑意义的判决，以美国在数据保护方面缺乏对政府权限的必要限制，对个人数据的访问权没有限制在"必要"和"成比例"范围内，欧盟数据主体缺乏有效的救济途径以及隐私盾监察员制度存在缺陷为由，宣判隐私盾无效。

数字经济时代，数据在全球范围内的流动引发了一系列问题，"数据治理"也逐渐得到各国的重视，Schrems II案件的判决正是全球数据治理进程中的一个缩影。近年来，世界各国不断推动数据治理立法和执法。例如：在立法领域，中国相继出台了《个人信息保护法（草案）》和《数据安全法》；美国加州通过了《加州隐私权法案》；加拿大发布了《2020年数字宪章实施法案》。在监管执法层面，欧盟ITSS发布了针对国际数据传输的建议草案及《欧盟标准合同条款》；英国信息专员办公室对万豪集团和英国航空的数据泄露事件分别处以1 840万英镑和2 000万英镑的罚款。

15.1 数据治理的基本内涵

随着大数据时代的到来，流动的数据已成为连接全世界的载体，也成为促进经济社会发展、便利人们生产生活的源动力。伴随着数据流动，尤其是为了解决流动过程中产生的一系列问题，"数据治理"一词逐渐兴起。而要了解数据治理，还得从治理的基本概念说起。

15.1.1 数据治理的定义

治理是指政府、企业、个人以及非政府组织等主体为了管理共同事务，以正式制度、规则和非正式安排的方式相互协调并持续互动的一个过程。但目前关于数据治理的定义，各界的说法却是众说纷纭。数据治理具有治理的很多特征。例如，需要政府、企业、个人以及非政府组织等共同努力，也需要建立一套立法、规章、制度和规则。然而，由于治理的对象是数据，它又有很多自身的特点。

根据国际标准化组织 IT 服务管理和 IT 治理分技术委员会、数据治理研究所（Data Governance Institute，DGI）、IBM 数据治理委员会等机构的观点，**数据治理**（data governance）是指建立在数据存储、访问、验证、保护和使用之上的一系列程序、标准、角色和指标，以期通过持续的评估、指导和监督，确保富有成果且高效的数据利用，实现企业价值。在我国，信息技术服务标准（information technology service standards，ITSS）工作组于 2015 年 5 月发布了《数据治理白皮书》国际标准研究报告。报告认为，数据是资产，通过服务产生价值。数据治理主要是在数据产生价值的过程中对其做出的评价、指导、控制。

通过梳理不同机构对"数据治理"的定义，本书认为"数据治理"的内涵可以从宏观和微观两个层面来看待。从宏观层面看，数据治理是指政府等公共机构、企业等私营机构以及个人，为了最大限度地挖掘和释放数据价值，推动数据安全、有序流动而采取政策、法律、标准、技术等一系列措施的过程。从微观层面看，数据治理是不同的机构对各种各样的元数据进行处理和分析的过程。换句话说，无论何种主体以何种方式，只要围绕数据安全、有序流动所采取的行动，都属数据治理的范畴。

15.1.2 数据治理的范围与目标

微观层面，根据国际标准化组织 IT 服务管理与 IT 治理分技术委员会的观点，可以将数据治理的范围划分为以下 8 个方面：①数据架构、分析和设计；②数据库管理；③数据安全管理；④数据质量管理；⑤参考和主数据管理；⑥数据仓库和企业情报管理；⑦文件、记录和内容管理；⑧元数据管理。更加具体的范围划分如图 15-1 所示。

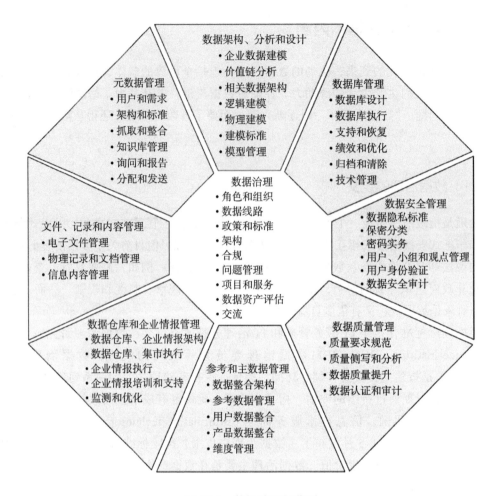

图 15-1　数据治理的范围

宏观层面，经济学和社会科学领域的研究则认为，无论各种主体以何种方式开展数据治理，其核心都是要推动数据自由安全地流动，以便最大限度地挖掘和释放数据价值。因此，制约数据治理的主要因素有：一是数据权问题，国内层面是数据开放共享和数据确权问题，国际层面便是如何实现有效的数据跨境流动；二是数据安全问题，目前国际社会主要聚焦于个人数据，即数据隐私和个人信息保护问题。在本章后续的几节中，我们将围绕这几个问题对数据治理展开介绍。

数据治理的最终目标是提升数据的价值，其主要分为两个方面：一方面在于确保数据的高效利用和实现企业价值。企业开展有效的数据治理，会通过改进决策、缩减成本、降低风险和提高安全合规等方式将价值回馈于业务，并最终体现为增加收入和利润。另一方面则是为了提升政府公共管理能力和国家治理能力。有统计显示，政府拥有全社会 80% 的数据资源，通过运用大数据、云计算等现代信息技术，形成"用数据决策、用数据管理、用数据服务"的公共管理与服务机制，能够有效提升政府公共管理能力和国家治理能力，促进经济社会的快速健康发展。

15.2 数据开放共享与数据产权

关于数据权的治理，国内层面的抓手是数据开放共享和数据产权，国际层面的抓手是数据跨境流动。本节我们就先介绍数据开放共享和数据产权这两个国内问题，第3节介绍数据跨境流动。

15.2.1 数据开放共享

大数据时代，数据依靠流动创造价值，已成为深入人心的理念。提高数据的利用率，避免数据成为"死水"和"孤岛"，对数据实现开放和共享具有重要意义。随着共享数据库或共享数据平台的建立，人们可以把自己认为有价值、可共享的信息和数据储存在数据库或平台中，平台各方都可以在其中交换和共享数据，从而充分利用数据价值。

数据开放共享适用于各个领域。例如，从企业角度来看，通过深度的挖掘分析，聚合的数据能够精准反映用户的个性化产品需求、产品交互及交易状况。这有利于实现个性化定制，最大程度满足用户需求，同时还能够优化生产工艺流程，缩短产品研发周期，提升制造业生产效率。从整个制造业来看，有效整合众多制造业企业的数据和信息资源，能够形成更加科学、高效的产业链，尤其能够带动和引导大批中小企业走出传统生产模式，实现转型升级。可以说，数据的价值就是在不断共享、交换和利用的过程中实现并一步一步最大化的。

数据开放共享的方式主要包括数据开放、数据交换和数据交易。

数据开放主要是指政府数据面向公众开放，该方式主要适用于非敏感、不涉及个人隐私的数据，并且需要保证数据经过二次加工或聚合分析后仍不会产生敏感数据。

数据交换主要是政府部门之间、政府与企业之间通过签署协议或合作等方式开展的非营利性数据开放共享，一般有两种情况：一种是为信用较好或有关联的实体之间提供数据交换机制，由第三方机构为双方提供交换区域、技术及服务，这种交换适用于非涉密或保密程度比较低的数据；另一种是针对敏感数据封装在业务场景中的闭环交换，通过安全标记、多级授权、基于标准的访问控制、多租户隔离、数据族谱、血缘追踪及安全审计等安全机制构建安全的交换平台空间，确保数据可用不可见。

数据交易主要是对数据明码标价进行买卖，目前市场上比较多的第三方数据交易平台提供的主要是这种模式。以百度、腾讯、阿里巴巴等为代表的互联网企业凭借自身拥有的数据规模优势和技术优势在大数据交易领域快速"跑马圈地"，并派生出数据交易平台。这种大数据交易一般是基于企业自身业务派生而来的，与企业母体存在强关联性。

不过，数据开放共享也面临很多问题。第一，已有数据资源积累的部门或企业出于观念、利益和安全等多重因素的考虑，绝大多数不愿意分享自己的数据，即"无意愿"开放共享。第二，数据泄露等安全事件频发和出于数据伦理的考量，使企业乃至国家对数据开放共享望而却步，即"无胆量"开放共享。第三，大数据具有规模海量（volume）、流转快速（velocity）、类型多样（variety）和价值（value）巨大四大特征。通常意义上，大数据的 4V 特性大大增加了对数据进行分析处理的难度，数据的利用具有专业性强、难度大的特点，对技术要求较高，而且全球多数国家对数据开放共享的要求、规范、场景和条件尚未形成具体的法律法规和标准规范，这些因素均加重了"数据孤岛"现象，即"无本领"开放共享。所以，数据的开放共享绝非易事。

15.2.2 数据产权

实际上，无论政府还是部分企业，都拥有非常丰富的大数据资源，但是大部分被束之高阁，数据共享共用难以实现。这其中横亘的第一道"天堑"就是要明确数据产权，简称数据确权。**数据产权**（data property right）可定义为：设备的所有者或使用者对基于数据行为而产生的网络数据享有使自己或他人在财产性利益上受益或受损的权利。

数据产权的核心问题主要有三点：数据归谁所有？（数据所有权）谁在用数据？（数据使用权）数据收益如何分配？（数据收益权）当前学界、业界都没有准确的答案，由此导致的问题也数不胜数。

数据所有权。当前关于数据的产权归属问题还远未达成共识。特别是在去除个人身份属性的数据交易中，到底是数据主体（产生数据的个人）还是记录数据的企业拥有数据的所有权，数据在由政府部门收集的情况下到底属于政府还是提供者个人，各方莫衷一是。

数据使用权。当前大规模使用数据的主体有两个，分别是政府和企业。

数据收益权。通过使用数据产生巨额的经济收益应该如何进行分配？是分配给数据产生者，还是赋予数据的收集、加工者政府或企业呢？数据的生产者又是否能够合法合理地享有数据收益权呢？这些问题都是数据治理的关键，需要在理论和立法上加以解决。

当前，国家已多次提出数据确权的要求。《"十三五"国家信息化规划》即指出加快推动"数据确权，数据管理"的立法。第十三届全国人民代表大会期间，全国人民代表大会财政经济委员会提出完善"数据权属、权利、交易等规则"。2017 年 12 月，习近平总书记在中共中央政治局第二次集体学习时明确提出了"制定数据资源确权、开放、流通、交易相关制度，完善数据产权保护制度㊀"的要求。然而，立法却一直未对数据权属做出正面回应。将数据产权置于既有制度规范中考察，可能涉及数据安全法、物权法、合同法、知识产权法、竞争法、个人信息保护法等诸多规范。然而，无论是单独适用还是综合适用，既有规范均无法充分解答数据权属、保护与利用的问题，个案裁决中的数据确权诉求仍需进行仔细辨析。在立法层面，数据确权面临多重困境。

从学术研究的层面来看，数据确权也存在多种不同的理论，目前主流的观点包括所有权保护说、知识产权保护说、债权保护说、新型数据产权保护说。以新型数据产权保护说为例，该学说指出，数据权应包括个人数据权和数据产权：个人数据权是一种新的人格权类型，特指自然人依法对其个人数据进行控制和支配并排除他人干涉的权利；数据产权是保护数据权利人对数据财产直接控制和支配的权利，与物权中的所有权类似，

㊀ 中国政府网．习近平主持中共中央政治局第二次集体学习并讲话 [EB/OL]. (2017-12-09)[2021-07-02]. www.gov.cn/xinwen/2017-12/09/content_5245520.htm.

都是强调对物的占有。因此，数据产权也应遵循所有权的权能，表现为占有、使用、收益、处分四项，以此来实现四种效力。其一是实现排他效力。也就是说，在同一个数据财产中不应有两个或两个以上内容相同的财产权。其二是实现数据产权优先于债权的优先效力，以突显对数据的占有控制。其三是实现数据产权的追及效力。形象地说，这种效力像一个定位跟踪器，当追踪到该数据财产现在的占有人时，数据产权人得以请求其返还占有，无论该数据财产是否几经易手。其四是实现对数据财产的救济功能，即请求权效力，也就是在数据产权人的数据财产遭到侵害时，权利人有权向侵权人请求排除妨害、恢复原状等主张。

实际上，这类理论多建立在劳动赋权的简单论证之上，并未深入研究数据权利的生产机制，以致数据权利主体、客体均难以判定，且无法回应实践中的数据治理问题。植根于以意志论、利益论为代表的传统权利理论无法解释新的数据问题。

▨ 聚焦实践 15-1

"华为—腾讯"事件

2017年8月，华为与腾讯两大公司被爆出在获取用户数据方面存在分歧，两家企业对获取和使用用户数据的规则各执一词，这就是著名的"华为—腾讯"事件，其来龙去脉大致是，华为于2016年年底推出的一款手机可根据微信聊天内容自动加载地址、天气等信息，对于此举，华为并不认为自己侵犯了用户的隐私权。在给《华尔街日报》的声明中，华为表示只有用户通过设置以后，公司才能搜集到相关数据，即主张数据属于用户，公司对数据的搜集是经过用户同意的。但腾讯指出，华为不仅在获取腾讯的数据，还侵犯了用户的隐私权。"华为—腾讯"事件集中体现了数据产业链和生态链中围绕数据的白热化竞争，也从侧面反映了当前数据产权不清晰所带来的问题。

15.3 数据跨境流动

数字经济时代，生产和贸易越来越依赖于数据。数据本身就是可以交易的资产，是提供服务的渠道，也是贸易便利化、自动化的关键组成部分。麦肯锡全球研究院的报告显示，2008年以来，数据跨境流动对全球经济增长的贡献已经超过传统的跨国贸易和投资，不仅支撑了包括商品、服务、资本、人才等几乎所有类型的全球化活动，并发挥着越来越独立的作用，数据全球化成为推动全球经济发展的重要力量。⊖

在本节，我们将介绍数据跨境流动的基本概念和一般原理，阐释其在推动经济发展过程中的价值与风险。

⊖ Manyika, Lund, Bughin, et al. Digital globalization: The new era of global flows[R]. McKinsey Global Institute, 2016-02-24.

15.3.1 数据跨境流动的定义

互联网在全球的广泛应用创造了海量数据，正是这些数据的流动为全球范围内的经济和贸易活动创造了大量机会。我们把跨越国家或地区的个人数据或非个人数据的传输、存储和应用等统称为**数据跨境流动**（也称跨境数据流动、数据跨境，这些说法是一致的）。数据跨境流动具有以下特点：**一是不仅包括个人信息（数据），也包括非个人信息（数据）**。因此，跨境数据流动包含各个方面或各个领域的大数据，例如，工业互联网、智能家居、智能驾驶数据等。**二是跨境流动的数据应该与国内数据相统一，或是国内流动数据的子集**。虽然跨境数据流动应该包括数据的输入、输出，但就现实情况来看，人们主要关心本国数据被输往国外是否会给本国国民或国家利益带来不利影响。因此，所谓的跨境数据流动问题主要讨论如何对输往国外的本国数据施加各种管制措施，包括数据类型、数据属性、数据容量以及使用方向、存储位置等。从保护个人信息和国家安全的角度上讲，若要控制跨境数据流动问题的不利影响，必须先建立完善的国内数据安全管理制度。**三是跨境数据流动的管理应该涵盖数据的传输、存储和应用等信息全生命周期**。因此，云计算中心（云数据中心）在跨境数据流动问题中占据重要地位。云计算及其基于云计算中心所构建的各类平台，如工业互联网平台、电子商务平台、共享经济平台和社交媒体平台等，在全球经济社会发展中正在发挥举足轻重的作用。与此同时，基于这些平台所带来的数据流动问题，也给传统的跨境数据流动问题带来了挑战。

15.3.2 数据跨境流动的价值和风险

数据跨境流动产生的影响是巨大且深远的。数据有序跨境流动，有利于全球数据资源的开发利用和开放共享，有利于信息化产品和服务跨境运营和商业拓展，有利于推动信息网络技术、产品和服务的创新发展，进一步提升经济效率和社会福祉。但与此同时，如何辨识和管理数据跨境流动中的潜在风险，逐渐成为新时代数字经济发展与治理的关键环节。下面我们从数据跨境流动的价值与风险两个方面对数据跨境流动的影响进行介绍。

1. 数据跨境流动的价值

总体来看，数据跨境流动为经济、社会带来的价值具体有以下三个方面：**一是提升创新能力**。数据跨境流动会导致信息的传播和知识的共享。从这一点来看，数据的流动为创新创业提供了强大的支撑。目前，对于数据流动的分析与应用几乎已经覆盖到了每一个行业，为企业的供应链运营、业务的创新提供了支撑。数据跨境流动使得世界各地的用户都能够共享前沿的研究成果和数字技术创新，同时，对于创造力的提升、新业态的形成都产生了重要的推动作用，为国家提升创新能力做出了贡献。**二是推动全球化发展**。互联网的开放性和互联性为企业全球化的运营与发展提供了极大的便利。我们可以将数据比作企业的"血液"，数据跨境流动极大地推动了企业的全球业务扩张。例如，跨境电子商务平台企业能够通过网络跨境获取和传输用户数据，为平台中的商户提供世界范围内的用户网络，将其业务模式在全世界范围内进行拓展，帮助企业融入全球供应链。**三是保护用户的数字权利。**有的数据跨境流动模式以云计算为基础，这会大大降低数据存储的物理与地理约束，用户可以根据自己的需求在世界范围内选择服务内容合适的云计算服务提供商，大大提升了服务的质量和体验。

2. 数据跨境流动的风险

数据的跨境流动常常呈现出规模庞大、形式复杂的特点。由此带来的风险也使得各国纷纷实施数据本地化策略。数据跨境流动也已成为国家和地区之间政策博弈中最复杂的领域之一。在数据跨境流动的过程中，存在的风险主要有：**一是数据安全风险。**在数字经济时代，数据资产成为越来越重要的生产要素。私人数据具有较高的商业利用价值，因而成为各企业的战略资源。然而，跨境数据被不断地恶意使用，对用户的隐私甚至人身、财产安全构成威胁。目前，对数据保护实施较高标准的国家通常保护其公民的私人数据不流向保护标准低的国家，以避免数据泄露。基于这一点，一些国家提出了"相同保护水平"的要求，力图保障本国数据安全。**二是行业竞争风险。**对于平台企业来说，开发和利用规模大、来源多样的及时性异构数据资源对企业的发展至关重要。与此同时，数据也是国家的重要战略资源。研究怎样更好地积累、提炼、处理和控制数据是国民经济发展的重要命题。数字经济发展滞后的国家，其数据保护力度往往较低，本国数据不断地向外流出，减少了本国企业的发展机会，影响数字产业的发展。这些国家往往会提出数据本地化政策，以保护国内产业的利益。**三是政府执法风险。**数字经济时代，犯罪技术也越来越先进。跨境数据使得大规模数据资源向国外流出，执法机构取证的成本和代价都大大增加，有效筛选数据价值的挑战越来越大。在这一过程中，执法活动实际上会因缺乏预防能力或补救权利而无法顺利开展。简言之，离境数据的侦察成本相对较高。

15.3.3 数据本地化

当地时间 2020 年 7 月 31 日，美国前总统特朗普宣布将禁止 TikTok⊖在美国的业务。在全球普遍加强数据和隐私保护的大背景下，这一事件反映了全球"数据本地化"倾向的加剧，而不仅仅是一个孤立事件。

数据本地化是指出于本国公民隐私保护、国家数据安全或执法便利等目的，在国家内部搜集、处理和存储有关国家公民或居民的数据。当前，出于对国家安全和保护隐私权的考虑，许多国家纷纷采取数据本地化措施，以对数据跨境流动进行规制。这些国家认为，如果数据只在国内流动，就能够为其提供安全性更高的保护措施。

数据本地化的主要诉求是保障国家数据主权，并非出于经济的考虑。有些国家的决

⊖ TikTok 是中国公司字节跳动旗下短视频社交平台，是短视频平台"抖音"的海外版，于 2017 年 5 月上线，曾多次登上 App Store 或 Google Play 总榜的首位。当地时间 2020 年 7 月 31 日，美国前总统特朗普以 TikTok 窃取用户数据和威胁美国国家安全为由，宣布将禁止 TikTok 在美国的业务，但美国政府并没有为此提供实质性的证据。当地时间 2021 年 2 月 10 日，美国拜登政府要求联邦法院暂停抖音海外版 TikTok 禁令，以便重新审查这款移动应用程序对美国国家安全的威胁。

策者认为，如果限制数据离境，推行本地化措施，那么跨国公司就不得不为了在本地发展业务而建立数据中心，这就会创造大量的就业岗位，自己的国家便可从中获利。但实际上，由于数据工作对业务人员的数据技术水平要求较高，再加上有部分数据工作可以依靠计算机来完成，因此新的数据中心能创造的就业岗位极其有限，并不能像预计的那样为数据来源国创造大量经济价值。当然，对经济的影响还取决于一国在数字经济中的比较优势。例如，美国显然不希望其他国家推行数据本地化政策。2014年，美国国际贸易委员会就从企业、贸易、工业三个层面研究分析了数据本地化政策给美国造成的影响。其报告显示，如果消除外国的数字贸易壁垒，美国GDP会增长167亿美元，达到414亿美元（0.1%～0.3%），七大数字密集型行业的工资会上涨0.7%～1.4%。

数据只有在流动中才能创造价值，所以数据跨境流动是大势所趋。但是，在当前缺乏国际法和国际规则、不能有效规避安全风险的情况下，数据跨境流动确实可能造成侵犯个人隐私、企业遭受财产损失，甚至泄露国家机密、扰乱社会秩序、威胁国家政权的严重后果。

聚焦实践 15-2

本地化能否实现数据安全

在斯诺登揭露了美国政府前所未有的大规模监听之后，许多互联网用户和政策制定者，尤其是欧洲的决策者，已经开始相信"数据储存在本地或本国境内将会更加安全"这种说法，但事实真的如此吗？

2018年，印度出台的《个人数据保护法（草案）》可谓最严格的数据本地化法规了，因为它要求所有在印度产生的数据都必须存储在印度的服务器或数据中心。印度政府以为这样就可以有效地保障数据安全，防止公民信息泄露，却被接二连三发生的国内数据库泄露事件狠狠打了耳光。Aadhaar作为印度公民数据库，也是全球最大的生物识别数据库，其中存放着超过11亿印度公民的各类个人信息。虽然官方宣称其"由13英尺高和5英尺厚的墙壁保护"（1英尺=0.3048米），但是关于其数据泄露的报道层出不穷。2017年11月，外媒IBTimes报道，印度执法部门RTI发现有210多家政府网站在线曝光了存放在Aadhaar中的个人信息，包括公民姓名、地址、身份编号、指纹与虹膜扫描及其他敏感数据。2018年1月，Aadhaar再次遭到泄露。印度Tribune报道指出，他们只需花费500卢比（约50元人民币）就能在某个WhatsApp匿名群中获得一个访问Aadhaar数据库的账号。通过这个账号，他们就可以任意使用该数据库中的数据。该匿名群还声称，如果客户再额外支付300卢比（约30元人民币），他们就能够获得打印虚假Aadhaar身份证的软件。要知道，Aadhaar身份证可是每个印度公民独一无二的身份证明，其重要性并不亚于我国的居民身份证。

Aadhaar数据库的信息泄露事件告诉我们，数据本地化并不是保障数据安全的万灵药。因为数据能否得到更安全的保护，不取决于它是否存放在本国数据中心，而取决于数据安全保护技术和安全监管能力的强弱。

15.4 数据治理的立法与监管实践

数据是一把双刃剑。一方面,数据有助于改进政策与规划、推动经济发展和增强公民权能,具有创造价值的巨大潜力。另一方面,数据积累可能导致数据权力集中,扩大数据被滥用、给公民造成危害的可能性。数据是一种可以反复使用、创造更多价值的资源,但这也带来一个问题——数据再利用越多,数据被滥用的风险就越高。新冠肺炎疫情大流行可能是展示这类机会和风险的最佳例子。在疫情防控过程中,不少国家迅速行动,将移动电话记录用于疫情监测,但同时他们也需要保护公民隐私,防范数据滥用。如何保持这两方面的平衡是数据治理最棘手的问题。

数据治理既需要政府、企业、个人以及非政府组织等共同努力,也需要建立一套立法、规章、制度和规则。数字经济时代,世界各国政府充分认识到开放政府数据的战略意义,纷纷展开政府数据开放行动,包括联合国"全球脉动"项目、美国大数据战略、英国数据权运动、新加坡大数据治国理念等。另外,随着个人隐私保护问题的日益凸显,各国纷纷加强个人信息保护立法,保护数据隐私。国际层面、国家之间、企业之间对数据资源的争夺日益激烈,数据主权⊖面临严重挑战。美国实行宽松的数据跨境流动政策,并在全球推行数据自由理念,维护其数据霸权地位;欧盟通过白名单制度、标准合同、具有约束力的企业规章制度等设置非常严格的规制措施;很多国家和地区推行数据本地化政策。

15.4.1 公共数据开放共享

一般提到数据开放共享,广义上包括政府与企业之间的数据开放共享,以及企业与企业之间的数据开放共享,而狭义上就是指政府数据开放共享。政府掌控的数据蕴藏了巨大的经济和社会价值。但当下大多政府数据尚处于沉睡状态,价值并未得到充分的挖掘和利用。如何使这些沉睡数据被充分利用,成为国家治理及政府行政面临的新课题。随着大数据时代及数字经济时代的到来,技术持续突破,观念不断革新,人们逐渐意识到政府数据只有被充分开放、共享,让政府之外的主体也成为数据享用者,其价值才能得到充分彰显。

目前,世界各国政府充分认识到开放政府数据的战略意义,一改过去的封闭态势,纷纷开展政府数据开放行动。例如,美国、英国、澳大利亚、加拿大、挪威、荷兰、印度等诸多国家政府创建了"一站式"数据开放平台,以发布它们搜集的数据;同时不断出台要求政府各部门进一步加强数据开放的政策措施,除了搜集数据,还包括如何将数据转化为切实可用的信息产品以及知识。再比如,我国颁布的《数据安全法》明确国家将制定政务数据开放目录,构建统一规范、互联互通、安全可控的政务数据开放平台,推动政务数据开放利用,同时还将推进电子政务的建设。

当然,政府数据的开放并非无边界、无限制。政府数据开放并不意味着将所有政府

⊖ 数据主权是指网络空间中国家控制数据跨境流动的主体权力。

掌握的数据都向社会公众开放，数据开放必须以保障国家和公共安全、社会稳定为前提。对于那些涉及国家和公共安全、社会秩序、公共利益、商业秘密、个人隐私等敏感性及机密性数据的开放，必须施以合理、有效、可靠的规范和管制。因此，如何制定隐私和保密政策，进而寻求政府数据开放的边界，成为世界各国开展数据开放行动中面临的重要挑战。

1. 联合国"全球脉动"项目

联合国秘书长执行办公室于 2009 年正式启动了"全球脉动"（Global Pulse）倡议项目，目的在于通过推动数据高效采集与数据分析方法创新突破，探索大数据技术服务于社会经济发展的解决方案及有效路径，进而推动大数据技术作为公共产品的研究、发展和利用，最终使大数据对全球可持续发展和人道主义行动发挥实质作用。其中，促进建立公私部门数据开放，形成数据开放共享伙伴关系，成为该倡议项目的重要原则和实施途径。该项目依托脉动实验室（Pulse Labs）研发强大的数据分析工具及方法，进而将其应用推广至更大范围。

2. 美国大数据战略

美国作为大数据诞生的策源地与技术创新的前沿阵地，一直在全球居于领先地位。对于政府数据开放，美国同样是全球最坚定的倡导者和实践者之一。美国认为，数据是具有价值的国家资本，理应向公众及社会开放，进而充分实现其价值，而不是将数据深藏于政府内部。2012 年 3 月，白宫发布"大数据研究和发展计划"，正式成立专门的"大数据高级指导小组"，提出以国家安全保障为核心，以科技与工程创新为抓手，全面提升美国从大规模复杂数据中提取信息和观点的能力。2013 年 11 月，美国实施"数据－知识－行动"计划，为通过大数据改造国家治理模式、支持技术研发创新、培育经济增长点指明了具体的实施路径。2018 年 12 月，美国众议院投票决定启用《公共、公开、电子与必要性政府数据法案》（又称《开放政府数据法案》），标志着美国政府在数据开放上又迈出了历史性的一步。它奠定了政府数据开放的两个基本原则：一是在不损害隐私和安全的前提下，政府信息应以机器可读的格式默认向社会公众开放；二是联邦机构在制定公共政策时应当循证使用。

除了加强顶层设计，美国政府还有很多重要举措。例如，在公共数据开放方面，作为美国"开放政府"承诺的关键部分，2009 年奥巴马政府依据《透明和开放的政府》推出统一数据开放门户网站——Data.gov，要求各联邦机构将需依法公开的数据和文件按照统一标准分类整合，上传至该网站，供用户集中检索，实现了政府信息的集中、开放和共享。

3. 英国数据权运动

英国既是大数据的拥抱者，也是政府数据开放的领导者和先行者。2010 年，英国时任首相卡梅伦便明确提出绘制英国开放政府和透明政府的蓝图。当年，英国政府公布了开放政府许可证、政府出版作品的永久免费版权许可证，以及 data.gov.uk 公共部门数据集存储库，拉开了政府数据开放的历史帷幕。2011 年 9 月，英国正式启动了开放政府国家行动计划，以优化公共资源管理方案及完善公共服务为切入点，开展政府数据开放活动。现在，英国已成为世界上政府数据开放最成功的国家之一。

15.4.2 个人信息与隐私保护

数字经济时代，个人隐私保护问题也日益凸显，各国纷纷加强个人信息保护立法，保护数据隐私。根据联合国贸易和发展会议（United Nations Conference on Trade and Development，UNCTAD）统计，截至 2020 年年底，全球有 107 个国家通过了数据保护相关的专门立法，其中有 66 个是发展中国家。从上述国家的立法内容来看，所有立法均针对个人信息保护。其法律要求超越了传统信息安全强调的三大特性，即保障数据完整性、保密性、可用性，更多强调了个人对其信息的控制权利，以及国家为保护个人控制权利应当采取的制度和措施。

虽然全球在数据保护方面已有丰富的立法实践，但法律的具体实施一直存在很大的困难，导致纯粹通过政府立法、传统式执法及个人投诉举报等方式难以有效保护个人信息。一是个人信息的搜集及使用行为无处不在，政府有限的执法资源难以对各个接触、掌握个人信息的组织实施有效的监督。二是个人信息的搜集、使用行为具有很强的隐蔽性，大量的个人信息搜集行为难以被个人感知。三是个人信息的搜集、使用正在融入组织运营的方方面面，成为组织赖以生存和发展的命脉，因此当政府开展对某个具体问题的执法检查时，要摸清组织的个人信息处理行为，就需要耗费大量的人力、物力和时间，组织也需要花费巨大的成本配合监管。

个人信息搜集和使用的这些特点造成了一系列的监督执法障碍，还进一步导致执法不均、不公的局面。执法机关为了克服上述障碍，很自然会进行选择性执法，即挑选具有典型示范意义的案件入手，现实中往往表现为"抓大放小"，导致大量中小企业的违法违规行为无人监管。

目前世界各国对于个人信息和隐私保护的监管立法主要以美国和欧盟为代表，基本形成了两种立法模式，即以隐私权为基础的美国模式和以人格权为基础的欧盟模式。美国模式的特点为分散立法、分业监管、偏重对信息使用的规制、注重产业利益等，欧盟模式的特点为统一立法、全面加强个人对信息的控制权、严格处罚机制等。

1. 美国方案：以隐私权为基础

在联邦层面，美国拥有近 40 部关于个人信息保护的法律。1973 年，美国卫生、教育与福利部的《录音、计算机与公民权利》（Records, Computers and the Rights of Citizens）报告提出"公平信息实践法则"（fair information practice principles，FIPPs），确定了美国个人信息保护的基本原则。1974 年的《隐私法案》（Privacy Act）是美国个人信息保护的综合性法律，规范了联邦政府机构处理个人信息行为。同时，美国根据不同领域的特点制定了各个领域的个人信息保护规范，如表 15-1 所示。

表 15-1　美国联邦层面个人信息保护的重要规范

年　份	名　称	主要内容
1973	《录音、计算机与公民权利》（Records, Computers and the Rights of Citizens）	提出"公平信息实践法则"，作为数据保护制度的基石，明确个人信息知情权、同意权和更正权等，成为1974年《隐私法案》的基础
1974	《隐私法案》（Privacy Act）	规范联邦政府机构处理个人信息行为，平衡公共利益与个人隐私保护
1984	《有线通信政策法》（Cable Communication Policy Act）	禁止闭路电视经营者在未获得用户事先同意的情况下利用有线系统搜集用户的个人信息
1984	《电视隐私保护法》（Cable TV Privacy Act）	规定录像带销售或租赁公司消费者的隐私权利
1986	《电子通信隐私法》（Electronic Communications Privacy Act）	不仅禁止政府部门未经授权的窃听，而且禁止所有个人和企业对通信内容的窃听
1996	《健康保险携带和责任法》（Health Insurance Portability and Accountability Act）	规定个人健康信息保护规则，如只能被特定的、法案中明确的主体使用并披露
1996	《电信法》（Telecommunication Act）	规定电信经营者要保守客户的财产信息秘密
1998	《儿童网上隐私保护法》（Children's Online Privacy Protection Act）	规范网站等运营者对13岁以下儿童个人信息的搜集和处理行为
1999	《金融服务现代化法》（Financial Services Modernization Act）	规定金融机构处理个人私密信息的方式

在州层面，大多数州制定了关于个人隐私保护的法律。其中，加利福尼亚州因互联网公司集聚在隐私立法方面而一直走在前列。2018 年颁布的《加州消费者隐私法》（California Consumer Privacy Act，CCPA），赋予了消费者更完整的个人信息控制权。

美国对个人信息的保护具有以下特点：第一，采取分散的立法保护模式。美国没有制定一部统一的个人信息法律，以避免立法过于集中，它强调个人信息保护的灵活性，由此形成了"议会 – 行政部门 – 法院"的三重保护策略。第二，根据个人信息的具体内容进行分业监管。既有专门针对隐私的法律，也有在调整某事项时涉及隐私的法律；既有规范政府行为的法律，也有调整商业主体或医疗、教育机构等特定主体的法律。第三，专门保护特殊数据主体，对不同的数据主体进行有针对性的法律保护。第四，坚持以隐私权为中心的保护理念。隐私权是宪法层面的基本权利，各类个人信息保护成文法对个人信息保护的规定也大多以隐私权的形式存在。第五，偏重对信息使用的规制。纵观美国个人信息保护法，可知美国在个人信息保护理念上更加注重对个人信息的利用，而非搜集。

2. 欧盟方案：以人格权为基础

尊重个人隐私保护是欧盟的传统。第二次世界大战期间，个人数据曾被纳粹分子用来清洗犹太人和迫害反纳粹人士，因此，欧洲人民对数据搜集保持着高度的警惕。早在 1980 年，经济合作与发展组织就颁布了《保护个人信息跨国传送及隐私权指导纲领》，为个人信息保护及数据跨境流动提供了基本原则框架。1981年，欧洲理事会各成员国签署了《关于个人数据自动化处理的个人保护公约》（简称"108号公约"），旨在保护个人基本权利和自由，尊重个人隐私，促进数据自由流动。各国法律要求的差异对欧洲互联网市场的发展构成了障碍。1995年，欧洲议会及欧盟理事会通过了《关于涉及个人数据处理的个人保护以及此类数据自由流通的指令》（以下简称"个人数据保护指令"，又称"95指令"），为欧盟成员国个人数据保护确立了统一的最低标准，并成立了个人数据保护工作组（"第29条"工作组）。2016年，欧盟议会通过了《通用数据保护条例》（General Data Protection Regulations，GDPR），一方面加强对个人信息保护，另一方面通过条例的形式建立数字时代欧盟统一的数据保护规则，消除因欧盟各国数据保护的差异而对数据流动造成的阻碍，努力实现个人信息保护与数据自由流动之间的平衡。2018年5月25日，GDPR正式实施，在诸多方面做出了重大变革，如赋予个人数据删除权和携带权、限制数据分析活动等，给予公民更多对个人数据的控制权，并要求企业承担更多数据保护责任，集中体现了欧盟的最新数据保护理念。

总体来看，欧盟的个人信息保护具有以下特点。第一，在立法模式方面，欧盟采用统一立法模式，即制定一个综合性的个人信息保护法来规范个人信息搜集、使用行为，统一适用于公共部门和非公共部门，并设置一个综合监管部门集中监管。第二，在权利保护方面，欧盟采取人格权保护模式，将个人信息视为公民人格和人权的一部分，上升到基本权利高度，按照一般人格权的保护路径进行严格保护。第三，欧洲各国采取消费者法与公法规制为个人数据提供保护，而未创设一种私法上的个人信息权或个人数据权，更没有主张公民个体可以凭借个人信息权或个人数据权对抗不特定的第三人。

聚焦实践 15-3

中国的个人信息保护与数据安全立法

数字经济时代，随着个人信息价值的凸显，个人信息搜集乱象突出，个人信息泄露事件频发，个人信息滥用程度严重，中国个人信息安全面临着严峻的挑战。尽管监管执法部门已通过开展一系列联合专项行动，严厉打击侵害公民个人信息的违法违规行为。然而，当前个人信息安全逐步呈现出"问题频出－监管打击－安全平稳期－问题再次复现"的往复循环的态势，黑客攻击、内鬼窃取、App过度索权等均成为个人信息保护的难题。

近年来，中国一直在国家层面不断加快推动个人信息保护立法和监管。目前我国针对数据安全及个人信息保护推出了两部专门的法案：《数据安全法》和《个人信息保护法》。《数据安全法》已于2021年6月10日在第十三届全国人民代表大会常务委员会第二十九次会议上通过，并于2021年9月1日起施行，成为中国独立将数据作为保护对象的首部法律。在个人信息保护立法方面，2021年4月26日，提请全国人大常委会二次审议的《中华人民共和国个人信息保护法（草案）》拟规定，提供基础性互联网平台服务、用户数量巨大、业务类型复杂的个人信息处理者，应成立主要由外部成员组成的独立机构，对个人信息处理活动进行监督，并要求其定期发布个人信息保护社会责任报告等。

《数据安全法》更加强调总体国家安全观，对国家利益、公共利益和个人、组织合法权益给予全面保护，也加大了惩罚力度；而《个人信息保护法》侧重于对个人信息、隐私等涉及公民自身安全的保护；模糊地带还需进一步出台配套法律法规，针对具体问题制定相应解决措施。

宏观层面，新颁布的《数据安全法》在以下几个方面对于中国数字经济的发展具有重大意义：①制定了完备的数据安全制度，如建立数据分类、分级保护制度和数据安全审查制度；关系国家安全、国民经济命脉的国家核心数据将实行更加严格的管理制度；建立集中统一、高效权威的数据安全风险评估、报告、信息共享、监测预警机制，以及数据安全应急处置机制，加强数据安全事件处置效率。②明确了数据安全与数字经济的关系，保护了"数据"这种新型资产，促进数据的开发利用，促进数据要素在市场的自由流动，可以带动数字经济不断向前发展。③明确了各方职责，对数据安全做到有法可依，并加大了惩罚力度，提高了违法成本，可以大大减少数据乱用、滥用、违规用而不受处罚的行为。④明确了政务信息系统建设、运营、服务等各方的法律职责，使企业可以参与到对政务信息系统数据的处理中，可以更好地促进政务数据更加开放共享。⑤鼓励了数据产业的发展，数据安全领域技术与产业将迎来新一代的发展热潮。可以预见的是，《数据安全法》落地后，各地方政府会依据自身特点出台相应的具体条例与措施。隐私保护、数据确权、数据交易、数据垄断等议题未来将成为各地数据立法关注的焦点。

15.4.3 数据跨境流动监管

大数据时代，国家之间、企业之间对数据资源的争夺日益激烈。各国政府和企业对数据资源的价值与意义已经形成共识，新一轮大国竞争在很大程度上是通过大数据增强全球影响力和主导权。欧盟和美国是最早制定数据跨境流动规范的国家和地区，作为先行的数据立法实践者，长期引领着数据跨境流动监管的发展方向。下面我们就以欧盟和美国为例，介绍其在数据跨境流动方面的立法实践和监管措施。

1. 欧盟：寻求个人信息保护与数据自由流动的平衡

欧盟委员会（Council of Europe）是国际上最早对个人数据跨境流动进行规制的区域性组织之一，建立了较完善的数据流动规则。先后通过了"108号公约""95指令"，最终《通用数据保护条例》确立了欧盟数据跨境流动管理方案。欧盟的方案强调数据目的国应当具备充分的数据保护水平，注重引入安全评估机制以在数据跨境传输之前开展事先审核。欧盟的立场相对保守，对外采用严格的个人数据保护规则，对内鼓励数据自由流动和共享，推动欧盟数字经济发展。虽然欧盟数据跨境流动的要求严格，但其针对不同场景设置了多种方式，如表 15-2 所示。

表 15-2 欧盟数据跨境流动的主要方式

通过方式	适用情形	相关要求
白名单机制	一般情况	通过审查确认进口方所属国达到欧盟数据保护要求
采用标准合同条款	如果进口方所属国未达到欧盟数据保护要求	采用欧盟颁布的标准合同条款
制定具有约束力的企业规章制度	企业内数据的跨国流动	通过欧盟数据监管机构的审核
为保护公共利益、个人合法权益等	例外情况	例外情形受到严格限制
经批准的认证机制、封印或标识	公共机构之间的数据转移活动	相关机制获得批准
成员国对某些特殊情况做出的另行规定	特殊情况	包括数据主体已给予明确同意，而数据传送又是偶尔为之，且对于合同或法律索偿来说是必要的，涉及公共利益的重要理由要求进行数据传送等

2. 美国：服务于贸易的宽松政策

美国提倡数据能够在全球市场中自由传输，在各类双边或多边协议中明确了这一立场。例如，美国与欧盟签署的"安全港"协议和"隐私盾"协议，均为美国大型互联网跨国企业实现欧洲市场份额提供了便利。美国与墨西哥、加拿大在新一轮谈判协定《美墨加三国协议》（U.S.-Mexico-Canada Agreement，USMCA）中添加了数字贸易章节，要求各方能够对"电子方式的跨境信息传输"实现"跨境数据自由流动"和"非强制数据本地化存储"。美国于 2018 年出台《澄清域外合法使用数据法案》（Clarifying Overseas Use of Data Act，简称 CLOUD 法案），试图打消其他国家推行数据本地化存储的计划，以此获得更多的商业利益。

表 15-3 中简单列出了部分国家和经济体对于数据跨境流动的监管措施。

表 15-3 部分国家和经济体对数据跨境流动的监管措施

经济体	主要规定	法律法规
中国	1. 个人信息、重要数据应当在境内存储；确需向境外提供的，应当进行安全评估并经主管机关批准； 2. 非经主管机关批准，境内的组织、个人不得向外国司法或者执法机构提供存储于中国境内的数据； 3. 中国境内采集的信息的整理、保存和加工，应在境内进行	《网络安全法》《征信业管理条例》《数据安全法》
俄罗斯	公民个人信息及相关信息和数据库需要在俄罗斯境内存储；数据的处理活动需要在俄境内；相关信息告知和协助有关部门执法的义务	《俄罗斯联邦〈关于信息、信息技术和信息保护法〉修正案及个别互联网信息交流规范的修正案》《就"进一步明确互联网个人数据处理规范"对俄罗斯联邦系列法律的修正案》
印度	必要或数据主体同意是敏感个人数据或信息向境外传输的前提	《信息技术法》
日本	在获取、利用个人信息时，必须注意利用的特定目的并通知或公布该使用目的，且在该范围内使用；数据保存应遵守：安全管理以免泄露，对从业者和委托方进行彻底的安全管理，向外国第三方提供时，需获得数据主体的同意	《个人信息保护法》

15.4.4 数据跨境流动的国际合作机制

近年来,各国基于各自立场向世界贸易组织(World Trade Organization,WTO)多次提交数据跨境流动条款提案,但囿于利益、价值观等存在较大差异,短期内联合国或 WTO 框架下的多边机制很难形成各方接受的单一数据跨境流动规则。于是数字经济大国开始通过双边谈判和多边合作以推动更加灵活的数据跨境流动国际合作。下面从双边机制和多边机制的视角出发,结合一些具体的国际案例,谈一谈数据跨境流动的国际合作机制。

1. 双边合作机制

目前,各国尚未实现对跨境数据流动普遍认可的统一规则。在这种情况下,跨境数据流动双边谈判成为较为主流与普遍的选择。该谈判通常有以下两种形式:**一是各个国家之间达成"充分性认定"**。欧盟就对其白名单国家实施了数据保护的充分性认定。目前,这种认定逐渐成为一种趋势,不少国家对本国的相关政策进行更改,以与欧盟的认定实现对接,从而能够在欧盟市场开展商业活动。**二是在协定中增加鼓励数据流动的相关条款**。2000~2019 年,在全球的双边协议中,有 99 项包含了至少一条相关条款,其中有 72 项双边协议包含了电子商务和数据跨境流动的章节。美国、新加坡、澳大利亚、加拿大和欧盟是主要的规则制定者。

2. 多边合作机制

多边合作机制也有两种主要形式:**一是在多边贸易谈判中引入跨境数据自由流动条款**。随着数字技术的发展,数据跨境流动的情况有了颠覆性的变化。然而 WTO 作为国际多边贸易规则的典型代表,其规则却并未更新。最近几年,不少国家向 WTO 提出了关于电子商务谈判的提案,如美国、日本、新加坡等,并提出了反对限制跨境数据流动的观点。以中国为代表的发展中国家则主张建立基于货物流动的跨境电子商务规则;非洲、加勒比和太平洋岛国等国家由于数字基础设施较差,因此反对将数字贸易和跨境电子商务问题纳入多边贸易框架中。目前,全球难以在跨境数据流动规则的制定上达成统一。**二是通过区域示范促进各成员国达成共识**。尽管在区域范围内提供示范性隐私和数据保护框架不具有强制性约束力,但仍然为其他国家制定国内相关政策提供了指导,这有利于促进区域范围内的国家对于数据保护的政策与原则达成统一,促进区域经贸合作与一体化发展。世界上第一个隐私保护框架由经济合作与发展组织(OECD)制定,其提出的平衡个人隐私数据保护和数据自由流动的解决方法,是国际社会在数据跨境流动领域达成的第一个共识。

迄今为止,关于数据治理的全球辩论对于低收入国家的考虑较少。低收入国家往往缺乏必要的数据法律与监管框架,在数据安全保障措施和数据共享措施两方面都存在缺口。这些国家没有实现可操作的、使数据可供更多用户使用的完善数据系统和基础设施。低收入国家中只有不到 20% 拥有现代化的数据基础设施,如数据托管中心和使用云端计算设施的直接渠道，即使那些数据系统和治理框架已初具雏形的国家，由于缺乏具备必要行政能力、决策自主权和财务资源的相关机构，这些系统和框架也无法得到有效的贯彻实施。

本章小结

数据治理是指政府等公共机构、企业等私营机构以及个人，为了最大限度地挖掘和释放数据价值，推动数据安全、有序流动而采取政策、法律、标准、技术等一系列措施的过程。数据治理的关键因素包括数据权问题和数据安全问题，核心是推动数据自由、安全地流动，以便最大限度地挖掘和释放数据价值。随着数字经济的发展，数据治理成为关系各国政治、经济、社会的核心议题，数据治理政策越来越多地与国家安全、隐私保护、产业能力、市场准入等复杂因素相关联。利益的复杂性、价值认同的差异性和国家间信任的缺乏，阻碍了各国在短期内对数据治理规则达成共识。究竟是推动"数据自由流动"还是加强"数据本地化"，如何在安全性和成长性中实现平衡，成为各国政府的数据战略思维和治理能力的重大考验。

关键术语

数据治理　　数据开放共享　　数据产权　　数据跨境流动
数据本地化　个人信息保护　　通用数据保护条例　国际合作机制

复习思考题

1. 政府数据开放共享的制约因素有哪些？如何解决？
2. 什么是数据跨境流动？阻碍数据跨境流动的因素有哪些？为什么有些国家要采取"数据本地化"措施？
3. 你认为中国在《个人信息保护法》立法的过程中应该注意哪些问题？
4. 结合我国的现状，谈一谈我国应该采取何种数据跨境管理模式？是应该推动数据自由流动还是加强对数据离境的管控？

参考文献

[1] 张莉. 数据治理与数据安全 [M]. 北京：人民邮电出版社，2019.
[2] 王金照，李广乾，等. 跨境数据流动：战略与政策 [M]. 北京：中国发展出版社，2020.
[3] 姜疆. 数字经济与主权国家的博弈 [J]. 新经济导刊，2017(10):34-38.
[4] 陈红娜. 数字贸易中的跨境数据流动问题研究 [J]. 发展研究，2019(4):09-19.
[5] 毕婧，徐金妮，郜志雄. 数据本地化措施及其对贸易的影响 [J]. 对外经贸，

2018(11):10-12.

[6] Casalini, Gonzalez. Trade and cross-border data flows[R]. OECD Trade Policy Papers, 2019.

[7] Manyika, Lund, Bughin, et al. Digital globalization: The new era of global flows[R]. McKinsey Global Institute, 2016-02-24.

[8] Coyle, Nguyen. Cloud computing, cross-border data flows and new challenges for measurement in economics[J]. National Institute Economic Review, 2019, 249(1):30-38.

[9] National Telecommunications and Information Administration. Measuring Cross-Border Data Flows: Unmet Data Needs Roundtable[J]. The Federal Register, 2016, 81(079).

[10] Yue. Cross-border transfer of personal data to countries outside the EEA: A case study of Norwegian companies[J]. International Journal of Private Law, 2011, 4(4):457-468.

[11] Kong. Data protection and transborder data flow in the european and global context[J]. European Journal of International Law, 2010, 21(2):441-456.

DIGITAL ECONOMICS · 第 16 章

数 字 税

在 2021 年 3 月 5 日的第十三届全国人民代表大会第四次会议开幕会上，全国政协委员、中国财政科学研究院院长刘尚希表示，随着数字经济的不断发展，税收与税源背离问题也在加剧。互联网平台公司快速成长，带来可观的税收收入，但这些税收主要是分散在全球或全国的购买者、使用者提供的，这会带来税收分配的问题。本章，我们将介绍一个新的概念——数字税。在国际上，关于数字税的探讨已有很多，我们将结合已有的对数字税的研究，介绍数字税的基本含义，数字税的必要性，学术界、欧盟、OECD 对数字税的见解以及数字税在国际上所面临的难题。

学习目标

学完本章，你应该做到：
1. 了解什么是数字税，并理解数字税的多种形态；
2. 掌握数字税征收的原因，理解数字税征收的背景问题；
3. 了解欧盟与 OECD 的数字税服务框架；
4. 了解双重征税、税基建立、税收公平等数字税实施中的问题；

5. 了解数字税在实际执行中的异化问题；

6. 对世界各国的单边数字税尝试有一定的了解。

引例

强烈反对数字税的美国

当前，数字税已经成为美欧贸易摩擦的关键。2019 年 7 月 10 日，在法国参议院表决通过数字税议案的前一天，美国贸易代表办公室发布新闻稿，声称要根据《1974 年贸易法》第 301 条款启动对法国开征数字税的调查，并于 2019 年 8 月 19 日就此举行公开听证会。该调查的依据主要包括三个部分：一是认为数字税将构成对美国企业事实上的歧视；二是数字税追溯到 2019 年 1 月 1 日开征，影响税收的公平性，同时增加纳税人的计税难度；三是认为数字税与美国和国际税收体系中反映的规范背道而驰。

2019 年 12 月 2 日，美国贸易代表办公室完成对法国数字税的第一部分调查，发布《301 调查：法国数字税报告》。报告认为，法国数字税不合理、具有歧视性，并给美国商业造成负担，拟采取对价值约为 24 亿美元的法国产品加征最高 100% 关税等反制措施。

2020 年 6 月 2 日，美国贸易代表办公室发布《联邦公报》，宣布根据《1974 年贸易法》第 301 条款的规定，开始对奥地利、巴西、捷克、印度、印度尼西亚、意大利、西班牙、土耳其和英国等贸易伙伴所采用或即将实行的数字税开展调查，以调查和应对这些贸易伙伴对美国商务采取的不公平或歧视性行为。

16.1 数字税的基本内涵

在第 1 节中，我们将介绍数字税的基本概念，从数字税的来源出发，介绍数字税的历史情况，并进一步介绍其在实践中所使用的方式。

16.1.1 作为过渡性政策的数字税

伴随全球数字经济的快速发展，新型商业模式迅速在全球兴起，也为现行税制带来了新的挑战。现行税制主要针对传统产业的特征而设计，很难对数字型企业公平合理地课税，进而造成了传统产业与数字化产业税负不公的现象。数字税，又被称为**数字服务税**（digital service tax），于 2018 年被欧盟正式提出。事实上，数字税是国际社会自 20 世纪末以来，对电子商务税收政策长期探索的结果。在 20 多年的发展中，国际社会先后提出了多种税收改革方案，包括改革常设机构定义、预提税，以及完善反避税措施等。

2013 年，法国数字经济税收工作组发布了《Colin 和 Collin 报告》，提议对收集、管理和商业开发法国用户个人数据的行为，征收一种"特殊税"，这份报告为正式提出数字税建立了基础。此后，多个国家纷纷开始设立数字税的尝试性工作。2014年，匈牙利引入了广告税，基于广告净收入，对广告发布媒体按最高不超过50%的累进税率进行征税；2016年，印度引入平衡税⊖，对非居民企业的广告总收入按照6%的税率进行征税；2017年，意大利引入数字交易税，对基于互联网或电子平台提供服务的企业，按照其服务价格3%的税率征税。2017年9月，法国联合德国、意大利、西班牙三国发布了《关于对数字化经营企业征税的联合倡议》，建议欧盟对数字化企业在欧盟境内获取的收入征收平衡税。

现行国际税收规则体系包含物理存在、单独实体、独立交易三大利润分配原则，而这三大原则很难在数字经济中进行定义，作为解决数字经济税制问题的两大巨头，欧盟委员会与OECD计划提出一种以无实体的应税存在、全球单一实体、适当公式分配为特征的征税联结度和利润分配方法，也就是一种超越现行国际税收体系的全新税收体系。在这一进程中，欧盟委员会与OECD均认为数字税只是一种临时性的应对经济挑战的措施。

2015年10月，OECD在其发布的《应对数字经济的税收挑战》中，结合直接税和间接税，以及税基侵蚀与利润转移等问题，全面阐释了数字经济对税收的影响。2018年3月，欧盟委员会通过《关于对提供特定数字服务收入征收数字服务税的统一标准》，正式提出了数字税的定义。随后，欧盟委员会于2018年11月在《数字服务税指令》中声明，如在2021年之前未达成一致性框架，则强制推行数字税以应对新时代的经济挑战。2020年10月，OECD税基侵蚀与利润转移包容性框架发布了应对数字化带来的税收挑战的"支柱一""支柱二"蓝图报告，在"支柱一"蓝图报告中分析了世界各国实施的数字税，就征税联结度提出新的利润分配框架，并在"支柱二"蓝图报告中提出了对数字税的约束规则。

16.1.2　数字税的基本形态

需要注意的是，数字税并非一种新的税种，而是围绕数字经济展开的一类税收。数字税的概念有广义与狭义的区分，广义的数字税是指对数字服务交易征收的各种税的统称，在实践中，数字税具有较高的政策灵活性，对数字服务交易征税有四种常见的形态。

1. 狭义数字税

狭义数字税是对数字服务供应商取得的数字服务收入征收的一种税，是最简单的数字服务征税方式，在实践中也最为常见。狭义数字税仅针对供应商的收入，而不考虑供应商的所得（指收入减去可以扣除的成本、费用等项目后的余额），极大地简化了计算税收的流程。在实践中，征收狭义数字税往往需要配合更加灵活的政策，避免对企业"一刀切"。例如，法国在征收数字税时，从纳税人、应税服务范围、税率等多个方面明确数

⊖ 也被称为衡平税。

字经济的征税范围。

2. 流转税

根据现行的税收体系，在某些特定的情况下，征税机关可以衡量数字产品的成本。当数字产品的成本可以衡量时，数字税可以按照货物劳务税的形式进行征收。货物劳务税包括增值税、消费税、营业税和出口退税四个部分，其中增值税和消费税常用于数字税的实践形式。例如，新加坡对跨境 B2C 数码服务商和 B2B 导入的服务，以反向收费机制对其征收消费税。

3. 预提税

在实践中，还存在一种专门针对跨境输入的数字税，被称为预提税。预提税实际上是一种税收征管措施，是指一国税务机关对企业所得税的预先扣缴。针对传统经济的预提税早已有之，如我国《税法》中的相关规定，外国企业在中国境内未设立机构、场所，而取得来源于中国境内的利润（股息、红利）、利息、租金、特许权使用费和其他所得，或者虽设立机构、场所，但上述所得与其机构、场所没有实际联系的，都应当缴纳 10% 的所得税。

从形式上来看，预提税是向提供线上订购商品或服务的非居民企业所得的某些款项单独征收的总款项，也是征税联结度与利润分配机制的主要征收机制和执行工具。截至目前，还未有国家制定出预提税具体可行的措施。印度的"平衡税"可以看作一种预提税的体现，但仍有不少缺陷。

4. 反避税措施

在前三种常见的形式之外，还有针对特定大型公司的反避税措施。这些措施需要结合具体实践情况逐一分析，往往需要多方合作商谈才能具体确定，往往会与反垄断、数据治理等内容统筹考虑。例如，2019 年 8 月，法国拟通过直接基于这些大型科技公司在法国的营业收入，而非利润来征收数字服务税，税率为 3%。然而，这一税收却有可能被亚马逊以转嫁的形式规避。例如，亚马逊法国分公司曾计划通过上调佣金的形式，把可能征收的 3% 数字税直接转嫁给第三方卖家。

16.2 征收数字税的必要性

16.2.1 税收公平与价值再分配问题

大型数字企业依托本地商业环境与消费者共同创造了大量的商业回报，但这些回报却被企业独占。如何合理地分配这些由企业、用户及属地政府共同创造的商业回报，成为数字时代的一大挑战。我们将从国家层面和消费者层面分别论述这一价值再分配的可能性。

1. 税收公平性

从国家层面来看，现行的税制对传统企业形成了一套行之有效的监管体系，而对数字企业的税收监管却存在漏洞，导致传统企业面临比数字企业更高的税负压力，违背了税负公平原则，产业之间的横向公平难以实现。这种不公平的竞争环境进一步扭曲了市场对资源的配置，一些传统行业的企业因此在市场竞争中落入下风，逐渐走向衰落，甚至退出市场。数字企业的业务开展国的商业环境为数字企业提供了大量资源，是数字企业价值创造的重要组成部分，但这一贡献在现有税收制度中并未体现出来，数字企业并未向业务所在国家贡献税收。数字税的出台有望带来一个更加公平的经营环境。

2. 用户创造的价值

数字企业通过数据进行获利的行为同样难以监管。数字经济中的消费者，在享受数字企业服务的同时，又通过观看广告、进行社交媒体分享等消费活动产生价值，成为"产消合一者"。消费群体在使用数字服务时形成的用户画像、消费偏好等数据是数字企业提供定向投放广告的重要资源，能够直接转化为市场收益和企业权益。而在现行税制下，数字消费创造的价值主要被数字企业占有，消费群体等公共人群作为数据提供方并未获得对等收益，公众的权益受到损害。征收数字税有利于将消费者创造的价值重新分配给大众，激励消费者对数据价值的再创造，将用户创造的价值归还给用户。

16.2.2 税基侵蚀与利润转移

税基侵蚀与利润转移问题正是欧盟委员会与 OECD 关注的重要问题。我们将从税基问题和利润问题两方面进行介绍。

1. 征税主体

谁来征税，是数字经济为现有的税制带来的一大挑战。数字经济的运作模式与传统经济存在较大差异，数字经济中的虚拟性、隐蔽性等特征显著加大了政府征税及监管难度。现行的税制主要以属地原则为主，但数字技术改变了各国消费者的消费倾向和消费方式，同时也让跨境数字企业轻而易举地将利润转移至低税国，能够利用"荷兰三明治"的避税方式，侵蚀了各国的税基。此外，由于数字企业无须设立常设机构，仅依托互联网就可以实现产品与服务的销售，根据现有的常设机构规则，税务机关难以确定价值生产地与税收管辖权。正由于各国的税制不同，数字企业便可以通过海外交易等方式，避免在所属国家交税。由于海外国家也难以实现对数字企业业务的追溯，数字企业便可以合法规避大额的税赋。谷歌、苹果、亚马逊等跨国数字经济巨头经常利用各国税制差异和征管漏洞，通过转移定价、避税地设立子公司等方式转移利润，从而侵蚀了各国的税基。结合欧盟与 OECD 的探索，数字税的实施，可以完善对征税主体的认定过程，强化各国税收机关的作用，保障各国税基稳定。

2. 数字企业的价值

数字经济的特点决定了数字企业的价值难以测算。数字经济具有高流动性，数字企业以轻资产为主，对无形资产的依赖程度较高，其无形资产一般占据企业全部资产的较大比重，许多企业收入来源丰富，拥有多条业务线，传统经济企业的收入划分原则对其可能不再适用。数字经济对数据具有很强的依赖性，数据是数字企业生产的重要因素，且可以创造很高的价值，而互联网、大数据、云服务等数字业务的界限较为模糊，征税机关难以按照传统经济收入类型划分原则确定各类别的收入。在征收数字税的过程中，必须实现对无形资产的测度，以及对数字业务的收入划分，以此保证对数字企业价值的正确衡量。

16.2.3 市场垄断与本土企业保护

在传统经济下，世界各国均有对本土企业的保护政策。在数字经济时代，对本土企业的保护也是难以回避的问题，我们将从跨国企业的市场垄断和不正当竞争两方面介绍数字时代的本土企业保护。

1. 市场垄断

大规模的数字企业，如 GAFA（Google、Amazon、Facebook、Apple），往往来自数字经济发达的国家，拥有先进的信息技术、数字化手段，并在市场营销方面具有领先优势。这些企业占据了其他国家或地区（如欧盟）的市场，取得了巨大先发优势并建立起路径依赖，为相同或者相似的本土企业带来了极大的发展压力。随着这些超大规模非居民数字企业对市场控制力的增强，它们获取了超额的市场利润，并且可以通过并购等手段进行市场竞争，形成市场垄断势力。这种市场垄断势力使得本土企业难以发展。一方面，为扶持本土企业的发展，一些国家采用了对特定规模以上的企业征收数字税的方式，以增加其营业成本，抑制其形成市场垄断势力。另一方面，国家也会通过反垄断部门，获取大型互联网公司的数据资料，实现对非居民大规模数字企业的实时监管。

2. 不正当竞争

数字经济的交易绝大多数是通过网络完成的，很难对消费者做进一步确认，交易具有难以追溯的特性，导致了市场上的不正当竞争问题。部分大型数字经济企业为了抢夺市场，会以更低的价格出售数字服务，挤出本土数字企业，构成市场垄断势力。此外，也有部分数字企业违规使用用户数据，获取用户私人信息以占据更大的市场份额。这些不正当竞争行为导致本土企业难以发展。数字税的征收，一方面，构建了更加透明的市场环境；另一方面，征税活动也有助于抑制数字企业不正当竞争的行为，保护了本土企业的发展。

16.3 欧盟的数字税实践

2018 年 3 月，欧盟提出了两项独立的数字税法案——《关于对提供特定数字服务收入征收数字服务税的统一标准》与《关于制定对重大数字存在征收公司税规则的理事会指令建议》，指明了数字税未来监管的方向，并提出以数字税作为过渡性政策的框架。

16.3.1 征税联结度与利润分配机制

欧盟制定的《关于对提供特定数字服务收入征收数字服务税的统一标准》是针对企业所得税规则中数字活动的一般性改革，意在从根本上解决数字经济活动的征税问题。欧盟委员会采用了直接形式的数字税，尝试定义平台所在的固定机构，以解决成员国征税问题。欧盟采用虚拟常设机构的形式，对数字平台所在的机构进行了定义，声明只要平台在某一欧盟成员国内满足三个条件之一，便被视为在该成员国内具有虚拟常设机构，欧盟成员国便可以通过国际协定，按照该国对常设机构的税制进行征税。三个条件分别为：**一是年收入原则**，指该数字平台在某一成员国内的年收入超过 700 万欧元；**二是用户数量原则**，指该数字平台在某一成员国一个纳税年度内拥有超过 10 万名用户；**三是数字服务合同原则**，指该数字平台在某一成员国一个纳税年度内与该平台的用户之间缔结了超过 3 000 份的数字服务商务合同。

这一新规则是欧盟计划完成的税收联结度与利润分配机制，以确保欧盟成员国能够向在其领土内没有"实体存在"却获得利润的数字企业征税，并将改变成员国间的收益分配方式，以便更好地反映企业的线上价值创造方式，确保数字利润创造和税收紧密联系。但这一新规则的实施需要全体欧盟国家的共同支持，在完成这一规则之前，欧盟仍需要一些过渡性政策。

16.3.2 临时性税制

《关于制定对重大数字存在征收公司税规则的理事会指令建议》是欧盟在完成《关于对提供特定数字服务收入征收数字服务税的统一标准》提到的数字税改革之前的过渡性方案。这一方案提出的目的是确保欧盟所有成员国能够立刻向数字服务征税，以此避免单一成员国征税对欧盟共同市场的损害。这一税制是基于用户在互联网活动中的价值创造而设立的征税体系，将四类数字经济相关活动纳入数字税的征收范围：一是数字企业从出售在线广告空间中所获得的收入；二是数字企业从用户互动及商品与服务销售中介活动中创造的收入；三是数字企业从出售基于用户提供信息产生的数据创造的收入；四是数字企业从提供视频、音频、游戏或者文本等数字内容中创造的收入。

欧盟将这种税作为数字经济税收活动的过渡税，适用于全球年收入 7.5 亿欧元以上，并在欧盟内年收入 5 000 万欧元以上的数字企业，其税率为 3%，且初创型企业无须缴纳此税。

16.3.3 欧盟数字税的发展方向

2018年11月，欧盟委员会声明，如在2021年之前全球未达成一致性框架，则强制在欧盟范围内征收数字税。欧盟进行此项改革的目的，正是为了欧盟体制内的经济向更好的方向发展，其未来的发展方向有四个方面：一是抑制大型数字企业的发展，防止其形成市场垄断实力，促进市场良性竞争。欧盟的数字税将课税主体定为具备一定规模和社会影响力的大型数字企业，不对中小型企业与初创型企业征税，促进了本土数字企业的创新创业有序发展。二是控制数字经济过热的问题，并为成员国带来更多的税收。欧盟数字税改革将征税对象集中于数字经济的相关活动，将数字中介、在线广告、数字内容等发展较好的数字经济活动纳入缴税范围，防止这种经济活动带来的经济过热，并提高了成员国的税收收入。三是实现用户创造价值的再分配。欧盟数字税改革重点关注了数字经济中的价值创造过程，强调了用户数据在价值创造中的贡献，进一步推动了用户创造价值的再分配。四是实现成员国之间行动的一体化。欧盟的临时税制可以让成员国对数字经济征税活动迅速做出调整，极大程度上保证了成员国之间行动的一致性。

16.4 OECD的"双支柱"模型

OECD在2020年提出了"**双支柱**"模型，作为自2015年开展"税基侵蚀与利润转移"（BEPS）项目后的一大成果，为数字税指明了未来的发展方向。与欧盟委员会一致，OECD的最终目的也是建立一个新的税收体制，建立新的税收联结度与利润分配规则，并辅以最低有效税率原则，解决全球化的数字税挑战。这两部分内容分别在OECD的"支柱一"与"支柱二"中。

16.4.1 "支柱一"：税收划分标准

"支柱一"的目的是应对数字经济的税收挑战，聚焦于征税权的分配，提出了新的征税联结度规则、利润分配规则与A、B、C三类具体的金额。

1. 征税联结度规则

征税联结度规则是指在数字经济新商业形态下判定作为征税基础的实体存在的方法，在现行税制下，对企业的联结度规则是通过常设机构实现的，在OECD对新型税制的探索过程中，提出了两类应被征收数字税的企业。一类是跨境远程与市场国客户、用户互动创造价值，但因没有应税实体存在而在市场国不交税的企业；另一类是典型的利润转移避税架构，指利用数字手段进行跨境营销，却将营销决策权与营销型无形资产转移境外，在市场国仅保留有限风险的分销商。

从产业角度，OECD将新征税权的征收范围进行了明确，将数字产品与服务按有无实体分为数字服务与数字产品两类。**数字服务类**包括在线搜索引擎、社交媒体平台、在线中间平台、在线游戏、云计算服务、在线广告服务等自动化的数字服务；**数字产品类**包括个人计算产品（如软件、家用电器、手机）、服装、洗护用品、化妆品、奢侈品、品牌食品和茶点、特许经营模式、汽车等面向消费者的行业。

OECD 计划将新征税权适用于集团年销售额达 7.5 亿欧元以上的跨国公司，根据国别的不同，新的联结度门槛将根据市场国适用新征税权范围内的销售额具体确定。

2. 利润分配规则

在制定**利润分配规则**中，OECD 采用了三种方法。一是调整后的利润分割法。调整后的利润分割法，采用了"四步法"的形式，构成了"支柱一"方案中利润分配的规范路径。首先，以单独实体或加总实体为单元，确定要分割的总利润；其次，运用现行规则或简化方法确定剔除常规利润后的非常规利润；再次，运用简化方法确定非常规利润中有多少比例归属于新征税权（管辖区）；最后，运用分配因子将归属于市场国的非常规利润加以分配。二是部分分配法。部分分配法是调整后的利润分割法的配套措施，其按照集团的财务报表计算全球利润水平，以便 OECD 下一步统一全球财务报表，并将其纳入调整后的利润分配法中。三是分销法。分销法重在强调对在市场国从事基本分销、营销的实体给予现行规则下经简化处理的固定回报。分销法是对新征税权的统一协调，将有限风险的分销商从新征税权的规则中分离出来，可以减少新征税权论述中的内在矛盾。

通过这三种方法，OECD 以全球合并后的集团财务报表为基础制定税基，以税前利润率为指标，按照共识和约定的比例（如税前利润 10%）来划分集团的常规利润和剩余利润。按照简化方式，将剩余利润的一定比例（如 20%）分配给市场国，并以各市场国范围内活动的销售额为基础分配。

OECD 的利润分配规则建立了一套以金额 A、金额 B 为基石①的架构体系。区别于传统转让定价独立实体的计算方法，金额 A 由跨国企业合并财务报表中的税前利润为首选指标进行计量，税前利润中超过一定盈利水平的部分为剩余利润，整体设想是按照一个固定比例，税前利润乘以该比例得出分配给符合条件的市场管辖区的剩余利润。在此基础上，按固定比例将剩余利润的一部分划分出金额 A 的数量，或考虑根据各类商业模式不同程度的数字化差异赋予不同的权重，对剩余利润进行加权求和后得到金额 A 的数量。在确定金额 A 的规模后，OECD 基于不同联结度水平的商业模式销售额及可能包括的附加因素（如 IP 地址、账单地址等）形成固定的百分比，测算不同市场管辖区之间金额 A 的分配。考虑到不同地区的政策法规、会计准则、跨国企业不同业务与不同区域的盈利能力等差异，OECD 还建议设置税前利润的最低门槛。

金额 B 是指当分销商以子公司或传统常设机构与市场管辖区建立联结关系时，"支柱一"方案将向分销商确定一个基于独立交易原则的固定回报，以规范营销和分销的基准活动。金额 B 的设立有助于各国税务机关简化转让定价规则，降低纳税人的纳税成本，

---

① OECD "支柱一"的十一块基石分别为金额 A 的范围、联结度、收入来源、税基确定、利润分配、避免双重征税，金额 B 的范围与量化、税收确定性、金额 A 的争议预防与解决、金额 A 之外的争议预防与解决、实施与管理。

从而提高交易定价的税收确定性。

值得关注的是，为降低金额 A 与此前"统一方法"中金额 C 之间存在的潜在双重征税风险，新方案提议在金额 A 中引入"营销和分销利润安全港"规则。在此规则下，如果一个跨国集团在市场管辖区内设有应税存在，那么该集团将首先根据现行利润分配规则确定同征税范围内收入有关的执行营销和分销职能的回报（即"现行营销和分销回报"），然后将该回报同"安全港回报"（即"按金额 A 公式计算出的金额 A"与"市场管辖区内常规营销和分销活动的固定回报"之和）进行比较，如果"现行营销和分销回报"超过了"安全港回报"，则不再将金额 A 分配给该市场管辖区，从而实现避免对在市场管辖区已预留足够剩余利润的跨国企业在全球统筹计算金额 A 后，再识别纳税实体重新分配税款过程存在的潜在风险的"安全港"效果。

16.4.2 "支柱二"：最低有效税率规则

OECD 的"支柱二"致力于解决税基侵蚀与利润转移问题中的剩余问题——全球反税基侵蚀（Global Anti-Base Erosion, GLoBE）提案，是"双支柱"税收方案的核心，"支柱二"提出了最低有效税率的概念，并给出了税收分配的五项规则。

1. 最低有效税率

税基侵蚀与利润转移项目中的各项行动计划旨在使税收与经济活动发生地及价值创造地尽可能一致，但所采取的措施并不能全面解决企业将利润转移到不征税或低税收管辖区的风险。在此背景下，OECD 通过 GLoBE 提案提出一个系统性、综合性的解决方案，通过人为设定一个最低税率，确保跨国企业支付最低水平的税收。该方案可以有效减少企业出于非商业目的、纯粹为了降低税负而进行组织架构搭建与利润转移的动机，也可以降低各国（尤其是发展中国家）提供各项企业所得税税收优惠的压力，避免国家之间税收优惠的恶性竞争。⊖ 因此，GLoBE 提案的适用范围将不仅仅局限于高度数字化企业。但因高度数字化企业通过结构规划、以无形资产进行利润转移的可能性较大，故 GLoBE 提案对于数字化企业的潜在影响将非常大。

2. 收入纳入规则

收入纳入规则（income inclusion rule）借鉴了已有受控外国企业的政策设计，以最低税率为基准，如果跨国企业经营所得缴纳的实际有效税率低于最低税率，则该企业营业收入将以一个固定比例向居民税收管辖区缴纳补充税。同时，收入纳入规则还将明确计算实际最低税率的全球或税收管辖区混合问题，以及针对实质经济活动如何设定排除规则这一关键性争议问题。通过收入纳入规则，可以确保跨国公司的收入所得按最低税率纳税，减少跨国公司通过分支机构或子公司向低税率国家和地区转移利润的动机，有效

⊖ 正如 BEPS 项目的第 1 项行动计划中所述，如果以税收为目的，将数字经济与其他经济隔离是非常困难的。

保护居民税收管辖区的税基。

3. 低税支付规则

从理论上讲，低税支付规则（undertaxed payment rule）可视为收入纳入规则的"后盾"规则。收入纳入规则规制的是实际有效税率低于商定的最低税率的境外分支机构或子公司，对境外分支机构或子公司征收补充税以"回溯"居民税收管辖区的税收收入，而低税支付规则旨在通过拒绝税前扣除的规制向低税率实体的环球税收集团内部付款，以保护收入来源地税收管辖区税收收入的"回溯"。

4. 转换规则

转换规则（switch-over rule）适用于在双边税收协定中相互设立免税规定的国家和地区，以保证 GLoBE 提案的普适性。如果跨国公司的外国分支机构利润或外国不动产所得适用双边税收协定的免税条款，则该部分利润或所得的实际有效税率低于最低税率。若按照收入纳入规则，居民税收管辖区应对该部分利润或所得征税，这就产生了双边税收协定与收入纳入规则之间的矛盾。为了解决这一问题，GLoBE 设立了转换规则，通过该规则，居民国可以"关闭"其同来源国之间签订有免税规定条款的税收协定的适用，转用抵免法免除该部分利润或所得的税收。

5. 受税约束规则

受税约束规则（subject to tax rule）是对前四项规则的补充说明，受税约束规则仅限于规制在受控集团成员之间进行的某些付款类型，即如果那些已商定的所得类型在收款人或受益所有人的居民管辖区内未按最低税率征税时，将以征收预提所得税、限制或拒绝给予税收协定优惠的方式实现最低税目标。

16.5 数字税的反对者

欧盟委员会与 OECD 已经在数字税方面做出了很多的尝试，但数字税只是一种临时性的措施，是由传统税收体系向全新的征税联结度体系的过渡。尽管数字税的出发点是为了各国重新划分税收管辖权，但数字税政策在实施的过程中却面对了全球难以统一的问题。反对数字税的国家就现有数字税体制，提出了双重征税问题、税基建立问题与税收公平问题，这些问题阻碍了数字税的全球化发展。

16.5.1 双重征税问题

国际上的**双重征税**问题是指某一或不同征税主体对某一或不同征税对象、税源同时进行了两次或两次以上征税。欧盟与 OECD 在数字税的形态上有不同侧重点，欧盟倾向于使用数字税作为欧洲的过渡性经济政策，而 OECD 则致力于研究基于数字税的新型全球税收体制[1]。两种思想形态的不同引发了欧洲各国对双重征税问题和过度征税问题的恐慌。

在欧盟公布其临时性数字税方案之后，瑞士官方立刻提出了反对意见，表示欧盟的征税方案与 OECD 框架下的数字税存在冲突，并在 2019 年 1 月 15 日发布"数字经济征税"最终报告，坚定了不支持临时性数字税的基本立场，认为对数字经济按营业额征收临时税，可能会导致双重征税或过度征税，而且会使达成全球一致解决方案更加困难。

欧洲银行联合会也提出，OECD 数字税的全球性框架才能确保公平竞争和避免预想不到的双重征税。欧洲银行联合会强调，与金融活动相关的常设机构利润归属的现行 OECD 转让定价指南已经清楚地规定了金融机构遵循的规则，实现的利润也在跨境交易的相关实体之间按照价值创造和承担的风险被征税，对数字金融活动征收任何特别税都会造成重复征税。

16.5.2 税基建立问题

现行的税制体系与新型的数字体系可能存在差异，推行数字税将导致这些国家面临新旧税基不相容的问题，为政府工作带来混乱。计算机与通信行业协会、信息技术行业委员会、爱尔兰企业与雇主联合会和英国科技协会联合提出，欧盟针对收入的数字税，与欧洲各国现行的基于利润的税制不相符合，将推翻欧盟成立以来所形成的公司税国际原则。

此外，基于用户参与网络活动提供的数据可以帮助企业用于商业用途获利已经成为不争的事实。现行的数字税主张用户所在地的国家有权对此类用户创造的价值进行征税。尽管用户参与价值创造的原则得到了广泛的认同，但如何判定用户是否真的通过数据创造了价值或其创造的价值是否为交易活动做了积极贡献，目前还没有明确的结论和可验证的技术方法。

16.5.3 税收公平问题

无论是欧盟还是 OECD 提出的数字税，受限于税收的可追溯性，将只能从特定时间节点起进行征收。部分国家，如美国，认为税收数据的不可追溯性带来了税收的不公平性，且各国实施的数字税可能导致商业歧视问题，不利于企业在海外的正常发展。此外，现行国家的数字税体系均为对数字服务所取得的收入征税，而中小企业往往不具有较多的资产，这一税制对中小微企业而言是不公平的。

---

[1] OECD 并未公开进行过任何数字税的尝试，仅给出过部分指导思想，但许多欧洲国家的数字税尝试中均包含 OECD 全球性框架。

16.6 数字税的异化

事实上，数字税在自身发展与实践中也出现了问题。数字税是应对数字经济税基侵蚀的临时方案，需要各国细化条例，以便更好地实行。截至 OECD 发布"双支柱"模型之前，OECD 并未发布过任何具体措施以供各成员国参考，这导致各国之间并未形成应对数字经济税收挑战的一致性意见。数字税在发展过程中，已经由共同措施异化为一种单边措施，与数字税征收的初衷相违背。在本节中，我们将介绍数字税的异化情况，并介绍世界各国的数字税单边尝试。

16.6.1 数字税的异化

OECD 在 2018 年的指导文件《数字化带来的税收挑战——2018 年中期报告》中，将国家的税制改革分为针对性的税制改革和根本性的税制改革两种形态，并提出了税制改革的全球性框架。针对性的税制改革以消费者创造价值为基础，对数字企业进行征税活动；而根本性的税制改革则从国际税收联结度出发，从国家整体进行税制改革。尽管 OECD 声明，数字税仅是一种临时性措施，在尚未弄清楚可能产生的不良影响的前提下，原则上各国应对数字税持保守态度。然而，为了解决跨国公司避税、国内市场垄断等问题，部分国家提出了针对自己国内情况的数字税形式，这些措施往往基于两个核心特征：一是通过扩大解释企业在消费者和用户所在国的参与情况，保护或者夸大该国税基；二是税基的要素设计包含了与该国市场相关的要素。

诚然，数字税在一定程度上解决了跨国公司避税问题，但各国分别实行的数字税制度导致了**数字税的异化**，导致数字税从一种临时措施，变成了**一种贸易保护手段**。数字税的异化带来一系列的问题，包括企业的遵从成本将进一步提高，大型数字企业的税收安排将被打乱，临时措施无法与现行税制相容，进而难以成为一种全球性的框架等。

事实上，主权国家单边推行"数字税"的同时还可能伴以大量的配套措施，典型的配套措施就是本土企业保护与本土企业创新支持。从国际税收公平的视角来看，境内企业得益于配套措施可以扩大竞争优势，境外企业却只能面临"数字税"导致的营业收入压缩，这将严重影响现有国际贸易秩序。数字税的异化将会导致国际经济合作的前景与现有税收框架的稳定都将受到很大影响。如果任凭这种单边措施自由发展，现有税制框架所要解决的税收管辖权划分问题，也就是数字税提出的前提条件将形同虚设。

不可否认的是，数字税的异化现象已然产生，关于如何解决这一问题，国际上目前还没有明确的、一致性的方案。接下来，我们将介绍各个国家的数字税单边尝试。

16.6.2 世界各国的单边数字税尝试

目前世界上征收数字税的国家约 20 个，主要集中在欧盟。我们将从最支持数字税的法国讲起，依次介绍欧盟部分成员国及英国、印度对数字税的尝试（见表 16-1）。

法国的数字税。为了应对全球数字经济背景下国际税收规则的转变,并增加财政收入、封堵互联网巨头的避税问题,法国一直是最支持数字税的国家。2019年7月,法国参众两院通过法案,批准政府开征临时性数字税,数字税法案追溯至2019年1月1日生效,对全球数字业务年收入达到7.5亿欧元或在法国境内提供数字服务达到2 500万欧元的公司按其总收入的3%征收数字税。征税范围则是定向广告和数字销售收入、基于广告用途的个人信息数据营销收入及基于数据的在线平台中介服务收入。

但法国的数字税尝试也带来了额外的问题,由于法国率先推出单边政策,后续的数字税尝试也只能以单边的形式进行实践。此外,2018年,法国对境内企业研发支出的税收补贴率达到了43%,成为OECD成员国中补贴率最高的国家。在数字税与境内补贴不均衡的情况下,数字税也带来了税收公平性问题。针对法国"越顶"对GAFA等美国互联网企业开征数字税的行为,美国政府采取100%的高关税报复。直至2019年8月G7峰会上,美法两国才就数字税问题达成一致,避免了更深的税收摩擦。

英国的数字税。在法国与美国就数字税问题达成一致后,英国政府计划从2020年4月1日开始对亚马逊、谷歌、Facebook在内的众多美国科技巨头征收2%的数字税,旨在规避硅谷公司通过将利润转移到爱尔兰等低税率地区而逃避支付税收的行为。征税范围包括搜索引擎、社交媒体服务和在线市场等数字服务赚取的收入。这项税收适用于全球销售额超过5亿英镑、在英国收入至少2 500万英镑的企业。据英国税务海关总署统计,数字税每年将为英国政府带来8 700万英镑的额外收入。此外,英国政府表示该项政策属于临时性政策,并会在2025年对该项政策进行考察,检验其是否达到征税目的,在此期间若与有关国家达成一致协议,将会取消该政策。

意大利的数字税。意大利于2019年12月下旬通过新的税法,自2020年1月1日起向大型科技公司征收数字税,税率为3%。征税对象是全球年收入超过7.5亿欧元、在意大利的数字服务收入超过550万欧元的科技公司。该项政策与法国实行的数字税类似,按目前的税收计划,数字税的征收每年将为意大利财政增加6亿欧元收入。

土耳其的数字税。2019年土耳其政府公布了数字税相关法案,并于2020年3月1日生效,该项税收将对在土耳其境内销售各种广告服务以及在数字平台上提供的任何音频、视频和数字内容的收入征收,适用于全球收入在7.5亿欧元以上的公司。土耳其的数字税税率高于法国,而且范围广于法国,适用于数字内容销售(法国将此排除在外),并排除了法国的其他豁免,例如来自传感器搜集信息的收入。

奥地利的数字税。奥地利政府根据欧盟关于数字税的提议在2020年1月开征数字税,对在线广告产生的收入征税,将适用于全球年营业额达7.5亿欧元或以上,以及数字广告销售额达2 500万欧元以上的公司。

匈牙利的数字税。2014年6月,匈牙利国会通过了关于对广告收入征税的法律。根据这一法律,凡是在全球收入超过28万欧元的媒体公司、出版社、互联网等广告发布者及户外广告投放者均要缴纳广告税,起初为累进税制,后将征收税率定为7.5%。2019年6月,匈牙利政府通过经济保护行动计划,简化了税种,将这一广告税的税率降为0%。

印度的数字税。印度在2016年便开始了对数字税的尝试,此时的数字税被称为"平衡税"。这一税种主要针对境外输入企业，对电商经营者网上销售商品、网上提供服务、为他人提供服务或为销售商品提供平台的行为按照 6% 的税率征税。

除了我们所提及的 7 个国家之外，西班牙、捷克、波兰、斯洛伐克、德国、缅甸、泰国、新加坡、马来西亚、印度尼西亚、澳大利亚、新西兰、加拿大、墨西哥、俄罗斯等国家也开展了对数字税的尝试，出于篇幅的原因我们不一一赘述，但无一例外的是，这些数字税政策最终均成了单边政策。

表 16-1 世界各国对数字税的尝试

国家	应税服务	全球收入门槛	国内收入门槛	税基	税率
法国	提供数字接口，使用户能够与他人建立联系和互动；向广告商提供服务，其目的是根据搜集到的关于用户的数据投放有针对性的广告信息	7.5 亿欧元	2 500 万欧元	纳税人就应税服务收到的所有全球收入（即总收入，不包括增值税）乘以被视为在法国制造或提供的此类应税服务的百分比	3%
意大利	数字界面上的广告；允许用户买卖货物和服务的多边数字接口；使用数字接口生成的用户数据的传输	7.5 亿欧元	550 万欧元	提供给意大利用户的合格数字服务中获得的总收入，扣除增值税和其他间接税	3%
奥地利	在带有奥地利 IP 地址的设备上收到的广告；广告地址是奥地利用户的地址	7.5 亿欧元	2 500 万欧元	奥地利服务提供商的广告服务营业额	5%
英国	社交媒体服务；Internet 搜索引擎；在线市场，该市场的主要目的是促进用户销售特定的商品、服务或其他财产	5 亿英镑	2 500 万英镑	从英国用户获得价值的搜索引擎、社交媒体服务和在线市场的收入	2%
匈牙利	广告服务	28 万欧元	无	在匈牙利发布广告产生的净营业额（年广告收入超过 2 773 欧元的部分收税）	7.5%（从 2019 年 7 月 1 日起，税率为 0%）
印度	电商经营者网上销售商品；电商经营者网上提供服务；电商经营者为他人提供服务或为销售商品提供平台	无	特殊①	通过其数字或电子设施或平台提供的货物、服务的销售总额	6%
土耳其	在线服务，包括广告、内容销售和社交媒体网站上的付费服务	7.5 亿欧元	2 000 万土耳其里拉	数字服务总收入	7.5%②

注：全球收入是指企业在全球范围内（除本国之外）提供应税数字服务获得的相关收入；国内收入是指企业在本国提供应税数字服务获得的相关收入。

① 通过电子商务平台向单个电子商务参与者支付的销售或服务总额不超过 50 万荷兰盾（6 800 美元）的不需要扣缴。

② 从 2020 年 3 月开始，总统可以将税率降低至 1% 或提高至 15%。

资料来源：白彦锋，岳童. 数字税征管的国际经验、现实挑战与策略选择 [J]. 改革，2021(02):69-80.

拓展阅读

数字税可以成为长期政策吗

正如我们在本章中所介绍的一样，数字税是一种临时性措施，全球化的征税联结度与利润分配体系才是未来的全球共识。已经开征数字税的国家，也都明确表示了类似的态度。诸多的反对声，也能说明数字税的局限性，税收不公平性、双重征税等问题层出不穷。数字税似乎已注定是过渡性的临时措施，但数字税是否有可能成为长期政策呢？

主权国家的信心或可以说明这一问题，在 OECD 提出了"双支柱"税收模型后，一些国家，如新西兰、捷克、巴西，甚至包括非洲税收管理论坛，均提出了开征数字税的议案，主张进行数字税的立法、纳税人申报与登记的实践工作。

目前世界上主流研究对数字税的展望集中于 OECD 的"支柱一"。但事实上，数字税与"支柱一"是从同样的协定中发展而来的。数字经济发展对税收的影响，很早就引起学术界和财税决策部门的关注和研究。早在 1998 年渥太华电子商务部长级会议上，OECD 财政事务委员会（CFA）就发布了适用于电子商务的税收原则报告"电子商务：税务政策框架条件"，提出"中立性、效率性、确定性、简易性、有效性、公平性、灵活性"等电子商务税收原则，得到广泛认可。这一电子商务税收原则，在全球角度，最终发展为 OECD 的"支柱一"，而在地区实践中，发展为对数字税的尝试。

相比"支柱一"，数字税具有制度简单、易于理解与执行的优点。"支柱一"中，为了实现市场国对理论上由本区域创造的价值——超常规利润征税：首先，需要划分更容易产生超常规利润的经济活动，目前包括"自动数字服务"和"面向消费者业务"两大块，而且为了考虑不同行业特性，同时采取正面、负面清单的方式确定业务范围；其次，需要重新调整计算属于这两大范围内的业务所实现的总利润，按一定的利润率水平估算总利润中所含的常规利润，以计算可用于分配的总超常规利润；再次，按一定比例折扣后计算可供所有符合条件的市场国进行分配的"可分配超常规利润"，或称可分配税基；最后，按分配因子在各市场国之间进行分配。其分配的复杂程度可见一斑。

此外，"支柱一"在实施中，也要根据不同情形的管辖权主体、不同的企业，选定不同的分配规则。初次商定规则时，大家都会尽可能地按有利于自己的分配提出诉求，因此实际的协调和谈判难度较大。"支柱一"中所提到的仲裁体系，在推进全球化的同时，也会为发展中国家带来较大的不便。

部分学者认为，OECD 所推崇的"支柱一"体系也可以与数字税体系兼容，通过一系列政策的补充，数字税也可以成为一种新型的税收体系，两种体系的优劣，需要进一步实践进行说明。

本章小结

数字税是一种临时性的应对数字经济税收挑战的政策,在实践中已有多种形态。起源于21世纪初对电子商务的探究,多个组织已然为数字税的发展提供了较为丰富的框架,其中以欧盟2018年发布的数字税统一标准与OECD的"双支柱"模型最为著名。但数字税在执行过程中遇到了较多难题,世界各国就双重征税、税基建立与税收公平问题对数字税提出了质疑。难以全球化的数字税最终以单边的形式呈现在世界各国中,部分已然异化为对国内企业的贸易保护政策。可以说,对数字税的尝试,目前还任重道远。

关键术语

数字服务税　　税基侵蚀与利润转移　　征税联结度　　利润分配
双支柱　　　　双重征税　　　　　　　数字税的异化　贸易保护

复习思考题

1. 试简述什么是数字税,尝试在你的日常生活中寻找一个数字税的案例。
2. 简述数字税的存在与否同国际贸易与竞争的关系。
3. 试介绍在第7节中提到的某一个国家的数字税政策,分析其发展历程与未来方向,思考这样的数字税真的有利于国际发展吗。

参考文献

[1] Task Force on Taxation of the Digital Economy. Report to the minister for the economy and finance, the minister for industrial recovery, the minister delegate for the budget and the minister delegate for small and medium-sized enterprises, innovation and the digital economy (Collin and Colin Report) [EB/OL]. (2013-01-18)[2021-07-02]. http://www.economie.gouv.fr/rapport-sur-la-fiscalitedu-secteur-numerique.

[2] Diamond, Mirrlees. Optimal taxation and public production I: Production efficiency[J]. American Economic Review, 1971, 61(1): 08-27.

[3] Soete, Kamp. The bit tax: The case for further research[J]. Science and Public Policy, 1996, 23(6): 353-360.

[4] Kind, Koethenbuerger, Schjelderup. Efficiency enhancing taxation in two-sided markets[J]. Journal of Public Economics, 2008, 92(5-6): 1531-1539.

[5] Kind, Koethenbuerger, Schjelderup, et al. On revenue and welfare dominance of ad valorem taxes in two-sided markets[J]. Economics Letters, 2009, 104(2): 86-88.

[6] Kind, Koethenbuerger, Schjelderup. Tax responses in platform industries[J]. Oxford Economic Papers, 2010, 62(4): 764-783.

[7] OECD. Tax challenges arising from digitalisation: Interim report 2018[R]. (2018-03-16)[2021-07-02].

[8] OECD. Tax challenges arising from digitalisation: Report on pillar two blueprint[R]. (2020-10-14)[2021-07-02].

[9] 卢艺. 数字服务税：理论、政策与分析 [J]. 税务研究，2019(06):72-77.

[10] 茅孝军. 新型服务贸易壁垒："数字税"的风险、反思与启示 [J]. 国际经贸探索，2020, 36(07): 98-112.

[11] 白彦锋，岳童. 数字税征管的国际经验、现实挑战与策略选择 [J]. 改革，2021(02):69-80.

[12] 梁嘉明. 法国数字税动因、进展及启示 [J]. 金融纵横，2019(11):64-69.

[13] 谢兰兰. 欧盟数字贸易发展的新动向及展望 [J]. 全球化，2020(06):72-80.

[14] 郝东杰，陈双专. 数字经济跨境课税之"双支柱"方案的创新、影响及应对 [J]. 税务研究，2020(11): 100-107.

[15] 龚辉文. 数字服务税的实践进展及其引发的争议与反思 [J]. 税务研究，2021(01):39-46.

[16] 姜跃生，姜奕然. 过程、要害及对策：对OECD统一方法支柱一方案的分析与透视（上）[J]. 国际税收，2020(12):26-31.

[17] 岳云嵩，齐彬露. 欧盟数字税推进现状及对我国的启示 [J]. 税务与经济，2019(04):94-99.

[18] 茅孝军. 从临时措施到贸易保护：欧盟"数字税"的兴起、演化与省思 [J]. 欧洲研究，2019，37(06):58-77.

诺贝尔经济学奖经典文库

书名	作者	简介
为什么我也不是保守派:古典自由主义的典型看法	[美]詹姆斯 M．布坎南（James M. Buchanan）	理解西方国家制度本源的必备基础读物
宏观经济思想七学派	[美]埃德蒙德·菲尔普斯（Edmund S.Phelps）	介绍和评价宏观经济七大学派的研究进展和前景
经济增长理论	[英]阿瑟.刘易斯（W. Arthur Lewis）	现代宏观经济学缔造者代表作
聪明激进派的经济政策：混合经济	[英]詹姆斯 E.米德（James E. Meade）	西方国际经济宏观理论和国际经济政策领域的开拓者作品
经济增长黄金律	[美]埃德蒙德·菲尔普斯（Edmund S. Phelps）	现代宏观经济学的缔造者、"影响经济学进程最重要的人物"，因提出"经济增长黄金律"而著名
治理机制	[美]奥利弗 E．威廉姆森（Oliver E. Williamson）	威廉姆森新制度经济学三部曲的收官之作
生活水平	[印度]阿马蒂亚·森（Amartya Sen）	福利经济学和发展经济学的一个重要里程碑
人力资本(原书第3版)	[美]加里·贝克尔（Gary S. Becker）	人力资本理论创始人贝克尔的代表作
效率、平等和财产所有权	[英]詹姆斯 E.米德（James E. Meade）	如何保护我们的财产，有关人口、教育、智商、遗产税、房产税
充分就业与价格稳定	[美]威廉 S. 维克里（William S. Vickrey）	维克里宏观经济学思想的核心内容
就业选配、工资差距与失业	[美]戴尔·莫滕森（Dale T. Mortensen）	对劳动力市场进行微观和宏观经济分析的主导性工具
寡头垄断的动态模型：理论与应用经济学基础	[法]让·梯若尔(Jean Tirole)	了解寡头垄断动态博弈分析历史渊源和研究路径的非常好的切入点
稳健性	[美]拉尔斯·彼得·汉森（Lars Peter Hansen）	怎样才能设计出好的决策系统？本书就决策的过程与结果之间的关系进行了建模研究
结构性衰退：失业、利息和资产的现代均衡理论	[美]埃德蒙德·菲尔普斯（Edmund S. Phelps）	需求和供给冲击（资本存量、技术进步、税收结构和关税、利率、汇率等）对经济的影响
苦难的时代：美国奴隶制经济学	[美]罗伯特·威廉·福格尔（Robert William Fogel）	经济计量史学上的革命性作品，改写了美国经济史
计量经济学的问题与方法	[挪]拉格纳·弗里希（Ragnar Frisch）	作为计量经济学的创始人之一，作者从体制角度和科学角度诠释了计量经济学的概念和面临的问题
价值理论：对经济均衡的公理分析	[美]吉拉德·德布鲁（Gerard Debreu）	现代数理经济学划时代的名作，充分体现了价值理论在经济理论中占据的地位
选择与后果	[美]托马斯 C.谢林（Thomas C. Schelling）	非数理博弈的重要作品
策略理性模型	[德]莱茵哈德·泽尔腾（Reinhard Selten）	体现非合作博弈的杰出贡献及博弈论的发展历程，也预示着博弈论今后的发展方向
政治算术：西蒙·库兹涅茨与经济学的实证传统	[美]罗伯特·威廉·福格尔（Robert William Fogel）	美国GNP之父故事，生动演绎经济学如何成为宏观经济政策的幕后操纵者
两个幸运的人：弗里德曼回忆录	[美]米尔顿·弗里德曼（Milton Friedman）	一部反思20世纪经济的恢宏巨著，清晰地勾勒出弗里德曼经济学思想的发展脉络
施蒂格勒自传：一个自由主义经济学家的自白	[美]乔治 J.施蒂格勒（George J. Stigler）	信息经济学和管制经济学的创始人 真实反映了美国经济学家生态圈和生存方式
资产组合选择和资本市场的均值-方差分析	[美]哈里 M. 马科维茨(Harry M. Markowitz)	现代投资组合理论之父马科维茨作品
风险-收益分析：理性投资的理论与实践（第1卷）	[美]哈里 M. 马科维茨（Harry M. Markowitz）	现代投资组合理论之父马科维茨最新作品，长达半个世纪的研究和调查
预见相关性：风险管理新范例	[美]罗伯特·恩格尔（Robert Engle）	在剧烈变动的投资环境下如何仍然具备有效风险估计和稳定性的能力
投资组合理论与资本市场	[美]威廉 F. 夏普（William F. Sharpe）	奠定了夏普博士作为金融思想巨人的地位
结构性衰退 失业、利息和资产的现代均衡理论	[美]埃德蒙德·菲尔普斯（Edmund S Phelps）	广泛地总结了西方国家的历史经验，涉及宏观经济问题的方方面面
银行审慎监管	[比利时]马蒂亚斯·德沃特里庞（Mathias Dewatripont）[法]让·梯若尔（Jean Tirole）	理解金融中介机构的监管问题
投资组合理论与资本市场	[美]威廉 F. 夏普（William F. Sharpe）	把数个世纪以来的定价和风险知识联系在一起
动态线性经济的递归模型	[美]拉尔斯·彼得·汉森（Lars Peter Hansen）	24年磨一剑，运用竞争性均衡构建完全市场线性动态经济模型
博弈的公理化模型	[美]埃尔文 E.罗斯（Alvin E. Roth）	全面讨论博弈中所有参与者如何取得一致的问题
稳健性	[美]拉尔斯·彼得·汉（Lars Peter Hansen）托马斯 J.萨金特（Thomas J.Sargent）	不同学科领域之间的实质性交融
寡头垄断的动态模型：理论与应用经济学基础	[美]朱·弗登博格（Drew Fudenberg）[法]让·梯若尔（Jean Tirole）	掌握寡头垄断动态分析理论研究路径的非常好的切入点

悦读经济学

书名	作者	ISBN	价格
最好用的101个经济法则	（韩）金敏周	978-7-111-41189-5	39.90元
写给中国人的经济学	王福重	978-7-111-29244-9	38.00元
与全世界做生意II：你买的是什么	（爱）柯纳·伍德曼	978-7-111-43919-6	35.00元
理性乐观派：一部人类经济进步史（珍藏版）	（英）马特·里德利	978-7-111-50532-7	69.00元
妙趣横生博弈论：事业与人生的成功之道（珍藏版）	（美）阿维纳什 K. 迪克西特 等	978-7-111-51074-1	89.00元
身体经济学：是什么真正影响我们的健康	(美)戴维·斯图克勒、桑杰·巴苏	978-7-111-48988-7	45.00元
经济学的思维方式（原书第13版）	（美）保罗·海恩、彼得·勃特克、大卫·普雷契特科	978-7-111-51160-1	79.00元